A ESSÊNCIA DO CRISTIANISMO

Dados Internacionais de Catalogação na Publicação (CIP)
(Câmara Brasileira do Livro, SP, Brasil)

Feuerbach Ludwig, 1804-1872
  A essência do cristianismo / Ludwig Feuerbach; tradução e notas de José da Silva Brandão – 4. ed. Petrópolis, RJ : Vozes, 2013.
(Coleção Pensamento Humano)

   Título original: Das Wesen des Christentums.
   Bibliografia

   10ª reimpressão, 2024.

   ISBN 978-85-326-3488-7

   1. Cristianismo – Literatura controversa 2. Religião – Filosofia I. Título.

07-2214   CDD-201

Índice para catálogo sistemático:
1. Religião : Filosofia   201

Ludwig Feuerbach

A essência do cristianismo

Tradução de José da Silva Brandão
Filósofo

Petrópolis

© desta tradução: José da Silva Brandão.

Tradução do original em alemão intitulado *Das Wesen des Christentums*

Direitos de publicação em língua portuguesa:
2007, Editora Vozes Ltda.
Rua Frei Luís, 100
25689-900 Petrópolis, RJ
www.vozes.com.br
Brasil

Todos os direitos reservados. Nenhuma parte desta obra poderá
ser reproduzida ou transmitida por qualquer forma e/ou quaisquer
meios (eletrônico ou mecânico, incluindo fotocópia e gravação)
ou arquivada em qualquer sistema ou banco de dados
sem premissão escrita da editora.

CONSELHO EDITORIAL

Diretor
Volney J. Berkenbrock

Editores
Aline dos Santos Carneiro
Edrian Josué Pasini
Marilac Loraine Oleniki
Welder Lancieri Marchini

Conselheiros
Elói Dionísio Piva
Francisco Morás
Gilberto Gonçalves Garcia
Ludovico Garmus
Teobaldo Heidemann

Secretário executivo
Leonardo A.R.T. dos Santos

PRODUÇÃO EDITORIAL

Aline L.R. de Barros
Jailson Scota
Marcelo Telles
Mirela de Oliveira
Natália França
Otaviano Cunha
Priscilla A.F. Alves
Rafael de Oliveira
Samuel Rezende
Vanessa Luz
Verônica M. Guedes

Editoração: Maria da Conceição Borba de Souza
Diagramação: Sheilandre Desenv. Gráfico
Revisão gráfica: Barbara Kreischer
Capa: Editora Vozes

ISBN 978-85-326-3488-7

Este livro foi composto e impresso pela Editora Vozes Ltda.

SUMÁRIO

Apresentação do tradutor, 7

Prefácio à primeira edição, 13

Prefácio à segunda edição, 19

Prefácio à terceira edição, 37

Introdução, 39

    Capítulo I – A essência do homem em geral, 41

    Capítulo II – A essência da religião em geral, 53

Primeira parte – A essência verdadeira, isto é, antropológica da religião, 75

    Capítulo III – Deus como entidade da razão, 77

    Capítulo IV – Deus como um ser moral ou lei, 88

    Capítulo V – O mistério da encarnação ou Deus como entidade do coração, 94

    Capítulo VI – O mistério do Deus sofredor, 104

    Capítulo VII – O mistério da trindade e da Mãe de Deus, 111

    Capítulo VIII – O mistério do *Logos* e da imagem divina, 120

    Capítulo IX – O mistério do princípio criador do universo em Deus, 126

    Capítulo X – O mistério do misticismo ou da natureza em Deus, 133

    Capítulo XI – O mistério da providência e da criação a partir do nada, 147

    Capítulo XII – O significado da criação no judaísmo, 158

    Capítulo XIII – A onipotência da afetividade ou o mistério da oração, 167

    Capítulo XIV – O mistério da fé – O mistério do milagre, 174

Capítulo XV – O mistério da ressurreição e do nascimento sobrenatural, 183

Capítulo XVI – O mistério do Cristo cristão ou do Deus pessoal, 189

Capítulo XVII – A diferença entre cristianismo e paganismo, 199

Capítulo XVIII – O significado cristão do celibato livre e da classe monástica, 210

Capítulo XIX – O céu cristão ou a imortalidade pessoal, 220

Segunda parte – A essência falsa, isto é, teológica da religião, 235

Capítulo XX – O estágio essencial da religião, 237

Capítulo XXI – A contradição na existência de Deus, 250

Capítulo XXII – A contradição na revelação de Deus, 257

Capítulo XXIII – A contradição na essência de Deus em geral, 266

Capítulo XXIV – A contradição na teologia especulativa, 280

Capítulo XXV – A contradição na trindade, 286

Capítulo XXVI – A contradição nos sacramentos, 290

Capítulo XXVII – A contradição entre fé e amor, 301

Conclusão, 325

Capítulo XXVIII, 327

Apêndice, 335

Explicações, observações, documentações, 337

APRESENTAÇÃO DO TRADUTOR

Desde que Immanuel Kant estabeleceu em sua *Crítica da razão pura* as fronteiras da razão em seu uso empírico, condenando as afirmações de pretensão transcendental, ou seja, que ultrapassam as fronteiras da experiência, iniciou-se no pensamento alemão uma revolução que dificilmente encontrará o seu paralelo na história. Após Kant, só havia duas saídas: ou legitimar o pensamento humano como algo que só encontra o seu elemento elaborável no campo ideal e fenomenológico (Fichte, Schelling e Hegel), ou reconhecer que o conhecimento consciente é apenas um efeito ou uma manifestação superficial ou ainda uma representação de causas inconscientes profundíssimas, tais como instintos, desejos etc. (Schopenhauer, Eduard von Hartmann). Mas essas duas grandes linhas voltariam a se encontrar posteriormente, porque de Hegel surgiu, numa própria negação do idealismo hegeliano, o chamado materialismo histórico ou a esquerda hegeliana (Feuerbach, Strauss, Bruno Bauer, Max Stirner e Karl Marx), enquanto que de Schopenhauer surge Nietzsche, e deste, não se pode negar, os pressupostos teoréticos para a quase atual linha psicanalítica (Freud e Jung) que, por sua vez, possui muitos pontos comuns com os princípios do materialismo histórico.

Já Schleiermacher, discípulo de Hegel, preconizava o sentimento como o ponto central para a explicação da religião ou, em outras palavras, o princípio de que Deus só pode ser conhecido pelo sentimento. Mas a conclusão decisiva desta premissa coube a Ludwig Feuerbach (1804-1872). Religião é antropologia. O homem projeta em seus deuses todos os seus anseios, amores e sentimentos mais elevados e profundos. O homem retira de si a sua essência mais elevada e mais nobre para adorá-la fora de si como Deus. Tudo que existe no homem de bom, de construtivo, mas de modo imperfeito (porque o homem é imperfeito), existe em Deus de maneira absoluta, perfeita, eterna. Por isso, é Deus a suma perfeição, o exemplo dos exemplos, pois Ele é tudo que o homem deseja ser e não é. A prova desta humanidade de Deus já está no mero fato de Ele ouvir as preces do homem, de participar das suas fadigas e sofrimentos a ponto de se encarnar em homem para salvá-lo. Tudo que interessa ao homem interessa a Deus e, consequentemente, tudo que é repudiado pelo homem é odiado por Deus, só interessa ao demônio. Deus é, pois, a ânsia de felicidade ilimitada que o homem sente em si satisfeita na fantasia. O homem inconscientemente abomina o mundo, a natureza, porque no mundo, na natureza ele vê a matéria, a destruição, a transitoriedade, a morte. Por isso, o seu instinto de ser feliz tem que criar, ainda que somente na fantasia, um outro mundo eterno, imaterial, uma vez que este daqui não serve, é um vale de lágrimas, dores e sofrimentos. Para este outro mundo transfere o homem até mesmo os seus amores individuais: as pessoas que ele ama, que são objeto de sua afetividade, não morrem; um dia ele reencontrará todas no outro mundo. Feuerbach conclui então: não foi Deus que se fez carne para salvar o homem, porque antes de Deus se rebaixar ao homem foi necessária a elevação da essência humana até Deus, ou seja, foi necessária a divinização da afetividade, do sentimento. Deus torna-se, assim, um reservatório de todos os valores positivos aos olhos do ser humano, mesmo que sejam em si contraditórios. Por exemplo: Deus é infinitamente bom e justo, mas o homem não cogita que quem é infinitamente bom nem sempre pode ser justo e que, inversamente, quem é justo nem sempre pode ser bom. Deus, conclui então, é um conjunto de infinitos atributos exatamente porque não é nenhum, porque é uma mera abstração. Por isso é dito ser inefável, incognoscível, indefinível, inesgotável. Ao explicar a religião, Feuerbach parte do princípio de Petrônio: *Primus in orbe deos fecit timor*, isto é, o medo foi que primeiro criou deuses no mundo. O medo surge no homem por causa do sentimento de dependência (*Abhängigkeitsgefühl*). O homem se sente condicionado, dependente; por isso teme pela sua vida, pela sua saúde, pela sua sorte, pelos seus interesses, sejam eles os mais quotidianos e superficiais. Daí poder a religião ser explicada também como um fruto do egoísmo. O homem chega a implorar aos deuses, antes de uma batalha, pela destruição dos seus inimigos. Muitas vezes não importa o que interessa a outros homens, mas sim o que interessa a quem implora, seja individual ou coletivamente. Assim, o homem rende graças por se sentir salvo ou curado, mas nesse momento não se lembra da justiça, pois não se lembra que outros homens não tiveram o mesmo privilégio e foram massacrados pelos mais estúpidos acidentes. Donde concluir Feuerbach que esta chamada Providência Divina ou Predestinação, que distribui felicidade e desgraça indistintamente para bons e maus, ricos e pobres, não possui uma só característica que a pudesse distinguir de "sua majestade o acaso". A própria humildade, tão característica do sentimento religioso, explica Feuerbach como sendo um fruto do egoísmo: o homem se humilha perante outros homens para se engrandecer aos olhos de seu Deus.

Quanto ao Deus como criador do universo, como princípio causal e final, Feuerbach explica como sendo um produto da limitação da nossa ciência. O homem não pode conceber algo que não seja fabricado e que não sirva a um determinado fim, porque ele próprio fabrica as coisas para servirem a alguma finalidade. Por isso, não suporta a ideia de um universo eterno, incriado, e pergunta: De onde veio tudo isto? Mas, curioso, diz Feuerbach, que ao estabelecer Deus como criador, ele não continua com esta pergunta: De onde vem Deus? Com o universo a razão não consegue parar em seu voo infinito, somente com a ideia de Deus. Deus é, pois, como um postulado gratuito e incondicionado no qual a razão descansa da sua angústia perante o infinito. Por outro lado, o homem só pode entender a perfeição, a funcionalidade da natureza como fruto de uma razão universal. Mas Feuerbach vê aí outra ingenuidade. Tudo que na natureza é aparentemente tão racional é fruto de intermináveis transformações, adaptações, combinações e repulsas, como a própria química de sobra o demonstra. Não foi um ser que tudo vê – diz ele – que criou o olho, mas sim a necessidade de ver. Na natureza não é, pois, uma suprema perfeição que cria (para que então criaria?), e sim as carências dos elementos e dos seres vivos. A natureza não é sempre tão perfeita quanto parece. Ela mostra em si imperfeições, anomalias, excrescências que vão sendo anuladas ou corrigidas aos poucos, num tatear evolutivo que leva milhões de anos. Ela não nos mostra somente evolução, perfeição, mas também degeneração, degradação, decadência. E, além disso, nem tudo acontece tão necessariamente quanto parece. O acaso e a necessidade subsistem no universo em eterna reciprocidade. Se a natureza fosse tão perfeita, o próprio homem, ao transformá-la e melhorá-la através de sua técnica e da sua arte, estaria repreendendo esta perfeição e, indiretamente, estaria repreendendo Deus.

A religião é, pois, a fase infantil da humanidade. Um dia o homem descobrirá que ele adorou a sua própria essência, que criou em sua fantasia um ser semelhante a si, mas infinitamente mais perfeito, que está sempre pronto para lhe oferecer consolo no sofrimento e proteção nos momentos mais difíceis e angustiantes da existência. A religião será então substituída pela cultura, pela ética, pelo humanismo, porque só a cultura pode unir os homens, não a religião. A fé, a religião, separa, cria cisões entre os homens devido à rivalidade entre as diversas seitas. Não é ateu no verdadeiro sentido, diz Feuerbach, aquele que nega o sujeito, e sim o que nega os predicados do sujeito. Em outras palavras: o verdadeiro ateu não é aquele que diz "Deus não existe", e sim o que diz "a bondade não existe, a justiça não existe, a misericórdia não existe" etc., porque aqui surgiria o problema (já abordado no diálogo *Êutifron*, de Platão) concernente ao que seria mais importante: Deus ou suas qualidades? Ou ainda: devemos ser bons porque Deus é bom ou já não seria o próprio Deus bom porque é bom ser bom? Se o mais importante é então ser bom, podemos abraçar a bondade independentemente de Deus, mas se o mais importante é seguirmos a Deus, poderemos adorá-lo e cultuá-lo independentemente da bondade, o que a história mostra em todas as suas páginas através das crueldades praticadas pelo fanatismo religioso.

Feuerbach foi um iluminista. Nele encontramos da maneira mais veemente a valorização do homem que tem os pés no chão, do homem que está em harmonia com a natureza da qual sabe ser um produto, mesmo conhecendo as imperfeições desta natureza, do homem que conhece e critica a si mesmo, combatendo as suas falhas e aperfeiçoando as suas qualidades; enfim, do homem que trabalha, ama, cria e transforma. Exatamente por isso talvez ninguém tenha sido tão avesso quanto ele a expressões como "sobrenatural" ou "supranatural". Se o homem passasse a acreditar um pouco mais em si mesmo ao invés de acreditar em deuses – dizia ele – teríamos certamente um mundo muito melhor.

Feuerbach, como não é difícil supor, foi muito combatido e criticado, mas era tranquilo e inabalável em suas concepções. Costumava dizer: Construo minhas ideias a partir das coisas e não procuro, como a maioria, ver as coisas através das lentes das ideias preconcebidas e impostas. E aos críticos respondia: Se for o caso, prefiro ser um demônio aliado à verdade a um anjo aliado à mentira.

Suas obras principais são: *Das Wesen des Christentums* (A essência do cristianismo), *Vorlesungen über das Wesen der Religion* (Preleções sobre a essência da religião), *Theogonie* (Teogonia), *Die Unsterblichkeitsfrage* (A questão da imortalidade). As duas primeiras foram traduzidas para o português por mim.

——PREFÁCIO À PRIMEIRA EDIÇÃO——

Na presente obra o leitor tendencioso ou não tendencioso encontra os pensamentos aforísticos e polêmicos do autor, em sua maioria casuais, esparsos em diversos trabalhos, sobre religião e cristianismo, teologia e filosofia especulativa da religião, concentrados, mas agora polidos, reformulados, desenvolvidos, fundamentados – conservados e reformulados, limitados e ampliados, moderados e aguçados, conforme fosse prático e consequentemente necessário, mas de forma nenhuma (note-se bem!) completamente esgotados e de fato pelo simples motivo que o autor, avesso a todas as generalizações nebulosas, como em todos os seus escritos, também neste perseguiu apenas um tema inteiramente determinado.

A presente obra contém os *elementos* (note-se bem!) – somente os elementos críticos para uma filosofia da religião positiva da revelação, mas naturalmente, como já se pode esperar, nem de uma filosofia da religião no sentido infantil e fantástico da nossa mitologia cristã, que se deixa impor qualquer conto de fada da história como fato, nem no sentido pedante da nossa filosofia especulativa da religião que, como durante a escolástica, demonstra o *articulus fidei* definitivamente como uma verdade lógico-metafísica.

A filosofia especulativa da religião sacrifica a religião à filosofia e a mitologia cristã, a filosofia à religião; aquela faz da religião um joguete da arbitrariedade especulativa, esta faz da razão um joguete de um materialismo religioso e fantástico; aquela só permite que a religião diga o que ela mesma pensou, mas diz ainda mais, esta só permite à religião falar ao invés da razão; aquela, incapaz de sair de si mesma, faz das imagens da religião os seus próprios pensamentos, esta, incapaz de voltar para si, faz das imagens coisas.

Compreende-se, entretanto, por si mesmo que filosofia ou religião em geral, i.e., abstraindo-se de sua diferença específica, são idênticas e que, uma vez que é um único ser que pensa e crê, também expressam as imagens da religião ao mesmo tempo pensamentos e coisas; até mesmo que toda religião determinada, toda crença é ao mesmo tempo uma linha de pensamento, porque é inteiramente impossível que algum homem acredite em alguma coisa que contradiga realmente pelo menos à sua faculdade lógica e imaginativa. Assim, não é o milagre algo irracional para quem acredita em milagres, mas antes é algo inteiramente natural, uma consequência automática da plenipotência divina, que da mesma forma é para ele uma ideia muito natural. Assim é para a fé a ressurreição da carne saindo do túmulo tão clara, tão natural quanto a volta do sol após o seu ocaso, o despertar da primavera após o inverno, o nascimento da planta a partir da semente colocada na terra. Somente quando o homem não mais sente e pensa em harmonia com a sua fé, quando então a fé deixa de ser para os homens uma verdade penetrante, só então será salientada com uma ênfase especial a contradição da fé, da religião com a razão. Em todo caso, a fé concordante consigo mesma declara também seus objetos como incompreensíveis, como contraditórios à razão, porém distingue entre razão cristã e pagã, razão iluminada e natural. Uma distinção que, de resto, apenas diz: somente para a descrença são os objetos da fé contraditórios à razão, mas uma vez que alguém crê, este está convencido da sua verdade, para este eles significam mesmo a mais elevada razão.

Mas também no meio desta harmonia entre a fé cristã ou religiosa e a razão cristã ou religiosa permanece sempre uma distinção essencial entre a fé e a razão, porque também a fé não pode se desfazer da razão natural. Mas a razão natural não é nada mais que a razão por excelência, a razão geral, a razão das verdades e das leis gerais; a fé cristã ou, o que dá na mesma, a razão cristã é em compensação um complexo de verdades especiais, de privilégios especiais e isenções, portanto, uma razão especial. Resumindo e intensificando: a razão é a regra e a fé a exceção à regra. Por isso, mesmo na melhor harmonia é inevitável uma colisão de ambas, porque a especialidade da fé e a universalidade da razão não se cobrem, não se satisfazem plenamente, mas antes permanece um resto de razão livre que por si mesmo é sentida como em contradição com a razão atada à base da fé, pelo menos em momentos especiais. Assim torna-se a diferença entre fé e razão um fato psicológico.

E não é aquilo em que a fé concorda com a razão geral que fundamenta a essência da fé, mas sim aquilo através do que ela diverge da razão. A especialidade é a fragrância da fé – por isso seu conteúdo, mesmo exteriormente, já está ligado a uma época especial, histórica, a um lugar especial, a um nome especial. Identificar a fé com a razão significa diluir a fé, apagar a sua peculiaridade. Enquanto, por exemplo, eu nada mais deixo à crença no pecado original significar a não ser que o homem não é por natureza como ele deve ser, coloco em sua boca apenas uma verdade geral, inteiramente racional, uma verdade que todo homem sabe, que até mesmo o homem primitivo confirma, mesmo quando somente cobre suas partes pudendas com uma pele, porque, o que mais expressa ele através dessa cobertura a não ser que o indivíduo humano não é por natureza como ele deve ser? Certamente oculta-se também sob o pecado original este pensamento geral, mas o que o torna um objeto de fé, uma verdade religiosa é exatamente a especialidade, a distinção, aquilo que não é consoante com a razão geral.

Certamente é a relação do pensamento com os objetos da religião, sempre e necessariamente, uma relação que a esclarece e ilumina, mas aos olhos da religião ou pelo menos da teologia uma relação que a dilui e destrói – assim é também o dever deste livro provar que, sob os mistérios sobrenaturais da religião, estão verdades inteiramente simples, naturais – mas é ao mesmo tempo inadmissível estabelecer sempre a diferença essencial entre a filosofia e a religião a não ser que se queira aliviar a religião e não a si mesmo. A diferença essencial entre a religião e a filosofia é, entretanto, baseada na *imagem*. A religião é essencialmente dramática. O próprio Deus é um ser dramático, i.e., pessoal. Quem retira da religião a imagem, este rouba-lhe a essência, tem nas mãos apenas *caput mortuum*. A imagem é, como imagem, essência.

Neste livro não se tornam as imagens da religião nem pensamentos – pelo menos no sentido da filosofia especulativa da religião – nem realidades, mas são consideradas como imagens – i.e., a teologia não é tratada nem como uma pragmatologia mística, como o é pela mitologia cristã; nem como ontologia, como o é pela filosofia especulativa da religião, mas como uma patologia psíquica.

O método que o autor aqui segue é inteiramente objetivo – é o método da química analítica. Por isso são apresentados esparsamente, quando forem necessários e possíveis, documentos, ora logo abaixo do texto, ora num apêndice especial, a fim de legitimarem as conclusões alcançadas através da análise, i.e., demonstrá-las como objetivamente fundadas. Se se achar por isso que os resultados do seu método são chocantes, ilegítimos, que se seja justo de não atribuir a culpa a ele, mas sim ao seu objeto.

O fato de o autor buscar as suas testemunhas num arquivo de séculos há muito passados tem seus bons motivos. Também o cristianismo teve os seus períodos clássicos – e somente o verdadeiro, o grandioso, o clássico, é digno de ser pensado; o não clássico pertence ao fórum da comédia ou da sátira. Assim, para se poder fixar o cristianismo como um objeto digno de ser pensado, teve o autor que se abstrair do cristianismo covarde, despersonalizado, confortável, beletrista, coquete e epicurista do mundo moderno; teve que recuar aos tempos em que a noiva de Cristo ainda era virgem, casta, imaculada, quando ela ainda não entrelaçava na coroa de espinhos de seu noivo celestial as rosas e as murtas da Vênus pagã para não cair sem sentidos diante da visão do Deus sofredor; quando ela ainda era pobre em riquezas terrenas, mas riquíssima e ditosíssima no gozo dos mistérios de um amor sobrenatural.

O cristianismo moderno não pode apresentar mais nenhum testemunho a não ser *testimonia paupertatis*. O que ele ainda possui não possui de si, vive de esmolas dos séculos passados. Fosse o cristianismo moderno um objeto digno da crítica filosófica, poderia então o autor poupar o esforço da meditação e do estudo que lhe custou seu trabalho. Na verdade o que será demonstrado neste livro de modo por assim dizer *a priori*, i.e., que o segredo da teologia é a antropologia, já foi comprovado e confirmado há muito tempo e *a posteriori* pela história da teologia. "A história do dogma" ou, generalizando, da teologia em geral, é a "crítica do dogma", da teologia em geral. A teologia já de há muito transformou-se em antropologia. Assim realizou a história, fez um objeto da consciência o que em si – aqui é o método de Hegel inteiramente correto e historicamente fundado – era a essência da teologia.

Mas não obstante "a liberdade infinita e personalidade" do mundo moderno ter assim se assenhoreado da religião e teologia cristãs, a ponto de há muito ter se apagado a distinção entre o Espírito Santo produtor da revelação divina e o espírito humano consumidor, a ponto de há muito ter se naturalizado e antropomorfizado o conteúdo sobrenatural e sobre-humano do cristianismo; mesmo assim a essência sobre-humana e sobrenatural do antigo cristianismo ainda assombra o nosso tempo e a nossa teologia pelo menos como um fantasma na cabeça em consequência da sua indecisa mediocridade e da sua falta de personalidade. Mas seria um tema sem nenhum interesse filosófico se o autor tivesse estabelecido como meta de seu trabalho a prova de que este fantasma moderno é somente uma ilusão do homem. Fantasmas e sombras do passado conduzem-nos necessariamente à pergunta: o que foi um dia o fantasma quando ele ainda era um ser de carne e osso?

O autor deve, entretanto, pedir ao leitor tendencioso, mas em especial ao não tendencioso, para não desconsiderar que, não obstante escrevendo baseado em tempos antigos, não escreve, entretanto, nos tempos antigos, mas sim na época atual e para a época atual, não deixando, portanto, o fantasma moderno longe dos olhos enquanto considera a sua essência original, e que em verdade é o conteúdo deste livro um conteúdo patológico ou fisiológico, mas a sua meta ao mesmo tempo terapêutica ou prática.

Esta meta é – promoção da hidroterapia pneumática – instrução sobre o uso e a utilidade da água fria da razão natural – reconstituição da antiga e simples hidrologia jônica no campo da filosofia especulativa, mas em especial da filosofia especulativa da religião. A antiga doutrina jônica, em especial a de Tales, soa conhecidamente assim em sua forma original: a água é o princípio de todas as coisas e essências, consequentemente também dos deuses; porque o espírito ou deus que, segundo Cícero, assiste à água no parto das coisas como um ente especial, é claramente uma mera interpolação do teísmo pagão posterior.

O *gnôthi sautón* ("conheça a ti mesmo") socrático, que é o verdadeiro epigrama e tema deste livro, não é contraditório ao elemento natural simples da sabedoria universal jônica, se pelo menos for compreendido em seu sentido verdadeiro. A água não é somente um meio físico de geração e alimentação, o que apenas significava para a hidrologia antiga e restrita; é também um remédio muito eficaz tanto psíquico quanto ótico. Água fresca faz olhos claros. E que beleza é olhar uma água límpida! Como é tranquilizante, como é luminoso um banho d'água ótico! De fato, a água nos atrai para o fundo da natureza com seus encantos mágicos, mas só reflete para o homem a sua própria imagem. A água é a imagem da consciência de si mesmo, a imagem do olho humano – a água é o espelho natural do homem. Na água o homem se despe destemidamente de todas as roupagens místicas; à água confia-se ele em sua forma verdadeira, nua; na água desaparecem todas as ilusões sobrenaturais. Assim também apagou-se um dia a tocha da astroteologia pagã na água da filosofia jônica da natureza.

Exatamente aqui se encontra o maravilhoso elixir da água – aqui a beneficência e a necessidade da hidroterapia pneumática, especialmente para uma geração tão hidrófoba, tão iludida e tão efeminada como, na maior parte, é a atual.

Entretanto, esteja longe de nós alimentarmos ilusões sobre a água, a água límpida, ensolarada da razão natural; unirmos ao antídoto do supranaturalismo novamente concepções sobrenaturais. *Áriston* hýdor (água excelente) certamente; mas também *áriston métron* (medida excelente). Também o poder da água é um poder limitado em si mesmo, confiado à medida e à finalidade. Também para a água existem doenças incuráveis. Assim é antes de mais nada incurável o mal venéreo dos modernos devotos, fantasistas e pedantes que, julgando o valor das coisas somente pelo seu encanto poético, são desavergonhados e desonrados a ponto de protegerem a ilusão também por eles reconhecida como tal só porque ela é bela e beneficente; são tão superficiais e falsos a ponto de não mais perceberem que uma ilusão só é bela enquanto ela não é tida por ilusão, mas por verdade. Mas a tais sujeitos vaidosos e venéreos não se recomenda a hidroterapia pneumática. Somente quem atribui mais valor ao espírito simples da verdade do que ao pedantismo espiritualista hipócrita da mentira, somente quem acha bela a verdade e feia a mentira, somente este é digno e capaz de receber o sacrossanto batismo.

PREFÁCIO À SEGUNDA EDIÇÃO

Os juízos tolos e pérfidos que foram feitos sobre esta obra desde o seu aparecimento na primeira edição de forma nenhuma me surpreenderam, porque não esperava outros e mesmo racional e normalmente não poderia esperar outros. Que eu, neste livro, destruí Deus e o mundo. Que eu tive o "infame atrevimento" de expressar já no prefácio que "também o cristianismo teve o seu período clássico e que somente o verdadeiro, o grandioso, o clássico é digno de ser pensado; o falso, o pequeno, o não clássico, porém, pertence ao fórum da sátira ou da comédia, que eu então, para estabelecer o cristianismo como um objeto digno de ser pensado, me abstraí do cristianismo dissoluto, despersonalizado, confortável, beletrista, coquete e epicurista do mundo moderno, voltando para os tempos em que a noiva de Cristo ainda era uma virgem casta e imaculada, quando ela ainda não entrelaçava na coroa de espinhos de seu noivo celestial as rosas e as murtas da Vênus pagã, quando ela ainda era pobre em riquezas terrenas, mas riquíssima e ditosíssima no gozo dos mistérios de um amor sobrenatural". Que eu tive o infame atrevimento de tirar das trevas do passado e trazer novamente à luz o verdadeiro cristianismo, ocultado e renegado pelos falsos cristãos modernos, porém não na intenção louvável e racional de apresentá-lo como o *non plus ultra* do espírito e do coração humano, mas na intenção oposta, na intenção tão "estúpida" quão "diabólica" de reduzi-lo a um princípio mais elevado e mais geral – e tornei-me, em consequência deste infame atrevimento, com toda razão, a maldição dos cristãos modernos, especialmente dos teólogos. Que eu ataquei a filosofia especulativa em seu ponto fraco, em seu legítimo *point d'honneur* ao destruir impiedosamente a aparente concórdia que estabeleceram entre si e a religião – que provei que eles, para colocarem a religião em concordância consigo, retiraram da religião o seu conteúdo verdadeiro e essencial; mas também que coloquei a chamada filosofia positiva numa luz extremamente fatal ao mostrar que o original do seu ídolo é o *homem*; e que para que haja personalidade é preciso haver carne e osso e que através da minha extraordinária obra fui violentamente contra os filósofos profissionais. Em seguida que eu atraí para mim, através do Iluminismo extremamente apolítico (infelizmente!), mas intelectual e eticamente necessário, que lancei sobre a obscura essência da religião, o desfavor dos políticos, tanto dos políticos que consideram a religião como o meio mais político para a submissão e a opressão do homem quanto daqueles que encaram a religião como a coisa politicamente mais inexpressiva e que são por isso amigos da luz e da liberdade no campo da indústria e da política, mas até mesmo inimigos no campo da religião. De resto, que eu, já com o desrespeitoso idioma pelo qual chamo as coisas com seu verdadeiro nome, dei um golpe terrível, imperdoável na etiqueta da época.

O tom das "altas sociedades", o tom neutro e impassível das ilusões e falsidades convencionais é exatamente o tom dominante, o tom normal da época – o tom no qual devem ser tratadas e discutidas não somente as questões propriamente políticas, o que se subentende, mas também as religiosas e científicas, i.e., o mal da época. *Aparência* é a essência da nossa época – aparência é a nossa política, aparência a nossa moral, aparência a nossa religião, aparência a nossa ciência. Quem diz a verdade atualmente é *impertinente*, "imoral" e quem é *imoral* é *amoral*. *Verdade* é para a nossa época *imoralidade*. Moral, sim, até mesmo autorizada e honrada, é a negação hipócrita do cristianismo que se dá a aparência de uma afirmação dele, mas imoral e difamada é a negação genuína e ética do cristianismo – a negação que se confessa como tal. Moral é o brinquedo da arbitrariedade com o cristianismo que, *de fato*, derruba um artigo fundamental de fé cristã, mas deixa o outro incólume *aparentemente*, porque quem derruba um artigo de fé, este derruba, como já dizia Lutero[1], todos os outros, pelo

---

1. Lutero assim se expressa a esse respeito: "tudo ou nada, acreditar em tudo ou desacreditar tudo. O Espírito Santo não se deixa separar nem dividir, de forma a se deixar crer ou ensinar que um pedaço é verdadeiro e o outro falso... se o sino se romper em algum lugar, também não soa mais e para nada serve". Oh! Quanta verdade! Como os sons dos sinos da fé atual ofendem a sensibilidade musical! E, de fato, quão rachado está também o sino!

menos em princípio; mas imoral é a honestidade da libertação do cristianismo por uma necessidade interna; moral é a grosseira imperfeição, mas imoral a perfeição segura e consciente de si mesma; moral a contradição negligente, mas imoral o rigor da consequência; moral a mediocridade, porque ela nada decide, nunca vai ao fundo, mas imoral o gênio, porque ele limpa, porque ele esgota o seu objeto – resumindo, moral é somente a *mentira*, porque ela contorna e oculta o mal da verdade ou – o que aqui significa o mesmo – a verdade do mal.

Verdade não é para a nossa época somente imoralidade, verdade é também não cientificidade – verdade é o limite da ciência. Assim como a liberdade de navegação da Renânia alemã se estende *jusqu'à la mer*, estende-se a liberdade da ciência alemã *jusqu'à la verité*. Quando a ciência chega à verdade, torna-se verdade, aí deixa ela de ser ciência e torna-se um objeto da polícia – a polícia é a fronteira entre a verdade e a ciência. Verdade é o homem e não a razão *in abstracto*; a vida, não o pensamento que permanece no papel, que só encontra a sua existência completa e correspondente no papel. Por isso os pensamentos que se transportam imediatamente da pena para o sangue, da razão para o homem, não são mais verdades científicas. Ciência é essencialmente apenas um jogo inofensivo, mas também inútil da razão inerte; ciência é somente uma ocupação com coisas indiferentes para a vida e para o homem ou, mesmo que se ocupando com coisas não indiferentes, é, entretanto, uma ocupação tão indiferente que por ela ninguém se preocupa. Indecisão na cabeça, inação no coração – insinceridade e falta de escrúpulo, em resumo, falta de personalidade é então atualmente a característica necessária de um sábio genuíno, recomendável e aprovado – pelo menos do tipo de sábio cuja ciência o coloca em contato com os pontos fracos da época. Mas um sábio de senso incorruptível da verdade, de caráter decidido e que exatamente por isso acerta o alvo em cheio no primeiro tiro, que agarra o mal pela raiz, que mostra sempre o centro da crise, da decisão – um tal sábio não é mais sábio – que Deus o conserve! – é um iconoclasta – rápido com ele então para a forca ou pelo menos para o pelourinho! Sim, para o pelourinho, pois a morte na forca é, de acordo com os princípios expressos pelo atual "direito do estado cristão", uma morte não política e "não cristã", porque é uma morte pública, inegável; mas a morte no pelourinho é uma morte burguesa, uma morte altamente política e cristã porque manhosa e dissimulada – é morte, mas uma morte que não parece ser morte. E aparência, pura aparência é a essência da época em todas as questões críticas.

Não é então para se espantar que a época do cristianismo aparente, ilusório, famigerado, tenha se escandalizado tanto com a "essência do cristianismo". O cristianismo já está tão deturpado e em desuso que até mesmo os representantes oficiais e eruditos do cristianismo, os teólogos, não sabem mais ou pelo menos não querem saber o que é o cristianismo. Basta que se compare para se convencer com os próprios olhos as objeções que levantaram contra mim os teólogos, p. ex., no tocante à fé, ao milagre, à providência e à perfeição do mundo, com os testemunhos históricos que apresento em meu livro, especialmente nesta segunda edição amplamente enriquecida de documentos, e logo se reconhecerá que as suas objeções não atingem a mim, mas ao próprio cristianismo; que a sua indignação com o meu livro é apenas uma indignação com o conteúdo genuíno, porém estranho à concepção que têm de religião cristã. Não! Não é de se admirar que numa época em que – reconhecidamente por cansaço – a oposição caduca, agora tão insignificante entre catolicismo e protestantismo – uma oposição que já recentemente alfaiates e sapateiros superaram – tenha se acalorado novamente com passionalidade e não tenha se envergonhado de aceitar a querela sobre casamentos mistos como uma questão séria e de grande importância; uma obra que, baseando-se em documentos históricos, prova que não somente o casamento misto, o casamento entre crentes e descrentes, mas que também o casamento em geral contradiz ao *verdadeiro* cristianismo, que o *verdadeiro* cristão (não é pois o dever dos governos cristãos, do cura cristão, do mestre cristão cuidar para que nós todos sejamos cristãos verdadeiros?) não admite nenhuma outra procriação a não ser a procriação no Espírito Santo, a conversão, a população do céu, mas não da terra – (não!) não é de se admirar que numa tal época um livro como o aqui presente seja um anacronismo escandalizante.

Mas exatamente por não ser para se espantar, em nada esses insultos sobre ou contra a minha obra me fizeram mudar de ideia.

Ao contrário, submeti meu livro mais uma vez, tranquilamente, à mais rigorosa crítica tanto histórica quanto filosófica, limpando-o de suas insuficiências formais tanto quanto possível e enriquecendo-o com novos desenvolvimentos, ilustrações e testemunhos históricos, testemunhos aliás altamente decisivos, irrefutáveis. Possivelmente poder-se-á agora se convencer, se não se for cego, e confessar, ainda que contra a vontade, que o meu livro é uma tradução fiel e correta da religião cristã, de acordo com a linguagem oriental simbólica da fantasia, para um bom e claro alemão, uma vez que frequentemente interrompo e reforço o fio do pensamento da minha análise com provas históricas. E meu livro não pretende ser nada mais que uma fidelíssima tradução – expresso figuradamente: uma análise empírica ou histórico-filosófica, uma solução para o enigma da religião cristã. Os princípios gerais que eu apresento na introdução não são *a priori* forjados, produtos da especulação; surgiram com a análise da religião, são apenas, como em geral os pensamentos fundamentais do livro, exteriorizações reais da essência humana (na verdade, da essência religiosa e da consciência humana) traduzidas para ideias racionais, i.e., concebidas em expressões gerais e por isso trazidas ao entendimento. As ideias do meu livro são apenas conclusões de premissas que não são meros pensamentos, e sim fatos objetivos, atuais ou históricos – fatos que apesar da sua existência bruta em incunábulos não tinham absolutamente lugar em minha cabeça. Em geral condeno incondicionalmente qualquer especulação absoluta, imaterial, autossuficiente – a especulação que tira a sua matéria de si mesma. Sou astronomicamente diferente dos filósofos que arrancam os olhos da cabeça para poderem pensar melhor; eu, para pensar, necessito dos sentidos, mas acima de todos dos olhos, fundamento minhas ideias sobre materiais que podemos buscar sempre através da atividade dos sentidos, não produzo coisas a partir do pensamento, mas inversamente os pensamentos, a partir das coisas, mas coisa é somente o que existe fora da cabeça. Sou idealista somente no campo da filosofia prática, i.e., aqui não faço das limitações do presente e do passado as limitações da humanidade; do futuro, creio antes inabalavelmente que muita coisa tida hoje por fantasia, por ideia nunca realizável, por quimera pelos práticos pusilânimes e de curta visão, já amanhã, i.e., no próximo século – séculos em relação ao indivíduo são dias em relação à vida da humanidade – se mostrará em plena realidade. Resumindo, a ideia é para mim somente a confiança no futuro histórico, na vitória da verdade e da virtude, tem para mim um significado apenas político e moral; mas no campo da filosofia propriamente teórica vale para mim, numa oposição direta à filosofia de Hegel em que se dá exatamente o contrário, somente o realismo, o materialismo no sentido já indicado. Não posso por isso aplicar em mim (infelizmente!) o princípio da filosofia especulativa de até agora: tudo que é meu carrego comigo mesmo – o velho *omnia mea mecum porto*. Tenho pois muitas coisas fora de mim que não posso levar comigo no bolso ou na cabeça, mas que no entanto atribuo a mim mesmo, a mim não só enquanto ser humano, de que não se trata aqui, mas a mim como filósofo. Sou apenas um pesquisador espiritual, mas o pesquisador nada pode sem instrumentos, sem meios materiais. Como tal, como um pesquisador espiritual escrevi esta minha obra que consequentemente contém apenas o princípio, e um princípio já garantido na prática, i.e., *in concreto* num objeto especial – de resto, num objeto de importância geral, num princípio apresentado e desenvolvido na religião, num princípio de uma nova filosofia, essencialmente diversa das até então existentes, correspondente à essência verdadeira, real e total do homem, mas exatamente por isso contrária a todos os homens corrompidos e mutilados por uma religião e especulação sobre e anti-humana e antinatural – de uma filosofia que, como já me expressei alhures, não considera a pena como o único órgão de revelação da verdade, mas que tem olhos, ouvidos, mãos e pés, que não identifica o pensamento da coisa com a própria coisa para reduzir assim a existência real numa existência de papel através da caneta, mas que separa ambas as realidades e que exatamente por causa desta separação chega à coisa mesma, não à coisa enquanto objeto da razão abstrata, mas enquanto objeto do homem total e real, que é então ela mesma uma coisa total e real, que conhece a verdadeira coisa – de uma filosofia que não se baseia numa razão em si, absoluta, anônima, a qual não se sabe a quem pertence, mas na razão do homem, certamente não do homem já doutrinado e cristianizado; de uma filosofia que fala o idioma humano e não um idioma indefinido e anônimo, sim, que até mesmo, como de acordo com a coisa, também de acordo com o idioma estabelece a essência da filosofia exatamente na negação da filosofia, i.e., declara por verdadeira somente a filosofia traduzida em *succum et sanguinem*, em carne e osso, a filosofia encarnada em homem e que por isso encontra seu maior triunfo em não parecer ser filosofia para as cabeças pesadas e doutrinadas que colocam a essência da filosofia na aparência da filosofia.

Como um *espécimen* desta filosofia que tem por princípio o mais positivo princípio real, i.e., o ente real ou o mais real possível, o verdadeiro *ens realissimum*: o homem e não a substância de Spinoza, nem o *Eu* de Kant e Fichte, nem a identidade absoluta de Schelling, nem o espírito absoluto de Hegel; em resumo, nenhum princípio abstrato ou somente pensado ou imaginado desta filosofia que produz o pensamento retirando-o do seu oposto, da matéria, da essência, dos sentidos, que de início se comporta sensorialmente, i.e., passiva e receptivamente em relação a seus objetos para só depois determiná-los pelo pensamento; como este *espécimen* não é então o meu livro (não obstante sendo sob outro aspecto o resultado verdadeiro, tornado carne e osso, da filosofia de até então) de forma nenhuma um produto que se poderia classificar na categoria da especulação, mas é antes o extremo oposto: é a dissolução da especulação. A especulação só deixa a religião dizer o que ela própria pensou e dito de maneira muito melhor do que a religião; ela determina a religião sem se deixar determinar por ela; ela não sai fora de si. Eu, porém, deixo a própria religião se expressar; represento apenas o seu ouvinte e intérprete, não o seu *souffleur*. A minha única meta não era somente encontrar, descobrir, "descobrir essência"; observar com retidão também não era meu único alvo. Não sou eu, é a religião que adora o homem, não obstante ela ou a teologia o negue. Não é a minha pequenez apenas, a própria religião diz: Deus é homem, o homem é Deus; não sou eu, é a própria religião que renega o Deus que não é homem, mas somente um *Ens rationis* ao deixar que Deus se torne homem e que só então faz desse Deus antropomórfico, antropopático e intencional o objeto da sua reverência e adoração. Apenas mostrei o mistério da religião cristã, apenas arranquei-o da teia contraditória das mentiras e tapeações da teologia – e com isso certamente cometi um enorme sacrilégio. Por isso, mesmo sendo minha obra negativa, irreligiosa, ateísta, que se medite entretanto que o ateísmo (pelo menos no sentido deste livro) é o mistério da própria religião, que a própria religião, em verdade, não na superfície, mas no fundo, não na sua opinião e fantasia, mas em seu coração, em sua verdadeira essência, em nada mais crê a não ser na verdade e divindade da essência humana. Ou então que se me prove serem falsos, ilegítimos, tanto os argumentos históricos quanto os racionais do meu livro, que se os contradiga, peço apenas que não se venha com injúrias jurídicas ou jeremiadas teológicas, com frases especulativas vulgares ou com comiserações abstratas, mas com bases e com bases que eu ainda não tenha já refutado fundamentalmente.

Certamente é esta minha obra negativa, mas (note-se bem!) negativa somente quanto à essência não humana, não quanto à essência humana da religião. Por isso divide-se ela em duas partes das quais, conforme a importância, é a primeira afirmativa, a segunda (incluindo o apêndice) negativa, não totalmente, mas em sua maior parte; em ambas, porém, é demonstrada a mesma coisa, apenas de modo diverso ou mesmo oposto. A primeira é a solução da religião em sua essência, em sua verdade, a segunda a solução da mesma em suas contradições; a primeira desenvolvimento, a segunda polêmica; aquela, pela própria natureza do assunto, mais tranquila, esta, mais viva. Devagar caminha o desenvolvimento, mas rápida é a luta, porque o desenvolvimento se satisfaz em cada estágio, mas a luta somente na meta final. Comedido é o desenvolvimento, mas decisiva a luta. Luz alcança o desenvolvimento, mas fogo a luta. Daí a diferença de ambas as partes já no campo formal. Na primeira parte mostro então que o verdadeiro significado da teologia é a antropologia, que entre os predicados da essência divina e humana (porque sempre que os predicados, como é o caso antes de tudo nos teológicos, não são predicados casuais, acidentes, mas expressam a essência do sujeito, não existe distinção entre predicado e sujeito, podendo o predicado ser posto no lugar do sujeito, pelo que indico a *Analítica* de Aristóteles ou ainda a *Introdução* [*Isagoge*] de Porfírio) – consequentemente também entre o sujeito ou a essência divina e humana não há distinção, são idênticos; na segunda parte mostro que a distinção que é feita entre os predicados antropológicos e teológicos, ou melhor, que deve ser feita, dissolve-

-se no nada, num *non sense*. Um exemplo claro: na primeira parte eu provo que o filho de Deus da religião é um filho real e que é um filho de Deus no mesmo sentido em que o homem é um filho do homem e encontro aí a verdade, a essência da religião, que ela concebe e afirma uma relação profundamente humana como uma relação divina; na segunda parte, que o filho de Deus – de certo não diretamente na própria religião, mas na reflexão dela sobre si mesma – não é um filho no sentido natural, humano, mas num sentido inteiramente diverso, contraditório à natureza e à razão, portanto, de modo inconsequente e irracional, e encontro nesta negação da coerência e da razão humana a inverdade, o lado negativo da religião. A primeira parte é, portanto, a prova direta, a segunda a prova indireta de que a teologia é antropologia; por isso a segunda conduz necessariamente à primeira, não possui um sentido autônomo, deve somente demonstrar a meta, que o sentido no qual a religião foi lá tomada deve ser o certo, porque o sentido contrário é um *nonsense*. Resumindo, na primeira parte trato principalmente da religião (digo principalmente porque foi inevitável não incluir na primeira a teologia assim como na segunda a religião); na segunda, da teologia, mas não somente, como se julgou aqui e ali erroneamente, da teologia geral, cujas bem conhecidas sutilezas evitei tanto quanto me foi possível, restringindo-me sempre somente à determinação mais essencial, mais rigorosa e mais necessária da questão, p. ex., nos sacramentos somente a dois, porque num sentido mais restrito (cf. LUTERO, parte XVII, p. 58 da edição citada) existem apenas dois; restringindo-me assim a uma determinação que dê a uma questão um interesse geral, que a eleve acima da esfera limitada da teologia, mas também o que a mera observação superficial mostra, trato da filosofia e da teologia especulativa. Da teologia, digo, não dos teólogos, porque só posso fixar o que é a *prima causa*, o original, não a cópia, os princípios, não pessoas, gêneros, não indivíduos, objetos da história, objetos da *chronique scandaleuse*.

Se a minha obra contivesse somente a segunda parte, então ter-se-ia de fato razão de acusá-la de uma tendência unicamente negativa, de se atribuir como o seu único conteúdo essencial a afirmação de que a religião não é nada, é loucura. Mas não digo absolutamente (e quão fácil seria para mim!) – Deus não é nada, a Trindade não é nada, a palavra de Deus não é nada etc., mostro apenas que tais coisas não são o que são na ilusão da teologia, que não são mistérios estranhos, mas íntimos, os mistérios de natureza humana; mostro apenas que a religião toma a essência aparente e superficial da natureza e da humanidade por sua essência verdadeira e interior e por isso imagina a essência verdadeira e esotérica da mesma como uma essência estranha e especial, que, portanto, a religião, nas determinações que ela atribui a Deus, p. ex., à palavra de Deus (pelo menos nas determinações que não são negativas no sentido indicado), apenas define ou objetiva a verdadeira essência da palavra humana. A objeção de que segundo a minha obra a religião seria uma loucura, um nada, uma pura ilusão, só teria fundamento se, segundo ela, também aquilo de que remonto a religião e que demonstro como o seu verdadeiro objeto e conteúdo, o homem ou a antropologia, fosse loucura, nada, pura ilusão. Mas estou longe de atribuir à antropologia uma importância insignificante ou apenas subordinada, uma importância que só lhe seja devida enquanto uma teologia estiver acima dela e contra ela – ao reduzir a teologia à antropologia na verdade elevo a antropologia para a teologia assim como o cristianismo que, ao reduzir Deus ao homem, fez do homem um Deus, certamente um Deus afastado do homem, transcendente e fantástico – assim como também a palavra antropologia, o que é automático, não no sentido da filosofia hegeliana ou de até agora em geral, mas num sentido infinitamente mais elevado e geral.

A religião é o sonho do espírito humano. Mas também no sonho não nos encontramos no nada ou no céu, mas sobre a terra – no reino da realidade, apenas não enxergamos os objetos reais à luz da realidade e da necessidade, mas no brilho arrebatador da imaginação e da arbitrariedade. Por isso nada mais faço à religião – também à teologia ou filosofia especulativa – do que abrir os seus olhos, ou melhor, voltar para fora os seus olhos que estão voltados para dentro, i.e., apenas transformo o objeto da fantasia no objeto da realidade.

Mas certamente para esta época que prefere a imagem à coisa, a cópia ao original, a fantasia à realidade, a aparência à essência, é esta transformação, exatamente por ser uma desilusão, uma destruição absoluta ou uma pérfida profanação, porque sagrada é somente a ilusão, mas profana a verdade. Sim, esta sacralidade aumenta na mesma proporção em que a verdade diminui e a ilusão aumenta, de forma que o que é o mais alto grau de ilusão é também o mais alto grau de sacralidade. Desaparecida está a religião e em seu lugar surge, até mesmo dentre os protestantes, a aparência de religião – a Igreja, para convencer pelo menos a massa ignorante e submissa de que ainda existe a fé cristã pelo fato de existirem ainda hoje, como há milênios atrás, as igrejas cristãs e pelo fato de que ainda hoje, como sempre, estarem os sintomas exteriores da fé em vigor. Aquilo que não existe mais na fé (a fé do mundo moderno é apenas uma fé aparente, uma fé que não crê o que ela pensa crer, sendo apenas uma descrença indecisa, pusilânime, como já foi suficientemente demonstrado por mim e por outros) deve entretanto vigorar ainda na opinião e o que não é mais sagrado em si, em verdade, deve pelo menos ainda parecer sagrado. Daí a aparente estupefação religiosa da atualidade, da época da aparência e da ilusão, com relação à minha análise especialmente quanto aos sacramentos. Mas que não se exija de um escritor que não tem por meta a simpatia da época, mas somente a verdade, a verdade nua e crua, que ele tenha respeito por uma vã aparência ou que a lisonjeie e isso com maior razão ainda por ser o objeto desta aparência em si e por si o ponto culminante da religião, i.e., o ponto em que a religiosidade se transforma em irreligiosidade. Que isto sirva de justificação, não de desculpa, para a minha análise dos sacramentos.

No tocante ao sentido legítimo da análise dos sacramentos feita principalmente na conclusão, observo apenas que aí exemplifico o conteúdo essencial da minha obra, o seu tema, especialmente com referência ao seu significado prático, através de um exemplo claro; que conclamo aí os próprios sentidos como testemunhas da veracidade da minha análise e dos meus pensamentos; demonstro, pois, *ad oculos, ad tactum et ad gustum* o que ensinei durante toda a obra *ad captum*. Como a água do batismo, o pão e o vinho da ceia tomados em sua força e significado natural atuam de modo infinitamente mais eficaz do que num significado sobrenatural e ilusório; assim é também o objeto da religião no sentido desta obra, i.e., compreendido no sentido antropológico, um objeto infinitamente mais fecundo e mais real da teoria e da prática do que no sentido da teologia; porque, como aquilo que é ou deve ser comunicado na água, no vinho e no pão como algo diverso desses elementos naturais, como algo da imaginação, da fantasia, mas que nada significa na verdade, na realidade; da mesma forma é também o objeto da religião em geral, a essência divina em contraste com a essência da natureza e da humanidade (i.e., quando as determinações da mesma, assim como razão, amor etc., devem significar outra coisa que não estas determinações tais como elas determinam a essência do homem e da natureza) apenas algo da imaginação, da fantasia, nada significando na verdade e na realidade. Não devemos então – é a moral da fábula – transformar as determinações e forças da realidade ou as entidades e coisas reais em geral, como a teologia e a filosofia especulativa, em símbolos arbitrários, em veículos ou em predicados de uma essência diversa delas, transcendente, absoluta e abstrata, mas sim concebê-las no significado que elas têm por si mesmas e que é idêntico à sua qualidade, à determinação que faz delas o que elas são – só então teremos a chave para uma teoria e uma prática reais. Por isso estabeleço de fato e de verdade o benefício da água real ao invés da água inútil do batismo. Quão "aguado", quão trivial! Certamente, muito trivial. Mas uma verdade muito trivial era também o matrimônio que Lutero, baseado em sua intuição humana natural, opôs à ilusão da pseudossagrada classe celibatária. A água é para mim então uma coisa, mas ao mesmo tempo também apenas um veículo, uma imagem, um exemplo, um símbolo do espírito "profano" da minha obra, da mesma forma que a água do batismo – o objeto de minha análise – é simultaneamente a própria água e uma água alegórica ou simbólica. O mesmo se dá com o pão e o vinho! A maldade tirou daqui a ridícula conclusão: banhar-se, comer e beber é a *summa summarum*, o resultado positivo da minha obra. Respondo apenas o seguinte: se todo o conteúdo da religião estiver contido nos sacramentos, não havendo consequentemente outros atos ou desempenhos religiosos a não ser os efetuados no batismo e na ceia, então é certamente também o conteúdo total e o resultado positivo da minha obra: banhar-se, comer e beber, visto que meu livro nada mais é que uma análise fiel, que se atém da maneira mais rigorosa ao seu objeto, uma análise histórica e filosófica, a "autodesilusão", a "autoconsciência" da religião.

Uma análise histórico-filosófica, em contraste com as análises somente históricas do cristianismo. O historiador mostra, como p. ex. Daumer, que a ceia é um ritual oriundo do antigo sacrifício humano, que, em tempos remotos, ao invés de pão e vinho era digerida carne humana real e sangue. Eu, porém, tomo por objeto da minha análise e redução apenas o significado cristão da mesma ou o sancionado pelo cristianismo e sigo aí o princípio de que somente o significado que tem um dogma ou instituição para o cristianismo, e para o cristianismo antigo, verdadeiro, não para o atual, existindo ou não em outras religiões, é também a verdadeira origem deste enquanto cristão. Ou então mostra o historiador que, como p. ex. Lützelberger, as narrações sobre os milagres de Cristo se dissolvem em sérias contradições e absurdos, que são invenções posteriores e que consequentemente Cristo não fez nenhum milagre e que, em síntese, não existiu como a Bíblia o pinta. Eu, porém, não pergunto qual teria sido ou pode ser o Cristo real, natural, diferente do transfigurado ou sobrenatural; aceito este Cristo religioso, mas mostro que a sua essência sobre-humana é apenas um produto ou objeto da afetividade humana sobrenatural. Não pergunto se este ou aquele, mas se o milagre em geral pode ou não acontecer; mostro apenas o que é o milagre e não *a priori*, mas através dos exemplos de milagres que são narrados na Bíblia como fatos reais e com isto soluciono exatamente a questão da possibilidade, realidade ou necessidade do milagre de uma forma que anula até mesmo a possibilidade destas questões. Basta quanto à minha diferença com relação aos historiadores anticristãos. Mas quanto à minha relação com Strauss e Bruno Bauer, em companhia dos quais sou sempre citado, apenas observo que já na diferença do objeto, como o próprio título indica, está contida a diferença de nossas obras. Bauer tem por objeto de sua crítica a história evangélica, i.e., o cristianismo bíblico, ou melhor, a teologia bíblica; Strauss, a doutrina cristã e a vida de Jesus, o que também pode-se colocar sob o título de doutrina cristã, portanto, o cristianismo dogmático ou, antes, a teologia dogmática; eu, porém, tenho por objeto o cristianismo em geral, i.e., a religião cristã e, apenas como uma consequência, a filosofia ou teologia cristã.

Por isso cito principalmente só os homens nos quais o cristianismo não era apenas um objeto teorético ou dogmático, não apenas teologia, mas religião. Meu objeto principal é o cristianismo, é a religião enquanto objeto imediato, essência imediata do homem. Erudição e filosofia são para mim apenas os meios para mostrar o tesouro escondido no homem.

Devo ainda lembrar que a minha obra, inteiramente contra a minha intenção e expectativa, caiu no domínio público geral. Na verdade, sempre tomei por critério da verdadeira forma literária e didática não o erudito, o filósofo das faculdades, abstrato e particular, mas sim o homem universal; o homem em geral – não este ou aquele filósofo – é que sempre foi para mim o critério da verdade; sempre considerei o mais alto virtuosismo do filósofo uma autonegação do filósofo, porque este nem como homem nem como escritor mostra o filósofo, i.e., é filósofo somente quanto à essência, mas não quanto à forma, somente um filósofo tranquilo, mas não genuíno e por isso tomei como uma lei em todas as minhas obras, assim também nesta, a maior clareza, simplicidade e precisão na medida em que o assunto permitir, de forma que todo indivíduo culto e especulativo possa entender, pelo menos quanto ao essencial. Mas não obstante isso, só pode o meu livro ser valorizado e entendido completamente pelo sábio (i.e., o sábio amigo da verdade, capaz de julgar, elevado acima dos escrúpulos e preconceitos da plebe culta e inculta); porque, não obstante um produto inteiramente autônomo, é ao mesmo tempo uma consequência necessária da história. Muito frequentemente me refiro a este ou aquele fenômeno histórico, sem contudo mencioná-lo nem sequer pelo nome, apenas porque julguei desnecessário referências, pois que só seriam entendidas pelo erudito. Assim refiro-me, p. ex., logo no primeiro capítulo, onde desenvolvo as consequências necessárias do ponto de vista do sentimento, aos filósofos Jacobi e Schleiermacher; no segundo capítulo, de antemão, principalmente ao kantismo, ceticismo, deísmo, materialismo, panteísmo; no capítulo sobre "o ponto de vista da religião", em que discuto a contradição entre a concepção religiosa ou teológica da natureza e a concepção física ou metafísica da mesma, refiro-me à filosofia no período da ortodoxia e especialmente à filosofia cartesiana e leibniziana, na qual esta contradição se manifesta de modo característico. Por isso, quem não conhecer as bases históricas e as fontes da minha obra, a este faltam os pontos de coerência dos meus pensamentos e argumentos; não seria de se admirar se muitas das minhas afirmações lhe parecerem frequentemente tiradas do ar, mesmo que baseando-se elas em solo tão firme. Em verdade é o objeto da minha obra de interesse humano geral; seus pensamentos fundamentais serão um dia certamente propriedade da humanidade (certamente não na maneira em que são aqui expressos e que somente poderiam ser nas circunstâncias atuais), porque o que unicamente os combate são as ilusões e preconceitos da nossa época, contraditórios à verdadeira essência do homem. Mas trato do meu assunto primeiramente como uma questão científica, como um objeto da filosofia e não poderia tratá-lo de outra forma. E enquanto corrijo as aberrações da religião, teologia e especulação, sou obrigado a me servir das suas expressões; sim, sou até mesmo obrigado a especular ou, o que dá na mesma, a parecer estar fazendo teologia, quando na verdade dissolvo a especulação, i.e., reduzo a teologia à antropologia. Minha obra contém, disse eu acima, o princípio desenvolvido *in concreto* de uma filosofia nova, não fiel a uma escola, mas ao homem. Sim, ela o contém, mas somente enquanto ela o gera e o gera no ventre da religião – por isso, diga-se de passagem, a filosofia atual não mais poderá cair e não mais cairá na tentação de demonstrar a sua coerência com a religião através da sua coerência com o dogma cristão, como tentaram a antiga escolástica católica e a atual protestante; antes, por ser gerada na essência da religião, tem a verdadeira essência da religião em si, é em si e por si, enquanto filosofia, religião. Mas exatamente uma obra genética e consequentemente explicativa e demonstrativa não é uma obra própria para o grande público em função desta sua qualidade formal.

Finalmente indico para complementação desta obra, com relação a muitas afirmações aparentemente infundadas, minhas obras anteriores, assim como em especial: de P. Bayle, *Uma contribuição para a história da filosofia e da humanidade* e *Filosofia e cristianismo*, em que mostrei e descrevi em poucos traços, mas agudos, a dissolução histórica do cristianismo, que este já de há muito desapareceu não só da razão, mas também da vida humana, que nada mais é do que uma *ideia fixa* que está em gritante contradição com as nossas instituições de seguro de vida e fogo, com as nossas estradas de ferro e carros a vapor, com nossas pinacotecas e gliptotecas, nossas escolas de guerra e indústria, nossos teatros e museus naturais.

Bruckberg, 14 de fevereiro de 1843
L.F.

Post-scriptum. Ao escrever este prefácio ainda não tinha sido a filosofia neoschellingiana proclamada pelos jornais como "um poder estatal", esta filosofia de má-fé que se esconde já há anos nas trevas porque bem sabe que o dia da sua publicação será o dia da sua destruição – esta filosofia da mais ridícula vaidade, que por argumentos só tem nomes e títulos, e que nomes e títulos! – esta troça teosófica do Cagliostro[2] filosófico do século XIX[3]. Certamente, se tivesse tomado conhecimento deste deboche, teria escrito meu prefácio de outra forma.

31 de março

Pobre Alemanha! Já te passaram muitos primeiros de abril, mesmo no campo da filosofia, pelo já citado Cagliostro que sempre te iludiu, nunca cumpriu o que prometeu e nunca provou o que afirmou. Mas pelo menos baseava-se antes em nomes da razão, em nomes da natureza, portanto em nomes de coisas, mas agora quer te iludir até com nomes de pessoas, com nomes de um Savigny, de um Twesten e Neander! Pobre Alemanha! Até a tua honra científica deseja-se tomar de ti. Assinaturas devem valer como provas científicas, como argumentos! Mas tu não te deixas

---

2. Conde italiano (1743-1795) que se apresentava nas cortes europeias como exorcista, possuidor da pedra filosofal e do elixir da vida. Condenado à morte pela inquisição, foi indulgenciado por Pio VI, permanecendo preso até a morte [N.T.].

3. As provas documentárias da verdade desta imagem podem ser encontradas em grande quantidade na categórica obra de Kapp sobre Schelling.

iludir. Conheces ainda bem a história com o monge agostiniano. Sabes que uma verdade nunca veio ao mundo com enfeites, com o brilho de um trono entre tímpanos e trombetas, mas que sempre nasceu na obscuridade oculta entre lágrimas e suspiros; sabes que os "bem colocados", exatamente por estarem no alto, nunca foram apanhados pela onda da história universal, mas sempre os que se acham no fundo.

1º de abril

—— PREFÁCIO À TERCEIRA EDIÇÃO ——
1848

Convencido de que não se consegue falar e escrever pouco, mas habituado a me calar quando falam os fatos, deixo também neste volume de dizer ao leitor *a priori* aquilo de que ele pode se convencer *a posteriori* com seus próprios olhos. Somente devo chamar a atenção sobre o fato de que nesta edição evitei, quanto me foi possível, todas as palavras estrangeiras e que traduzi os trechos gregos e latinos, pelo menos os maiores, para torná-los compreensíveis também aos leigos e que nestas traduções fui rigorosamente fiel ao sentido, mas não à palavra exata do original.

INTRODUÇÃO

CAPÍTULO I
A ESSÊNCIA DO HOMEM EM GERAL

A religião se baseia na diferença essencial entre o homem e o animal – os animais não têm religião. Os antigos zoógrafos pouco críticos atribuíram de fato ao elefante, dentre outras qualidades louváveis, também a virtude da religiosidade; mas a religião dos elefantes pertence ao reino das fábulas. Cuvier, um dos maiores conhecedores de zoologia, baseado em pesquisas, não coloca o elefante em grau de espiritualidade mais elevado do que o cão.

Mas qual é esta diferença essencial entre o homem e o animal? A resposta mais simples e mais comum, também a mais popular a esta pergunta, é: a consciência – mas consciência no sentido rigoroso; porque consciência no sentido de sentimento de si próprio, de capacidade de discernimento sensorial, de percepção e mesmo de juízo das coisas exteriores conforme determinadas características sensoriais, tal tipo de consciência não pode ser negada aos animais. Consciência no sentido rigoroso existe somente quando, para um ser, é objeto o seu gênero, a sua quididade. De fato, é o animal objeto para si mesmo como indivíduo – por isso tem ele sentimento de si mesmo – mas não como gênero – por isso falta-lhe a consciência, cujo nome deriva de saber[I]. Onde existe consciência existe também a faculdade para a ciência. A ciência é a consciência dos gêneros. Na vida lidamos com indivíduos, na ciência com gêneros. Mas somente um ser para o qual o seu próprio gênero, a sua quididade torna-se objeto, pode ter por objeto outras coisas ou seres de acordo com a natureza essencial deles.

Por isso tem o animal apenas uma vida simples, mas o homem uma dupla: no animal é a vida interior idêntica à exterior –

I. A *conscientia* latina provém de *scire*, saber. A língua alemã foi análoga à latina na formação desta palavra: derivando do verbo wissen, *wusste, gewusst* a palavra *Bewusstsein*, consciência. Por isso pode Feuerbach, como alemão também dizer *"Bewusstsein, welches seinen Namen vom Wissen ableitel"* [N.T.].

o homem possui uma vida interior e uma exterior. A vida interior do homem é a vida relacionada com o seu gênero, com a sua essência. O homem pensa, i.e., ele conversa, fala consigo mesmo. O animal não pode exercer nenhuma função de gênero sem um outro indivíduo fora dele; mas o homem pode exercer a função de gênero do pensar, do falar (porque pensar e falar são legítimas funções de gênero) sem necessidade de um outro. O homem é para si ao mesmo tempo *eu* e *tu*; ele pode se colocar no lugar do outro exatamente porque o seu gênero, a sua essência, não somente a sua individualidade, é para ele objeto.

A essência do homem, em contraste com a do animal, não é apenas o fundamento, mas também o objeto da religião. Mas a religião é a consciência do infinito; assim, não é e não pode ser nada mais que a consciência que o homem tem da sua essência não finita, não limitada, mas infinita. Um ser realmente finito não possui a mínima ideia, e muito menos consciência, do que seja um ser infinito, porque a limitação do ser é também a limitação da consciência. A consciência da lagarta, cuja vida e essência é restrita a uma espécie determinada de planta, não se estende também para além deste campo limitado; distingue certamente esta planta de outras plantas, mas ela não sabe. Por isso não chamamos uma tal consciência limitada e, exatamente por ser limitada, também infalível e iniludível, de consciência, mas de instinto. Consciência no sentido rigoroso ou próprio e consciência de infinito são conceitos inseparáveis; uma consciência limitada não é consciência; a consciência é essencialmente de natureza universal, infinita. A consciência do infinito não é nada mais que a consciência da infinitude da consciência. Ou ainda: na consciência do infinito é a infinitude da sua própria essência um objeto para o consciente.

Mas qual é então a essência do homem, da qual ele é consciente, ou o que realiza o gênero, a própria humanidade do homem?[1] A

---

1. O materialista não espiritualista diz: "O homem se distingue do animal somente pela consciência, ele é um animal, mas dotado de consciência", este não medita pois que num ser que desperta para a consciência processa-se uma mudança qualitativa de todo o ser. De resto, a espécie animal não deve ser de forma nenhuma diminuída com o que foi dito. Aqui não é o lugar para aprofundarmos nesta questão.

razão, a vontade, o coração. Um homem completo possui a força do pensamento, a força da vontade e a força do coração. A força do pensamento é a luz do conhecimento, a força da vontade é a energia do caráter, a força do coração é o amor. Razão, amor e vontade são perfeições, são os mais altos poderes, são a essência absoluta do homem enquanto homem e a finalidade da sua existência. O homem existe para conhecer, para amar e para querer. Mas qual é a finalidade da razão? A razão. Do amor? O amor. Da vontade? O livre-arbítrio. Conhecemos para conhecer, amamos para amar, queremos para querer, i.e., para sermos livres. A essência verdadeira é a que pensa, que ama, que deseja. Verdadeiro, perfeito, divino é apenas o que existe em função de si mesmo. Assim é o amor, assim a razão, assim a vontade. A trindade divina no homem e que está acima do homem individual é a unidade de razão, amor e vontade. Razão (imaginação, fantasia, representação, opinião). Vontade, amor ou coração não são poderes que o homem possui – porque ele nada é sem eles, ele só é o que é através deles –, são, pois, como os elementos que fundamentam a sua essência e que ele nem possui nem produz, poderes que o animam, determinam e dominam – poderes divinos, absolutos, aos quais ele não pode oferecer resistência[2].

Como poderia o homem sensível resistir ao sentimento, o amante ao amor, o racionalista à razão? Quem ainda não experimentou o poder esmagador dos sons? Mas o que é o poder dos sons a não ser o poder dos sentimentos? A música é o idioma do sentimento – o som é o sentimento puro, o sentimento que se comunica consigo mesmo. Quem não experimentou o poder do amor ou pelo menos não ouviu falar dele? Quem é mais forte? O amor ou o homem individual? Possui o homem o amor ou antes não é o amor que possui o homem? Quando o amor leva o homem a se entregar à morte até mesmo com júbilo em nome da amada, é esta força que despreza a morte a sua própria força individual ou não é antes a força do amor? E quem que já pensou de verdade não experimentou o poder do pensamento, aquele poder tranquilo, sereno?

---

2. "Toute opinion est assez forte pour se faire exposer au prix de la vie" (Montaigne).

Quando te submerges em profunda meditação esquecendo-te de ti mesmo e do que te circunda, dominas tu a razão ou és dominado e assimilado por ela? Não é o entusiasmo científico o mais belo triunfo que a razão festeja sobre ti? Não é o poder da ânsia de saber um poder absolutamente irresistível, que tudo supera? E quando oprimes uma paixão, abandonas um hábito, em síntese, quando consegues uma vitória sobre ti mesmo, é esta força vitoriosa a tua própria força pessoal pensada em si mesma ou não é antes a energia da vontade, o poder da moral que se apoderou de ti e que te enche de indignação contra ti mesmo e contra as tuas fraquezas individuais?[3]

O homem nada é sem objeto. Grandes homens, homens exemplares, que nos revelam a essência do homem, confirmaram esta frase com a sua vida. Tinham apenas uma paixão fundamental dominante: a realização da meta que era o objetivo essencial da sua atividade. Mas o objeto com o qual o sujeito se relaciona essencial e necessariamente nada mais é que a essência própria, objetiva deste sujeito. Se este for um objeto comum a muitos indivíduos diversos quanto à espécie, mas iguais quanto ao gênero, então é ele, pelo menos na maneira em que ele for um objeto para esses indivíduos conforme a diferença deles, um ser próprio, porém objetivo. Assim é o sol o objeto comum dos planetas, mas da maneira que ele é objeto para Mercúrio, para Vênus, Saturno ou Urano ele não o é para a Terra. Cada planeta tem o seu próprio sol. O sol que e como ilumina e aquece Urano não tem existência física (somente astronômica, científica) para a Terra; e o sol não só aparece de outra forma, ele também é realmente em Urano um sol diferente do

---

3. Se esta distinção entre o indivíduo – uma palavra altamente vaga, ambígua e capciosa como todas as palavras abstratas – e o amor, a razão e a vontade é baseada ou não na natureza, é inteiramente indiferente para o tema desta obra. A religião retira os poderes, as qualidades e as essências do homem de dentro do próprio homem e as diviniza como se fossem seres separados, não importando aqui se ela transforma cada uma em si individualmente num ser, como no politeísmo, ou se reúne todas num único ser, como no monoteísmo – portanto, deve esta distinção também ser feita na explicação ou na redução destas essências divinas ao homem. De resto ela não é oferecida apenas pelo objeto, mas é também fundada filológica ou, o que dá na mesma, logicamente – porque o homem se distingue do seu espírito, da sua cabeça, do seu coração, como se fosse algo independente deles.

da Terra. Por isso é a relação da Terra com o sol ao mesmo tempo uma relação da Terra consigo mesma ou com a sua própria essência, porque a proporção da grandeza e da intensidade de luz com a qual o sol é um objeto para a Terra é a proporção da distância que determina a natureza própria da Terra. Todo planeta tem por isso no seu sol o espelho da sua própria essência.

Por isso toma o homem consciência de si mesmo através do objeto: a consciência do objeto é a consciência que o homem tem de si mesmo. Através do objeto conheces o homem; nele a sua essência te aparece; o objeto é a sua essência revelada, o seu Eu verdadeiro, objetivo. E isto não é válido somente para os objetos espirituais, mas também para os sensoriais. Também os objetos mais distantes do homem são revelações da essência humana, e isto *porque e enquanto* eles são objetos para ele. Também a lua, o sol e as estrelas gritam para o homem o *gnôthi sautón*, o conheça-te a ti mesmo. Pelo fato dele os ver e os ver da forma que ele os vê, tudo isso já é um testemunho da sua própria essência. O animal só é atingido pelo raio de luz necessário para a sua vida, mas o homem também pelo brilho indiferente da mais distante estrela. Só o homem possui alegrias e sentimentos puros, intelectuais, desinteressados – só o homem promove os espetáculos teoréticos dos olhos. O olho que contempla o céu estrelado, que distingue aquela luz que nem ajuda, nem prejudica e que nada tem em comum com a terra e suas necessidades, este olho vê nesta luz a sua própria essência, a sua própria origem. O olho é de natureza celestial. Por isso eleva-se o homem acima da terra somente através do olho; por isso inicia-se a teoria com a contemplação do céu[II]. Os primeiros filósofos foram astrônomos. O céu lembra ao homem o seu desígnio, lembra-o de que ele não nasceu somente para agir, mas também para contemplar.

O ser absoluto, o Deus do homem é a sua própria essência. O poder do objeto sobre ele é, portanto, o poder da sua própria essência. Assim, é o poder do objeto do sentimento o poder do sentimento, o poder do objeto da razão o poder da própria razão, o

---

II. *Theoria* significa observação, visão, em grego. Seu verbo é *theoréin* [N.T.].

poder do objeto da vontade o poder da vontade. O homem, cuja essência é determinada pelo som, é dominado pelo sentimento, pelo menos pelo sentimento que encontra o seu elemento correspondente no som. Não é, porém, o som em si mesmo, somente o som rico de conteúdo, de sentido e de sentimento exerce poder sobre o sentimento. O sentimento só é determinado pelo sentimental, i.e., por si mesmo, pela sua própria essência. Da mesma forma é a vontade, é a razão. Por isso, qualquer que seja o objeto de que tomemos consciência, fará simultaneamente que tomemos consciência da nossa própria essência; não podemos confirmar nada sem confirmarmos a nós mesmos. E pelo fato do querer, o sentir, o pensar serem perfeições, essências, realidades, é impossível percebermos ou sentirmos a razão com a razão, o sentimento com o sentimento, a vontade com a vontade como força limitada, finita, i.e., nula. Finitude e nulidade são sinônimos; finitude é apenas um eufemismo para nulidade. Finitude é a expressão metafísica, teorética; nulidade, a patológica e prática. O que é finito para a razão, é nulo para o coração. Mas é impossível que sejamos conscientes da vontade, do sentimento e da razão como forças finitas, porque toda perfeição, toda força e essência é uma confirmação e uma certificação de si mesma. Não se pode amar, querer e pensar sem sentir essas atividades como perfeições; não se pode perceber que a gente é um ser que ama, que quer, que pensa em sentir uma alegria infinita com isso. Consciência é o ser-objeto-de-si-mesmo de um ser; por isso não é nada especial, nada diferente do ser que é consciente de si mesmo. Como poderia de outra forma ser consciente de si mesmo? Impossível é, pois, ser consciente de uma perfeição como uma imperfeição, impossível sentir o sentimento como limitado, impossível pensar o pensamento como limitado.

Consciência é autoconfirmação, autoafirmação, amor-próprio, contentamento com a própria perfeição. Consciência é a marca característica de um ser perfeito; consciência existe somente num ser satisfeito, completo. A própria vaidade humana confirma esta verdade. O homem se mira no espelho; ele se agrada com a sua figura. Este agrado é uma consequência necessária, espontânea da perfeição, da beleza da sua imagem. A bela imagem é contente de si mesma, tem necessariamente alegria de si mesma, reflete-se necessariamente em si mesma. Vaidade é apenas quando o homem namora a sua própria forma individual, mas não quando ele admira a forma humana. Ele deve admirá-la; não pode conceber nenhuma forma mais bela, mais sublime do que a humana[4]. Certamente todo ser ama a si mesmo, a sua essência, e deve amá-la. O ser é um bem. "Tudo", diz Bacon, "que é digno de ser, é também digno de ser sabido". Tudo que é tem valor, é um ser de distinção; por isso ele se afirma. Mas a mais elevada forma da afirmação de si mesmo, a forma que é ela mesma uma distinção, uma perfeição, uma felicidade, um bem, é a consciência.

Toda limitação da razão ou da essência do homem em geral baseia-se num engano, num erro. De fato pode e mesmo deve o indivíduo humano – aqui ele não é diferente do animal – sentir-se e conhecer-se como limitado; mas ele só pode ter consciência das suas limitações, da sua finitude porque a perfeição, a infinitude do gênero é um objeto para ele, seja um objeto do sentido, da consciência moral ou da consciência pensante[III]. Se ele, porém, fizer das suas limitações as limitações do gênero, explica-se isto pelo engano dele se considerar idêntico ao gênero – um engano ou ilusão que, de resto, relaciona-se intimamente com o comodismo, a preguiça, a vaidade e a ambição do indivíduo. Uma limitação que reconheço como a minha limitação, esta me humilha, me envergonha e me intranquiliza. Então, para me libertar deste sentimento de vergonha, desta intranquilidade, faço das limitações da minha individualidade as limitações da própria essência humana. O que é incompreensível para mim há de o ser também para os outros; o que me importa mais? Não é minha culpa; isso não reside na minha inteligência: reside na inteligência do próprio gênero humano. Mas é loucura, uma loucura ridícula e criminosa, qualificar como infinito, limitado, o que faz a natureza do homem, a natureza do

---

4. "O homem é o que há de mais belo para o homem" (CÍCERO. *De nat.* D., lib. I). E isto não é um sintoma de limitação, pois acha belos também outros seres além de si; apraz-se também com a beleza das formas dos animais, com a beleza das formas das plantas, com a beleza da natureza em geral. Mas somente a forma absoluta, perfeita, pode admirar sem inveja as formas dos outros seres.

III. Com a palavra consciência denominamos a consciência em si, i.e., conhecimento, e a consciência moral no sentido de dor de consciência. O alemão distingue ambas e usa *Bewusstsein* para a primeira e *Gewissen* para a última [N.T.].

gênero que é a essência absoluta do indivíduo. Todo ser se basta a si mesmo. Nenhum ser pode se negar, i.e., negar a sua essência; nenhum ser é limitado para si mesmo. Todo ser é ao contrário *em si* e *por si* infinito, tem o seu Deus, a sua mais elevada essência *em si mesmo*. Toda limitação de um ser existe somente para um outro ser além e acima dele. A vida dos micróbios é extremamente curta em comparação com a dos animais, que vivem mais tempo; no entanto, é para eles esta vida curta tão longa quanto para outros uma vida de anos. A folha em que vive a lagarta é para ela um mundo, um espaço infinito.

O que faz de um ser o que ele é, é exatamente o seu talento, a sua capacidade, a sua riqueza, o seu adorno. Como seria possível perceber o seu ser como não ser, a sua riqueza como pobreza, o seu talento como incapacidade? Se as plantas tivessem olhos, gosto e juízo – cada planta iria escolher a sua flor como a mais bela, porque o seu gosto não iria além da sua capacidade essencial produtiva. O que a qualidade essencial produtiva produzisse como o melhor, isto iria também o seu gosto e o seu juízo reconhecer, confirmar como o melhor. O que a essência afirma, a razão, o gosto ou o juízo não podem negar; caso contrário, não seria mais a razão e o juízo de um ser determinado, mas de um ser qualquer. A medida de um ser é também a medida da inteligência. Se o ser é limitado, são também o sentimento e a razão limitados. Mas para um ser limitado não é a inteligência limitada uma limitação, ao contrário, sente-se completamente feliz e satisfeito com ela; ele a sente e louva como uma força majestosa, divina; e a inteligência limitada louva por sua vez o ser limitado de quem ela é inteligência. Ambos combinam da melhor maneira; como poderiam entrar em atrito? A inteligência é o horizonte de um ser. Quão longe enxergas, tão longe estende-se tua essência e vice-versa. A visão do animal não vai além do necessário e também a sua essência não vai além do necessário. E até onde se estender a tua essência, até onde se estender o sentimento ilimitado que tens de ti mesmo, até aí serás Deus. A cisão entre inteligência e essência, entre a capacidade de pensamento e a de produção, que se dá na consciência humana é, por um lado, apenas individual, sem importância geral; por outro lado, apenas aparente. Quem reconhece como más as suas más poesias não é tão limitado em seu conhecimento ou em sua essência como aquele que aprova em sua inteligência as suas más poesias.

Portanto, se pensas o infinito, pensas e confirmas a infinitude da faculdade de pensar; se sentes o infinito, sentes e confirmas a infinitude da faculdade de sentir. O objeto da razão é a razão enquanto objeto de si mesma, o objeto do sentimento o sentimento enquanto objeto de si mesmo. Se não tens tendência ou sensibilidade para a música, não perceberás mesmo na mais bela música mais do que percebes quando o vento sopra teus ouvidos ou do que no riacho que murmura sob teus pés. O que te domina quando o som te domina? Que ouves neles? O que mais a não ser a voz do teu próprio coração? Por isso só o sentimento fala para o sentimento, por isso o sentimento só é compreensível pelo sentimento, i.e., por si mesmo, exatamente porque o objeto do sentimento só pode ser o próprio sentimento. A música é um monólogo do sentimento. Mas o próprio diálogo da filosofia é, em verdade, apenas um monólogo da razão: o pensamento só fala para o pensamento. O brilho das cores dos cristais arrebata os sentidos; mas à razão só interessam as leis da cristalonomia. Para a razão só é objeto o racional[5].

Por isso, tudo que tem apenas o significado do derivado, do subjetivo ou humano, do meio ou do órgão no sentido da especulação e da religião sobre-humanas, isso tem no sentido da verdade o significado do original, do divino, da essência, do objeto mesmo. Se, p. ex., é o sentimento o órgão essencial da religião, então nada mais expressa a essência de Deus a não ser a essência do sentimento. O sentido verdadeiro, mas oculto, da afirmação "o sentimento é o órgão da divindade" é: o sentimento é o que há de mais nobre, de mais excelente, i.e., divino no homem. Como poderias perceber a divindade através do sentimento se o sentimento não fosse por si mesmo de natureza divina? O divino só pode ser conhecido pelo divino, "Deus só pode ser conhecido por si mesmo". A essência divina que o sentimento percebe é em verdade apenas a essência do sentimento arrebatada e encantada consigo mesma – o sentimento embriagado de amor e felicidade.

---

5. À razão só é sensível a razão e tudo que daí decorre" (REIMARUS. *Verdades da religião natural IV*, Div. § 8).

Daí torna-se claro que quando o sentimento é transformado num órgão do infinito, da essência subjetiva da religião, o objeto da mesma perde o seu valor objetivo. Assim, desde que se fez do sentimento a parte principal da religião, tornou-se indiferente o antes tão sagrado dogma da fé cristã. Se ainda se atribui algum valor ao objeto sob o ponto de vista do sentimento, este terá valor apenas por causa do sentimento, que talvez se prenda a esse objeto somente por motivos casuais; se um outro objeto provocasse os mesmos sentimentos seria bem-vindo da mesma maneira. O objeto do sentimento torna-se indiferente exatamente porque, uma vez que o sentimento é declarado como a essência subjetiva da religião, é ele de fato também a essência objetiva dela, mesmo que não seja declarado como tal pelo menos diretamente.

Digo diretamente porque indiretamente isto é reconhecido pelo fato do sentimento enquanto tal ser declarado como religioso, sendo assim anulada a distinção entre os sentimentos propriamente religiosos e irreligiosos ou pelo menos não religiosos – uma consequência necessária do ponto de vista segundo o qual somente o sentimento é tido como órgão do divino. Pois, por qual outro motivo a não ser pela sua essência, sua natureza, fazes do sentimento o órgão do infinito, da essência divina? Não é, pois, a natureza do sentimento em geral também a natureza de cada sentimento especial, seja qual for seu objeto? O que leva então este sentimento para a religiosidade? O objeto específico? De forma nenhuma, pois este objeto só é religioso enquanto não for um objeto da razão fria ou da memória, mas do sentimento. O que é então? A natureza do sentimento, da qual participa todo sentimento independentemente do objeto. O sentimento é pois sacralizado meramente por ser sentimento; o motivo da sua religiosidade é a sua natureza, é inerente a ele próprio. Não é por isso o sentimento declarado como o absoluto, o próprio divino? Se o sentimento é bom, religioso, i.e., sagrado, divino por si mesmo, não tem o sentimento o seu Deus *em si mesmo*?

Se, porém, quiseres estabelecer um objeto do sentimento, mas ao mesmo tempo interpretar verdadeiramente o teu sentimento sem inserir algo alheio na tua reflexão, o que te resta a não ser distinguir entre os teus sentimentos individuais e entre a essência geral a natureza do sentimento? O que te resta a não ser filtrar a essência do sentimento das influências perturbadoras e causadoras de conflitos às quais o sentimento está sujeito em ti que és um indivíduo condicionado? Por isso, a única coisa que podes objetivar, declarar como infinita, definir como sua essência, é apenas a natureza do sentimento. Não tens aqui outra definição de Deus a não ser esta: *Deus é o sentimento puro, ilimitado, livre*. Qualquer outro Deus que estabeleceres aqui é um Deus que chega empurrado, vindo de fora do teu sentimento. O sentimento é *ateu* no sentido da crença ortodoxa que como tal associa a religião a um objeto exterior; o sentimento nega um Deus objetivo – ele é um Deus para si mesmo. Somente a negação do sentimento é, sob o ponto de vista do sentimento, a negação de Deus. És apenas muito covarde ou limitado para confessar com palavras o que o teu sentimento afirma em silêncio. Preso a escrúpulos vindos de fora, incapaz de compreender a grandeza do sentimento, tu te escandalizas com o ateísmo religioso do teu coração e destróis neste escândalo a unidade que tem o teu sentimento consigo mesmo no momento em que refletes um ser diverso, objetivo e assim te entregas necessariamente às velhas questões e dúvidas: se existe um Deus ou não? Questões e dúvidas que desaparecem, que se tornam mesmo impossíveis quando o sentimento é designado como sendo a essência da religião. O sentimento é o teu poder mais íntimo e ao mesmo tempo um poder distinto, independente de ti, ele está *em* ti e *acima* de ti: ele é a tua mais genuína essência, mas que te surpreende como se fosse uma outra essência, em síntese, o teu Deus – como pretendes ainda distinguir esta tua essência em ti de um outro ser objetivo? Como podes sair do teu sentimento?

O sentimento foi salientado aqui apenas como exemplo. O mesmo se dá com qualquer outra força, capacidade, potência, realidade ou atividade – o nome não interessa – que se declarar como órgão essencial de um objeto. O que é subjetivo ou tem por parte do homem o significado de essência tem também *objetivamente* ou do lado do objeto o significado de essência. Mas o homem não pode sair da sua verdadeira essência. De certo pode ele conceber através da fantasia indivíduos de tipos mais elevados, mas do seu gênero, da sua essência ele nunca poderá se abstrair; as qualidades que ele atribui a estes outros indivíduos são sempre qualidades retiradas da sua própria essência – qualidades nas quais ele em verdade só se reflete e se objetiva a si mesmo. Talvez existam além do homem outros seres pensantes nos corpos celestes, mas com a aceitação de tais seres não mudamos o nosso ponto de vista – apenas o enriquecemos quantitativa, não qualitativamente; porque assim como imperam lá as mesmas leis do movimento, da mesma forma imperam lá também as mesmas leis do sentir e do pensar como aqui. Em verdade não habitamos as estrelas com seres vivos para que lá haja outros seres como nós, mas para que haja mais seres semelhantes a nós[6].

---

6. Assim diz, p. ex., Christ. Huygens em seu *Cosmotheoros*, livro I: "É possível que o prazer da música e da matemática não se restrinja somente a nós homens, mas também se estenda a outros seres". Isto significa: a qualidade é a mesma; a mesma sensibilidade para música, para ciência; apenas o número dos que os usufruem deve ser ilimitado.

CAPÍTULO II
A ESSÊNCIA DA RELIGIÃO EM GERAL

O que foi afirmado até aqui em geral sobre a relação do homem com o objeto, mesmo no tocante aos objetos sensoriais, é válido em especial para a relação do mesmo com o objeto religioso.

Na relação com os objetos sensoriais é a consciência do objeto facilmente discernível da consciência de si mesmo; mas no objeto religioso a consciência coincide imediatamente com a consciência de si mesmo. O objeto sensorial está *fora* do homem, o religioso está *nele*, é mesmo íntimo (por isso um objeto que não o abandona como não o abandonam a sua consciência de si mesmo e a sua consciência moral), é na verdade o mais íntimo, o mais próximo. Agostinho diz, p. ex.: "Deus é mais próximo, mais íntimo e por isso, mais facilmente reconhecível do que as coisas sensoriais e corporais"[7]. O objeto sensorial é em si um objeto indiferente, independente da intenção, do juízo; mas o objeto da religião é um objeto mais selecionado: o ser mais excelente, o primeiro, o mais elevado; pressupõe essencialmente um juízo crítico para distinguir entre o divino e o não divino, o adorável e o não adorável[8]. E aqui vale sem qualquer restrição o princípio: o objeto do homem nada mais é que a sua própria essência objetivada. Como o homem pensar, como for intencionado, assim é o seu Deus: quanto valor tem o homem, tanto valor e não mais tem o seu Deus. *A consciência de Deus é a consciência que o homem tem de si mesmo, o conhecimento de Deus o conhecimento que o homem tem de si mesmo.* Pelo Deus conheces o homem e vice-versa pelo homem conheces o seu Deus; ambos são a mesma coisa. O que é Deus para o homem é o seu espírito, a sua alma e o que é para o homem seu espírito,

---

7. *De Genesi ad litteram*, lib. V, c. 16.

8. "Vós não meditais", diz Minucius Félix em seu *Otaviano*, cap. 24, aos pagãos, "que devemos conhecer Deus antes de adorá-lo".

sua alma, seu coração, isto é também o seu Deus: Deus é a intimidade revelada, o pronunciamento do Eu do homem; a religião é uma revelação solene das preciosidades ocultas do homem, a confissão dos seus mais íntimos pensamentos, a manifestação pública dos seus segredos de amor.

Mas ao ser a religião, a consciência de Deus, definida como a consciência que o homem tem de si mesmo, não deve ser aqui entendido como se o homem religioso fosse diretamente consciente de si, que a sua consciência de Deus é a consciência que tem da sua própria essência, porque a falta da consciência deste fato é exatamente o que funda a essência peculiar da religião. Para sanar este mal-entendido é melhor dizer: a religião é a consciência primeira e indireta que o homem tem de si mesmo. Por isso em toda parte a religião precede à filosofia, tanto na história da humanidade quanto na história do indivíduo. O homem transporta primeiramente a sua essência para *fora de si* antes de encontrá-la *dentro* de si. A sua própria essência é para ele objeto primeiramente como uma outra essência. A religião é a essência infantil da humanidade; mas a criança vê a sua essência, o ser humano, fora de si – enquanto criança é o homem objeto para si como um outro homem. O progresso histórico das religiões é apenas que o que era considerado pelas religiões mais antigas como algo objetivo, é tido agora como algo subjetivo, i.e., o que foi considerado e adorado como Deus é agora conhecido como algo *humano*. A religião anterior é para a posterior uma idolatria: o homem adorou *a sua própria essência*. O homem objetivou-se, mas não reconheceu o objeto como sua essência; a religião posterior dá esse passo; todo progresso na religião é por isso um mais profundo conhecimento de si mesmo. Mas toda religião determinada que considera idólatras as suas irmãs mais antigas exclui-se (e em verdade necessariamente, caso contrário não seria mais religião) do destino, da essência geral da religião; ela apenas empurra para as outras religiões o que, se for um erro, é um erro da religião em geral. Só porque tem um outro objeto, um outro conteúdo, porque elevou-se sobre o conteúdo das anteriores, julga ela estar isenta das leis necessárias e eternas que fundamentam a essência da religião, julga ela que o seu objeto, o seu conteúdo é sobre-humano. Mas, em compensação, o pensador contempla a essência da religião oculta para ela mesma, para o qual a religião é um objeto, o que a religião não pode ser para si mesma. E a nossa intenção é exatamente provar que a oposição entre o divino e o humano é apenas ilusória, i.e., nada mais é do que a oposição entre a essência humana e o indivíduo humano, que consequentemente também o objeto e o conteúdo da religião cristã é inteiramente humano.

A religião, pelo menos a cristã, é o relacionamento do homem consigo mesmo ou, mais corretamente: com a sua essência; mas o relacionamento com a sua essência como uma outra essência. A essência divina não é nada mais do que a essência humana, ou melhor, a essência do homem abstraída das limitações do homem individual, i.e., real, corporal, objetivada, contemplada e adorada como uma outra essência própria, diversa da dele – por isso todas as qualidades da essência divina são qualidades da essência humana[9].

No tocante aos predicados, i.e., às qualidades ou propriedades de Deus é isto aceito sem discussão, mas não no tocante ao sujeito, i.e., à essência fundamental desses predicados. A negação do sujeito é tida por irreligiosidade, por ateísmo, mas não a negação dos predicados. Mas o que não possui nenhuma qualidade não tem também nenhum efeito sobre mim; o que não tem efeito, não possui existência para mim. Anular todas as qualidades é o mesmo que anular a própria essência. Um ser sem qualidades é um ser sem objetividade e um ser sem objetividade é um ser nulo. Por isso, quando o homem retira de Deus todas as qualidades é este Deus para ele apenas um ser negativo, nulo. Para o homem realmente religioso não é Deus um ser sem atributos, porque é para ele um ser certo, real. A ausência de atributos e a incognoscibilidade de Deus (ambas são sinônimos) é então somente um fruto dos últimos tempos, um produto da descrença moderna. Como a

---

9. "As perfeições de Deus são as perfeições de nossas almas, mas Ele as possui de maneira ilimitada[...] Possuímos alguma posse, algum conhecimento, alguma bondade, mas tudo isso é completo em Deus" (LEIBNIZ. *Theod.* Preface). "Tudo em que a alma humana se distingue é próprio também à essência divina. Tudo que é excluído de Deus não pertence também à qualidade essencial da alma" (SÃO GREGÓRIO DE NISSA. *De anima Lips*, 1837, p. 42). "Dentre todas as ciências é por isso a mais excelente e importante o conhecimento de si mesmo, porque quem se conhece conhecerá também a Deus" (CLEMENTE DE ALEXANDRIA. *Paedag.*, lib. III, c. 1).

razão só é e só pode ser definida como finita enquanto para o homem o prazer sensual, o sentimento religioso, a contemplação estética ou a intenção moral forem tidos como o absoluto, o verdadeiro; assim também a incognoscibilidade ou indefinibilidade de Deus só pode ser pronunciada e estabelecida como dogma quando este objeto não for mais de interesse para o conhecimento, quando somente a realidade tiver sentido, quando somente o real tiver para ele o significado do objeto essencial, absoluto, divino, mas mesmo assim ainda permanecer um resquício de religiosidade em contradição com esta linha puramente material. O homem se desculpa com a incognoscibilidade de Deus perante a sua consciência que ainda resta religiosa, pelo seu esquecimento de Deus, pelo seu perder-se no mundo; nega Deus praticamente, na ação – todo o seu sentir e pensar é possuído pelo mundo –, mas ele não o nega *teoreticamente*; ele não ataca a sua existência, ele a deixa subsistir. Mas esta existência não o atinge e não o incomoda; é apenas uma existência negativa, uma existência sem existência, uma existência que se contradiz a si mesma – um ser que pelos seus efeitos não se distingue do não ser. A negação de predicados determinados, positivos da essência divina nada mais é do que uma negação da religião que, entretanto, ainda conserva uma aparência de religião, de forma a não ser reconhecida como uma negação – não é, pois, nada mais que um ateísmo sutil, matreiro. O suposto temor religioso de limitar Deus através de predicados determinados é apenas o desejo irreligioso de nada mais querer saber de Deus, de tirá-lo fora da mente. *Quem teme ser finito, teme existir.* Toda existência real, i.e., toda existência que é realmente uma existência, é a existência qualitativa, determinada. Quem crê seriamente, realmente, verdadeiramente na existência de Deus, este não se escandaliza com as qualidades de Deus, mesmo que sejam rudemente sensoriais. Quem não quer ofender com a sua existência, quem não quer ser rude, este que renuncie à existência. Um Deus que se sinta ofendido com a sua determinação não possui o ânimo e a força para existir. A qualidade é o fogo, o oxigênio, o sal da existência. Uma existência em geral, uma existência sem qualidade é uma existência insípida, uma existência sem gosto. Mas em Deus não está contido mais do que na religião. Somente quando o homem perde o sabor da religião, quando a própria religião se torna insípida, só então torna-se também a existência de Deus uma existência insípida.

Existe, porém, uma outra forma mais suave da negação dos predicados divinos além desta direta, dita há pouco. Aceita-se que os predicados da essência divina são qualidades finitas, especialmente humanas; mas condena-se a sua condenação; chega-se até a protegê-las, porque é necessário para o homem tecer algumas imagens determinadas de Deus e uma vez que ele é homem não pode fazer nenhuma outra imagem a não ser a humana. Em relação a Deus, diz-se, são essas qualidades certamente sem importância, mas para mim pode ele, porque e quando deve existir para mim, aparecer como ele me aparece, i.e., como um ente humano ou semelhante ao humano. Mas esta distinção entre o que Deus é *em si* e o que ele é *para mim* destrói a paz da religião e é, além disso, em si mesma uma distinção sem fundamento. Não posso saber se Deus é algo diferente em si e por si do que ele é para mim; como for ele para mim, assim será todo para mim. Para mim está exatamente nessas qualidades, sob as quais ele existe para mim, o seu ser-em-si-mesmo, a sua própria essência; ele é para mim assim como ele pode ser sempre para mim. O homem religioso se satisfaz completamente com tudo o que Deus é em relação a ele (outra relação ele não conhece), porque Deus é para ele o que pode ser em geral para o homem. Naquela distinção coloca-se o homem acima de si mesmo, i.e., acima da sua essência, da sua medida absoluta, mas esta colocação é apenas uma ilusão. A diferença entre o objeto como ele é em si e o objeto como ele é para mim só posso estabelecer quando um objeto pode realmente aparecer para mim de outra forma diferente da que ele me aparece, mas não quando ele me aparece na maneira em que ele me aparece de acordo com o meu critério absoluto, i.e., como ele deve aparecer para mim. De fato, pode a minha ideia ser subjetiva, i.e., uma ideia que não esteja presa ao gênero. Mas quando a minha ideia corresponde ao critério do gênero desaparece a distinção entre o ser-em-si e o ser-para-mim; porque esta ideia é ela mesma uma ideia absoluta. O critério do gênero é o critério absoluto, a lei e o critério do homem. Mas a religião tem a convicção de que as ideias e as qualidades que faz de Deus são as que todo homem deve ter se quiser ter as verdadeiras, que são as ideias necessárias da natureza humana; sim, que são as ideias mais objetivas e divinas. Para cada religião são os deuses das outras religiões apenas ideias de Deus, mas a ideia que ela tem de Deus é o seu Deus mesmo, Deus como ela o imagina, o Deus legítimo, verdadeiro, o Deus como ele é em si. A religião só se satisfaz com um Deus total e franco; ela não quer uma mera aparência de Deus; ela quer Deus mesmo, Deus em pessoa. A religião renuncia a si mesma ao renunciar à essência de Deus; não é mais uma verdade ao prescindir a posse do verdadeiro Deus. O ceticismo é o pior inimigo da religião. Mas a distinção entre o objeto e a imagem, entre o Deus em si e o Deus para mim é uma distinção cética, logo, irreligiosa.

Tudo que tem para o homem o significado do ser em si, tudo que é para ele o ente supremo, tudo aquilo acima do que ele não pode conceber nada mais elevado, tudo isso é para ele exatamente a essência divina. Como pode ele então ainda inquirir sobre este objeto, quanto ao que ele seja em si? Se Deus fosse objeto para o pássaro, seria objeto pra ele apenas como um ser alado[IV]: o pássaro não conhece nada mais elevado, nada mais feliz do que o ser alado. Quão ridículo seria se esse pássaro dissesse: para mim aparece Deus como um pássaro, mas o que ele é em si eu não sei. O ser supremo é para o pássaro exatamente o ser do pássaro. Retiras dele a imagem de essência de pássaro, retirarás dele também a imagem do ente supremo. Como poderia ele perguntar se Deus é em si alado? Perguntar se Deus é em si o que ele é para mim, significa perguntar se Deus é Deus, significa elevar-se por cima do seu Deus, rebelar-se contra ele.

Por isso, quando a consciência humana se convence de que os predicados religiosos são apenas antropomorfismos, i.e., imagens humanas, aí então já apoderou-se a dúvida, a descrença da crença. E é somente a inconsequência da covardia do coração e da fraqueza de inteligência que, baseando-se nesta convicção, não parte para uma negação dos predicados e desta para a negação da essência substancial deles. Se duvidas da verdade objetiva dos predicados, deves também duvidar da verdade objetiva do sujeito

---

IV. Afirmação semelhante encontramos no poema do filósofo pré-socrático Xenófanes, fundador da escola eleata [N.T.].

desses predicados. São teus predicados antropomorfismos, será também o sujeito deles um antropomorfismo. São amor, bondade, personalidade qualidades humanas; será também a essência fundamental delas que tu pressupões a elas, também a existência de Deus, também a crença de que existe um Deus, um antropomorfismo, uma concepção inteiramente humana. De onde sabes que a fé em Deus não é uma limitação da imaginação humana? Seres mais elevados – e tu aceitas tais – são talvez tão felizes em si mesmos, tão unidos entre si que não mais se encontram em estado de tensão entre si e um ser mais elevado. Conhecer Deus e não ser Deus, conhecer a felicidade e não gozá-la é uma discórdia, uma infelicidade[10]. Seres mais elevados nada sabem desta infelicidade; não têm ideia do que eles não são.

Tu crês no amor como uma qualidade divina, porque tu amas; tu crês que Deus é um ser sábio e bom porque não conheces nada melhor em ti do que bondade e razão e tu crês que Deus existe, que ele é sujeito ou essência (o que existe é essência, seja designado e definido como substância, pessoa ou de qualquer outra forma) porque tu mesmo existes, porque tu mesmo és um ser. Não conheces um bem humano mais elevado do que amar, do que ser bom e sábio e da mesma forma não conheces felicidade maior do que existir, do que ser; porque a consciência de todo bem, de toda felicidade está unida à consciência de ser, de existir. Deus é para ti algo que existe, um ser, pelo mesmo motivo que é para ti um ser sábio, feliz e bom. A diferença entre as qualidades divinas e a essência divina é apenas que para ti a essência, a existência não se manifesta como um antropomorfismo, porque nesta tua existência está a necessidade que Deus seja para ti um existente, um ser; mas as qualidades te aparecem como antropomorfismos, porque a necessidade delas, a necessidade que Deus seja sábio, bom, justo etc., não é imediata, idêntica à essência do homem, mas sim uma

---

10. Por isso desaparece também esta cisão entre Deus e homem no outro mundo. Neste, o homem não é mais homem – no máximo somente na imaginação –, não tem uma vontade própria, distinta da vontade divina, consequentemente também – porque o que é um ser sem vontade? – não tem mais nenhuma essência própria; está unido com Deus; desaparece então no outro mundo a distinção e o contraste entre Deus e o homem. Mas onde só existe Deus, não existe mais Deus. Onde não existe oposição à majestade não existe majestade.

necessidade que existe por meio da consciência que o homem tem de si mesmo, por meio da atividade do pensamento. Eu sou sujeito, essência; eu existo, posso ser sábio ou ignorante, bom ou mau. Existir é para o homem o princípio, a essência fundamental da sua imaginação, a condição dos predicados. Por isso anula ele os predicados, mas a existência de Deus é para ele uma verdade consumada, intocável, absoluta, certa e objetiva. Mas não obstante é esta distinção apenas aparente. A necessidade do sujeito está apenas na necessidade do predicado. Tu és essência apenas como essência humana; a certeza e a realidade da tua existência estão apenas na certeza e na realidade de tuas qualidades humanas. O que é sujeito está apenas no predicado; o predicado é a verdade do sujeito; o sujeito apenas o predicado personificado, existente. Sujeito e predicado distinguem-se apenas como *existência* e *essência*. A negação dos predicados é por isso a negação do sujeito. O que resta da essência humana quando retiras dela os predicados humanos? Mesmo no idioma da vida comum estabelecem-se predicados divinos: a providência, a sabedoria, a plenipotência ao invés da essência divina.

A certeza da existência de Deus, da qual se disse que é para o homem tão segura, até mesmo mais certa do que a própria existência, depende, portanto, somente da certeza da qualidade de Deus – não é uma certeza *imediata*. Para o cristão é uma certeza somente a existência do deus cristão, para o pagão a existência do deus pagão. O pagão não duvida da existência de Júpiter porque não repudiava a essência de Júpiter, porque não podia imaginar deus em nenhuma outra qualidade, porque para ele esta qualidade era uma certeza, uma verdade divina. A verdade do predicado é unicamente o penhor da existência.

O que o homem imagina como verdadeiro, imagina imediatamente como real, porque originalmente só é verdadeiro para ele o que é real – verdadeiro em oposição ao que é imaginado, sonhado. O conceito do ser, da existência é o conceito primevo, original, da verdade. Ou ainda: inicialmente faz o homem com que a verdade dependa da existência, só mais tarde faz com que a existência dependa da verdade. Deus é então a essência do homem contemplada como a mais elevada verdade; mas Deus ou, o que significa o mesmo, a religião é tão diversa quão diversa for a qualidade na qual o homem concebe esta sua essência, na qual ele a contempla como essência suprema. Por isso esta qualidade na qual o homem pensa Deus é para ele a verdade e, exatamente por isso, ao mesmo tempo a mais elevada existência ou antes a mera existência; porque somente a mais elevada existência é propriamente existência e merece este nome. Deus é então um ser existente, real pelo mesmo motivo que ele é este ser determinado; porque a qualidade ou determinação de Deus nada mais é que a qualidade essencial do próprio homem, mas o homem determinado é apenas o que ele é, tem somente a sua existência, a sua realidade em sua determinação. Não se pode tirar do grego a sua qualidade de grego sem tirar dele a sua existência. Certamente é então para uma religião determinada a certeza da existência de Deus relativamente imediata; porque quão espontânea e necessariamente o grego era grego, tão necessariamente eram seus deuses entidades gregas, seres realmente existentes. A religião é a contemplação da essência do mundo e do homem idêntica à essência do homem. Mas o homem não está acima da sua contemplação essencial, mas é ela que está acima dele; ela o anima, determina e domina. A necessidade de uma prova, de uma conciliação da essência ou da qualidade com a existência, a possibilidade de uma dúvida desaparece com isso. Somente o que eu subtraio da minha essência é para mim objeto de dúvida. Como poderia eu duvidar do Deus que é a minha essência? Duvidar do meu Deus significa duvidar de mim mesmo. Somente quando Deus é pensado abstratamente, quando seus predicados são oferecidos pela abstração filosófica, só então surge a distinção ou separação entre sujeito e predicado, existência e essência – surge a ilusão de que a existência ou o sujeito é alguma outra coisa que não o predicado, algo imediato, indubitável em oposição ao predicado dubitável. Mas é apenas uma ilusão. Um Deus que tem predicados abstratos tem também uma existência abstrata. A existência, o ser é tão diverso quão diversa é a qualidade.

A identidade do sujeito e do predicado mostra-se da maneira mais clara no desenvolvimento da religião que é idêntico ao desenvolvimento da cultura humana. Enquanto cabe ao homem somente o predicado de um mero homem da natureza, é também o seu Deus um mero Deus natural. Quando o homem se encerra em casa, encerra também os seus deuses em templos. O templo é apenas a manifestação do valor que o homem atribui a belas construções. Os templos para homenagem à religião são na verdade templos para homenagem à arquitetura. Com a ascensão do homem do estado de rudeza e selvageria para a cultura, com o discernimento do que convém ao homem e do que não convém, surge simultaneamente o discernimento do que convém a Deus e o que não convém. Deus é conceito da majestade, a mais alta distinção; o sentimento religioso é o mais alto sentimento de conveniência. Só os artistas peritos posteriores da Grécia colocaram nas estátuas de deuses os conceitos como dignidade, magnanimidade, tranquilidade imperturbável e serenidade. Mas por que eram para eles atributos, predicados divinos? Porque eles em si mesmos eram tidos como divindades. Por que excluíram todas as emoções torpes e baixas? Exatamente porque viam nelas algo inconveniente, indigno, não humano e, portanto, não divino. Os deuses homéricos comem e bebem – isto significa: comer e beber é um prazer divino. Força física é uma qualidade dos deuses homéricos: Zeus é o mais forte dos deuses. Por quê? Porque a força física é em si e por si algo tido por grandioso, divino. A virtude do guerreiro era para os antigos germanos a mais alta; por isso era também o seu maior deus o deus da guerra: Odin – a guerra era "a lei primeira ou a mais antiga lei". Não a qualidade da divindade, mas a divindade da qualidade é a primeira e verdadeira essência divina. Assim, tudo que a teologia e a filosofia consideraram até agora como Deus, absoluto, essencial, não é Deus; mas tudo que não consideraram como Deus é exatamente Deus, i.e., a qualidade, a determinação, a realidade em geral. Um ateu legítimo, i.e., um ateu no sentido vulgar é então aquele para o qual os predicados da essência divina, como, p. ex., o amor, a sabedoria, a justiça, nada significam, mas não aquele para o qual o sujeito desses predicados nada significa. E de forma nenhuma é a negação do sujeito também necessariamente a negação dos predicados em si. Os predicados têm um significado próprio, autônomo; impõem-se ao homem o reconhecimento deles através do seu conteúdo; demonstram-se a ele por si mesmos e imediatamente como verdadeiros; confirmam, testemunham a si mesmos. Bondade, justiça, sabedoria não são então quimeras pelo fato da existência de Deus ser uma quimera, nem verdades pelo fato desta ser uma verdade. O conceito de Deus é dependente do conceito de justiça, de bondade, de sabedoria – um Deus que não é bom, não é justo, não é sábio, não é Deus, mas não vice-versa. Uma qualidade não é divina pelo fato de Deus a possuir, mas Deus a possui porque ela é divina em si e por si, porque sem ela Deus seria um ser imperfeito[V]. A justiça, a sabedoria, qualquer qualidade em geral que faz a divindade de Deus é conhecida e determinada por si mesma, mas Deus é conhecido pela determinação, pela qualidade. Somente no caso de seu pensar Deus e a justiça como a mesma coisa, Deus imediatamente como a realidade da ideia de justiça ou de alguma outra qualidade, só então determino Deus por si mesmo. Mas quando Deus é o sujeito, o determinado, mas a qualidade ou o predicado é o determinante, então merece em verdade o predicado, não o sujeito, a dignidade do ser primeiro, o lugar da divindade.

Somente quando muitas e contraditórias qualidades se reúnem em um ser e este ser é concebido como pessoal, quando a personalidade é então salientada como algo especial, só então esquece-se a origem da religião, esquece-se que o que é um predicado na reflexão, distinto do sujeito ou separável, era o sujeito original e verdadeiro. Assim endeusavam os romanos e os gregos acidentes como substâncias, virtudes, estados de espírito, afeições, como se fossem seres autônomos. O homem, em especial o religioso, é a medida de todas as coisas, é a medida da realidade[VI]. Tudo que se impõe ao homem, tudo que causa sempre em seu espírito uma impressão especial – ainda que seja um som solto, inexplicável – identifica ele com um ser especial, divino. A religião compreende todos os objetos do mundo. Tudo que existe já foi objeto da adoração religiosa; na essência e na consciência da religião nada mais está que o que já está em geral na essência e na consciência do homem sobre si mesmo e sobre o mundo. A religião não tem um conteúdo próprio, especial. Mesmo os sentimentos de medo e terror tinham em Roma o seu templo. Também os cristãos transformavam fenômenos psíquicos em essências, seus sentimentos em

---

V. Cf. o diálogo *Êutifron* de Platão, onde esta questão é discutida [N.T.].

VI. Esta sentença é do filósofo sofista Protágoras [N.T.].

qualidades das coisas, a afeições que os dominavam em poderes que dominavam o mundo, em síntese, transformavam qualidades da sua própria essência, fossem elas conhecidas ou não, em seres autônomos. Demônios, duendes, bruxas, fantasmas, anjos eram verdades sagradas enquanto o sentimento religioso dominava a humanidade total e unanimemente.

Para se tirar da mente a unidade existente entre os predicados divinos e humanos, para também com isso se tirar da ideia a unidade entre a essência divina e a humana, recorre-se à teoria segundo a qual Deus, como um ser infinito, é uma infinita quantidade de diversos predicados dos quais nós aqui só conhecemos alguns e exatamente os que são análogos ou semelhantes; os outros, porém, segundo os quais Deus é um ser inteiramente diverso de algo humano ou semelhante a humano, só conheceremos no futuro, i.e., no outro mundo. Mas uma quantidade infinita de predicados que são realmente diversos, tão diversos a ponto de um não ser conhecido e estabelecido diretamente com o outro, só se realiza e se faz valer numa quantidade infinita de seres diversos ou indivíduos. A essência humana é, pois, uma riqueza infinita de predicados diversos, mas exatamente por isso uma riqueza infinita de diversos indivíduos. Todo homem novo é ao mesmo tempo um novo predicado, um novo talento da humanidade. Quantos homens existem, tantas forças, tantas qualidades tem a humanidade. A mesma força que existe em todos existe de certo em cada indivíduo, mas determinada de modo a parecer uma força própria, nova. O mistério da quantidade inesgotável dos atributos divinos não é por isso nada mais que o mistério da essência humana como uma essência infinitamente diversa, infinitamente determinável, mas exatamente por isso sensorial. Somente nos sentidos, no espaço e no tempo tem lugar um ser realmente infinito e rico de determinações. Onde existem de fato diversos predicados, existem diversos tempos. Este homem é um músico excelente, um escritor excelente, um médico excelente; mas ele não pode ao mesmo tempo fazer música, escrever e curar. Não é a dialética hegeliana – o tempo é que é o meio para se conciliarem oposições e contradições em um único ser. Mas unida ao conceito de Deus, diversa e abstraída da essência do homem, é a quantidade infinita de predicados diversos uma imagem sem realidade – uma mera fantasia –

a ideia dos sentidos, mas sem as condições reais, sem a verdade dos sentidos, uma ideia que é uma contradição direta com a essência divina como um ser espiritual, i.e., abstrato, simples, uno; porque os predicados de Deus são exatamente do tipo que com um tenho também todos os outros simultaneamente, porque não existe nenhuma diferença real entre eles. Por isso, se não tenho nos predicados presentes os futuros, no Deus presente o Deus futuro, não terei também no Deus futuro o Deus presente, mas dois seres diversos[11]. Mas exatamente esta diversidade contradiz a unidade e simplicidade de Deus. Por que é este predicado um predicado de Deus? Porque é de natureza divina, i.e., não expressa uma limitação, uma falta. Por que são outros predicados? Porque quão diversos possam ser em si mesmos concordam entre si ao expressarem perfeição e ilimitação. Por isso posso imaginar infinitos predicados de Deus, porque todos concordam entre si no conceito abstrato de divindade, devem ter como fator comum aquilo que faz de cada predicado separado um predicado divino. Assim é em Spinoza. Fala de infinitos atributos da substância divina, mas com exceção de pensamento e extensão não menciona nenhum. Por quê? Porque é inteiramente indiferente sabê-los; sim, porque são em si mesmos indiferentes e supérfluos, porque com todos esses infinitos predicados diria o mesmo que com esses dois, o pensamento e a extensão. Por que é o pensamento atributo da substância? Porque, segundo Spinoza, é entendido por si mesmo, porque expressa algo indivisível, completo, infinito. Por que a extensão, a matéria? Porque em relação a si mesmo expressa o mesmo. Então pode a substância ter indefinidamente muitos predicados, porque não é a determinação, a diversidade, mas a não diversidade, a igualdade é que as torna atributos de substância. Ou antes: a substância tem infinitos predicados apenas porque ela – sim, porque ela – como é estranho! – na verdade não tem nenhum predicado, i.e., nenhum predicado definido, real. A unidade indeterminada do pensamento completa-se com a pluralidade indeterminada da

---

11. Para a fé religiosa não existe distinção entre o Deus presente e o futuro a não ser que aquela é objeto da fé, da imaginação, da fantasia e esta um objeto da contemplação sensorial imediata, i.e., pessoal. Aqui e ali é ele o mesmo, mas aqui de forma obscura, ali de forma clara.

fantasia. Porque o predicado não é *multum*, então é um *multa*. Em verdade os predicados positivos são: pensamento e extensão. Com esses dois diz-se infinitamente mais do que com infinitos predicados anônimos, pois algo definido foi dito, sei com isso alguma coisa. Mas a substância é bastante indiferente e impassível para que pudesse se entusiasmar e decidir por algo; para não ser alguma coisa prefere não ser nada.

Uma vez que se decidiu que o que é o sujeito ou a essência está meramente nas qualidades do mesmo, i.e., que o predicado é o verdadeiro sujeito, está também provado que, se os predicados divinos são qualidades da essência humana, também o sujeito dos mesmos pertence à essência humana. Mas os predicados divinos são, por um lado, gerais, por outro lado, pessoais. Os gerais são os metafísicos, mas estes servem à religião apenas na extrema coerência ou no fundamento; não são as qualidades características da religião. Somente os predicados pessoais são os que fundamentam a essência da religião, nos quais é objeto a essência divina da religião. Tais predicados são, p. ex., o Deus pessoal, o legislador moral, o pai dos homens, o santo, o justo, o bom, o misericordioso. Mas evidencia-se imediatamente ou pelo menos aos poucos se evidenciará destas e de outras qualidades que elas, como qualidades pessoais, são qualidades puramente humanas e que consequentemente na religião o homem, ao relacionar-se com Deus, relaciona-se com a sua própria essência, porque para a religião não são esses predicados ideias, imagens que o homem faz de Deus, diversas do que Deus é em si mesmo, mas sim verdades, coisas, realidades. A religião nada sabe de antropomorfismos: os antropomorfismos não são para ela antropomorfismos. A essência da religião é exatamente que para ela essas qualidades expressam a essência de Deus. Somente a razão que reflete sobre a religião, ao defendê-la e ao negá-la diante de si mesma, declara-a como sendo imagens. Mas para a religião é Deus o pai real, o amor real e a misericórdia, porque é para ela um ser real, vivo, pessoal; suas verdadeiras qualidades são por isso também qualidades vivas, pessoais. Sim, as qualidades correspondentes são exatamente as que causam o maior repúdio à razão, as que ela nega na reflexão sobre a religião. A religião é subjetivamente afeição; então necessariamente é para ela a afeição também objetivamente de essência divina. A própria cólera não é para ela uma afeição indigna de Deus enquanto debaixo desta cólera não existir nada de mal.

Aqui é importante que observemos – e este fenômeno é altamente curioso, característico da mais íntima essência da religião – que quanto mais humano é Deus quanto à essência, tanto maior é aparentemente a diferença entre ele e o homem, i.e., tanto mais será negada pela reflexão sobre a religião, pela teologia, a identidade, a unidade da essência humana e divina, e tanto mais será rebaixado o humano tal como ele é para o homem um objeto da sua consciência[12]. O motivo é o seguinte: uma vez que o positivo, o essencial na concepção ou qualidade da essência divina é apenas o humano, assim só pode ser a concepção do homem como ela é objeto para a consciência uma concepção negativa, anti-humana. Para enriquecer Deus deve o homem se tornar pobre para que Deus seja tudo e o homem nada. Mas ele não necessita ser nada em si mesmo porque tudo que ele tira de si não se perde em Deus, mas é conservado. O homem tem a sua essência em Deus, como então poderia ele tê-la em si e para si? Para que seria necessário estabelecer ou ter uma mesma coisa duas vezes? Tudo de que o homem se priva, que ele dispensa em si mesmo, só goza ele em Deus numa intensidade incomparavelmente maior e mais rica.

Os monges fizeram voto de castidade para a essência divina, eles oprimiram o amor sexual em si, mas em compensação conseguiram com o céu, com Deus, com a Virgem Maria a imagem da mulher – uma imagem do amor. Tanto mais podiam dispensar a mulher real quanto mais era para eles uma mulher ideal, imaginada um objeto do amor real. Quanto mais importância atribuíam à aniquilação dos sentidos, tanto mais importância tinha para eles a virgem celestial: substituiu o próprio Cristo, o próprio Deus. Quanto mais o sensorial é negado, tanto mais sensorial é o Deus ao qual o sensorial é sacrificado. O que se sacrifica a Deus – a isto atribui-se um valor especial,

---

12. "Por maior que seja pensada a semelhança entre o criador e a criatura, a diversidade deles deve ser pensada ainda maior". Later. Conc. can 2 (*Summa omn. Conc. Carranza*. Antw, 1559, p. 526). A última diferença entre o homem e Deus, entre o ser finito e o infinito em geral à qual se eleva a imaginação religiosa e especulativa, é a diferença entre alguma coisa e nada, *ens* e *non-ens*; porque somente no nada é anulada qualquer comunicação com outros seres.

com isto tem Deus um especial agrado. O que é o mais elevado na mente do homem é naturalmente também na mente do seu Deus o mais elevado; o que em geral agrada ao homem agrada também a Deus. Os hebreus não sacrificavam a Jeová animais impuros, nojentos, mas animais que tinham para eles o máximo valor, que eles próprios comiam eram também o alimento de Deus[13]. Por isso, quando se faz da negação dos sentidos um fato especial, um sacrifício propício a Deus, aí atribui-se exatamente aos sentidos o mais alto valor e os sentidos renegados são supridos pelo fato de que Deus substitui a coisa sensorial que se renegou. A freira casa-se com Deus; ela tem o seu noivo celestial, o monge a sua noiva celestial. Mas a virgem celestial é apenas um fenômeno evidente de uma verdade geral concernente à essência da religião. *O homem afirma em Deus o que ele nega em si mesmo[14]*. A religião abstrai-se do homem, do mundo, mas ela só pode se abstrair das máculas e limitações, sejam reais ou supostas, da nulidade, mas não da essência, do que há de positivo no mundo e na humanidade, por isso deve acolher novamente nesta abstração e negação aquilo de que ela se abstrai ou crê se abstrair. E assim estabelece realmente a religião tudo que ela nega com a consciência (pressupondo-se naturalmente que o que foi por ela negado seja algo essencial, verdadeiro em si, logo, que não deve ser negado) outra vez em Deus de modo inconsciente. Assim, na religião nega o homem a sua razão: nada sabe de Deus, seus pensamentos são apenas materiais, terrenos: só pode crer no que Deus lhe revela. Mas em compensação são os pensamentos de Deus humanos e terrenos; ele tem planos na cabeça como o homem; ele se acomoda conforme as circunstâncias e faculdade dos homens como um professor conforme as capacidades de seus alunos; ele calcula exatamente o efeito de suas dádivas e revelações; ele observa o homem em todas as suas atitudes; ele sabe tudo, até o mais terreno, o mais vulgar, o mais torpe. Em resumo, o homem nega a Deus pelo seu saber e pensar para estabelecer em Deus o seu saber e pensar. O homem renuncia

---

13. *Cibus Dei* (Lv 3,11).

14. Anselmo diz, p. ex.: "Quem despreza a si mesmo é valorizado por Deus. Quem se desagrada, agrada a Deus. Sê pois pequeno a teus olhos para que sejas grande aos olhos de Deus; porque tanto mais precioso serás para Deus quanto mais desprezível fores para os homens" (*Anselmi Opp. Parisis 1721*, p. 191).

à sua própria pessoa, mas em compensação é para ele Deus o ser plenipotente e ilimitado, um ser pessoal; ele renega a dignidade humana, o Eu humano, mas em compensação é para ele Deus um ser egoísta, ególatra, que em tudo só quer a si, a sua honra, a sua vantagem. Deus é exatamente a autossatisfação do próprio em-si--mesmismo desfavorável a tudo mais, é o prazer do egoísmo[15]. A religião nega em seguida o bem como uma qualidade da essência humana: o homem é perverso, corrompido, incapaz do bem, mas em compensação somente Deus é bom, o bom ser. É feita a exigência essencial que o bem seja objeto para o homem como Deus; mas não é assim o bem expresso como uma qualidade essencial do homem? Se sou mau, absolutamente perverso, i.e., por natureza, por essência, como pode ser objeto para mim a bondade, a santidade? Não me interessa se esse objeto me seja dado por fora ou por dentro. Se o meu coração é perverso, a minha razão corrompida, como posso perceber e sentir o que é santo como santo e o que é bom como bom? Como posso sentir um belo quadro como belo se a minha alma é uma decadência estética? Mesmo que não seja um pintor, que não tenha a capacidade de criar de mim algo belo, tenho, entretanto, sentimento estético, razão estética, ao perceber coisas belas fora de mim. Ou o bem não é para o homem ou, se é para ele, manifesta-se ao homem aqui a sacralidade e a bondade da essência humana. O que é meramente contrário à minha natureza, com o que não me une nenhum elo de comunicação, isto não me é pensável nem perceptível.

O sagrado é objeto para mim apenas como oposição à minha personalidade, mas como unidade com a minha essência. O sagrado é a repreensão aos meus pecados; reconheço-me nele como um pecador, mas nele me repreendo, reconheço o que não sou, mas que devo ser e que, exatamente por isso, o que posso ser conforme a minha essência; porque um dever sem poder é uma quimera ridícula, não move a sensibilidade. Mas precisamente quando conheço o bem como minha qualidade, como minha lei, conheço-o, seja consciente ou inconscientemente, como a minha própria essência.

---

15. "Deus só pode amar a si e pensar em si e trabalhar somente para si. Deus, ao criar o homem, procura apenas o seu proveito, a sua glória" etc. (cf. BAYLE, P. *Uma contribuição para a história da filosofia e da humanidade*).

Um outro ser diverso de mim pela sua natureza não me interessa. Só posso sentir o pecado como um pecado quando o sinto como uma contradição comigo mesmo, i.e., com a minha personalidade e essência. Pensado como uma contradição com o divino, com um outro ser, é o sentimento do pecado inexplicável, um *nonsense*.

A diferença entre agostinianismo e pelagianismo é exatamente que aquele expressa à maneira da religião o que este expressa à maneira do racionalismo. Ambos dizem a mesma coisa, ambos atribuem o bem ao homem – mas o pelagianismo de modo direto, racional e moral; o agostinianismo de modo indireto, místico, i.e., religioso[16]. Porque o que é atribuído ao Deus do homem é em verdade atribuído ao próprio homem; o que o homem diz de Deus diz ele em verdade de si mesmo. O agostinianismo só seria uma verdade, e de fato oposta ao pelagianismo, se o homem tivesse o demônio por Deus e, consciente de que ele é o demônio, se o adorasse e festejasse como o seu ente-supremo. Mas enquanto o homem adora um ser bom como Deus, contempla ele em Deus a sua própria essência boa.

O mesmo que vale para a doutrina da corruptibilidade fundamental da essência humana, vale também para a doutrina idêntica de que o homem é incapaz de qualquer coisa boa, i.e., que é incapaz por si mesmo, por sua própria força. A negação dos poderes e da atividade humana só seria verdadeira se o homem negasse também em Deus a atividade moral e dissesse como o niilista oriental ou panteísta: a essência divina é uma essência absolutamente destituída de vontade e ação, indiferente, que nada sabe da distinção entre bem e mal. Mas quem define Deus como

---

16. O pelagianismo nega Deus, a religião – *isti tantam tribuunt potestatem voluntati, ut pietati auferant orationem* (*Agost. de nat. et grat. cont.* Pelagium, c. 58) – só tem por base o criador, i.e., a natureza, não o redentor, o deus religioso – em resumo nega a Deus, mas em compensação eleva o homem a Deus ao fazer dele um ser que não necessita de Deus, autônomo e independente (cf. *Lutero contra Erasmo e Agostinho*, l.c., c. 33). O agostinianismo nega o homem, mas em compensação rebaixa Deus ao homem ao ponto da ignomínia da morte na cruz por causa do homem. Aquele substitui Deus pelos homens, este os homens por Deus; mas ambos chegam ao mesmo ponto. A diferença é apenas aparente, uma ilusão piedosa. O agostinianismo é apenas um pelagianismo às avessas, o que um estabelece como sujeito, o outro estabelece como objeto.

um ser ativo, e como um ser moralmente ativo, moralmente crítico, como um ser que ama, atua e recompensa o bem e que castiga, repreende e condena o mal; quem Deus assim define, este nega a atividade humana só aparentemente, porque em verdade ele a eleva à atividade mais sublime e mais real. Quem deixa que Deus se comporte humanamente declara a atividade humana como sendo divina; este diz: um Deus que não é ativo, ativo moral e humanamente, não é Deus e por isso torna o conceito de divindade dependente do conceito de atividade humana, porque uma outra mais elevada ele não conhece.

O homem – e este é o segredo da religião – objetiva[17] a sua essência e se faz novamente um objeto deste ser objetivado, transformado em sujeito, em pessoa; ele se pensa, é objeto para si, mas como objeto de um objeto, de um outro ser. Assim também é aqui. O homem é um objeto de Deus. Que o homem seja bom ou mau, isto não é indiferente a Deus; não, ele tem um interesse vivo, sincero em que o homem seja bom; ele quer que o homem seja bom, seja feliz, porque sem bondade não há felicidade. O homem religioso desmente então a nulidade da atividade humana ao fazer de suas intenções e ações um objeto de Deus, ao fazer do homem uma meta de Deus (porque o que é objeto no espírito é meta na ação), ao fazer da atividade divina um meio para a salvação humana. Deus é ativo para que o homem seja bom e feliz. Assim, ao ser o homem aparentemente rebaixado ao mais profundo abismo, é na verdade levado às alturas. Assim, o homem só tem uma vista a si mesmo em e através de Deus. Certamente o homem tem Deus por meta, mas Deus só tem por meta a salvação moral e eterna do homem, logo, o homem só tem por meta a si mesmo. A atividade divina não se distingue da humana.

Como poderia a atividade divina atuar sobre mim como seu objeto se fosse uma outra essencialmente diversa; como ter uma meta humana, a meta que é a de melhorar o homem, trazer para

---

17. A auto-objetivação religiosa e primitiva do homem, de resto, como já foi dito bem claramente nesta obra, deve ser distinguida da auto-objetivação da reflexão e da especulação. Esta é arbitrária, a outra espontânea, necessária, tão necessária quanto a arte, a língua. Com o tempo sempre coincide a teologia com a religião.

ele a felicidade, se não fosse ela mesma uma atividade humana? A meta não determina a atitude? Ao estabelecer o homem o seu aprimoramento moral como meta tem ele decisões divinas, propósitos divinos; mas ao ter Deus como meta a salvação do homem tem ele metas humanas e uma atividade humana correspondente a essas metas. Por isso em Deus só é objeto para o homem a sua própria atividade. Mas exatamente porque ele só contempla a própria atividade como objetiva, distinta de si e o bem somente como objeto, assim também recebe ele necessariamente o impulso e o estímulo, não de si mesmo, mas deste objeto. Ele contempla a sua essência fora de si e contempla-a como sendo o bem; entende-se então por si mesmo, é apenas uma tautologia o fato do impulso para o bem só lhe advir do lugar para o qual ele transporta o bem.

Deus é a essência do homem mais subjetiva, mais própria, separada e abstraída, e assim não pode ele agir de si, assim todo bem vem de Deus. Quanto mais subjetivo, quanto mais humano for o Deus, tanto mais despoja-se o homem da sua subjetividade, da sua humanidade, porque Deus é em e por si o seu ser exteriorizado, mas do qual ele se apropria novamente. Como a atividade arterial impulsiona o sangue até as extremidades e as veias o trazem de novo, como a vida em geral consiste numa constante sístole e diástole, também a religião. Na sístole religiosa expulsa o homem a sua própria essência para fora de si, ele expulsa, repreende a si mesmo; na diástole religiosa acolhe ele novamente em seu coração a essência expulsa. Somente Deus é o ser que age de si – este é o ato da repulsão religiosa; Deus é o ser agente em mim, comigo, através de mim, sobre mim e para mim, é o princípio da minha salvação, das minhas boas intenções e ações, logo, do meu próprio bom princípio e essência – este é o ato da atração religiosa.

O desenvolvimento da religião referido acima em geral consiste então, observando-se mais de perto, em que o homem cada vez mais nega a Deus e se afirma. No início o homem coloca tudo sem distinção fora de si. Isto se constata em especial na crença na revelação. Tudo que, num período posterior ou num povo culto, é atribuído à natureza ou à razão, é num período anterior e num povo ainda inculto atribuído a Deus. Todos os instintos, ainda que sejam os mais naturais, do homem, até mesmo o instinto do asseio, imaginavam os israelitas como um mandamento divino positivo. Neste exemplo podemos ver que Deus é tanto mais rebaixado, tanto mais humano, quanto mais o homem se nega. Como pode a humildade, a abnegação do homem progredir quando ele se nega até a força e a capacidade de realizar por si mesmo, por iniciativa própria, os mandamentos da mais comum dignidade![18] A religião cristã, em compensação, distinguiu entre os impulsos e as afeições do homem de acordo com a sua categoria, o seu conteúdo; só transformou os bons sentimentos, as boas intenções, os bons pensamentos em revelações, em energias, i.e., em intenções, sentimentos e pensamentos de Deus; porque o que Deus revela é uma qualidade do próprio Deus; aquilo de que o coração está repleto extravasa pela boca, qual efeito, tal causa, qual a revelação, tal a essência que se revela. Um Deus que só se revela em boas intenções é um Deus cuja característica essencial é apenas a bondade moral. A religião cristã separou a pureza interior, moral, da exterior, corporal; a religião israelita identificou ambas[19]. A religião cristã é, comparada com a israelita, a religião da crítica e da liberdade. O israelita não ousava praticar nada que não fosse ordenado por Deus; não tinha iniciativa nem nas coisas exteriores; o poder da religião se estendia até a alimentos. Mas em compensação a religião cristã, nessas coisas exteriores, deixou o homem agir por si, i.e., colocou dentro do homem o que o israelita colocou fora de si, em Deus. A mais perfeita amostra do positivismo é Israel. Comparado ao israelita é o cristão um *esprit fort*, um espírito livre, um *Freigeist*. Assim mudam-se as coisas. O que ontem ainda era religião não é mais hoje e o que é hoje tido por ateísmo será amanhã tido por religião.

---

18. Dt 23,12-13.

19. Cf., p. ex., Gn 35,2, Lv 11,44.20,26 e o comentário de Clericus sobre estas passagens.

Primeira parte
A ESSÊNCIA VERDADEIRA, ISTO É, ANTROPOLÓGICA DA RELIGIÃO

CAPÍTULO III
DEUS COMO ENTIDADE DA RAZÃO

A religião é a cisão do homem consigo mesmo: ele estabelece Deus como um ser anteposto a ele. Deus não é o que o homem é, o homem não é o que Deus é. Deus é o ser infinito, o homem o finito; Deus é perfeito, o homem imperfeito; Deus é eterno, o homem transitório; Deus é plenipotente, o homem impotente; Deus é santo, o homem é pecador. Deus e homem são extremos: Deus é o unicamente positivo, o cerne de todas as realidades, o homem é o unicamente negativo, o cerne de todas as nulidades.

Mas na religião o homem objetiva a sua própria essência secreta. O que deve ser demonstrado é então que esta oposição, que esta cisão entre Deus e homem, com a qual se inicia a religião, é uma cisão do homem com a sua própria essência.

A necessidade interna desta demonstração já resulta do fato de que se *realmente* a essência divina, que é o objeto da religião, fosse diferente da do homem, não seria possível uma cisão. Se Deus é realmente um ser diferente, o que me interessa a sua perfeição? Cisão só é possível entre dois seres que se separaram, mas que devem e podem ser um único e que consequentemente são um único em essência e verdade. Por este motivo geral deve a essência com a qual o homem se sente cindido ser uma essência inata, mas ao mesmo tempo uma essência de qualidade diversa da essência da força que lhe dá o sentimento, a consciência da conciliação, da unidade com Deus, o que dá na mesma, consigo mesmo.

Esta essência nada mais é do que a inteligência, a razão ou o entendimento. Deus pensado como o extremo do homem, como o não humano, i.e., um ser não humano e pessoal, é a essência objetivada da inteligência. A essência divina pura, perfeita e imaculada é a autoconsciência da inteligência, a consciência que a inteligência ou a razão têm da sua própria perfeição. A razão nada sabe dos sofrimentos do coração; não tem anseios, paixões, necessidades e por isso máculas e fraquezas como o coração. Homens puramente racionais, homens que para nós simbolizam e personificam a essência da razão, ainda que num aspecto unilateral, mas exatamente por isso característico, são isentos de angústias, paixões e excessos dos homens sentimentais; não se prendem a nenhum objeto finito, i.e., determinado, de maneira passional; não se empenham, são livres. "Ser suficiente e com esta suficiência igualar-se aos deuses imortais", "não se subjugar às coisas, mas subjugar as coisas", "tudo é vaidade" – estes e outros ditos são lemas de racionalistas abstratos. A razão é o ser neutro, indiferente, incorruptível, incegável em nós – é a luz pura, sem afeições, da inteligência. É a consciência categórica, implacável da coisa enquanto coisa, porque é de natureza objetiva – é a consciência da não contradição, porque ela mesma é uma unidade coerente, a fonte da identidade lógica – a consciência da lei, da necessidade, de regra, do critério, porque ela mesma é a atividade da lei, a necessidade da natureza das coisas como automatismo, a regra das regras, o critério absoluto, o critério dos critérios. Somente através da razão pode o homem julgar e agir em contradição com os seus mais caros sentimentos humanos, i.e., pessoais, quando o deus da razão, a lei, a necessidade, o direito, imperam. O pai que, como juiz, condena à morte o seu próprio filho porque o reconhece culpado, só consegue isto como homem racional, não como homem sentimental. A razão nos mostra os erros e fraquezas até mesmo das pessoas por nós amadas, até mesmo os nossos próprios. Por isso nos coloca frequentemente num penoso conflito conosco mesmo, com nosso coração. Não queremos legitimar a razão: não queremos, por indulgência, executar o juízo verdadeiro, porém duro e implacável, da razão. A razão é a própria faculdade do gênero; o coração representa os casos especiais, os indivíduos, a razão, os casos gerais; ela é a força e a essência sobre-humana, i.e., a força ultra e impessoal no homem. Somente através da razão e na razão tem o homem a capacidade de se abstrair de si mesmo, i.e., da sua essência subjetiva, pessoal, de se elevar a conceitos e relacionamentos gerais, de distinguir entre o objeto e as impressões que ele causa no espírito, mas em si mesmo, sem considerar a sua referência com o homem. A filosofia, a matemática, a astronomia, a física, resumindo, a ciência em geral, é a prova concreta, porque é o produto desta atividade verdadeiramente infinita e divina. Por isso os antropomorfismos religiosos contradizem a razão; ela os retira de Deus, ela os nega. Mas este Deus, desantropomorfizado, implacável e frio nada mais é do que a própria essência objetiva da razão.

Deus como Deus, i.e., como um ser não finito, não humano, não determinado materialmente, não sensorial, é apenas um objeto do pensamento. É o ser transcendente, sem forma, intocável, sem imagem – o ser abstrato, negativo; só é conhecido pela abstração e a negação (*via negationis*). Por quê? Porque não é nada a não ser a essência objetiva do pensamento, a capacidade ou atividade em geral, que se a chame como se quiser, pela qual o homem se torna consciente da razão, do espírito, da inteligência. O homem não pode crer, supor, imaginar, pensar em nenhum outro espírito (i.e., porque o conceito de espírito é meramente o conceito de pensamento, de conhecimento, de inteligência, qualquer outra forma de espírito é um fantasma da fantasia) a não ser a inteligência que o ilumina, que atua nele. Ele nada mais pode fazer que abstrair a inteligência das limitações da sua individualidade. O "espírito infinito" em contraste com o finito não é então nada mais que a inteligência abstraída (posta ou pensada em si mesma) das limitações da sua individualidade e corporalidade (porque individualidade e corporalidade são inseparáveis). Os escolásticos, os Padres da Igreja e muito antes deles já os filósofos pagãos diziam: Deus é essência, inteligência e espírito imaterial, é uma inteligência pura. De Deus como tal não se pode fazer nenhuma imagem; mas podes fazer uma imagem da razão ou da inteligência? Tem ela uma forma? Não é a sua atividade a mais incompreensível, a mais indescritível? Deus é incompreensível; mas conheces a essência da inteligência? Pesquisaste a misteriosa operação do pensamento, a misteriosa essência da consciência? Não é a consciência o enigma dos enigmas? Já não compararam os antigos místicos, escolásticos e Padres da Igreja a incompreensibilidade e a irrepresentabilidade da essência divina com a incompreensibilidade e irrepresentabilidade do espírito humano? E, em verdade, não identificaram a essência de Deus com a essência do homem?[1] Deus como Deus (como um ser somente pensável, somente objeto da razão) nada mais é então do que a razão que é objeto para si mesma. O que é a inteligência ou a razão? Isto só Deus te diz. Tudo deve se explicar, se revelar, se objetivar, se afirmar. Deus é a razão que se pronuncia, se afirma como o ente supremo. Para a imaginação é a razão a ou uma revelação de Deus; mas para a razão é Deus a revelação da razão; porque o que a razão é, o que ela pode, só se torna objeto em Deus. Deus, significa aqui, é uma necessidade do pensamento; um pensamento necessário, o mais alto grau da faculdade de pensar. "A razão não pode se estancar nas coisas sensoriais"; somente quando ela remonta ao ser primeiro, mais elevado, necessário e só objetivo para a razão, é ela satisfeita. Por quê? Porque somente neste ser encontra-se ela em si mesma, porque somente no pensamento do ser supremo é posta a suprema essência da razão, é atingido o mais alto grau de abstração e de pensamento e sentimos em nós em geral uma lacuna, um vácuo, uma falta; logo, sentimo-nos infelizes e insatisfeitos enquanto não atingirmos o último grau de uma faculdade, enquanto não a levarmos ao *quo nihil majus cogitari potest*, enquanto não levarmos até a mais alta perfeição a nossa faculdade inata para esta ou aquela arte, esta ou aquela ciência. Porque somente a mais alta perfeição da arte é arte, somente o mais alto grau de pensamento é pensamento, razão. Somente quando pensas Deus é que pensas, rigorosamente falando; porque somente Deus é a faculdade de pensar realizada, preenchida, esgotada. Somente quando pensas Deus, pensas a razão como ela é na verdade, não obstante representando este ser, através da imaginação, como um ser diverso da razão, porque como um ser sensorial estás sempre acostumado a distinguir entre o objeto da impressão, o objeto real, e a imaginação do mesmo, e agora, por meio da imaginação,

---

1. Em sua obra *Contra acadêmicos* que Agostinho certamente escreveu ainda como pagão, diz ele (lib. III, c. 12) que o maior bem do homem está no espírito ou na razão. Mas por outro lado, em seus *libr. retractationum*, que Agostinho escreveu como um distinto teólogo cristão, repete ele (lib. I, c. 1) esta afirmação assim: "mais corretamente deveria dizer: em Deus; porque o espírito, para ser feliz, goza de Deus como o seu bem supremo". Mas com isto foi feita alguma distinção? A minha essência não está somente onde está o meu bem supremo?

transferes este hábito também para a razão e com isso colocas, numa inversão, a existência sensorial da qual abstraíste sob a razão, o pensamento.

Deus como um ser metafísico é a inteligência realizada em si mesma, ou inversamente: a inteligência realizada em si, que se pensa como um ser absoluto, é Deus como ser metafísico. Todas as qualidades metafísicas de Deus são então qualidades reais, uma vez que são reconhecidas como qualidades do pensamento, da inteligência.

A razão é o ser "originário, primitivo". A razão deriva todas as coisas de Deus, como a primeira causa; sem uma causa racional ela vê o mundo jogado a um acaso sem sentido e sem finalidade, i.e., ela só encontra em si, em sua essência, o fundamento e a finalidade do mundo, só julga a sua existência clara e compreensível quando ela o explica através da fonte de todos os conceitos claros, i.e., através de si mesma. Somente o ser que age com intenção, com finalidade, i.e., com a razão é para a razão um ser imediatamente claro e certo por si mesmo[2], é um ser verdadeiro e fundamentado em si mesmo. Assim, o que não possui nenhuma intencionalidade em si deve ter o motivo da sua existência na intenção de um outro ser racional. E assim a razão estabelece a sua essência como a essência original, primitiva – i.e., ela se estabelece como o primeiro ser conforme a hierarquia, mas conforme o tempo o último ser da natureza, como o primeiro ser, também quanto ao tempo.

A razão é para si mesma o critério de toda a realidade. O que é irracional, o que se contradiz, não é nada; o que contradiz a razão, contradiz a Deus. Assim sendo, contradiz a razão, p. ex., a conciliação das limitações temporais e espaciais com o conceito da realidade suprema, e assim retira ela estas de Deus por serem contraditórias à sua essência. A razão só pode crer em um Deus que seja coerente com a sua essência, em um Deus que não seja inferior à sua própria dignidade e que antes represente a sua própria essência, i.e., a razão só crê em si, na realidade e na verdade da sua própria essência. A razão não se faz dependente de Deus, mas Deus depende dela. Mesmo no período da crença autoritária em milagres

---

2. I.e., como se subentende, para a razão como é considerada aqui, para a razão abstraída dos sentidos, alienada da natureza e deísta.

a razão se estabeleceu, pelo menos formalmente, como critério da divindade. Deus é tudo e tudo pode, era dito então, através da sua infinita plenipotência; no entanto, ele não é nada e não pode fazer nada em que se contradiga, i.e., a razão. O irracional nem a plenipotência pode fazer. Acima do poder da plenipotência está então o poder mais elevado da razão como critério do que se deve afirmar e negar de Deus, do positivo e negativo. Podes crer em um Deus que seja um ser irracional e passional? Nunca; mas por que nunca? Porque contradiz a tua razão aceitar um ser passional e irracional como essência divina. O que então afirmas, o que objetivas em Deus? A tua própria razão. Deus é o teu mais elevado conceito e razão, a tua mais elevada faculdade de pensar. Deus é o "cerne de todas as realidades", i.e., o cerne de todas as verdades da razão. Tudo aquilo que reconheço na razão como essencial, estabeleço em Deus como entidade: Deus é o que a razão pensa como o mais elevado. Mas o que eu reconheço como essencial, aí se revela a essência da minha razão, aí se mostra a força da minha faculdade de pensar.

A razão é então o *ens realissimum*, o ser mais real da antiga ontoteologia. "No fundo não podemos pensar Deus", diz a ontoteologia, "a não ser que lhe atribuamos toda a realidade que encontramos em nós mesmos sem qualquer limitação"[3]. Nossas qualidades positivas, essenciais, nossas realidades são então as realidades de Deus, mas em nós são elas limitadas, em Deus ilimitadas. Mas quem retira das realidades as limitações? A razão. O que é então o ser pensado sem qualquer limitação senão a essência da razão que abandona qualquer limitação? Como tu pensas Deus, pensas a ti mesmo – a medida do teu Deus é a medida da tua razão. Se pensas Deus limitado, então é a tua razão limitada; se pensas Deus ilimitado, então a tua razão não é também limitada. Se, p. ex., pensas Deus como um ser corporal, então é a corporalidade a fronteira, o limite da tua razão, não podes pensar nada sem um corpo; se, ao contrário, retiras de Deus a corporalidade, então fortificas e confirmas com isso a libertação da tua razão da limitação da corporalidade. No ser ilimitado simbolizas apenas a tua razão ilimitada. E assim, ao declarares este ser ilimitado como

---

3. Kant. *Preleções sobre a doutrina filosófica da religião*. Leipzig, 1837, p. 39.

o mais verdadeiro, o mais elevado, nada mais afirmas em verdade do que: a razão é o *être suprême*, o ser mais elevado.

A razão é ainda o ser autônomo e independente. Dependente e não autônomo é tudo aquilo que não possui razão. Um homem destituído de razão é também um homem destituído de vontade. Quem não possui razão deixa-se seduzir, cegar e ser usado por outros como instrumento. Como poderia ter alguém autonomia na vontade se na razão é um instrumento de outros? Somente quem pensa é livre e autônomo. Somente através da sua razão rebaixa o homem os seres fora de e sob si como meros instrumentos da sua existência. Autônomo e independente é em geral somente o que é uma finalidade em si mesma, o que é um objeto em si mesmo. O que é finalidade e objeto para si mesmo não é – enquanto objeto para si mesmo – mais um instrumento ou objeto para um outro ser. Ausência de razão é sinônimo de ser para outro, objeto; razão é sinônimo de ser para si, sujeito. Mas o que não existe mais para outro e sim para si mesmo condena qualquer dependência de um outro ser. Certamente dependemos dos seres fora de nós no momento do ato de pensar, mas enquanto pensamos, durante o ato de pensar como tal, não dependemos de nenhum outro ser[4]. O ato de pensar é uma atividade autônoma (*Selbsttätigkeit*). "Quando penso", diz Kant na obra citada há pouco, "estou consciente de que é o meu *EU* que pensa em mim e não uma outra coisa. Concluo que este pensar em mim não é inerente a uma outra coisa fora de mim, mas a mim, e que, consequentemente, sou uma substância, i.e., que existo para mim mesmo, sem ser predicado de uma outra coisa". Não obstante necessitemos sempre do ar, fazemos, entretanto, do ar, como físicos, de objeto de uma necessidade o objeto da atividade independente de pensar, i.e., uma mera coisa para nós. Na respiração sou objeto do ar, o ar é o sujeito; mas ao fazer do ar o objeto do pensamento, da pesquisa, da análise, inverto esta relação e me torno sujeito e o ar se torna o meu objeto. Dependente é apenas o que é objeto de um outro ser. Assim é a planta dependente do ar e da luz, i.e., ela é um

---

4. Isto diga-se do ato de pensar como um ato fisiológico, porque a atividade cerebral é uma atividade própria, autônoma, não obstante pressuponha o ato da respiração e outros processos.

objeto para o ar e para a luz, não para si. De certo não são também nem ar nem luz um objeto para a planta. A vida física não é em geral nada mais que esta eterna alternação entre sujeito e objeto, meio e fim. Consumimos o ar e somos por ele consumidos; usufruímos e somos usufruídos. Só a razão é o ser que usufrui todas as coisas sem ser por elas usufruída – é o ser que se usufrui, que se basta – o sujeito absoluto – o ser que não pode mais ser rebaixado para objeto de um outro ser, porque transforma em objeto todas as coisas, em predicados de si mesma, porque abrange em si todas as coisas, porque ela mesma não é uma coisa, porque ela é livre de todas as coisas.

A unidade da razão é a unidade de Deus. Para a razão é essencial a consciência da sua unidade e da sua universalidade, ela mesma nada mais é que a consciência de si própria como uma unidade absoluta, i.e., o que é racional para a razão é para ela uma lei absoluta, de validade universal; para ela é impossível pensar que o que se contradiz, o que é falso e sem sentido, seja verdadeiro e inversamente, o que é verdadeiro e racional seja falso e irracional em algum lugar. "Pode haver seres inteligentes diferentes de mim, mas posso estar certo de que não existem seres inteligentes que conhecem outras leis e outra verdade diferente das minhas, porque qualquer espírito percebe necessariamente que duas vezes dois são quatro e que deve-se preferir o amigo ao cão"[5]. De uma razão essencialmente diversa da que se mostra no homem não tenho a mínima ideia, a mínima suposição. Antes, é qualquer outra razão hipotética que estabeleço apenas uma afirmação da minha própria razão, i.e., uma ideia minha, uma representação que surge dentro da minha faculdade de pensar e que então é expressa pela minha razão. Tudo que penso, produzo eu mesmo (naturalmente só nas coisas puramente intelectuais); tudo que penso como relacionado, eu mesmo relaciono; tudo que penso como distinto, eu mesmo distingo; tudo que penso como suspenso, como negado, nego eu mesmo. Se penso, p. ex., uma razão na qual a contemplação ou

---

5. Malebranche. Igualmente diz o astrônomo Hugenius Christ em seu já citado *Cosmo*theoros: "Poderia existir em algum lugar uma razão diversa da nossa? Ou ser tido por torpe e imoral em Júpiter ou Marte o que é tido por nós por certo e louvável? De fato, isto não é verossímil e nem mesmo possível".

realidade do objeto é imediatamente unida com o pensamento dele, então eu os uno realmente; a minha razão ou a minha imaginação é o próprio elo de ligação destas diferenças ou oposições. Como pois seria possível imaginá-las unidas (seja esta ideia clara ou confusa) se já não as uniste em ti mesmo? De qualquer forma que a razão for sempre determinada, qualquer que seja a razão que um determinado indivíduo humano aceite em contraste com a sua própria, esta outra razão é apenas a razão que atua no homem em geral, a razão pensada como abstraída das limitações deste indivíduo determinado, temporal. Unidade já existe no conceito da razão. A impossibilidade para a razão de pensar dois seres supremos, duas substâncias infinitas, dois deuses, é a impossibilidade para a razão de contradizer-se a si mesma, de negar a sua própria essência, de pensar a si mesma como dividida e multiplicada.

A razão é o ser infinito. Infinitude é imediata com unidade; a finitude é posta com pluralidade. Finitude (no sentido metafísico) se baseia na diferença da existência de um ser, na diferença entre a individualidade e o gênero; infinitude se baseia na unidade entre existência e essência. É, pois, finito o que pode ser comparado com indivíduos de uma mesma espécie; infinito é, porém, somente o que é igual a si mesmo, que não possui nada semelhante a si e que, consequentemente, não existe como uma espécie sob um gênero, mas que é inseparável, indiscernível num gênero e numa espécie, na essência e na existência. Assim é a razão, ela tem a sua essência em si mesma, logo, nada tem além de si ou fora de si que pudesse ser comparado com ela; é incomparável porque é ela mesma a fonte de todas as comparações; é incomensurável, porque é a medida de todas as medidas, pois só medimos as coisas através da razão; ela não pode ser colocada abaixo de nenhum ente supremo, de nenhum gênero, porque ela mesma é o princípio supremo de todas as hierarquias, princípio este que subordina todas as coisas e seres. As definições de Deus dadas pelos filósofos e teólogos especulativos como o ser no qual não se distinguem existência e essência e que é ele próprio as qualidades que tem, de forma a serem idênticos nele sujeito e predicado, todas essas características são também conceitos abstraídos da essência da razão.

A razão é finalmente o ser necessário. A razão *é*, porque somente a existência da razão é razão; porque, não havendo razão, não há consciência, tudo seria nada, o ser igual ao não ser. Somente a consciência estabelece a diferença entre ser e não ser. Somente na consciência se revela o valor do ser, o valor da natureza. Por que existe em geral alguma coisa, por que existe o mundo? Pelo simples motivo que, se não existisse alguma coisa o nada existiria, se não existisse a razão, somente a não razão existiria – por isso então existe o mundo, porque seria um absurdo se o mundo não existisse. No absurdo da sua não existência encontras o verdadeiro sentido da sua existência; na falta de argumento para a aceitação de que ele não existe a explicação pela qual ele existe. O nada, o não ser é sem finalidade, sem sentido, irracional. Somente o ser tem finalidade, fundamento e sentido; o ser existe porque somente o ser é razão e verdade; ser é a necessidade absoluta. Qual é a base do ser que se percebe, da vida? A necessidade de vida. Mas para quem é uma necessidade? Para quem não vive. Não foi um ser dotado de olhos que fez o olho; se ele já enxergasse, para que faria o olho? Não! Somente um ser que não vê necessita do olho. Todos nós viemos ao mundo sem saber e querer – mas viemos somente para que haja saber e querer. De onde então surgiu o universo? Da necessidade, da carência, da inevitabilidade, mas não de uma necessidade que está num outro ser diverso dele (o que é uma total contradição), e sim de uma necessidade própria, interna, da necessidade da necessidade, porque sem universo não haveria necessidade, sem necessidade não haveria razão. O nada do qual o universo surgiu é o nada sem o universo. Certamente é então a negatividade (como dizem os filósofos especulativos), o nada, o fundamento do mundo – mas um nada que se anula – i.e., um nada que existiria *per impossibile* se o universo não existisse. Certamente surge o universo de uma carência, da *Penia*[1], mas é uma especulação falsa transformar esta *penia* numa entidade ontológica – esta carência é meramente a carência que existe na suposta não existência do universo. Então é o universo necessário somente por si mesmo e através de si mesmo. Mas a necessidade do universo é a necessidade da razão. A razão é o cerne

---

I. *Penia* significa pobreza em grego. Cf. o mito de *Poros* e *Penia* no diálogo *Banquete*, de Platão [N.T.].

de todas as realidades, pois o que são todas as coisas grandiosas do mundo sem a luz, e o que é a luz exterior sem a luz interior? A razão é o ser mais indispensável – a necessidade mais profunda e mais essencial. Somente a razão é a consciência do ser, o ser consciente de si mesmo; somente na razão se revela a finalidade, o sentido do ser. A razão é o ser objetivo como uma finalidade em si mesma – a finalidade das coisas. O que é objeto para si mesmo é o ser supremo, último, o que se apodera de si mesmo é plenipotente.

CAPÍTULO IV
DEUS COMO UM SER MORAL OU LEI

Deus como Deus – o ser infinito, geral, sem antropomorfismo, da razão, não tem mais importância para a religião do que um princípio geral para uma ciência especial com o qual ela se inicia; é apenas o ponto de referência último, supremo, assim como o ponto matemático da religião. A consciência da limitação e da nulidade humana que se une com a consciência deste ser não é uma consciência religiosa; antes designa ela o cético, o materialista, o naturalista, o panteísta. A crença em Deus (pelo menos no Deus da religião) só acaba quando (como no ceticismo, panteísmo e materialismo) acaba a crença no homem, pelo menos no homem tal como é encarado pela religião. Assim como a religião não é e não pode ser levada a sério com a nulidade do homem[6], da mesma forma não pode ser levada a sério com aquele ente abstrato com o qual se relaciona a consciência desta nulidade. A religião é levada a sério somente com as qualidades que objetivam o homem para o homem. Negar o homem significa negar a religião.

É interessante para a religião que o seu ser objetivo seja diferente do homem; mas é também do seu interesse, e talvez ainda mais, que este ser diferente seja também humano. O fato dele ser diferente só concerne a existência, mas que ele seja humano é questão da sua essência íntima. Se fosse um outro quanto à essência em que poderia interessar ao homem a sua existência ou não existência? Como poderia o homem ter tão sincero interesse em sua existência se a sua própria essência não estivesse também em jogo?

---

6. A ideia ou a expressão da nulidade do homem diante de Deus na religião é a ira de Deus; porque, assim como o amor de Deus é a afirmação, é também a sua ira a negação do homem. Mas exatamente esta ira não é levada a sério. "Deus[...] não é irado. Não é correto julgar-se que ele se encolerize e castigue" (LUTERO. *Obras completas*. Leipzig, 1729, parte VIII, p. 208 – Esta edição é a que é sempre citada somente com a indicação da "parte").

Um exemplo. "Quando creio", lemos no livro das *Concórdias*, "que somente a natureza humana sofreu por mim, então é para mim o Cristo um mero redentor que necessita ele também de um redentor". Por isso é exigido além do homem um outro ser distinto do homem pela necessidade da salvação. Mas assim como este outro ser é posto, surge também a exigência do homem por si mesmo, por sua essência, e assim é posto também o homem imediatamente. "Aqui está Deus, que não é homem e nunca se tornou homem. Para mim, entretanto, este Deus não [...] Deveria ele ser para mim um mero Cristo, o outro [...] um mero Deus separado e uma pessoa divina [...] sem humanidade. Não, companheiro, se tu me apresentas Deus, deves acrescentar a ele também a humanidade".

Na religião o homem quer se satisfazer; a religião é o seu bem supremo. Mas como poderia ele encontrar consolo e paz em Deus se este fosse um ser essencialmente diverso? Como posso participar da paz de um ser se não possuo a sua essência? Se a sua essência fosse outra, também a sua paz seria essencialmente outra, não uma paz para mim. Como posso então participar da sua paz se não participo da sua essência e como posso participar da sua essência se sou realmente um outro ser? Tudo que vive só sente paz em seu próprio elemento, em sua própria essência. Se então o homem sente paz em Deus, ele a sente apenas porque só Deus é a sua verdadeira essência, porque aqui ele se sente em casa, porque tudo em que ele buscou paz até então e que considerou como sua essência, era um ser diferente, estranho. Portanto, se o homem quiser encontrar a paz em Deus deve ele se encontrar em Deus. "Ninguém experimentará a Divindade a não ser como ela quer ser experimentada, i.e., sendo contemplada na humanidade de Cristo, e se não encontrares a Divindade desta forma nunca encontrarás repouso"[7]. "Cada coisa descansa no lugar de onde nasceu. O lugar de onde nasci é a Divindade. A Divindade é a minha pátria. Tenho eu um pai na Divindade? Sim, não somente tenho nela um pai, mas tenho a mim mesmo; antes de me encontrar em mim mesmo, já havia nascido na Divindade"[8].

---

7. Lutero, parte III, p. 589.

8. *Pregações de alguns mestres anteriores e contemporâneos a Tauler.* Hamburg, 1621, p. 81.

Um Deus que expressa somente a essência da razão não satisfaz, então, à religião, não é o Deus da religião. A razão não se interessa somente pelo homem, mas também pelas coisas exteriores ao homem, pela natureza. O homem racional esquece até a si mesmo pela natureza. Os cristãos zombavam dos filósofos pagãos porque estes, ao invés de pensarem em sua salvação, só pensaram nas coisas exteriores a eles. O cristão só pensa em si. A razão considera com o mesmo entusiasmo a pulga, o piolho e, como imagem de Deus, o homem. A razão é "a indiferença e a identidade absoluta" de todas as coisas e seres. Não é ao cristianismo, não é ao entusiasmo religioso – é somente ao entusiasmo da razão que devemos a existência de uma botânica, de uma mineralogia, de uma zoologia, de uma física e uma astronomia. Resumindo, a razão é uma entidade universal, panteísta, o amor ao universo; mas a qualidade característica da religião, e em especial da cristã, é que ela é uma entidade inteiramente antropoteística, o amor exclusivo do homem por si mesmo, a afirmação exclusiva da essência humana subjetiva; porque sem dúvida também a razão afirma a essência do homem, mas a essência objetiva, o ser que se relaciona com o objeto pelo objeto, cuja expressão é exatamente a ciência. Por isso na religião deve ser objeto para o homem algo inteiramente diverso da essência da razão se ele pretende e deve se satisfazer nela, e este algo deve conter o verdadeiro cerne da religião.

Na religião, principalmente na cristã, a qualidade racional de Deus que se salienta sobre todas as outras é a perfeição moral. Mas Deus como um ser moralmente perfeito é apenas a ideia realizada, a lei personificada da moralidade[9], a essência moral do homem posta como essência absoluta – a própria essência do homem; porque o Deus moral exige do homem que ele seja como Ele próprio é: "Santo é Deus, deveis ser santos como Deus" – a própria consciência do homem, porque, caso contrário, como poderia ele tremer diante da essência divina, acusar-se diante dela, como estabelecê-la julgadora de seus pensamentos e intenções mais íntimas?

---

9. O próprio Kant já diz em sua obra muitas vezes citada, nas suas *Preleções sobre a doutrina filosófica da religião*, lidas ainda sob Frederico II, p. 135: "Deus é a própria lei moral, mas pensada personificadamente".

Mas a consciência de um ser perfeito moralmente enquanto consciência de um ser abstrato, isolado de todos os antropomorfismos deixa-nos frios e vazios, porque sentimos a distância, a lacuna existente entre nós e esse ser – é uma consciência sem coração, porque é a consciência da nossa nulidade pessoal e, em verdade, da nulidade mais delicada, a nulidade moral. A consciência da plenipotência e da eternidade divina em contraste com a minha limitação em espaço e tempo não me causa dor; porque a plenipotência não me manda ser plenipotente e a eternidade não me manda ser eterno. Mas não posso me tornar consciente da perfeição moral sem ao mesmo tempo me tornar consciente dela como uma lei para mim. A perfeição moral não depende da natureza (pelo menos quanto à consciência moral), mas somente da vontade, ela é uma perfeição da vontade, a vontade perfeita. Não posso pensar a vontade perfeita, a vontade que é idêntica à lei, que é a própria lei, sem pensá-la ao mesmo tempo como objeto da vontade, como um dever para mim. Resumindo, a ideia de um ente moralmente perfeito não é apenas teórica, pacífica, mas ao mesmo tempo prática, para a ação, que convida para ser imitada; é uma ideia que me coloca em tensão e numa cisão comigo mesmo, porque ao me proclamar o que eu devo ser, diz-me ela ao mesmo tempo e francamente o que eu não sou[10]. E esta cisão é na religião ainda mais martirizante, mais terrível na medida em que ela antepõe ao homem a sua própria essência como um outro ser e, além disso, como um ser pessoal, como um ser que odeia, amaldiçoa e exclui os pecadores da sua graça, a fonte de toda salvação e felicidade.

Como então pode o homem ser libertado desta cisão entre si e o ser perfeito, deste sofrimento da consciência de pecador, deste martírio do sentimento de nulidade? Como pode ele evitar o golpe mortal do pecado? Somente tornando-se consciente do coração, do amor como o poder ou a verdade mais elevada e absoluta, e considerando a divindade não só como uma lei, como um

---

10. "Tudo que rompe com a nossa vaidade em nosso próprio juízo nos humilha. Portanto, a lei moral humilha inevitavelmente todo homem ao comparar este com ela a tendência sensual da sua natureza" (KANT. *Crítica da razão prática.* 4. ed., p. 132).

ser moral e racional, mas como um ser que ama, que tem coração e que é ele próprio, subjetivamente, um ser humano.

A razão só julga conforme o rigor da lei; o coração se acomoda, é flexível, respeitoso, acatador, humano. À lei que só nos mostra a perfeição moral ninguém satisfaz; por isso a lei não satisfaz também ao homem, ao coração. A lei condena, mas o coração se compadece do pecador. A lei só me afirma como um ser abstrato, mas o coração como um ser real. O coração dá a mim a consciência de que sou homem, mas a lei só me dá a consciência de ser pecador, de ser um nada[11]. A lei subordina o homem a si mesma, o amor o liberta.

O amor é o laço de união, o princípio de mediação entre o perfeito e o imperfeito, entre o ser sem pecado e o pecador, entre o geral e o individual, a lei e o coração, o divino e o humano. O amor é o próprio Deus e sem ele não há Deus. O amor transforma o homem em Deus e Deus no homem. O amor fortifica o fraco e enfraquece o forte, humilha o soberbo e enaltece o humilde, idealiza a matéria e materializa o espírito. O amor é a verdadeira unidade Deus e homem, espírito e natureza. No amor é a natureza comum espírito e o espírito refinado é a natureza. Amar significa, partindo do espírito, anular o espírito; partindo da matéria, anular a matéria. Amor é materialismo; amor imaterial é *nonsense*. Na ânsia do amor por um objeto distante o idealista abstrato confirma, a contragosto, a verdade dos sentidos. Mas ao mesmo tempo é o amor o idealismo da natureza; amor é espírito. Somente o amor transforma o rouxinol em cantor; somente o amor enfeita os órgãos reprodutores da planta com uma grinalda. E que maravilhas não nos proporciona o amor mesmo em nossa vida burguesa comum! Tudo que a crença, a confissão, a loucura separa é unido pelo amor. Mesmo a nossa alta nobreza identifica bastante humoristicamente o amor com a plebe burguesa. O que os antigos místicos diziam de Deus, que ele é ao mesmo tempo o ser mais elevado e o mais comum, isto vale em verdade para o amor, mas não um amor sonhado, imaginário, (não!) e sim para o amor verdadeiro, o amor que tem carne e sangue.

---

11. "Todos nós pecamos... Com a lei começaram os patricidas" (Sêneca). "A lei nos mata" (LUTERO, parte XVII, p. 320).

Sim, somente para o amor que tem carne e sangue, porque somente este pode perdoar os pecados cometidos pela carne e pelo sangue. Um ser unicamente moral não pode perdoar o que é contra a lei da moralidade. O que nega a lei é também negado pela lei. O juiz moral que não permite fluir sangue humano em sua sentença condena o pecador implacável e friamente. Por isso, ao ser Deus encarado como um ser que perdoa pecados, é ele posto não como um ser amoral, mas como um ser não moral, como um ser mais do que moral, em síntese, como um ser humano. A anulação do pecado é a anulação da justiça moral abstrata e a afirmação do amor, da misericórdia, do sentimento. Não são os seres abstratos, (não!) somente os seres sensíveis são misericordiosos. A misericórdia é o senso de justiça dos sentidos. Por isso Deus não perdoa os pecados humanos em si mesmo, como um Deus abstrato da razão, mas em si como homem, como um ser sensorial, que se torna carne. Deus feito homem em verdade não peca, mas ele conhece, ele suporta os sofrimentos, as necessidades, a dificuldade dos sentidos. O sangue de Cristo nos purifica aos olhos de Deus, nos limpa dos nossos pecados; sim, somente o seu sangue humano torna Deus misericordioso, aplaca a sua cólera, i.e., nossos pecados nos são perdoados porque não somos seres abstratos, mas seres de carne e osso[12].

---

12. "Este meu Deus e Senhor tomou para si a minha natureza, carne e sangue como os tenho e tudo experimentou e sofreu como eu, mas sem pecar; por isso tem ele misericórdia da minha fraqueza" (Hb 5) (LUTERO, parte XVI, p. 533). "Quanto mais fundo pudermos penetrar em Cristo como carne, tanto melhor" (parte XVI, p. 565). "O próprio Deus, se se quiser lidar com ele independemente de Cristo, é um Deus terrível, no qual não se encontra consolo, mas cólera e inclemência" (parte XV, p. 298).

CAPÍTULO V
O MISTÉRIO DA ENCARNAÇÃO OU DEUS COMO ENTIDADE DO CORAÇÃO

A consciência do amor é aquela através da qual o homem se concilia com Deus, ou melhor, consigo, com a sua essência, que ele, na lei, contempla como uma outra essência. A consciência do amor divino ou, o que significa o mesmo, a contemplação de Deus como um ser humano é o mistério da encarnação, do Deus que se torna carne e homem. A encarnação é apenas o fenômeno real, sensorial da natureza humana de Deus. Não foi por sua própria causa que Deus se tornou homem; a dificuldade, a necessidade do homem (uma necessidade que, de resto, é ainda hoje uma necessidade do espírito religioso) foi o motivo da encarnação. Por misericórdia tornou-se Deus um homem – ele já era então em si mesmo um Deus humano antes de se tornar realmente homem; comoveu-se pois com a necessidade e a miséria humana. A encarnação foi uma lágrima da compaixão divina, logo, apenas um fenômeno de um ser que sente humanamente e que, por isso, é essencialmente humano.

Quando se prende na encarnação somente ao Deus que se torna homem, aparece realmente a encarnação como um fato surpreendente, inexplicável, maravilhoso. Mas o Deus encarnado é apenas o fenômeno do homem endeusado; porque a elevação do homem a Deus antecede necessariamente ao rebaixamento de Deus ao homem. O homem já estava em Deus, já era ele próprio Deus antes de Deus ter se tornado homem, i.e., de ter se mostrado como homem[13]. Como poderia Deus ter se tornado homem de outra

---

13. "Tais descrições onde a Bíblia fala de Deus como um homem e lhe atribui tudo que é humano, de ser amável e consolador, de falar amigavelmente conosco e de falar de coisas sobre as quais os homens costumam falar uns com outros, que ele se alegra, se entristece e sofre como um homem, existem em função da futura humanidade do Cristo" (LUTERO, parte II, p. 334).

forma? O antigo princípio "do nada, nada" vale também aqui. Um rei que não traz em seu coração o bem-estar de seus súditos, que, em seu trono, já não paira espiritualmente em suas moradias, que em sua intenção não é um "homem comum", como diz o povo, um tal rei nunca descerá corporalmente do seu trono para alegrar o seu povo com a sua presença pessoal. Então já não tinha o súdito se elevado a rei antes do rei se rebaixar ao súdito? E uma vez que o súdito se sente honrado e feliz com a presença pessoal do seu rei, relaciona-se este sentimento somente com este fato em si, ou antes, não se relaciona com o fato da intenção, da essência humanitária, que é o motivo deste fato? Mas na religião o que em verdade é o motivo, a causa, determina-se na consciência religiosa como efeito, consequência; portanto, é aqui a elevação do homem a Deus uma consequência do rebaixamento de Deus ao homem. Deus, diz a religião, humanizou-se para endeusar o homem[14].

A profundidade e incompreensibilidade, i.e., a contradição que se encontra na sentença "Deus é ou se torna homem" deriva apenas do fato de se confundirem o conceito ou as qualidades de um ser geral, ilimitado e metafísico com o conceito ou as qualidades do Deus religioso, i.e., de se confundirem os atributos da razão com os do coração – uma confusão que é o maior obstáculo para o conhecimento correto da religião. Mas trata-se aqui na verdade apenas de uma forma humana de um Deus que já em essência, nas profundezas da sua alma, é um Deus misericordioso, i.e., humano.

Na doutrina da Igreja é dito que não é a primeira pessoa da divindade que encarna, mas a segunda, que é a que representa o homem diante de Deus – a segunda pessoa que na verdade, como veremos, é a pessoa verdadeira, total, primeira, da religião. Só sem este conceito intermediário, que é o primeiro da encarnação, parece esta misteriosa, incompreensível, "especulativa"; ao passo que,

---

14. "Deus se tornou homem para que o homem se tornasse Deus." Agostinho (*Serm. ad. pop.*). Em Lutero e muitos padres encontram-se, entretanto, trechos que indicam a verdadeira relação. Lutero diz, p. ex. (parte I, p. 334), que Moisés chama o homem de "imagem de Deus, igual a Deus" para aludir obscuramente que "Deus haveria de se tornar homem". Aqui é, pois, a encarnação de Deus expressa claramente como uma consequência da divindade do homem.

quando considerada em conexão com este, é uma consequência necessária, automática. Por isso a afirmação de que a encarnação é um fato puramente empírico ou histórico sobre o qual só se instrui através de uma revelação teológica, é um depoimento do mais estúpido materialismo religioso, porque a encarnação é uma conclusão que se baseia numa premissa muito compreensível. Mas igualmente abstruso é querer deduzir a encarnação de motivos puramente especulativos, i.e., metafísicos e abstratos, porque a metafísica pertence somente à primeira pessoa, que não é uma pessoa dramática. Uma tal dedução só se justificaria se se deduzisse conscientemente da metafísica a negação da metafísica.

Neste exemplo se evidencia como a antropologia diverge da filosofia especulativa. A antropologia não considera a encarnação como um mistério especial, estupendo, como o faz a especulação ofuscada pelo brilho místico; ela destrói a ilusão de se esconder por detrás disso um mistério especial, sobrenatural; ela critica o dogma e o reduz em seus elementos naturais, inatos ao homem, em sua origem e cerne íntimo – o amor.

O dogma nos mostra duas coisas: Deus e o amor. Deus é o amor; mas o que significa isto? É Deus ainda outra coisa além do amor? Um ser diverso do amor? É o mesmo que quando eu, na emoção, exclamo de uma pessoa humana: ela é o amor personificado? Certamente, caso contrário deveria renunciar ao nome de Deus, que expressa um ser especial, pessoal, um sujeito em contraste com o predicado. Então o amor se transforma em algo especial: Deus enviou *por amor* o seu filho unigênito. O amor é então diminuído e rebaixado por um obscuro primeiro plano: Deus. Torna-se uma qualidade pessoal, não obstante qualificativa; ele conserva, portanto, no espírito e na emoção, objetiva e subjetivamente, o papel de um mero predicado, não de sujeito, de essência; desaparece-me das vistas como algo supérfluo, um acidente; ora surge ele como algo essencial diante de mim; ora desaparece outra vez. Deus me aparece também sob outro aspecto, além do amor; também no aspecto da plenipotência, um poder obscuro, independente do amor, poder do qual participam também, conquanto em menor proporção, os demônios e satãs.

Enquanto o amor não é elevado à substância, à essência, há de pairar por detrás dele um sujeito que, mesmo independentemente do amor, ainda é algo em si mesmo, um monstro sem amor, um ser demoníaco, cuja personalidade distinguível e realmente distinta do amor se diverte com o sangue dos hereges e descrentes – o fantasma do fanatismo religioso! No entanto o essencial na encarnação é o amor, não obstante ainda preso à noite da consciência religiosa. O amor levou Deus à exteriorização da sua divindade[15]. Não é pela sua divindade como tal, segundo a qual ele é sujeito na sentença: Deus é o amor, mas é pelo amor, pelo predicado que veio a negação da sua divindade; então é o amor um poder e uma verdade mais elevada do que a divindade. O amor vence Deus. Foi pelo amor que Deus sacrificou a sua divina majestade. E que espécie de amor era este? Um outro diferente do nosso? Diferente daquele ao qual nos sacrificamos? Era o amor por si, por si enquanto Deus? Não, era o amor pelos homens. Mas não é o amor aos homens um amor humano? Posso amar o homem sem amá-lo humanamente, sem amá-lo da mesma forma em que ele ama quando ele na verdade ama? No caso contrário, não seria o amor talvez um amor diabólico? Também o demônio ama o homem, mas não por causa do homem, e sim por sua própria causa, logo, por egoísmo, para se engrandecer, para aumentar o seu poder. Mas Deus ama enquanto ama o homem pelo homem, i.e., para torná-lo bom e feliz. Portanto, não ama ele o homem como o homem verdadeiro ama o homem? Tem o amor um plural? Não é ele sempre igual a si mesmo? Qual é então o texto verdadeiro, não falsificado da encarnação, a não ser o texto do mero amor, sem acréscimo, sem distinção entre amor divino e humano? Porque, mesmo que haja um amor egoístico dentre os homens, é, entretanto, o verdadeiro amor humano, o único que é digno de tal nome, aquele que sacrifica o próprio em nome do alheio. Quem é então o nosso redentor e conciliador? Deus ou o amor? O amor, porque Deus enquanto Deus não

---

15. Era neste sentido que a crença antiga, incondicional e entusiástica festejava a encarnação; O amor vence Deus, *Amor triumphat de Deo*, diz, p. ex., São Bernardo. E somente neste significado de uma autoexteriorização e abnegação real da divindade está a realidade, a força e o significado da encarnação, não obstante esta autoabnegação seja em si apenas uma ideia da fantasia, porque se se observar de perto Deus não se nega na encarnação, mas apenas se mostra como é, como um ser humano. O que a mentira da teologia posterior racionalístico-ortodoxa e bíblico-pietístico-racionalista apresenta contra as concepções e expressões delirantes da antiga crença no que concerne à encarnação, não merece nem menção, quanto mais refutação.

nos redimiu, mas o amor, que está acima da distinção entre personalidade divina e humana. Assim como Deus renunciou a si mesmo por amor, devemos também renunciar a Deus pelo amor; porque se não renunciarmos a Deus por amor, renunciaremos ao amor em nome de Deus e teremos, ao invés do predicado do amor, o Deus, a entidade cruel do fanatismo religioso.

Mas uma vez que adquirimos este texto da encarnação, apresentamos simultaneamente o dogma em sua falsidade, reduzimos o mistério aparentemente sobrenatural e suprarracional a uma verdade simples, uma verdade em si natural para o homem, uma verdade que não só pertence à religião cristã, mas, pelo menos de modo não evoluído, a qualquer religião enquanto religião, seja em maior ou menor proporção. Qualquer religião que seja digna de tal nome pressupõe que Deus não seja indiferente para com os seres que o adoram, que então o elemento humano não seja estranho a ele, que, enquanto objeto da adoração humana, é ele próprio um Deus humano. Toda oração revela o mistério da encarnação, toda oração é de fato uma encarnação de Deus. Na oração trago Deus para a desgraça humana, faço com que ele participe dos meus sofrimentos e necessidades. Deus não é surdo às minhas queixas; ele tem misericórdia de mim; por isso abnega a sua divina majestade, a sua sublimidade em troca de tudo que é finito e humano; ele se torna homem com o homem, porque se ele me ouve, se se compadece de mim é porque é tocado pelo meu sofrimento. Deus ama o homem – i.e., Deus sofre pelo homem. Não existe amor sem simpatia e não existe simpatia sem compaixão. Teria eu interesse por um ser insensível? Não! Eu só sinto por um ser sensível – só por aquilo que constato ser da minha essência, por aquilo em que sinto a mim mesmo e com cujo sofrimento eu próprio sofro. Compaixão pressupõe essência igual. Expressão desta diferença essencial entre Deus e o homem é a encarnação, é a providência, é a oração[16].

---

16. "Sabemos que Deus é tocado pela compaixão por nós e não só vê nossas lágrimas, mas também conta as nossas 'lagrimazinhas', como está escrito no Salmo 56.: 'O filho de Deus é realmente comovido pelo sentimento do nosso sofrimento'" (*Melanchtonis et aliorum Declamat. Argentor.* Parte III, p. 286, 450). "Nenhuma lágrima", diz Lutero acerca deste 9º verso citado do Salmo 56, "acontece em vão, mas é assinalada no céu com grandes e poderosas letras." Mas, um ser que conta e "coleciona" as lágrimas do homem é certamente um ser muito sentimental.

De fato a teologia que guarda na cabeça as qualidades racionais e metafísicas da eternidade, da indefinibilidade, da imutabilidade e outras qualidades semelhantes abstratas, que expressam a essência da razão, de fato esta teologia nega a passionalidade de Deus, mas com isso nega também a verdade da religião[17]. Porque a religião, o homem religioso, durante o ato da devoção na oração, acredita num interesse real do ser divino em seus sofrimentos e necessidades, acredita numa vontade de Deus determinável pela sinceridade da oração, i.e., pela força do coração, acredita num atendimento real, presente, levado a efeito através da oração. O homem verdadeiramente religioso confia sem meditar o seu coração a Deus; Deus é para ele um coração sensível a tudo que é humano. O coração só pode se dirigir ao coração, ele só encontra consolo em si mesmo, em sua própria essência.

A afirmação de que a realização da oração já estava designada desde a eternidade, que já tinha sido compreendida originariamente no plano da criação, é uma ficção oca e de mau gosto de um pensamento mecânico e que contradiz um absoluto à essência da religião. Lavater afirma exatamente no sentido da religião: "Necessitamos de um Deus arbitrário". Além disso é Deus naquela ficção um ser tão determinado pelo homem quanto no atendimento real, presente, causado pela força da oração; somente a contradição com a imutabilidade e a indeterminabilidade de Deus, i.e., a dificuldade é levada para a distância ilusória do passado ou da eternidade. Se Deus se decide agora pelo atendimento da minha prece ou já se decidiu antes, tanto faz no fundo. É a maior inconsequência repudiar a ideia de um Deus determinável pela oração, i.e., a força do sentimento, como uma ideia humana indigna. Uma vez que se acredita num ser que é objeto da adoração, da oração, do sentimento, que é providente e assistente (providência esta que é impossível sem amor), logo, num ser que ama, que tem o

---

17. São Bernardo lança mão de um jogo de palavras altamente sofístico: *Impassibilis est Deus, sed non incompassibilis, cui proprium est misereri semper et parcere* (*Sup. Cant. Sermo* 26). Como se a compaixão não fosse sofrimento, sofrimento por amor, por coração. O que sofre a não ser um coração interessado? Sem amor não há sofrimento. A matéria, a fonte do sofrimento é exatamente o coração universal, a união geral de todos os seres.

amor como motivo de suas atitudes; acredita-se também num ser que, ainda que não tendo um coração anatômico, tem entretanto um coração psíquico e humano. O sentimento religioso projeta tudo em Deus, como foi dito, exceto o que ele próprio repudia. Os cristãos não atribuíam ao seu Deus nenhum sentimento que fosse contrário aos seus conceitos morais, mas os sentimentos e afeições relativas ao amor, à misericórdia eles atribuíam a ele sem hesitar e deviam atribuir. E o amor que o sentimento religioso atribui a Deus é o próprio amor não só idealizado, imaginado, mas um amor real e verdadeiro. Deus é amado e por sua vez ama; no amor divino apenas se objetiva, se afirma o amor humano. Em Deus o amor apenas se aprofunda em si mesmo como na sua própria verdade.

Contra este sentido da encarnação desenvolvido aqui pode-se objetar que com a encarnação cristã dá-se um fenômeno especial (o que sob outro aspecto é verdade, como veremos adiante), diverso da encarnação pagã, dos deuses gregos ou indianos. Estes seriam meros produtos humanos ou homens endeusados; mas no cristianismo foi dada a ideia do Deus verdadeiro; só aqui se torna significativa e "especulativa" a união da essência divina com a humana. Também Júpiter se transforma num touro; as encarnações pagãs dos deuses seriam meras fantasias. No paganismo não há mais na essência de Deus do que no fenômeno; mas, ao contrário, no cristianismo é Deus um outro ser, sobre-humano, que se mostra como homem. Mas esta objeção se contradiz pela observação já feita de que também as premissas da encarnação cristã já contêm a essência humana. Deus ama o homem; Deus tem além disso um filho em si; Deus é pai; as relações da humanidade não estão excluídas de Deus; o que é humano não é distante ou desconhecido de Deus. Por isso também aqui não há mais na essência de Deus do que na manifestação de Deus. Na encarnação a religião só confessa uma coisa, o que ela, como reflexão sobre si mesma, como teologia, não quer confessar, que Deus é um ser inteiramente humano. A encarnação, o mistério do "Deus-homem" não é então uma misteriosa síntese de contradições, não é um fato sintético, pelo que é considerada pela filosofia especulativa da religião por ter esta uma especial alegria com a contradição; é um fato analítico – uma palavra humana com sentido humano. Se houvesse aqui uma contradição, esta já se encontraria antes ou fora da encarnação; já na união da providência, do amor, com a divindade; porque se este amor é real, não é essencialmente diverso do nosso (só as limitações devem ser retiradas) e assim é a encarnação apenas a expressão mais forte, mais sincera, mais sensorial, mais franca desta providência, deste amor. O amor não conhece outra maneira de contentar mais o seu objeto a não ser alegrando-o com a sua presença pessoal, fazendo com que ele se deixe ver. Contemplar cara a cara o benfeitor invisível é o mais caloroso anseio do amor. Ver é um ato divino. A felicidade já está na mera visão do amado. A visão é a certeza do amor. E a encarnação nada mais deve ser, significar, efetuar a não ser a certeza indubitável do amor de Deus pelo homem. O amor permanece, mas a encarnação na terra passa; o fenômeno foi restringido temporal e espacialmente, acessível a poucos; mas a essência do fenômeno é eterna e geral. Devemos ainda crer no fenômeno, não por ele em si, mas pela sua essência, porque só nos foi deixada a contemplação do amor.

A prova mais evidente, irrefutável de que na religião o homem se contempla com um objeto divino, como uma meta divina, que ele então na religião só se relaciona consigo mesmo, com a sua própria essência – a prova mais evidente e irrefutável é o amor de Deus pelo homem, a base e o centro da religião. Deus se desfaz da sua divindade por causa do homem. Aqui está a impressão enlevante da encarnação: o ser mais elevado, o ser autônomo se humilha, se rebaixa em nome do homem. Por isso em Deus contemplo a minha própria essência; tenho valor para Deus; o significado divino da minha essência torna-se-me evidente. Como pode o valor humano ser expresso de modo mais elevado do que quando o próprio Deus se torna homem por causa do homem, quando o homem é a finalidade e o objeto do amor divino? O amor de Deus pelo homem é uma qualidade essencial da divindade: Deus é um Deus que me ama, que ama o homem em geral. Aí está a tônica, aí está o sentimento fundamental da religião. O amor de Deus torna-me amante; o amor de Deus pelo homem é a base do amor do homem por Deus: o amor divino causa, desperta o amor humano. "Amemo-lo, porque Ele nos amou primeiro"[18]. O que amo então em Deus? O

---

18. 1Jo 4,9.

amor ao homem. Mas uma vez que eu amo o amor e o adoro, amor este com o qual Deus ama o homem, não amo eu o homem? Não é o meu amor a Deus, ainda que indiretamente, um amor ao homem? Não é então o homem o conteúdo de Deus quando Deus ama o homem? Não é isto o que eu amo mais intimamente? Tenho eu um coração, se não amo? Não! Só o amor é o coração do homem. Mas o que é o amor sem aquilo que amo? Então o que amo é o meu coração, o meu conteúdo, a minha essência. Por que o homem se entristece, por que perde ele a alegria de viver quando perde o objeto amado? Por quê? Porque com o objeto amado ele perde o seu coração, o princípio da vida. Se então Deus ama o homem é porque o homem é o coração de Deus – o bem-estar do homem é o seu mais íntimo interesse. Então, se o homem é objeto de Deus, não é o homem um objeto para si mesmo em Deus? Não é a essência humana o conteúdo da essência divina se Deus é o amor e não é o homem o conteúdo essencial deste amor? Não é o amor de Deus pelo homem a base e o centro da religião, o amor do homem por si mesmo, objetivado, contemplado como a mais alta verdade, como a mais alta essência do homem? Não é a sentença "Deus ama o homem" um orientalismo (a religião é essencialmente oriental) que significa em alemão: o mais elevado é o amor do homem?

A verdade à qual foi reduzido aqui o mistério da encarnação por meio da análise atingiu também a consciência religiosa. Assim diz, p. ex., Lutero: "Quem pudesse tomar em seu coração a encarnação de Deus de maneira correta, este deveria, em nome da carne e do sangue que estão lá em cima à direita de Deus, amar toda carne e sangue aqui na terra e não se irritar mais com ninguém. Então a suave humanidade de Cristo, nosso Deus, deveria encher de alegria todos os corações num instante, de forma a nunca aparecer neles um pensamento rancoroso ou inamistoso. Sim, todo homem deveria carregar o seu próximo nos braços com grande alegria, por causa da carne e do sangue". "Isto é apenas uma parte do que nos deve mover à grande alegria e ao feliz orgulho, o fato de sermos honrados acima de toda criatura, até mesmo acima dos anjos, e de podermos nos ufanar de verdade: minha própria carne e sangue estão assentados à direita de Deus e tudo governam. Tal honra não possui nenhuma criatura, nenhum anjo. Isto deveria ser como um forno que fundisse a nós todos num único coração e que causasse um tal fervor dentre nós homens a ponto de amarmos uns aos outros de coração"[19]. Mas o que na religião é em verdade essência da fábula, o cerne, torna-se na consciência religiosa a moral da fábula, o supérfluo.

---

19. Lutero, parte XV, p. 44.

—————— CAPÍTULO VI ——————
O MISTÉRIO DO DEUS SOFREDOR

Uma qualidade essencial do Deus encarnado ou, o que significa o mesmo, do Deus humano, portanto, de Cristo, é a Paixão. O amor se mantém pelo sofrimento. Todos os pensamentos e sentimentos que inicialmente se associam a Cristo concentram-se no conceito do sofrimento. Deus enquanto Deus é o cerne de toda a perfeição humana, Deus enquanto Cristo o cerne de toda a miséria humana. Os filósofos pagãos celebravam a atividade, em especial a autonomia do pensamento, como a mais elevada, a mais divina atividade; os cristãos sacralizavam o sofrimento, colocavam mesmo o sofrimento em Deus. Se Deus como *Actus Purus*, como atividade pura é o Deus da filosofia abstrata; é em compensação Cristo, o Deus dos cristãos, a *Passio Pura*, o puro sofrimento – o pensamento metafísico mais elevado, o *être suprême* do coração. Porque, o que causa mais impressão ao coração do que o sofrimento? E, em verdade, o sofrimento do impassível em si, daquele que está acima de todo sofrimento, o sofrimento do inocente, do puro de pecados, o sofrimento meramente pelo bem dos outros, o sofrimento do amor, o sacrifício de si mesmo? Mas exatamente por ser a história do sofrimento por amor a mais emocionante para o coração humano ou para o coração em geral (porque seria uma ridícula ilusão do homem querer imaginar um outro coração diferente do humano) é que resulta de modo irrefutável que nela nada mais é expresso e objetivado a não ser a essência do coração, que ela não é uma invenção da razão humana ou da fantasia, mas do coração humano. Mas o coração não inventa como a livre fantasia ou a inteligência; ele sofre, recebe; tudo que sai dele aparece-lhe como dado, surge violentamente, atua com a força da necessidade urgente. O coração domina, apodera-se do homem; quem foi por ele uma vez apanhado é conquistado por ele como por um demônio, um deus. O coração não conhece outro Deus, outro ser mais excelente do que ele mesmo, do que o Deus cujo nome pode ser outro, especial, mas cuja essência ou substância é a própria essência do coração. E exatamente do coração, do impulso íntimo de praticar o bem, de viver e morrer para os homens, do impulso divino do benefício que pretende tornar a todos felizes e que não exclui nem mesmo o mais repudiado, o mais desprezível, do dever moral no sentido mais elevado, quando se torna uma necessidade interna, i.e., do coração, portanto, da essência humana enquanto se revela como coração ou através do coração, é que surgiu a essência do cristianismo melhor, verdadeira, i.e., filtrada dos seus elementos e contradições teológicas.

O que na religião é predicado podemos conceber como sujeito, de acordo com o que já foi desenvolvido antes, e o que é sujeito podemos entender como predicado; portanto, inverter os oráculos da religião, concebê-los como *contre-vérités* – e então teremos a verdade. Deus sofre – sofrer é predicado – mas pelos homens, por outros, não por si. O que significa isto em alemão? Nada mais que: sofrer pelos outros é divino; quem sofre pelos outros abandona a sua alma, comporta-se divinamente, é um deus para o homem[20].

Entretanto, o sofrimento de Cristo não representa apenas o sofrimento moral, autônomo, o sofrimento do amor, a capacidade de se sacrificar pelo bem de outros; ele representa também o sofrimento como tal, o sofrimento enquanto expressão da capacidade de sofrer em geral. A religião cristã é tão pouco sobre-humana que ela própria consagra a fraqueza humana. Enquanto o filósofo pagão, até mesmo com a notícia da morte do próprio filho, exclama: sabia que gerei um mortal; derrama o cristianismo (pelo menos o bíblico, pois do Cristo pré ou não bíblico nada sabemos) lágrimas pela morte de Lázaro – uma morte que em verdade era apenas aparente. Enquanto Sócrates, impassivelmente, esvazia

---

20. A religião fala através de exemplo. O exemplo é a lei da religião. O que Cristo fez é lei. Cristo sofreu por outros, então devemos fazer o mesmo. "O Senhor só se renegou, se humilhou, se diminuiu para que faças o mesmo" (BERNARDO. *In die nat. Domini*). "Devêssemos nós encarar com seriedade o exemplo de Cristo [...] seríamos movidos a ajudar e servir aos outros de coração, mesmo que fosse para nós doloroso e com isso muito devêssemos sofrer" (LUTERO, parte XV, p. 40).

a taça de veneno, exclama Cristo: "se for possível, que se passe este cálice"[21]. Cristo é nesse sentido a confissão da sensibilidade humana. O Cristo recebeu (em contraste com o princípio pagão, principalmente estoico com a sua rigorosa força de vontade e a sua autonomia) da consciência de Deus a consciência da própria sensibilidade em Deus ele não a encontra negada, condenada, bastando que não seja uma fraqueza pecaminosa.

Sofrimento é o sumo mandamento do cristianismo – a história do cristianismo é a própria história do sofrimento da humanidade. Enquanto que dentre os pagãos o júbilo do prazer sensual se misturou com o culto aos deuses, dentre os cristãos, naturalmente os antigos, são as lágrimas e os suspiros do coração, do sentimento que fazem parte do culto de Deus. Assim como um deus sensorial, um deus da vida é adorado onde o grito de júbilo sensorial pertence ao seu culto, sendo este grito de júbilo apenas uma definição sensorial da essência dos deuses aos quais este júbilo é dedicado; assim também os lamentos do coração dos cristãos são sons que saem da mais íntima alma, da mais íntima essência do seu Deus. É o deus do culto, do culto íntimo dos cristãos e não o deus da teologia sofística o verdadeiro deus do homem. Com as lágrimas do arrependimento e do anseio acreditavam os cristãos, naturalmente os antigos, poder oferecer ao seu Deus a maior honraria. As lágrimas são então o brilho sensorial do sentimento religioso cristão no qual se reflete a essência do seu Deus. Mas um Deus que se apraz com lágrimas nada mais expressa do que a essência do coração, da afetividade. E na verdade diz-se na religião cristã: Cristo fez tudo por nós, ele nos redimiu e nos conciliou com Deus

---

21. "A maioria", diz Santo Ambrósio, "se escandaliza com este trecho. Eu porém não admiro mais em parte nenhuma a humildade e majestade de Cristo do que aqui, porque me seria muito menos útil se não tivesse os meus sentimentos" (*Expos. in Lucae Ev.*, lib. X, c. 22). "Como poderíamos ousar a nos aproximarmos de Deus se ele permanecesse em sua incapacidade de sofrer (*in sua impassibilitate*)" (BERNARDO. *Tract. de XII grad. humil. et superb.*). "Não obstante", diz o médico cristão J. Milichius, o amigo de Melanchton, "pareça ridículo aos estoicos o atribuir a Deus sentimentos ou emoções (*affectus*), devem entretanto os pais, logo que sentirem a ferida do amor e da dor pela desgraça de seus filhos, pensar que em Deus existe um amor semelhante por seu filho e por nós [...] Deus possui um amor verdadeiro e não frio ou simulado" (*Declam. Melancht.*, parte II, p. 147).

e por isso pode-se concluir daí: rejubilemo-nos, não precisamos nos preocupar em como poderemos nos conciliar com Deus, pois já estamos conciliados. Mas o *imperfectum* do sofrimento causa uma impressão mais forte e mais permanente do que o *perfectum* da redenção. A redenção é apenas o resultado do sofrimento; o sofrimento é a base da redenção. Por isso o sofrimento se fixa mais fundo no espírito; o sofrimento torna-se um objeto de imitação, não a redenção. Se o próprio Deus sofreu por minha causa, como posso ser feliz, proporcionar a mim uma alegria, pelo menos neste mundo corrupto que foi testemunha do seu sofrimento[22]. Devo ser melhor que Deus? Não devo então compartilhar do seu sofrimento? O que faz Deus, meu Senhor, não é para mim um exemplo? Ou devo retirar só o lucro e não também ter despesas? Sei somente que ele me redimiu? A história do seu sofrimento não me é também conhecida? Deve ela ser para mim apenas o objeto de uma longínqua lembrança ou até mesmo objeto de meu júbilo, só porque este sofrimento me proporcionou a felicidade? Mas quem pode pensar assim, quem pode querer se excluir dos sofrimentos do seu Deus?

A religião cristã é a religião do sofrimento[23]. As imagens do crucificado, que até hoje encontramos em todas as igrejas, não representam um redentor, mas somente o crucificado, o sofredor. Mesmo as autoflagelações dos cristãos são consequências que se baseiam psicologicamente na sua concepção religiosa. Como não se sentiria contente de crucificar a si ou aos outros aquele que tem sempre em mente a imagem do crucificado? Pelo menos somos tantos justificados para uma tal conclusão quanto Agostinho e outros padres para a objeção à religião pagã de que as imagens religiosas imorais dos pagãos estimulavam-nos e lhe permitiam a imoralidade.

Deus sofre não significa em verdade nada mais que: Deus é um coração. O coração é a fonte, o cerne de todo sofrimento. Um

---

22. "Meu Deus está na cruz e deverei eu me entregar ao prazer?" (*Form. hon. vitae*. Entre as obras inautênticas de São Bernardo). "Que a lembrança da crucificação crucifique a tua carne" (GERHARD, J. *Meditat. Sacrae*. Med. 37).

23. "Grande sofrimento é muito melhor do que praticar o bem" (LUTERO, parte IV, p. 15).

ser sem sofrimento é um ser sem coração. O mistério do Deus que sofre é então o mistério do sentimento; um Deus que sofre é um Deus sensível ou sentimental[24]. Mas a frase: Deus é um ser sensível é apenas a expressão religiosa da frase: o sentimento é de natureza divina.

O homem não tem consciência apenas de uma fonte de atividade em si mesmo, mas também de uma fonte de sofrimento. Eu sinto; e sinto o sentimento (não só o querer, o pensar, que frequentemente estão em oposição a mim e aos meus sentimentos) como algo pertencente à minha essência e que, não obstante sendo a fonte de todos os sofrimentos, fraquezas e dores, é ao mesmo tempo o poder e a perfeição mais majestosa, mais divina. O que seria o homem sem o sentimento? Ele é o poder musical no homem. Mas o que seria o homem sem o som? Da mesma forma que o homem sente um impulso musical, que sente em si uma necessidade interior de desabafar as suas emoções nos sons, numa canção, com a mesma necessidade desabafa ele, nos lamentos e nas lágrimas religiosas, a essência do sentimento como uma essência objetiva, divina.

A religião é a reflexão, a projeção da essência humana sobre si mesma. O que existe sente necessariamente um prazer, uma alegria em si mesmo, ama-se e ama-se com razão; se o repreenderes pelo fato de ele se amar, estarás repreendendo-o pelo fato de ele existir. Existir significa afirmar-se, amar-se; quem se torna cansado da vida rouba-se a vida. Por isso, onde o sentimento não é repudiado e oprimido, onde a sua existência é alimentada, como nos estoicos, aí já é também aceita a sua importância e o seu poder religioso, aí já atinge ele também o grau em que ele se reflete em si, em que pode se mirar em Deus como num próprio espelho. Deus é o espelho do homem.

Tudo que tem valor essencial para o homem, tudo que é para ele a perfeição, a excelência, tudo aquilo com que ele se sente verdadeiramente bem, tudo isso e apenas isso é para ele Deus. Se

---

24. "Ele quis sofrer para aprender a compadecer, quis se tornar misericordioso para aprender a misericórdia" (BERNARDO. *Tract. De XII grad. Humil. Et superb*). "Tem piedade de nós, porque experimentaste a fraqueza da carne através do próprio sofrimento" (CLEMENTE DE ALEXANDRIA. *Paedag.*, lib. I, c. 8).

o sentimento é para ti uma qualidade excelente, é ele para ti exatamente por isso uma qualidade divina. Daí crer o homem sentimental, sensível somente num Deus sentimental, sensível, i.e., ele só crê na verdade da sua própria essência, porque ele só pode crer naquilo que ele próprio é em sua essência. A sua crença é a consciência do que é sagrado para ele; mas sagrado é para o homem apenas o que é a sua maior intimidade, a sua maior propriedade, a sua última profundeza, a essência da sua individualidade. Para o homem sentimental é um Deus destituído de sentimento um Deus vazio, abstrato, negativo, i.e., um Nada, porque falta nele o que é precioso e sagrado para o homem. Deus é para o homem a coletânea dos seus mais elevados sentimentos e pensamentos, a árvore genealógica na qual ele registra os nomes das coisas para ele mais caras e mais sagradas.

É sinal de uma leviandade doméstica, de um instinto feminino, colecionar e conservar o colecionado, não abandonando-o às ondas do esquecimento, ao acaso da lembrança e, em geral, não confiando a si mesmo o que se conheceu de valor. O espírito livre está exposto ao perigo de uma vida desordenada, esparsa e dissoluta; o religioso, que reúne tudo numa coisa só, não se deixa perder na vida sensorial, mas em compensação está exposto ao perigo da liberalidade, do egoísmo e da ambição. Por isso o irreligioso aparece, pelo menos ao religioso, como um homem subjetivo, autônomo, orgulhoso, frívolo, não porque não é em si sagrado para ele o que é para o outro, mas sim porque o que o não religioso só guarda em sua cabeça o religioso coloca fora de si como um objeto acima de si e então toma o caráter de uma subordinação formal. Resumindo, o religioso, por ser uma coletânea, tem uma finalidade e por ter uma finalidade tem base sólida. Não é a vontade como tal, não é o saber vago – somente a ação objetiva é a unidade da atividade teórica e prática, somente ela oferece ao homem um fundamento ético, i.e., caráter. Por isso todo homem deve ter um Deus, i.e., estabelecer uma meta, um propósito. O propósito é o impulso vital consciente, optado e essencial, a visão genial, o ponto luminoso do conhecimento de si mesmo – a unidade de natureza e espírito no homem. Quem possui um propósito, possui uma lei sobre si; ele não só se conduz, mas é conduzido. Quem não tem propósito não tem pátria, não tem sacrário. A maior desgraça é a falta de propósito. Mesmo quem se propõe metas comuns se sai melhor, ainda que não seja melhor, do que quem não tem nenhuma meta. A meta limita; mas a limitação é o mestre da virtude. Quem tem um propósito, uma meta que seja em si verdadeira e essencial, este já tem com isso também religião, não no sentido mesquinho da plebe teológica, mas – e é o que importa – no sentido da razão, no sentido da verdade.

CAPÍTULO VII
O MISTÉRIO DA TRINDADE E DA MÃE DE DEUS

Da mesma forma que um Deus sem sentimento, sem capacidade para sofrer não satisfaz ao homem enquanto um ser passional, sentimental, assim também não lhe satisfaz um ser somente sentimental, sem razão e vontade. Somente um ser que traz em si o homem total pode satisfazer o homem total. A consciência que o homem tem de si mesmo em sua totalidade é a consciência da trindade. A trindade reúne as qualidades ou capacidades, que foram até aqui consideradas separadamente, numa unidade e por isso rebaixa a essência geral da razão, i.e., o Deus enquanto Deus, a um ser, a uma faculdade especial.

O que é denominado pela teologia como impressão, imagem, parábola da trindade podemos aqui conceber como a coisa em si, a essência, o original, e assim resolvemos o enigma. As imagens através das quais sempre se pretendeu ilustrar a trindade, torná-la entendida, são principalmente: espírito, razão, memória, vontade, amor (*mens, intellectus, memoria, voluntas, amor* ou *caritas*).

Deus pensa, Deus ama e em verdade ele pensa e ama a si; o pensado, o conhecido, o amado é o próprio Deus. A objetivação da autoconsciência é a primeira coisa que encontramos na trindade. A autoconsciência se impõe necessária e espontaneamente ao homem como algo absoluto. Ser é para ele o mesmo que ser consciente de si; existir com consciência é para ele simplesmente existir. Se não existo ou existo sem saber que existo, tanto faz. A consciência de si mesmo tem para o homem, tem de fato em si mesma um significado absoluto. Um Deus que não se conhece, um Deus sem consciência não é Deus. Assim como o homem não pode se imaginar sem consciência, igualmente Deus. A consciência divina nada mais é que a consciência da consciência como uma entidade absoluta ou divina.

Mas com isso a trindade não está de modo algum esgotada. Procederíamos de modo muito arbitrário se quiséssemos restringir ou remontar o mistério da trindade somente daí. Consciência, razão, vontade, amor no sentido de seres ou qualidades abstratas só pertencem à filosofia abstrata. Mas a religião é a consciência que o homem tem de si em sua totalidade viva, na qual a unidade da consciência de si mesmo existe apenas como a unidade relacionada, realizada do Eu com o Tu.

A religião, pelo menos a cristã, se abstrai do mundo; interioridade pertence à sua essência. O homem religioso leva uma vida afastada do mundo, oculta em Deus, tranquila, destituída dos prazeres do mundo. Mas ele só se abstrai do mundo porque o próprio Deus é um ser abstraído, extra e sobremundano (expressando rigorosa, abstrata e filosoficamente), é o não ser do mundo. Mas Deus como um ser extramundano nada mais é do que a essência humana abstraída do mundo e voltada para si, libertada de todas as cadeias e implicações com o mesmo, superadora do mundo, realizada, contemplada como uma essência objetiva; ou então nada mais é do que a consciência da capacidade de se abstrair de tudo mais que existe fora de si e de poder existir somente para si e consigo, como, na religião[25], é ela objeto para o homem como um ser especial e diverso dele[25]. Deus enquanto Deus, enquanto ente simples é o ser isolado, solitário – a solidão e a autossuficiência absoluta; porque só pode ser isolado o que é autossuficiente. Poder ficar só é um sintoma de caráter e capacidade de pensar; solidão é a necessidade do pensador, convívio é a necessidade do coração. Podemos pensar sozinhos, mas amar só podemos em companhia. No amor somos dependentes, porque ele é a necessidade de um outro ser; autossuficientes somos apenas no simples ato de pensar. Solidão é autarquia, autonomia.

---

25. "A essência de Deus está fora de todas as criaturas, assim como Ele sempre foi em si eternamente; por isso abstraia todo o teu amor das criaturas" (GERHARD, J. *Meditat. Sacrae*. Med. 31). "Se queres possuir o criador das criaturas, deves prescindir das criaturas [...] quanto menos de criatura, tanto mais de Deus. Por isso expulsa e repele as criaturas com o consolo delas" (TAULER, J. *Postilla*. Hamburg, 1621, p. 312). "Enquanto o homem não puder dizer de verdade em seu coração: Deus e eu estamos sós no mundo, nada mais, então ainda não possui tranquilidade" (ARNOLD, G. *Do desprezo do mundo* – Imagem genuína dos primeiros cristãos, l. 4, c. 2 § 7).

Mas de um Deus isolado está excluída a necessidade essencial da paridade, do amor, da sociedade, da consciência real, preenchida, do outro Eu. Assim é esta necessidade satisfeita na religião através do lançamento, na tranquila solidão da essência divina, de um outro ser, um segundo ser diverso de Deus quanto à personalidade, mas idêntico a ele quanto à essência. Deus filho em contraposição ao Deus pai. Deus pai é o Eu, Deus filho o Tu. Eu é razão. Tu é amor; só razão com amor e amor com razão é espírito, é o homem total.

Só uma vida comunicativa é verdadeira, satisfeita, divina – este pensamento simples, esta verdade natural e inerente ao homem é o segredo do mistério sobrenatural da trindade. Mas a religião só expressa esta verdade, como todas as outras, de modo indireto, i.e., invertido, ao fazer também aqui de uma verdade geral uma verdade especial e ao transformar o verdadeiro sujeito num predicado ao dizer: Deus é uma vida comunicativa, vida e essência do amor e da amizade. A terceira pessoa da trindade só expressa o amor recíproco de ambas as pessoas divinas, é a unidade de filho e pai, o conceito da comunidade, colocado também aqui de modo bastante inconsequente como uma essência especial e pessoal.

O Espírito Santo deve a sua existência pessoal apenas a um nome, uma palavra. Já os Padres mais antigos identificaram o Espírito com o Filho. Também em sua personalidade dogmática posterior falta consistência. Ele é o amor com o qual Deus ama a si e aos homens e é também o amor com o qual o homem ama a Deus e ao homem. É então a unidade Deus-homem tal como é objetivada na religião pelo homem como uma entidade especial. Mas para nós esta unidade já está no Pai, mais ainda no Filho. Por isso não há necessidade de fazermos do Espírito Santo o objeto de uma análise especial. Apenas uma observação: enquanto o Espírito Santo representa o lado subjetivo é ele a própria representação do espírito religioso em si mesmo, a representação da afetividade religiosa, do entusiasmo religioso ou a personificação, a objetivação da religião na religião. O Espírito Santo é por isso a criatura que suspira, é o anseio da criatura por Deus.

Mas que no fundo não há mais que duas pessoas, porque a terceira representa, como foi dito, apenas o amor, podemos demonstrar pelo fato de que para o conceito rigoroso do amor o número dois é suficiente. Dois é o princípio e exatamente por isso o representante da pluralidade. Se mais pessoas fossem colocadas, a força do amor seria diminuída, seria distribuída. Mas amor e coração são idênticos; o coração não é uma faculdade especial – o coração é o homem que e enquanto ama. A segunda pessoa é então a autoafirmação do coração humano como princípio da paridade, da vida comunicativa – o calor; o pai é a luz, não obstante a luz tenha sido principalmente um predicado do filho, porque somente nele torna-se a divindade iluminada, clara e compreensível para o homem. Mas independentemente disto podemos atribuir ao pai, o representante da divindade em si, da essência fria da inteligência, a luz como uma essência supraterrestre e ao filho o calor como essência terrestre. Somente o Deus enquanto filho acalora o homem; aqui transforma-se Deus de um objeto da vista, da ingenuidade indiferente, num objeto do sentimento, da afeição, do entusiasmo, do arrebatamento, mas somente porque o próprio filho nada mais é do que a chama do amor, do entusiasmo. Deus enquanto filho é a encarnação original, a abnegação original de Deus, a negação de Deus em Deus, porque enquanto filho é ele um ser finito, porque é *ab alio*, de uma base, mas em compensação o pai é sem base, de si mesmo, *a se*. Na segunda pessoa é então abandonada a qualidade essencial da divindade, a qualidade do ser-por-si-mesmo. Mas o próprio Deus-Pai gera o filho; ele renuncia assim à sua divindade rigorosa, exclusiva; ele se humilha, se rebaixa, coloca em si a essência de finitude, do ser fundado; ele se torna homem no filho, na verdade de início não quanto à forma, mas quanto à essência. Mas exatamente por isso torna-se Deus só então, como filho, objeto do homem, objeto do sentimento, do coração.

O coração só entende o que vem do coração. Da qualidade da impressão subjetiva é infalível a dedução da qualidade do objeto. A razão pura, livre, nega o filho, mas não a razão influenciada pelo sentimento, obumbrada pelo coração; pelo contrário, encontra ela o fundo da divindade no filho, porque neste encontra ela o sentimento que é em si algo obscuro e que por isso se mostra ao homem como um mistério. O filho cativa o coração porque o verdadeiro pai do divino filho é o coração humano[26], o próprio filho é apenas o coração divino, o coração humano que se projeta como uma entidade divina.

Um Deus no qual não está a própria essência da finitude, o princípio dos sentidos, a essência do sentimento de dependência, um tal Deus não é um Deus para um ser finito, sensorial. Da mesma forma que o homem religioso não pode amar um Deus que não traz em si a essência do amor, assim também não pode o homem, não pode um ser finito em geral ser objeto de um Deus que não traga em si a base da finitude. Faltará a um tal o sentimento, o entendimento e participação do que é finito. Como pode ser Deus o Pai dos homens, como pode amar seres subordinados a ele se não tem em si mesmo um ser subordinado a ele, um filho, se não sabe por experiência própria, em relação a si mesmo, o que é amar? Também o homem isolado tem muito menos interesse no sofrimento familiar de um outro do que o homem que vive também em família. Deus- Pai ama, portanto, os homens somente no filho e por causa do filho. O amor pelos homens é um amor derivado do amor ao filho.

Pai e Filho são, portanto, na trindade o pai e o filho não só em sentido figurado, mas também no sentido mais próprio. O pai é pai real em relação ao filho, o filho é filho real em relação ao pai ou a Deus como pai. A sua diferença essencial, pessoal é apenas que um é o que gera e o outro é o gerado. Se se anular esta qualidade natural, sensorial, anula-se também a existência e a realidade pessoal. Os cristãos, naturalmente os antigos cristãos, que dificilmente iriam reconhecer como irmãos os cristãos mundanos, vaidosos e pagãos do mundo moderno, estabeleciam ao invés do amor e da união natural, inata, um amor e uma união apenas religiosa; condenavam a vida real de família, os laços genuínos do amor ético, como algo profano, terreno, i.e., em verdade coisas nulas. Mas em compensação tinham em Deus um pai e filho que se abraçavam com o mais lídimo amor, com

---

26. Assim como o sentimento feminino (em contraposição ao protestantismo, cujo princípio é o Deus masculino o sentimento masculino, o coração, em contraste com o catolicismo) é a mãe de Deus.

aquele amor que só a semelhança de natureza inspira. Por isso era o mistério da trindade para os antigos cristãos o objeto da mais exagerada admiração, entusiasmo e adoração. Nele, pois, podiam encontrar em Deus a satisfação das mais íntimas necessidades humanas, tornando-se para eles objeto da contemplação o que negavam na realidade, na vida[27].

Perfeitamente natural era então que também uma pessoa feminina fosse acolhida no céu para completar a família divina, a união amorosa entre pai e filho; porque a personalidade do Espírito Santo é muito vaga e precária, uma personificação poética meramente moral do amor recíproco entre pai e filho, para que pudesse ser este terceiro ser suplementar. Maria não foi de fato colocada entre Pai e Filho como se tivesse o Pai gerado o Filho por meio dela, porque a relação do homem com a mulher era tida pelos cristãos como algo profano, um pecado; mas é o suficiente que a essência maternal tenha sido colocada junto ao Pai e ao Filho.

De fato não é para se desconsiderar por que a mãe deve ser algo profano, i.e., indigno de Deus, sendo Deus somente Pai e Filho. Não obstante o Pai não seja Pai no sentido da procriação natural, devendo ser a geração de Deus diversa da natural, humana, é ele, entretanto, um pai real, não só de nome ou imagem, com relação ao filho. E esta composição para nós tão estranha da mãe de Deus não é mais estranha e paradoxal do que o filho de Deus, não contradiz as qualidades gerais e abstratas da divindade mais do que a paternidade e a filiação. Mas encaixa melhor na categoria das relações da trindade, uma vez que concebe o filho sem marido, filho este que o Pai gera sem esposa[28], de modo a se tornar Maria uma oposição necessária, por exigências internas, ao Pai no seio da trindade. Também já temos, ainda que não em pessoa e desenvolvido, mas em pensamento e não desenvolvido, o princípio feminino no filho. O filho de Deus é o ser afável, suave,

---

27. "Para a contemplação são admiráveis as qualidades e a comunhão entre Pai e Filho, mas o mais admirável é o amor recíproco entre ambos" (ANSELMO. *Hist. da fil. de Rixner*, 2º vol. Apêndice, p. 18).

28. "Pelo Pai é gerado sempre, pela mãe só uma vez, pelo Pai sem sexo e pela mãe sem relação sexual. Ao Pai faltou o ventre que concebe, à mãe faltou o abraço que gera" (AGOSTINHO. *Serm. ad. pop.*, p. 372, c. 1. Ed. Bened. Antw., 1701).

conciliador, cheio de perdão, é o lado feminino de Deus. Deus enquanto pai é apenas procriador, é o princípio da autonomia masculina; mas o filho é gerado sem gerar, *Deus genitus*, é o ser passivo: o filho recebe do pai a sua existência. O filho não é, enquanto filho, não enquanto Deus, submisso ao pai, à autoridade paternal. O filho é então o sentimento feminino de dependência em Deus; o filho nos impõe involuntariamente a necessidade de uma essência feminina real[29].

O filho (refiro-me aqui ao filho natural, humano) é em si e por si um ser intermediário entre a essência masculina do pai e a feminina da mãe; é ainda meio homem, meio mulher, não tendo ainda a consciência autônoma total, rigorosa, que caracteriza o homem e que se sente mais inclinado para a mãe do que para o pai. O amor do filho pela mãe é o primeiro amor da essência masculina pela feminina. O amor do homem pela mulher, do jovem pela moça recebe a sua consagração religiosa (a única verdadeiramente religiosa) no amor do filho pela mãe. O amor do filho pela mãe é o primeiro anseio, a primeira submissão do homem à mulher.

Por isso a ideia da mãe de Deus está necessariamente unida à ideia do filho de Deus – o mesmo coração, o de um filho de Deus, necessita também de uma mãe de Deus. Onde existe o filho não pode faltar a mãe, o filho é inato ao pai e a mãe ao filho. Para o pai o filho substitui a necessidade da mãe, mas não o pai para o filho. Para o filho é a mãe indispensável; o coração do filho é o coração da mãe. Por que o Deus filho só se tornou homem na mulher? Não poderia o Todo-Poderoso surgir de outra forma, imediatamente como homem dentre os homens? Por que então se encontrou o filho no ventre da mulher?[30] Por que outro motivo a não ser pelo fato do filho ser um anseio pela mãe, pelo fato do seu coração feminino, carinhoso só ter encontrado a sua

---

29. Na mística judaica é Deus, conforme uma seita, um ser masculino, o Espírito Santo um ser feminino, de cuja união sexual surgiu o filho e com ele o mundo (GFRÖRER. *Jahrh. d. H.*, parte I, p. 332-334). Também os Herrnhuter chamavam o Espírito Santo de mãe do salvador.

30. "Não seria, pois, difícil ou impossível para Deus trazer o seu filho ao mundo sem uma mãe; mas para isso quis utilizar o sexo feminino" (LUTERO, parte II, p. 348).

expressão correspondente num corpo feminino? Na verdade o filho permanece, enquanto homem natural, somente durante nove meses sob a proteção do coração feminino, mas indeléveis são as impressões que ele aqui recebe; a mãe nunca sai da mente e do coração do filho. Por isso, se a adoração do filho de Deus não é uma idolatria, também não é a adoração da mãe de Deus uma idolatria. Se devemos reconhecer o amor de Deus por nós pelo fato dele ter sacrificado para a nossa salvação o seu filho unigênito, i.e., o que ele mais amava, podemos reconhecer ainda mais esse amor se um coração materno palpita por nós em Deus. O amor mais elevado e profundo é o amor materno. O pai se resigna com a perda de um filho; ele possui em si um princípio estoico. Mas a mãe é inconsolável, a mãe é dolorosa, mas a inconsolabilidade é a verdade do amor.

Quando a crença na mãe de Deus diminui, diminui também a crença no Filho e no Pai. O pai só é uma verdade enquanto a mãe for também uma verdade. O amor é em si e por si de essência e sexo feminino. A crença no amor de Deus é a crença na feminilidade como uma essência divina[31]. Amor sem natureza é um absurdo, um fantasma. Reconhecei no amor a sagrada necessidade e profundidade da natureza!

O protestantismo deixou de lado a mãe de Deus[32]; mas a mulher preterida vingou-se seriamente dele. As armas que usou contra a mãe de Deus voltaram-se contra ele próprio, contra o filho de Deus, contra toda a trindade. Quem sacrifica a mãe de Deus à razão não precisa ir muito mais longe para abandonar também o mistério do filho de Deus como um antropomorfismo. O antropomorfismo é certamente disfarçado ao ser excluída a essência feminina, mas só disfarçado, não anulado. Certamente não tinha também o protestantismo nenhuma necessidade de uma mulher celestial, porque acolheu de braços abertos a mulher terrena. Mas exatamen-

---

31. De fato é também o amor feminino a base do amor em geral. Quem não ama a mulher não ama o homem.

32. No livro das *Concórdias*, Explic. Art. 8 e na apol. da Conf. de Augsb. Maria é ainda chamada de "louvada virgem, a verdadeira mãe de Deus e que, no entanto, permaneceu virgem", "digna do mais alto louvor".

te por isso deveria ser suficientemente coerente e corajoso para, junto com a mãe, abandonar também Pai e Filho. Somente quem não tem pais terrestres necessita de pais celestiais. O Deus Trino é o deus do catolicismo; ele só tem um significado interno, fervoroso, necessário, verdadeiramente religioso em oposição à negação de toda comunidade essencial, em oposição aos anacoretas, monges e freiras[33]. O Deus Trino é um deus rico de conteúdo, daí se tornar uma necessidade quando se abstrair do conteúdo da vida real. Quanto mais vazia for a vida, tanto mais rico, mais concreto será o Deus. O esvaziamento do mundo real e o enriquecimento da divindade é um único ato. Somente o homem pobre possui um Deus rico. Deus nasce do sentimento de uma privação; aquilo de que o homem se sente privado (seja esta uma privação determinada, consciente ou inconsciente) é para ele Deus. Assim, o desesperado sentimento do vazio e da solidão necessita de um Deus no qual exista sociedade, uma união de seres que se amam intimamente.

Aqui temos a explicação do motivo pelo qual a trindade perdeu, em tempos modernos, primeiro a sua importância prática e finalmente também a teórica.

---

33. "Que o monge seja como Melquisedec: sem pai, sem mãe, sem genealogia e não chame de pai ninguém deste mundo. Antes deve ele pensar de si como se existisse só ele e Deus" (PSEUDO-BERNARDO. *Specul. Monach*). "A exemplo de Melquisedec deve o sacerdote se considerar sem pai e mãe" (Ambrósio).

CAPÍTULO VIII
O MISTÉRIO DO *LOGOS* E DA IMAGEM DIVINA

A importância essencial da trindade para a religião concentra-se sempre na essência da segunda pessoa. O interesse acalorado da humanidade cristã pela trindade era principalmente apenas o interesse pelo filho de Deus[34]. A luta acirrada sobre o *Homoúsios* e *Homoioúsios*[II] não era inútil, não obstante apenas uma letra estabeleça a diferença. Tratava-se aqui da legitimação divina ou da dignidade divina da segunda pessoa, portanto, da honra da própria religião cristã, pois o seu objeto essencial e característico é exatamente a segunda pessoa; o que, porém, é o objeto essencial de uma religião é também o seu Deus verdadeiro e essencial. O Deus verdadeiro e real de uma religião é sempre o chamado *mediador*, porque somente este é o objeto imediato da religião. Quem se volta ao santo, ao invés de se voltar a Deus, este só se volta ao santo na pressuposição de que este tudo consegue de Deus, de que o que ele pede, i.e., deseja e quer, Deus realiza de bom grado, que Deus está então inteiramente nas mãos do santo. O pedido é o meio de exercer a sua dominação e superioridade sobre um outro ser, embora sob aparência de humildade e submissão. A quem eu me dirigir primeiro em meu espírito, este é para

---

34. "O cristão tem o seu nome de Cristo. Por isso quem não reconhecer Cristo como seu Senhor e Deus não pode ser um cristão" (FULGENTIUS. *Ad Donatum lib. unus*). Pelo mesmo motivo a Igreja latina se fixou tanto no dogma de que o Espírito Santo não saía só do Pai, como afirmava a Igreja grega, mas também do Filho. (Sobre isto cf. WALCHII, J.G. *Hist. contr. Gr. et Lat. de proc. Spir.* S. Jenae, 1751.)

II. (N. do trad.) *Homoúsios* significa substância idêntica (de *homos*, junto + *ousía*, substância), o Filho coexiste com o Pai, participa da mesma substância dele; já *homoioúsios* (de *hómoios*, semelhante) indica que o Filho possui apenas uma substância *semelhante* à do Pai, mas não idêntica.

mim em verdade o primeiro ser. Eu me volto ao santo não porque o santo é dependente de Deus, mas porque Deus é dependente do santo, i.e., Deus é dominado e determinado pela vontade ou pelo coração do santo. As distinções que os teólogos católicos estabelecem entre *Latria*, *Dulia* e *Hyperdulia*[III] são sofismas de mau gosto, infundados. Em síntese, o Deus que existe por detrás do mediador é apenas uma imagem abstrata e inerte, é a imagem ou a ideia da divindade em geral e o mediador não surge para se conciliar com esta ideia, mas para afastá-la e negá-la, porque ela não é um objeto para a religião[35]. O Deus que está acima do mediador nada mais é que a razão fria acima do coração, semelhante ao *fatum* sobre os deuses olímpicos.

O homem enquanto um ser emotivo e sensorial só é dominado e satisfeito pela imagem. Mas a razão plástica, emotiva, sensorial é a fantasia. A segunda pessoa de Deus, em verdade a primeira pessoa da religião, é a essência objetiva da fantasia. As características da segunda pessoa são predominantemente imagens. E estas imagens não se originam da incapacidade do homem de poder pensar o objeto de outra forma que não a plástica (o que é uma interpretação totalmente falsa), mas a coisa não pode ser pensada de outra forma que não seja a plástica porque ela mesma é uma imagem. O Filho se chama abertamente a imagem de Deus; a sua essência é o fato de ele ser uma imagem – a fantasia de Deus, a majestade visível do Deus invisível. O Filho é a necessidade satisfeita da contemplação da imagem; a essência objetivada da atividade plástica como uma necessidade absoluta, divina. O homem fabrica uma imagem de Deus, i.e., ele transforma a entidade abstrata da razão, a entidade do pensamento, num objeto dos sentidos

---

III. Grego: *Latria*, culto, *Dulia*, servidão, *Hyperdulia*, servidão excessiva [N.T.].

35. Isso é expresso com especial clareza na encarnação. Deus renuncia, nega sua majestade, poder e infinitude para se tornar homem, i.e., o homem renega o Deus que não é homem e só afirma o Deus que afirma o homem. "Exinanivit", diz São Bernardo, "majestate et potentia, non bonitate et misericordia". O inalienável, o inegável, é pois a bondade e a misericórdia divina, i.e., a afirmação do coração humano.

ou numa entidade da fantasis[36]. Mas ele coloca esta imagem no próprio Deus, porque naturalmente a sua necessidade não seria correspondida se não conhecesse esta imagem como uma verdade objetiva, se fosse para ele apenas uma imagem subjetiva, diversa de Deus, feita pelo homem. De fato, não é também uma imagem fabricada, arbitrária; expressa ela, pois, a necessidade da fantasia, a necessidade de afirmar a fantasia como um poder divino. O Filho é o resplendor da fantasia, a imagem querida do coração; mas exatamente por ser um objeto apenas da fantasia, numa oposição ao Deus como essência personificada da abstração, é ele apenas a essência objetivada da fantasia[37].

Aqui torna-se claro quão confusa é a especulação dogmática ao demonstrar o Filho como entidade metafísica, como uma entidade de pensamento, desconsiderando completamente a gênese interna do filho de Deus como imagem de Deus, uma vez que precisamente o filho é uma digressão, um desvio da ideia metafísica da divindade – um desvio que, naturalmente, a religião produz no próprio Deus para justificar este desvio e não para que seja sentido como desvio. O filho é o primeiro e último princípio da idolatria porque ele é a imagem de Deus; mas a imagem substitui necessariamente a coisa. A adoração do santo na imagem é a adoração da imagem enquanto imagem do santo. A imagem é a essência da religião quando é sua expressão essencial, seu órgão.

O Concílio de Niceia apresentou, dentre outros argumentos em favor do uso religioso de imagens, como autoridade também Gregório de Nissa que diz que nunca podia encarar uma imagem

---

36. Subentende-se que a imagem de Deus tem também um outro significado, i.e., que o homem pessoal, visível, é o próprio Deus. Mas aqui a imagem é considerada apenas enquanto imagem.

37. "O Pai Eterno", diz Melanchton em seu livro *De anima*, "cria a sua imagem contemplando a si mesmo. Que imagens são criadas através do pensamento, experimentamos também em nós mesmos. E como Deus se serve de nossas palavras, quis com isso mostrar que o Filho é produzido através do pensamento". "Deus quis", diz ele em seguida, "que nossos pensamentos fossem imagens dos objetos porque pretendia que houvesse em nós analogias com ele próprio. O Pai gera o Filho através do pensamento, contemplando a si mesmo, Filho este que é a imagem do Pai Eterno". O que então temos como objetivado no Filho de Deus a não ser a imaginação, a fantasia?

que representava o sacrifício de Isaac sem ser comovido até às lágrimas, porque esta imagem lhe representava a história sagrada de maneira tão viva. Mas o efeito do objeto representado não é o efeito do objeto como tal, mas o efeito da imagem. O objeto sagrado é apenas a névoa sagrada na qual a imagem oculta o seu misterioso poder. O objeto religioso é apenas um pretexto da arte ou da fantasia para poder exercer o seu domínio sobre o homem sem obstáculo. Para a consciência religiosa é natural e necessário que a sacralidade da imagem se prenda unicamente à sacralidade do objeto; mas a consciência religiosa não é o critério da verdade. Por mais que a Igreja tenha diferenciado entre a imagem e o objeto da imagem e que tenha negado que a adoração era devida à imagem, mesmo assim confessou a verdade pelo menos indiretamente e pronunciou a própria sacralidade da imagem[38].

Mas o fundamento último, mais elevado da idolatria, é a adoração da imagem de Deus em Deus. O "resplendor de Deus" é o resplendor entusiástico da fantasia que se manifesta em imagens visíveis, apenas em fenômenos externos. Como interior, também exteriormente foi a imagem de Deus a imagem das imagens. As imagens dos santos são apenas multiplicações óticas da única e mesma imagem. Por isso a dedução especulativa da imagem de Deus nada mais é que uma dedução inconsciente e fundamentação da idolatria; porque a sanção do princípio é necessariamente também a sanção das suas consequências necessárias; mas a sanção da imagem original é a sanção da cópia. Se Deus possui uma imagem de si, por que não deverei eu ter uma imagem de Deus? Se Deus ama a sua imagem como a si mesmo, por que não deverei eu também amar a imagem de Deus como o próprio Deus? Se a imagem de Deus é o próprio Deus, por que a imagem do santo não é o próprio santo? Se não é por superstição que a imagem que Deus faz de si mesmo não é imagem, representação, mas essência, pessoa, por que deverá ser superstição que a imagem do santo seja a própria essência sensorial do santo? A imagem de Deus chora e se esvai em sangue; por que não deverá também a

---

38. "Ordenamos que a honra da adoração seja atribuída à sagrada imagem de Nosso Senhor Jesus Cristo assim como ao Santo Evangelho" (*Gener. Const. Concil.*, VIII, act. 10, can. 3).

imagem do santo chorar e se esvair em sangue? Deverá a diferença provir do fato da imagem do santo ser um produto das mãos? Ah, não foram mãos que fizeram esta imagem, mas o espírito que vivificava essas mãos, a fantasia, e se Deus faz uma imagem de si é também esta imagem apenas um produto da imaginação. Ou a diferença deve provir do fato da imagem de Deus ser produzida pelo próprio Deus, mas a imagem do santo ser fabricada por um outro ser? Ah, a imagem do santo é também uma autoafirmação do santo; porque o santo se mostra para o artista; o artista só o representa como ele se mostra ao artista.

Uma outra característica da segunda pessoa relacionada com a essência da imagem é o fato de ela ser a Palavra de Deus[39].

A palavra é uma imagem abstrata, a coisa imaginária ou, enquanto toda coisa é sempre um objeto do pensamento, é o pensamento imaginado; por isso os homens, quando conhecem a palavra ou o nome de uma coisa, creem conhecer também a própria coisa. A palavra é uma coisa da imaginação; adormecidos que sonham vivamente e doentes que deliram, falam. Tudo o que excita a fantasia faz falar e tudo que entusiasma faz a retórica. Retórica é um talento poético; os animais não falam porque falta a eles a poesia. O pensamento só se exterioriza por imagens; a força de expressão do pensamento é a imaginação; mas a imaginação que se manifesta é a fala. Quem fala encanta, seduz aquele a quem fala; mas o poder da palavra é o poder da imaginação. Por isso um ser misterioso, de atuação mágica era para os povos antigos, enquanto crianças da imaginação, a palavra. Os próprios cristãos ainda (e não só os comuns, mas também os sábios, os padres) atribuem ao mero nome Cristo poderes medicinais mis-

---

39. Sobre o significado da palavra *Logos* no Novo Testamento já se escreveu muito. Aqui permanecemos na *Palavra de Deus* dentro do significado consagrado pelo cristianismo. Sobre o *Logos* em Fílon, cf. Gfrörer. Fílon coloca ao invés de *Logos* também *rema théou*. Cf. também *Tertuliano adv. Praxeam*, c. 5, onde ele mostra que tanto faz empregar *sermo* ou *ratio* para a tradução de *Logos*. Em suma, que *palavra* é o sentido correto de *Logos* já se mostra no fato da criação no Antigo Testamento ser feita dependendo de uma ordem expressa e que sempre se enxergou o *Logos* nesta palavra criadora. Certamente tem o *Logos* também o sentido de *virtus, spiritus*, força, inteligência etc., pois o que é a palavra sem sentido, sem inteligência, i.e., sem força?

teriosos[40]. E ainda hoje acredita o povo comum que por meras palavras podem-se encantar os homens. De onde vem esta crença nos poderes imaginados da palavra? Somente porque a própria palavra é apenas uma essência da imaginação e exatamente por isso expressa aos homens efeitos narcotizantes, cativando-os sob o domínio da fantasia. Palavras possuem poderes revolucionários, palavras dominam a humanidade. Sagrada é a lenda, mas de má reputação são as questões da razão e da verdade.

A afirmação ou objetivação da essência da fantasia é então relacionada automaticamente com a afirmação ou objetivação da essência da fala, da palavra. O homem não tem só um instinto, uma necessidade de pensar, meditar e fantasiar; ele tem também o instinto de falar, de expressar seus pensamentos, comunicar. Divino é este instinto, divino é o poder da palavra. A palavra é o pensamento plástico, revelado, refulgente, brilhante, iluminante. A palavra é a luz do mundo. A palavra leva a toda verdade, soluciona todos os mistérios, mostra o invisível, torna presente o passado e o distante, termina o infinito, eterniza o temporal. Os homens passam, a palavra permanece; a palavra é vida e verdade. À palavra é dado todo o poder: a palavra faz com que cegos vejam, paralíticos andem, doentes se curem e mortos ressuscitem – a palavra faz milagres e na verdade os únicos milagres racionais. A palavra é o Evangelho, o Paracleto, o Consolador da humanidade. Imagina-te, para te convenceres da essência divina da palavra, como só e abandonado, mas conhecedor do idioma e ouves pela primeira vez a palavra de um homem: não te pareceria esta palavra como um anjo, como a própria voz de Deus; não te soaria como uma música celestial? A palavra não é de fato mais pobre, mais desalmada do que o som musical, não obstante o som pareça dizer infinitamente mais do que a palavra, e por circundá-lo esta aparência, esta ilusão, parece mais profundo e mais rico que a palavra.

A palavra tem um poder redentor, conciliatório, enlevante, libertador. Os pecados que confessamos nos são perdoados graças

---

40. "Tão grande poder tem o nome Jesus sobre os demônios que às vezes tem efeito mesmo quando pronunciado por maus" (*Orígenes adv. Celsum.* lib. I, cf. também lib. III).

ao poder da palavra. Conciliado parte o moribundo que ainda confessa a tempo o pecado durante longo tempo silenciado. O perdão dos pecados está na confissão dos pecados. As dores que revelamos ao amigo já são em parte curadas. Tudo sobre o que falamos faz com que tenhamos amenizadas as nossas paixões; torna-se claro em nós; o objeto da cólera, do escândalo, da preocupação aparece-nos numa luz sob a qual reconhecemos a indignidade da paixão. Tudo sobre o que estamos em trevas e dúvidas, basta que falemos sobre aquilo – às vezes já no mesmo momento em que abrimos a boca para perguntarmos a um amigo desaparecem as dúvidas e nebulosidades. A palavra torna o homem livre. Quem não pode se externar é um escravo. Muda é por isso toda paixão, alegria e sofrimento excessivo. Falar é um ato de liberdade; a palavra é a própria liberdade. Com razão é considerada a formação linguística como a raiz da formação. Onde a palavra for cultivada, aí será a humanidade cultivada. O barbarismo da Idade Média desapareceu com a formação do idioma.

Como não podemos supor nada mais divino como essência, nem pensar, nem imaginar a não ser o racional que pensamos, o bem que amamos, o belo que sentimos; da mesma forma não conhecemos também um poder e uma exteriorização de força com efeito espiritual mais elevada do que o poder da palavra[41]. Deus é o cerne de toda realidade, i.e., de toda essência e perfeição. Tudo que o homem percebe ou reconhece como realidade deve ele estabelecer em ou como Deus. Assim sendo, deve a religião se tornar consciente do poder da palavra como um poder divino. A Palavra de Deus é a divindade da palavra tal como ela é objeto para o homem na religião – a verdadeira essência da palavra humana. A Palavra de Deus deve se distinguir da humana pelo fato de não ser um sopro passageiro, mas a própria essência transmitida. Mas a palavra do homem não contém também a essência do homem, a sua quididade comunicada, se for pelo menos uma palavra verdadeira? A religião toma então a aparência da palavra humana por sua essência; por isso concebe ela necessariamente a verdadeira essência da mesma como uma essência especial, diversa da palavra humana.

---

41. "Deus se revela a nós como sendo o Senhor da palavra, como possuindo em si uma palavra eternamente incriada com a qual ele criou o universo e tudo mais, com um trabalho ligeiro, i.e., com um simples falar, tendo então para Deus o criado tão simples como para nós é o denominado" (LUTERO, parte I, p. 302).

CAPÍTULO IX
O MISTÉRIO DO PRINCÍPIO CRIADOR DO UNIVERSO EM DEUS

A segunda pessoa é, enquanto Deus que se revela, que se externa, que se pronuncia (*Deus se dicit*), o princípio do universo.

O universo não é Deus, ele é uma outra coisa, uma oposição a Deus ou pelo menos (se esta expressão for muito forte por chamar a coisa pelo seu verdadeiro nome) é algo diverso de Deus. Mas o que é diverso de Deus não pode se originar diretamente de Deus, mas somente de uma diferença de Deus em Deus. A outra pessoa é o Deus que se distingue de si mesmo em si mesmo, que se põe contra e antepõe a si mesmo, sendo por isso um Deus que é objeto para si mesmo, que é consciente de si mesmo. A distinção que Deus faz de si mesmo é o fundamento do que é diverso dele – a consciência que tem de si mesmo é então a origem do universo. Deus só pensa no universo pensando em si – pensar em si é gerar-se, pensar no universo é criá-lo. A geração precede a criação. A ideia produtiva do universo, de um outro ser que não é Deus, é proporcionada pela ideia produtiva de um outro ser que é igual a Deus.

Este processo gerador do universo não é, porém, nada mais que a perífrase mística de um processo psico-lógico, nada mais que a objetivação da unidade da consciência e da consciência de si mesmo. Deus se pensa – assim é ele consciente de si mesmo –, Deus é a consciência de si mesmo estabelecida como objeto, como essência; mas enquanto ele se conhece, se pensa, pensa ele também ao mesmo tempo em algo que não é ele próprio; porque saber-se é distinguir-se de outro, seja este possível, imaginado ou real. Assim é então o universo – pelo menos a possibilidade, a ideia do universo – estabelecido com a consciência, ou antes, é proporcionado por ela. O Filho pensado, objetivado, o simulacro original, o outro

Deus, é o princípio da criação do universo. A verdade que subsiste no fundo é a essência do homem: a unidade que existe da consciência de si mesmo com a consciência de um outro que é idêntico e de um outro que não é idêntico. E o segundo elemento, o outro idêntico, é necessariamente o ponto de união entre o primeiro e o terceiro. A ideia de um outro em geral, de um essencialmente outro, só surge através da ideia de um outro igual a mim quanto à essência.

A consciência do universo é a consciência da minha limitação – se eu nada soubesse de um universo nada saberia de limitações – mas a consciência da minha limitação está em contradição com o instinto da minha pessoa de exigir ilimitação. Não posso então passar da identidade absoluta – Deus é a identidade absoluta – diretamente para o seu contrário; preciso antes introduzir, preparar, moderar esta contradição através da consciência de um ser que em verdade é um outro enquanto me proporciona a ideia da minha limitação, mas que ao mesmo tempo afirma o meu ser, objetiva para mim a minha essência. A consciência do universo é uma consciência de humildade – a criação foi um "ato de humildade" – mas a primeira pedra de choque contra a qual se choca o orgulho do Eu é o Tu, o outro Eu. Primeiramente reforça o Eu a sua vista no olhar de um Tu, antes de suportar a contemplação de um ser que não lhe reflita a sua própria imagem. O outro homem é a ponte entre mim e o universo. Eu sou e me sinto como dependente do universo, porque inicialmente me sinto como dependente de outros homens. Se não necessitasse do homem, não necessitaria também do universo. Eu me concilio, me torno amigo do universo somente através do outro homem. Sem o outro o universo não só seria para mim morto e vazio, mas também sem sentido e sem razão. Somente através do outro torna-se o homem claro para si e consciente de si mesmo; mas somente quando eu me torno claro para mim mesmo torna-se-me o universo claro. Um homem que existisse somente para si perder-se-ia nulo e indistinto no oceano da natureza; não compreenderia nem a si mesmo como homem, nem a natureza como natureza. O primeiro objeto do homem é o homem. O sentimento da natureza, o único que nos proporciona a consciência do mundo como mundo, é um produto posterior, porque ele só aparece através do ato da distinção que o homem faz de si mesmo. Os chamados sete sábios, cuja sabedoria se relacionava diretamente com a vida humana, antecederam aos filósofos da natureza na Grécia.

A consciência do mundo é então proporcionada ao Eu através da consciência do Tu. Assim é o homem o Deus do homem. O fato de ele existir deve ele à natureza, o fato de ele ser homem deve ele ao homem. Assim como nada consegue fisicamente sem a ajuda de outros homens, também espiritualmente. Quatro mãos têm mais poder do que duas, mas também quatro olhos veem mais do que dois. E esta força unida não se distingue da isolada só quantitativa, mas também qualitativamente. Isolado o poder humano é limitado, unido é infinito. Limitado é o saber do indivíduo, mas ilimitada é a razão, ilimitada a ciência, porque ela é um ato conjunto da humanidade e na verdade não só por colaborarem muitos na construção da ciência, mas também no sentido interno de que um gênio científico de uma época determinada reúne em si as ideias dos gênios passados, mesmo que seja de um modo determinado, individual, sua força não é, pois, uma força isolada. Espírito, sagacidade, fantasia, sentimento, enquanto distintos da sensibilidade, da razão – todas essas chamadas faculdades da alma são forças da humanidade, não do homem enquanto indivíduo, são produtos da cultura, da sociedade humana. Somente quando o homem se choca com o homem inflama-se o espírito e a sagacidade – por isso existe mais espírito na cidade do que no campo, mais nas grandes do que nas pequenas cidades –, somente quando o homem se aquece com o homem surge o sentimento e a fantasia, o amor, um ato comunitário que sem ser correspondido é a maior das dores, a fonte primitiva da poesia – e somente quando o homem fala com o homem, somente no discurso, num ato comunitário, surge a razão. Perguntar e responder são os primeiros atos do pensamento. Para se pensar há necessidade originariamente de dois atos. Somente no estágio de uma cultura mais elevada o homem se redobra, de forma a poder em si e por si mesmo desempenhar o papel de um outro. Pensar e falar é por isso em todos os povos antigos e primitivos a mesma coisa; só pensam quando falam, seu pensar é apenas conversação. Pessoas simples, i.e., não instruídas abstratamente ainda hoje não entendem o que está escrito se não leem em voz alta, se não pronunciam o que leem. Como é certa neste sentido a observação de Hobbes de que a razão humana deriva dos ouvidos!

Reduzido a categorias lógicas abstratas o princípio criador do universo em Deus nada mais expressa do que a sentença tautológica: o diverso só pode provir de um princípio da diversidade, não de um ser simples. Por mais que os filósofos e teólogos cristãos tenham defendido a criação a partir do nada, não puderam, entretanto, evitar o antigo princípio: a partir do nada, nada, porque ele expressa uma lei do pensamento. De fato não estabeleceram uma matéria real como fundamento das coisas materiais diversas, mas fizeram da razão divina (o Filho é a sabedoria, a ciência, a razão do Pai) enquanto cerne de todas as coisas, enquanto matéria espiritual, o fundamento da matéria real. A distinção entre a eternidade pagã da matéria e a criação cristã é, neste sentido, apenas que os pagãos atribuíam ao universo uma eternidade real, objetiva, os cristãos uma não objetiva. As coisas já tinham essência antes de existirem, não enquanto objetos dos sentidos, mas do espírito. Os cristãos, cujo princípio é o princípio da subjetividade absoluta[42], só concebem as coisas quando proporcionadas por esse princípio. A matéria estabelecida, imaginada, subjetiva que concebem no pensamento é então para eles a matéria-prima – superior em excelência à matéria real, sensorial. Mas no entanto é esta diferença apenas uma diferença da maneira de existir. O mundo é eterno em Deus. Ou teria surgido dele como uma ideia repentina ou um capricho? Certamente pode o homem imaginar também isto, mas então endeusa o homem apenas a sua própria loucura. Mas se sou racional só posso derivar o mundo da sua essência, da sua ideia, i.e., um modo da sua existência através de outro modo – em outras palavras: eu só posso derivar o universo de si mesmo.

---

42. Já na segunda edição tentei evitar, como muitas outras palavras estrangeiras, uma palavra que me é especialmente insuportável: subjetividade. As expressões alemãs correspondentes a ela são ora *Eigenheit* (propriedade), *Selbstheit* (mesmismo), *Ichheit* (egoísmo), ora *Seele* (alma), *Gemütlichkeit* (estado de espírito), ora *Menschlichkeit* (humanitarismo), ora *Geistigkeit* (espiritualismo), ora *Unsinnlichkeit* (insensorialismo). Mas enquanto expressa o exato oposto de objetividade não temos para a palavra subjetividade (*Subjektivität*) ou subjetivo (*subjektiv*) nenhuma palavra correspondente em alemão. O mesmo seja dito de algumas outras palavras.

O universo tem o seu fundamento em si mesmo, como tudo no universo que merece o nome de uma essência verdadeira. A *differentia specifica*, através da qual um ser é o que ele é, é sempre algo inexplicável, inderivável no sentido vulgar, existe por si, tem o seu fundamento em si.

Esta diferença entre o universo e Deus enquanto criador do universo é, portanto, apenas uma diferença formal, não essencial. A essência de Deus (porque a razão divina, o cerne de todas as coisas é a própria essência divina, e por isso Deus enquanto se pensa, se conhece, pensa e conhece ao mesmo tempo o universo e tudo) nada mais é que a essência do universo pensada abstratamente; a essência do universo nada mais é que a essência de Deus contemplada real, concreta e sensorialmente – logo, também a criação nada mais é que um ato formal, porque o que é objeto para o pensamento, para a razão antes da criação é posto como objeto dos sentidos somente através da criação, mas quanto ao seu conteúdo, é a mesma coisa, apesar de permanecer inexplicável como uma coisa real, material pode surgir de um pensamento[43].

O mesmo se dá com a pluralidade e a diversidade quando reduzimos o universo a esta forma abstrata de pensamento em oposição à simplicidade e unidade da essência divina. A diversidade real só pode ser deduzida de um ser diverso em si mesmo. Mas eu só estabeleço a diversidade no ser original porque para mim já é a diversidade *originariamente* uma verdade e uma essência. Onde e quando a diversidade não é nada em si mesma, então, por princípio, não é pensada nenhuma diversidade. Estabeleço a diversidade como uma essência, uma verdade, ao derivá-la do ser original e vice-versa: ambos são a mesma coisa. A expressão racional é: a diversidade existe necessariamente na razão e da mesma forma que a unidade.

Mas uma vez que a diversidade é uma qualidade essencial da razão, não posso deduzir a diversidade sem antes pressupor a diversidade; não posso explicá-la a não ser por si mesma, porque ela é algo original, que se impõe, que se garante. De onde surge

---

43. Por isso é uma mera ilusão quando se crê explicar a existência do universo através da aceitação de um criador.

o universo diverso de Deus? Através da diferença que existe entre Deus e ele mesmo em Deus. Deus se pensa, ele é objeto para si, ele se distingue de si – surge então esta diferença, o universo, apenas de uma diferença de outro tipo, a exterior de uma interior, a existente de uma agente, de um ato de discernimento; logo, só posso fundamentar a diferença através dela mesma, i.e., ela é um conceito primitivo, um limite do meu pensamento, uma lei, uma necessidade, uma verdade. A última diferença que posso pensar é a diferença que um ser tem de si mesmo e em si. A diferença que um ser tem de outro subentende-se, já é posta pela sua existência, já é uma verdade sensorial: são dois. Mas para o pensamento eu só fundamento a diferença quando eu a acolho num único e mesmo ser, quando eu a uno com a lei da identidade. Aqui está a última verdade da diferença. O princípio criador do universo em Deus, reduzido a seus últimos fundamentos, nada mais é que o ato de pensar objetivado de acordo com os seus mais simples elementos. Se eu tirar de Deus a diferença, ele não me proporciona mais material para o pensamento; ele deixa de ser um objeto de pensamento; porque a diversidade é um princípio essencial do pensamento. E por isso, quando ponho em Deus a diversidade, o que fundamento, o que objetivo a não ser a verdade e a necessidade deste princípio do pensamento?

CAPÍTULO X
O MISTÉRIO DO MISTICISMO OU DA NATUREZA EM DEUS

Um interessante material para a crítica das fantasias cosmo e teogônicas nos oferece a doutrina da eterna natureza em Deus, tirada de Jacob Böhme e renovada por Schelling.

Deus é puro espírito, autoconsciência resplandecente, personalidade ética; mas a natureza é, pelo menos periodicamente, confusa, obscura, vazia, imoral ou amoral. Mas é uma contradição que o impuro nasça do puro e que as trevas nasçam da luz. Como podemos então derivar de Deus estas evidentes oposições a uma origem divina? Somente estabelecendo em Deus esta impureza, essas trevas, distinguindo mesmo em Deus um princípio da luz e das trevas. Em outras palavras: só podemos explicar a origem das trevas acabando em geral com a ideia de uma origem e pressupondo as trevas como sempre existentes[44].

As trevas na natureza são, porém, o irracional, o material, a própria natureza em oposição à inteligência. Por isso, o simples significado desta doutrina é: a natureza, a matéria não pode ser explicada pela inteligência ou derivada dela; ela é antes a base da inteligência, a base da personalidade sem ter ela mesma uma base; espírito sem natureza é uma mera entidade de pensamento; a consciência só se desenvolve a partir da natureza. Mas esta doutrina materialista é ocultada numa obscuridade mística, porém benigna, para não ser expressa universalmente com as palavras

---

44. Está longe da nossa intenção criticar este ponto de vista crassamente místico. Que se observe aqui apenas que as trevas só são explicadas quando derivadas da luz e que a derivação das trevas a partir da luz na natureza só aparece como uma impossibilidade quando se é cego a ponto de não enxergar ainda um pouco de luz nas trevas, a ponto de não se perceber que a escuridão da natureza não é absoluta, mas sim uma escuridão moderada, temperada pela luz.

claras e simples da razão, mas antes para ser acentuada com a sagrada palavra do sentimento: Deus. Se a luz em Deus surge das trevas em Deus, surge apenas porque no conceito de luz já se subentende que ela ilumina as trevas; que ela pressupõe as trevas, mas que não as produz. Se então submeteres Deus a uma lei geral (o que é necessário se não quiseres fazer de Deus o campo de batalha das mais descabidas ideias), se então tanto em Deus quanto em e por si, quanto em geral, a consciência é condicionada por um princípio natural, por que não te abstrais de Deus? O que é uma lei para a consciência em si é também uma lei para a consciência de toda entidade individual, seja ela homem, anjo, demônio, Deus ou qualquer outro ser que quiseres imaginar. Por que então, vistos à luz, se reduzem ambos os princípios em Deus? Um se reduz à natureza, pelo menos à natureza como existe em tua concepção, abstraída da sua realidade; o outro se reduz a espírito, consciência, personalidade. Segundo uma das suas metades, segundo as costas ou o lado inverso tu não chamas Deus de Deus, mas somente segundo o seu lado frontal, a sua face, com a qual ele te mostra espírito, consciência: se então a sua essência característica, aquilo pelo qual ele é Deus, é espírito, consciência, inteligência, por que então fazes daquilo que é o próprio sujeito de Deus enquanto Deus, i.e., enquanto espírito, um mero predicado, como se Deus enquanto Deus fosse Deus também sem espírito, sem consciência? Por qual outro motivo a não ser porque pensas como um escravo da imaginação mística e religiosa, porque te sentes bem e em casa somente na penumbra ilusória do misticismo?

Misticismo é deuteroscopia. O místico especula sobre a essência da natureza ou do homem, mas com a ilusão de que especula sobre um outro ser, pessoal e distinto de ambos. O místico tem os mesmos objetos que o pensador simples, consciente; mas o objeto real não é para o místico o objeto em si mesmo, mas um objeto fictício e por isso é o objeto fictício para ele o objeto real. Assim é aqui, na doutrina mística dos dois princípios em Deus, o objeto real a patologia, o objeto fictício a teologia, i.e., a patologia torna-se teologia. Em compensação nada se poderia dizer se a patologia real fosse conscientemente reconhecida e declarada como teologia; nossa meta é exatamente mostrar que a teologia é apenas uma psicologia oculta a si mesma, a patologia, antropologia e psicologia esotérica, e que por isso a antropologia, a patologia e a psicologia real têm muito mais direito sobre o nome teologia do que a própria teologia, pois esta nada mais é do que uma psicologia e uma antropologia fictícia. Mas o conteúdo desta doutrina ou filosofia não é patologia, mas teologia, teologia no sentido antigo ou habitual da palavra (e exatamente por isso é ela misticismo e fantasia); deve aqui ser revelada para nós a vida de um outro ser diverso de nós, e, no entanto, apenas a nossa própria essência será revelada; mas ao mesmo tempo novamente ocultada, porque ela deverá ser a essência de um outro ser. Em Deus, não em nós indivíduos humanos (isto seria uma verdade muito trivial), deve a razão se apresentar somente após o sofrimento da natureza; não nós, mas Deus deve sair da obscuridade dos sentimentos e impulsos confusos para atingir a clareza do conhecimento; não em nossa maneira de conceber, mas no próprio Deus devem os terrores da noite precederem a tranquila consciência da luz; em síntese, não deve ser aqui apresentada uma história da doença humana, mas uma história do desenvolvimento, i.e., da doença de Deus – desenvolvimentos são doenças.

Por isso, quando o processo discernente, criador do universo em Deus, nos traz à contemplação a luz do discernimento como uma entidade divina, a noite ou a natureza em Deus significa para nós em compensação as *pensées confuses* de Leibniz como poderes divinos. Mas as *pensées confuses*, as imagens e pensamentos confusos, obscuros de imagens corretas significam a carne, a matéria; uma inteligência pura, separada da matéria só tem pensamentos claros e livres, nada de imagens obscuras, i.e., carnais, materiais, que excitam a fantasia e revolvem o sangue. A noite em Deus nada mais expressa que: Deus não é um ser somente espiritual, mas também material, corporal, carnal; mas como o homem não é e se chama homem pela sua carne, mas pelo seu espírito, assim também Deus. Mas a noite só diz isso em imagens obscuras, místicas, indeterminadas, ocultas. Ao invés da expressão forte, mas exatamente por isso precisa e picante: carne, estabelece ela as palavras ambíguas, abstratas: natureza e fundamento. "Uma vez que nada existe antes ou fora de Deus deve ele ter o fundamento da sua existência em si mesmo. Isto dizem todas as filosofias, mas falam deste fundamento como um mero conceito, sem transformarem-no em algo real. Este fundamento da sua existência que Deus tem em si não é Deus considerado absolutamente, i.e., enquanto existe, pois é somente o fundamento da sua existência. É a natureza em Deus, uma entidade de fato inseparável dele, porém, diversa. Esta relação pode ser explicada analogicamente através do peso e da luz na natureza". Mas este fundamento não é o não inteligente em Deus. "O que é o princípio de uma inteligência (em si mesma) não pode ser por sua vez inteligente". "Desta não inteligência nasceu a inteligência no sentido próprio. Sem esta obscuridade precursora não existe a realidade da criatura". "Com tais conceitos abstratos de Deus como *Actus purissimus*, iguais aos que a filosofia antiga estabeleceu ou como os que a nova filosofia sempre cria como uma precaução para afastar Deus da natureza, nada se pode conseguir. Deus é algo mais real do que uma mera ordem universal moral e possui em si poderes motores inteiramente diversos e mais vivos do que os que lhe atribui a insuficiente sutileza dos idealistas abstratos. O idealismo, se não conservar um realismo vivo como base, torna-se um sistema tão vazio e abstrato quanto o leibniziano, spinozista ou qualquer outro sistema dogmático". "Enquanto o Deus do deísmo moderno permanecer o ser simples, pura e essencialmente devendo-ser, mas de fato um sem-essência, o que é em todos os sistemas mais recentes, enquanto não for reconhecido em Deus um dualismo real e não for contraposta uma força limitadora, negativa à força afirmativa de expansão, será a negação de um Deus pessoal um dever científico". "Toda consciência é concentração, é recolhimento, é coleção, é síntese de si mesmo. Esta força negativa que num ser remonta dele mesmo é a verdadeira força da personalidade nele, a força da propriedade, da 'egoidade'". "Como poderia haver um medo de Deus se não houvesse força nele? Mas que haja algo em Deus que é meramente força não pode causar espanto, bastando que não se afirme que ele é apenas isto e nada mais"[45].

Mas o que é então uma força que só é a força, diversa da força corporal? Conheces além do poder da bondade e da razão uma outra força que esteja à tua disposição a não ser a força muscular?

---

45. SCHELLING. *Sobre a essência da liberdade humana*, 429, 432, 427. • *Monumento a Jacobi*, p. 82, 97-99.

Quando nada consegues através da bondade e dos argumentos da razão, deves recorrer à força. Mas podes "conseguir" alguma coisa sem braços e punhos fortes? Conheces além do poder da ordem moral universal "outras forças motoras mais vivas" que não o cutelo da dolorosa ordem de execução? Não é também a natureza sem corpo um conceito "vazio, abstrato", uma "insuficiente sutileza"? Não é o mistério da natureza o mistério da vida? Não é o sistema de um "realismo vivo" o sistema do corpo orgânico? Existe uma outra força oposta à inteligência além da força da carne e do sangue; uma outra força da natureza além dos instintos sensoriais? Mas o instinto natural mais forte não é o instinto sexual? Quem não se lembra do velho provérbio: *Amare er sapere vix Deo competit*? Se quisermos então estabelecer em Deus uma natureza, um ser oposto à luz da inteligência, podemos conceber um contraste mais vivo, mais real do que o contraste de pensar e amar, de espírito e carne, de liberdade e instinto sexual? Tu te escandalizas com estas deduções e consequências? Oh! São legítimos rebentos do sagrado conúbio entre Deus e natureza. Tu mesmo o realizaste sob os favoráveis auspícios da noite. Agora mostro-o a ti na luz.

Personalidade, "egoidade", consciência sem natureza não é nada ou, o que dá na mesma, é uma abstração vazia, sem essência. Mas a natureza, como já foi demonstrado e é evidente por si mesmo, nada é sem corpo. O corpo é apenas aquela força negativa, limitadora, compacta, opressora sem a qual nenhuma personalidade é concebível. Retira o corpo da tua personalidade e retirarás dela a sua estrutura. O corpo é o fundamento, o sujeito da personalidade. Somente através do corpo distingue-se a personalidade real da personalidade imaginária de um fantasma. Não seríamos personalidades abstratas, vagas, vazias, se não tivéssemos o predicado da impenetrabilidade, se pudessem se encontrar outras simultaneamente no mesmo lugar, na mesma forma em que estamos? Somente através da exclusividade espacial afirma-se a personalidade como real. Mas o corpo nada é sem carne e sangue. Carne e sangue é vida e só a vida é a realidade do corpo. Mas carne e sangue nada é sem o oxigênio da diferença sexual. A diferença sexual não é uma diferença superficial ou restringida somente a algumas partes do corpo; ela é uma diferença essencial; penetra até no fio do cabelo. A essência do homem é a masculinidade, a da mulher é a feminilidade. Mesmo que o homem seja espiritual e hiperfísico permanecerá sempre um homem; da mesma forma a mulher. Por isso a personalidade não é nada sem a diferença sexual; a personalidade se distingue essencialmente entre a masculina e a feminina. Quando não há um Tu não há um Eu, mas a diferença entre Eu e Tu, a condição fundamental de qualquer personalidade, de qualquer consciência é apenas uma distinção mais real, mais viva, mais fervorosa enquanto diferença entre homem e mulher. O Tu entre homem e mulher tem um acento inteiramente diverso do Tu monótono entre amigos.

Natureza na distinção da personalidade nada mais pode significar a não ser a diferença sexual. Um ser pessoal sem natureza vale o mesmo que um ser sem sexo, e vice-versa. Natureza deve ser atribuída a Deus "no sentido em que é dito de um homem que ele é uma natureza forte, perfeita, sadia". Mas o que é mais doentio, mais insuportável, mais antinatural do que uma pessoa que em seu caráter, em seus costumes, em seus sentimentos nega o seu sexo? O que é a virtude, a perfeição do homem enquanto homem? A masculinidade. Do homem enquanto mulher? A feminilidade. Mas o homem só existe como homem e mulher. Então a perfeição, a saúde do homem consiste em que ele seja como mulher como ele deve ser como mulher e que seja como homem o que deve ser como homem. Repudias "o horror a tudo que é real e que o espírito julga se tornar impuro através de qualquer contato com ele". Então repudias antes de mais nada o teu próprio horror à diferença sexual. Se Deus não se torna impuro através da natureza, também não se torna impuro através do sexo. A tua vergonha do Deus sexual é uma falsa vergonha – falsa em duplo sentido. Primeiramente porque a noite que colocaste em Deus te liberta da vergonha; a vergonha só é sentida à luz; em seguida, porque com ela tu te renuncias ao teu princípio total. Um Deus moral sem natureza não tem base; mas a base da moralidade é a diferença sexual. Até mesmo o animal é capaz do amor abnegado através da diferença sexual. A majestade da natureza, todo o seu poder, a sua sabedoria e profundidade concentra-se e individualiza-se na diferença sexual. Por que então te envergonhas de chamar a natureza de Deus por seu verdadeiro nome? Evidentemente só porque tens horror às coisas em sua verdade e realidade, porque enxergas tudo somente através da névoa ilusória do misticismo. Mas exatamente por ser a natureza em Deus apenas um brilho ilusório, sem essência, um fantástico fantasma da natureza (porque não se baseia, como foi dito, em carne e sangue, num fundamento real) é também esta fundamentação de um Deus pessoal uma fundamentação fracassada; também eu encerro com as palavras: "a negação de um Deus pessoal continuará sendo um dever científico" e acrescento: uma verdade científica, enquanto não se provar e expressar com palavras claras, não ambíguas, *a priori*, por argumentos especulativos, que forma, lugar, corporalidade, sexualidade não contradizem ao conceito da divindade; *a posteriori* (porque a realidade de um ser pessoal só se baseia em argumentos empíricos), que espécie de forma tem Deus, onde existe ele (por exemplo, no céu) e finalmente de que sexo é ele, se é homem, mulher ou hermafrodita. Já no ano de 1682 um pároco levantou a ousada questão: "Será Deus casado? Possui uma esposa? Quantas maneiras tem ele de gerar homens?" Portanto, que os profundos filósofos especulativos da religião na Alemanha tomem como exemplo este honrado e simples pároco! Que se livrem do resto de racionalismo que ainda existe neles e que está na mais evidente contradição com sua essência, corajosamente, para realizarem afinal a potência mística da natureza de Deus num Deus realmente potente, procriador. *Amém*.

A doutrina da natureza em Deus é extraída de Jacob Böhme. Mas no original tem ela um significado muito mais profundo e interessante do que em sua segunda edição castrada e modernizada. Böhme é um espírito profundamente religioso; a religião é o centro da sua vida e do seu pensamento. Mas ao mesmo tempo o significado que a natureza adquiriu nos últimos tempos (nas ciências naturais, no spinozismo, materialismo, empirismo) apoderou-se do seu espírito religioso. Ele abriu os seus sentidos à natureza, lançou um olhar em sua misteriosa essência; mas ela o assusta e ele não pode rimar o seu susto diante da natureza com as suas concepções religiosas.

> Assim que contemplei a profundeza deste mundo, do sol, das estrelas, das nuvens, da chuva e da neve e contemplei em meu espírito toda a criação do mundo, no qual encontrei bem e mal em todas as coisas, amor e ódio nas criaturas irracionais, tanto na madeira, nas

pedras, na terra e nos elementos quanto nos homens e animais... assim que eu constatei que em todas as coisas havia bem e mal, tanto nos elementos quanto nas criaturas e que no mundo o mesmo se passa com o ímpio e com o devoto, que os povos bárbaros possuíam as melhores regiões e que a felicidade estava mais perto deles do que dos devotos: fiquei então muito melancólico e altamente conturbado e nenhuma escritura me pôde consolar dentre as que me eram bem conhecidas: mas certamente o demônio, que frequentemente me inspirou pensamentos pagãos que quero silenciar aqui, não pôde se rejubilar por isso[46].

Mas por mais que a tenebrosa essência da natureza aterrorize o seu espírito, esta essência que não condiz com as concepções religiosas de um criador celestial, o lado belo da natureza o arrebata por outro lado. Böhme tem a sensibilidade aberta para a natureza. Ele sente as alegrias do mineralogista, as alegrias do botânico e do químico, em síntese, as alegrias da "ciência natural sem Deus". O brilho das pedras preciosas o arrebata, o som dos metais, o odor e as cores das plantas, a afabilidade e a mansidão de muitos animais. "Eu não posso compará-la" (i.e., a revelação de Deus no mundo da luz, o processo em que "se manifesta na divindade a maravilhosa e bela formação do céu em muitas cores e espécies e na qual cada espírito se mostra em sua forma especial"), "eu não posso compará-la", escreve ele alhures, "com nada mais a não ser com as pedras mais preciosas, como rubi, esmeralda, delfim, ônix, safira, diamante, jaspe, jacinto, ametista, berilo, sardis, carbúnculo e outros". E em outro lugar: "mas no tocante às pedras preciosas como carbúnculo, rubi, esmeralda, delfim, ônix e semelhantes, que são as melhores, estas têm a sua origem onde o raio da luz surgiu no amor. Porque o mesmo raio é gerado na suavidade e é o coração no centro dos espíritos, por isso são também essas pedras suaves, fortes e belas". Constatamos: Böhme não tinha mau gosto mineralógico. Mas que ele se delicia também com as flores, tendo pois sensibilidade botânica, demonstram dentre outras as seguintes passagens:

---

46. *Excertos importantes de J. Böhme*. Amsterdã, 1718, p. 58. As passagens seguintes estão nas p. 480, 338, 340, 323.

"as forças celestiais geram fruto e cores celestiais e alegres, toda espécie de árvores e arbustos nos quais cresce o belo e suave fruto da vida: também revelam estas forças várias espécies de flores com odores e cores belas e celestiais. Seus gostos são diversos, cada um de acordo com a sua qualidade e espécie, todos sagrados, divinos, alegres". "Se quiseres contemplar a pompa e a majestade celestial e divina, como a alegria que encontramos em qualquer espécie de planta, então contempla o mundo atentamente e vê quanta espécie de frutos e plantas crescem da terra, das árvores; os arbustos, as ervas, as raízes, flores, óleos, vinhos, cereais e tudo mais que existe e que o teu coração pode pesquisar: tudo isso é uma amostra da pompa celestial."

Uma sentença despótica não podia bastar a Böhme para a explicação da natureza; a natureza estava muito próxima do seu coração; por isso tentou ele uma explicação natural da natureza; mas natural e necessariamente não encontrou ele nenhuma outra explicação a não ser exatamente as qualidades da natureza que causavam a mais profunda impressão em seu espírito. Böhme (esta é a sua importância essencial) é um filósofo místico da natureza, um vulcanista e netunista teosófico, porque no "fogo e na água estava para ele o princípio de todas as coisas". A natureza encantou o espírito religioso de Jacob (não foi em vão que ele recebeu a sua luz mística no brilho de uma vasilha de estanho[IV]), mas o sentimento religioso só tece em si mesmo; ele não tem a força, a coragem de penetrar na contemplação das coisas em sua realidade; enxerga tudo através da religião, tudo em Deus, i.e., tudo no brilho arrebatador da fantasia que comove o espírito, tudo em imagem e enquanto imagem. Mas a natureza tocou o seu espírito opostamente; por isso teve que colocar esta oposição no próprio Deus (porque a aceitação de dois princípios originais, existentes por si mesmos, teria destruído o seu sentimento religioso), teve que distinguir no próprio Deus um ser suave, benevolente e um ser cruel e destruidor. Tudo que é ígneo, acre, rude, opressivo, obscuro,

---

IV. Em 1600, aos 25 anos, Böhme tinha fixado os olhos num vaso de estanho quando experimentou repentinamente uma viva impressão e imediatamente se sentiu transportado para a essência da natureza invisível [N.T.].

frio, provém de uma rudeza, acidez, frieza e escuridão divinas, e tudo que é suave, brilhante, acolhedor, brando, manso, mole, provém de uma qualidade suave, brilhante em Deus. Em síntese, o céu é tão rico quanto a terra. Tudo que existe na terra existe no céu[47], tudo que existe na natureza existe em Deus. Mas aqui é divino, celestial, lá terreno, visível, exterior, material, mas o mesmo. "Ao escrever sobre árvores, arbustos e frutos, não deves entendê--los de maneira terrena como neste mundo, porque não é minha opinião que no céu cresça uma árvore morta, dura, de madeira ou que exista uma pedra do tipo terreno. Não, minha opinião é celestial e espiritual, mas verdadeira e genuína, eu não penso diferente daquilo que escrevo em letras", i.e., no céu estão as mesmas árvores e flores, mas as árvores do céu são as árvores tais como exalam perfumes e florescem na minha imaginação sem produzirem em mim uma impressão grosseira, material; as árvores da terra são as árvores da minha contemplação sensorial, real. A diferença é a diferença entre imaginação e contemplação. "Não é minha intenção", diz ele próprio, "descrever o curso das estrelas, seus lugares e nomes ou como estão anualmente a conjunção, reflexão, posição delas etc., ou o que acontece com elas num ano ou numa hora. Não estudei essas coisas e as deixo para serem tratadas pelos eruditos; a minha intenção é escrever conforme o espírito e a sensibilidade, não conforme a observação"[48].

A doutrina da natureza em Deus pretende fundamentar o deísmo (que considera o ente supremo como um ser pessoal) através do naturalismo. Mas o deísmo pessoal imagina Deus como um ser pessoal abstraído de tudo que é material; ele exclui dele qualquer evolução, porque esta nada mais é do que a perda por parte de um ser de circunstâncias e qualidades, o que não corresponde ao seu verdadeiro conceito. Em Deus isto não se dá, porque nele princípio, fim e meio não se deixam distinguir, porque ele é de

---

47. Segundo Swedenborg têm os anjos no céu até mesmo roupas e casas. "Suas casas são iguais às casas da terra, mas muito mais belas; nelas existem salas e quartos em grande número, pátios, jardins, colinas floridas e campos" (E.c.S. *Escritos Seletos*. Parte I. Frankfurt a.M., 1776, p. 190 e 196). Assim para o místico o aquém é o além e por isso o além, o aquém.

48. Na obra citada, p. 339 e 69.

uma vez o que é, é desde o início o que deve ser, o que pode ser; ele é a unidade pura de existência e essência, realidade e ideia, ação e vontade. *Deus suum Esse est.* O deísmo concorda aqui com a essência da religião. Qualquer religião, por mais positiva que seja, baseia-se na abstração; as religiões só se distinguem através do objeto da abstração. Também os deuses homéricos são imagens abstratas, apesar de toda a força vital e o antropomorfismo; possuem corpos como os homens, mas corpos dos quais as limitações e dificuldades do corpo humano são abandonadas. A primeira qualidade da essência divina é: é um ser abstraído, destilado. Compreende-se por si mesmo que esta abstração não é arbitrária, mas determinada pelo ponto de vista essencial do homem. Como ele é, como pensa, assim abstrai ele.

A abstração expressa um juízo – ao mesmo tempo afirmativo e negativo, louvor e repreensão. Tudo que o homem louva e honra é para ele Deus[49]; o que ele repreende e repudia é o não divino. A religião é um juízo. A característica mais essencial na religião, portanto, na ideia da essência divina, é a separação do louvável e do repreensível, do perfeito e do imperfeito; em síntese, do essencial e do nulo. O próprio culto na verdade se baseia numa constante renovação da origem da religião – na separação crítica, mas solene, do divino e do profano.

A essência divina é a essência humana transfigurada pela morte da abstração – o espírito falecido do homem. Na religião o homem se liberta das limitações da vida; aqui deixa ele desaparecer o que o oprime, trava e impressiona negativamente; Deus é o sentimento que o homem tem de si mesmo libertado de qualquer obstáculo; livre, feliz, realizado o homem só se sente em sua religião, porque só aqui vive ele para o seu gênio, festeja o seu domingo. A comunicação, a fundamentação da ideia divina existe para ele fora desta ideia – a verdade dela já existe no juízo de que tudo que ele exclui de Deus tem o significado do profano, e o profano o significado do nulo. Se ele acolhesse a comunicação desta ideia na própria ideia ela perderia o seu significado mais essencial, o seu

---

49. "O que uma pessoa considera acima de tudo é para ela o seu Deus" (ORÍGENES. *Explan. in Epist. Pauli ad Rom.* c. 1).

verdadeiro valor, o seu encanto benéfico. O processo da separação, da distinção entre o inteligente e o não inteligente, entre a personalidade e a natureza, entre o perfeito e o imperfeito cai então necessariamente no homem, não em Deus, e a ideia da divindade não se acha no princípio, mas no fim dos sentidos, do mundo, da natureza – "onde termina a natureza começa Deus" – porque Deus é o último limite da abstração. Aquilo de que eu não posso mais me abstrair, é Deus – o último pensamento que sou capaz de compreender – o último, i.e., o mais elevado. *Id quo majus nihil cogitari potest, Deus est.* Que este ômega dos sentidos se torne um alfa é facilmente compreensível, mas o essencial é ele ser o ômega. O alfa é apenas a consequência; por ser o último é também o primeiro. E o predicado: a primeira essência não tem o significado criador, mas somente o significado do primeiro plano. A criação na religião mosaica tem por finalidade garantir a Jeová o predicado do Deus mais elevado e primeiro, do Deus verdadeiro, exclusivo, em oposição aos ídolos[50].

Por isso, sob o esforço de se pretender fundamentar a personalidade de Deus através da natureza existe uma mistura impura, profana de filosofia e religião, uma falta total de crítica e consciência do surgimento do Deus pessoal. Quando a personalidade é tida como a qualidade essencial de Deus, quando lemos: um Deus impessoal não é um Deus, aí então é a personalidade tida em e por si como o que há de mais elevado, de mais real, aí já se subentende o juízo: o que não é pessoa é morte, não é nada; somente a existência pessoal é vida e verdade; mas a natureza é impessoal, logo, uma coisa nula. A verdade da personalidade só se baseia na inverdade da natureza. Expressar a personalidade de Deus significa apenas declarar a personalidade como a essência absoluta; mas a personalidade só é compreendida na diferença, na abstração da natureza. Certamente é um Deus somente pessoal um Deus abstrato; mas tal deve ele ser, isto já está em seu conceito; porque ele nada mais é que a essência pessoal do homem que se coloca livre de qualquer conexão com o mundo, que se liberta de qualquer

---

50. "Eu sou o Senhor que tudo faz". "Eu sou o Senhor e ninguém mais". "Eu sou o Senhor, o primeiro e o último" (Is 41–47). Daqui resulta o significado da criação que só mais tarde viria a ser desenvolvido com mais detalhes.

dependência da natureza. Na personalidade de Deus o homem festeja o sobrenaturalismo, a imortalidade, a independência e a ilimitação da sua própria personalidade.

A necessidade de um Deus pessoal baseia-se no fato de que o homem pessoal só encontra a si mesmo em sua personalidade. Substância, espírito puro, razão pura não é suficiente para ele, é algo muito abstrato para ele, i.e., não expressa a sua pessoa, não o traz de volta para si. O homem só se sente satisfeito e feliz quando ele se encontra em si, em sua essência. Por isso, quanto mais pessoal for um homem mais forte será para ele a necessidade de um Deus pessoal. O espírito livre abstratamente não conhece nada mais elevado do que a liberdade; não necessita prendê-la a um ser pessoal; a liberdade é para ele em si mesma, como tal, uma entidade real, verdadeira. Uma cabeça matemática, astronômica, um homem racional, objetivo, que não é preso em si mesmo, que só se sente livre e feliz na contemplação de proporções objetivamente racionais, na razão que existe nas coisas, tal homem certamente festejará como o seu ente supremo a substância de Spinoza ou uma ideia semelhante, cheio de antipatia contra um Deus pessoal, i.e., subjetivo. Por isso foi Jacobi um filósofo clássico (pelo menos neste ponto) porque foi consequente e coerente consigo mesmo. Como foi o seu Deus foi a sua filosofia, pessoal, subjetiva. O Deus pessoal não pode ser demonstrado cientificamente a não ser como Jacobi e seus discípulos o demonstraram. A personalidade só se conserva de modo pessoal.

Seguramente pode e deve a personalidade ser fundamentada por vias naturais, mas somente quando se deixa de murmurar nas névoas do misticismo, quando se desperta para o dia claro da natureza real e se confunde o conceito do Deus pessoal com o conceito da personalidade em geral. Mas obscurecer, no conceito do Deus pessoal (cuja essência é exatamente a personalidade libertada, separada, solvida do poder limitador da natureza) novamente esta natureza é algo tão invertido como se eu quisesse misturar cerveja com o néctar dos deuses para dar à etérea bebida um fundamento sólido. Certamente não se originam os elementos do sangue animal do suco celestial que alimenta os deuses. Mas a flor da sublimação só aparece com o repúdio à matéria; como podes então dispensar na substância sublime os materiais dos quais tu a separaste? Sem dúvida não pode a essência impessoal da natureza ser explicada pelo conceito da personalidade. Explicar significa fundamentar; mas quando a personalidade for uma verdade, ou melhor, a verdade mais elevada, única, então não tem a natureza um significado essencial e consequentemente também nenhum fundamento essencial. A criação a partir do nada é aqui somente o argumento suficiente, porque ela nada mais expressa que: a natureza não é nada, expressa pois precisamente o significado que a natureza tem para a personalidade absoluta.

———— CAPÍTULO XI ————
O MISTÉRIO DA PROVIDÊNCIA E DA CRIAÇÃO A PARTIR DO NADA

A criação é a palavra de Deus pronunciada, a palavra criadora, a palavra interior, idêntica ao pensamento. Pronunciar é um ato da vontade, a criação é então um produto da vontade. Assim como o homem afirma no verbo divino a divindade do verbo, afirma ele na criação a divindade da vontade, na verdade não da vontade da razão, mas da vontade da imaginação, da vontade absolutamente subjetiva, ilimitada. O mais elevado clímax do princípio da subjetividade é a criação a partir do nada. Assim como a eternidade do mundo ou da matéria nada mais significa do que a essencialidade da matéria, assim também não significa a criação do mundo nada mais que a nulidade do mundo. Com o princípio de uma coisa está subentendido imediatamente em seu conceito o seu fim, mesmo que não seja quanto ao tempo. O princípio do mundo é o princípio do seu fim. Como conseguido, assim roubado. A vontade chamou-o à existência, a vontade chama-o de novo para o nada. Quando? O tempo é indiferente. A sua existência ou não existência depende somente da vontade. A vontade de que ele exista é ao mesmo tempo a vontade (pelo menos a vontade potencial) de que ele não exista. A existência do mundo é, portanto, uma existência momentânea, arbitrária, insegura, i.e., exatamente uma existência nula.

A criação a partir do nada é a mais alta expressão da plenipotência. Mas a plenipotência é apenas a subjetividade que se liberta de todas as qualidades e limitações objetivas e que festeja esta sua liberdade como o mais alto poder e essência – o poder da faculdade de colocar o subjetivo como real, o imaginável como possível – o poder da imaginação ou da vontade que é idêntica à imaginação, o poder da arbitrariedade[51]. A expressão mais característica, mais forte da arbitrariedade subjetiva é o capricho, o contentamento – "Deus quis chamar à existência um mundo espiritual e corporal" – a prova mais irrefutável que a própria subjetividade, a própria arbitrariedade é posta como o ser supremo, o princípio universal plenipotente. A criação a partir do nada enquanto obra da vontade plenipotente coincide, por isso, na mesma categoria do milagre, ou antes, ela é o primeiro milagre não só quanto ao tempo, mas também quanto à excelência, o princípio do qual se originam todos os outros milagres. A prova está na própria história. Todos os milagres foram justificados, explicados e exemplificados pela plenipotência que criou o mundo a partir do nada. Aquele que criou o mundo a partir do nada, por que não poderia transformar vinho em água, fazer com que um asno proferisse palavras humanas, fazer jorrar água de uma rocha? Mas o milagre é, como veremos adiante, apenas uma obra e um objeto da imaginação – portanto, é também a criação a partir do nada o milagre original. Por isso explicou-se a doutrina da criação a partir do nada como sendo sobrenatural, à qual a razão não poderia chegar por si mesma, e apelou-se para os filósofos pagãos que ensinavam que o mundo foi formado por uma razão divina aproveitando uma matéria já existente. Mas este princípio sobrenatural é apenas o princípio da subjetividade que no cristianismo se elevou a uma monarquia universal ilimitada, enquanto que os filósofos antigos não eram subjetivistas a ponto de conceberem uma entidade absolutamente subjetiva como a entidade única, exclusivamente absoluta, porque através da contemplação do mundo ou da realidade limitaram a subjetividade porque para eles o mundo era uma verdade.

A criação a partir do nada é idêntica não só ao milagre, mas também à providência; porque a ideia da providência é (originariamente, em seu significado verdadeiramente religioso, quando ainda não era oprimida e limitada pela razão incrédula) idêntica à

---

51. A mais profunda origem da criação a partir do nada está no sentimento, o que está expresso ou será demonstrado direta ou indiretamente nesta obra. Mas a arbitrariedade é exatamente a vontade do sentimento, a exteriorização da força do sentimento.

ideia do milagre. A prova da providência é o milagre[52]. A crença na providência é a crença num poder para o qual todas as coisas estão à disposição para o uso desejado, diante da qual todo o poder da realidade nada é. A providência anula as leis da natureza; ela interrompe o curso da necessidade, o vínculo férreo que une inevitavelmente a consequência à sua causa; em síntese, ela é a mesma vontade ilimitada, plenipotente que chamou o mundo do nada para a existência. O milagre é uma *creatio ex nihilo*, uma criação a partir do nada. Quem transforma água em vinho, este fabrica vinho do nada, porque o elemento do vinho não está na água; caso contrário não seria a produção do vinho milagrosa, mas natural. Mas a providência só se garante, só se mostra no milagre. Por isso a providência expressa o mesmo que a criação a partir do nada. A criação a partir do nada só pode ser explicada e compreendida em conexão com a providência; porque o milagre nada mais significa a não ser que o milagroso seja o mesmo que criou as coisas a partir do nada pela sua mera vontade – Deus, o criador.

Mas a providência se relaciona essencialmente com o homem. Por causa do homem faz a providência com as coisas o que ela quer, por causa do homem anula ela a validade da lei então plenipotente. A admiração da providência na natureza, i.e., no mundo animal, é apenas uma admiração da natureza e por isso pertence somente ao naturalismo, mesmo que religioso[53]; porque também na natureza só se revela a providência natural, não a divina tal como é objeto para a religião. A providência religiosa só se revela no milagre, principalmente no milagre da encarnação, o cerne da religião. Mas não lemos em lugar nenhum que Deus tenha se tornado um animal por causa dos animais – um tal pensamento já é aos olhos da religião pérfido e profano – ou que Deus tenha feito milagres por causa de animais ou plantas. Ao contrário: lemos

---

52. "As testemunhas seguras de uma providência divina são os milagres" (GROTIUS, H. *De veritate religionis christianae*, lib. I § 13).

53. O naturalismo religioso é também um momento da religião cristã, mais ainda da mosaica, tão zoófila religião. Mas não é de modo algum o momento característico, cristão, da religião cristã. A providência cristã, religiosa, é inteiramente diversa da providência que enfeita lírios e alimenta corvos. A providência natural deixa o homem se afogar na água se ele não souber nadar, mas a providência cristã, religiosa o conduz ileso sobre a água pela mão da plenipotência.

que uma pobre figueira foi amaldiçoada porque não trazia frutos numa época em que não podia trazer, somente para servir de exemplo aos homens do poder da fé sobre a natureza; lemos que os espíritos malignos e demoníacos são expulsos dos homens, mas em compensação impingidos nos animais. De fato lemos: "Não cai um pássaro do telhado sem a vontade do Pai"; mas esses pássaros não têm mais valor e importância do que os cabelos da cabeça de um homem, que são todos contados.

O animal (com exceção do instinto) só tem como anjo da guarda, como providência, os seus sentidos ou órgãos em geral. Um pássaro que perde seus olhos perdeu seu anjo da guarda; ele sucumbe se não acontecer um milagre. Mas lemos que um corvo trouxe alimentos para o profeta Elias, não, porém (pelo menos pelo que eu saiba), para que um animal fosse alimentado, por seu mérito, através de um modo não natural. Mas quando um homem crê que também ele não tem outra providência a não ser as capacidades da sua espécie, os seus sentidos, a sua inteligência, então é ele aos olhos da religião e de todos aqueles que defendem a religião um homem irreligioso, porque só crê uma providência natural, mas a providência natural vale para a religião tanto quanto nada. Por isso a providência relaciona-se essencialmente somente com o homem – e dentre os homens somente com o religioso. "Deus é o salvador de todos os homens, mas especialmente dos fiéis". Ela só pertence, como a religião, ao homem; ela deve expressar a diferença essencial entre o homem e o animal, deve arrancar o homem da violência das forças naturais. Jonas no ventre da baleia, Daniel na cova dos leões são exemplos de como a providência distingue o homem (religioso) do animal. Por isso, se a providência (que se mostra nos dentes e nas unhas dos animais e é tão admirada pelos naturalistas cristãos) for uma verdade, então é a providência da Bíblia, a providência da religião, uma mentira e vice-versa. Que lisonja miserável e ao mesmo tempo ridícula querer reverenciar a ambos simultaneamente, natureza e Bíblia! A natureza, como ela contradiz a Bíblia! A Bíblia, como contradiz a natureza! O Deus da natureza se revela ao proporcionar ao leão a força e os órgãos devidos para a conservação da sua vida no caso de necessidade, para poder abater e devorar até mesmo um indivíduo humano; mas o Deus da Bíblia se revela ao arrancar o indivíduo humano das garras do leão[V].

A providência é um privilégio do homem; ela expressa o valor do homem em contraste com os outros seres e coisas naturais; ela o arranca da conexão universal. A providência é a convicção que o homem tem do infinito valor da sua existência (uma convicção na qual ele renuncia à crença na verdade das coisas exteriores – o idealismo da religião), sendo, portanto, a crença na providência idêntica à crença na imortalidade pessoal, apenas com a diferença que aqui, com relação ao tempo, o valor infinito se determina com a duração infinita da existência. Quem não exige nada especial, quem é indiferente para consigo mesmo, quem não se exclui da natureza, quem se vê desaparecer como uma parte no todo, este não crê em nenhuma providência, i.e., em nenhuma providência especial; mas só a providência especial é providência para a religião. A crença na providência é a crença no próprio valor – daí as consequências benéficas desta crença, mas também a falsa humildade, o orgulho religioso que, em verdade, não se abandona a si mesmo, mas deixa todo o cuidado para o querido Deus – a crença do homem em si mesmo. Deus se preocupa comigo; ele quer a minha felicidade, a minha salvação; ele quer que eu seja feliz; mas eu também quero; o meu próprio interesse é então o interesse de Deus, a minha própria vontade a vontade de Deus, meu próprio objetivo o objetivo de Deus, o amor de Deus por mim nada mais é do que o meu amor-próprio endeusado.

Mas quando se crê na providência, a crença em Deus torna-se dependente da crença na providência. Quem nega que existe uma providência nega que Deus existe ou – o que dá na mesma – que Deus é Deus; porque um Deus que não é a providência do homem é um Deus ridículo, um Deus ao qual falta a qualidade mais divina, mais adorável. Logo, a crença em Deus nada mais é do que a crença na dignidade humana[54], a crença no significado divino da essência humana. Mas a crença na providência (religiosa) é idêntica

---

V. O autor tem em mente neste confronto da providência religiosa ou bíblica e a natural especialmente a teologia insípida, artificial dos naturalistas ingleses [N.T.].

54. "Quem nega os deuses acaba com a nobreza da espécie humana" (BACON. *Verul. Serm. Fidel.*, 16).

à crença na criação a partir do nada e vice-versa: então não pode esta ter outro significado a não ser o significado da providência desenvolvido aqui, e realmente não tem outro. A religião deixa isto bem claro ao fazer do homem a meta da criação. Todas as coisas existem por causa do homem, não por si mesmas. Quem acusa esta doutrina de supérbia, como os devotos naturalistas cristãos, acusa o próprio cristianismo de supérbia; porque o fato do "mundo material" existir por causa do homem é dizer muito menos do que dizer que Deus ou, pelo menos, se seguirmos Paulo, que um ser que é quase Deus, dificilmente distinguível de Deus, se tornou homem por causa do homem.

Mas se o homem é a meta da criação, é também a sua verdadeira base, porque a meta é o princípio da atividade. A diferença entre o homem como meta da criação e o homem como base dela é apenas que a base é a essência abstrata do homem; mas a meta é o homem real, individual, o homem que se conhece como a meta da criação, mas não como a base, porque ele distingue a base, a essência como um outro ser pessoal distinto de si[55]. Mas este outro ser pessoal, criador não é na verdade nada mais que a personalidade humana colocada longe de qualquer referência com o mundo, que dá a si mesma (através da criação, i.e., do colocar-se do mundo, do objetivo, do outro enquanto uma existência dependente, finita, nula) a certeza da sua realidade exclusiva. Na criação não se trata da verdade e realidade da natureza ou do mundo, mas da verdade e realidade da personalidade, da subjetividade em oposição ao mundo. Trata-se da personalidade de Deus; mas a personalidade de Deus é a personalidade do homem libertada de todas

---

55. Em Clemente de Alexandria (*Coh. ad gentes*) encontra-se uma passagem interessante. Na tradução latina (a péssima edição de Würzburg, 1778) lemos: *At nos ante mundi constitutionem fuimus, ratione futurae nostrae productionis, in ipso Deo quodammodo tum praeexistentes. Divini igitur Verbi sive Rationis, nos creaturae rationales sumus, et per eum primi esse dicimur, quoniam in principio erat Verbum.* Mas de modo mais preciso ainda a mística cristã declarou o ser humano como o princípio criador, como o fundamento do mundo. "O homem, que existe eternamente, que atua com Deus em todas as obras que foram feitas há milênios e que serão feitas em milênios futuros". "Através do homem fluíram todas as criaturas". Pregações de alguns mestres anteriores e contemporâneas a Tauler (*Ed.c.*, p. 5 e 119).

as determinações e limitações da natureza. Daí o sincero interesse na criação, o pavor às cosmogonias panteísticas. A criação não é, assim como o Deus pessoal em geral, uma questão científica, mas pessoal; não é objeto da inteligência livre, mas do interesse da afetividade porque na criação só se trata de uma garantia, a última garantia concebível para a personalidade ou a subjetividade enquanto algo inteiramente à parte, que nada possui em comum com a natureza, que é uma essência supra e extramundana[56].

O homem se distingue da natureza. Esta sua distinção é o seu Deus – a distinção entre Deus e a natureza nada mais é que a distinção entre o homem e a natureza. A oposição entre panteísmo e personalismo se resolve na questão: é a essência do homem extra ou intramundana, sobrenatural ou natural? Por isso são infrutíferas, vãs, destituídas de crítica e fastidiosas as especulações e polêmicas sobre a personalidade ou impersonalidade de Deus; porque os especuladores, em especial ou especuladores personalistas, não chamam a criança pelo seu verdadeiro nome; eles colocam a luz sob o alqueire; em verdade só especulam sobre si mesmos, só especulam no interesse do seu próprio instinto de conservação e, no entanto, não confessam que só quebram a cabeça sobre si mesmos, que só especulam na ilusão de perscrutarem os mistérios de um outro ser. O panteísmo identifica o homem com a natureza (seja com seus aspectos evidentes ou com a sua essência oculta), o personalismo o isola, o separa da natureza, transforma-o de uma parte num todo, num ser absoluto por si mesmo. Esta é a diferença. Se quiserdes então colocar esta questão a limpo, trocai a vossa antropologia mística, invertida, que denominais teologia, pela antropologia real e especulai à luz da consciência e da natureza sobre a diversidade ou identidade da essência humana com a essência da natureza. Concedeis que a essência do Deus panteístico nada mais é do que a essência da natureza. Por que pretendeis então enxergar uma farpa somente nos olhos dos vossos adversários e não as vigas tão evidentes em vossos próprios olhos? Por que

---

56. Aqui se explica por que todas as tentativas da teologia especulativa e da filosofia da mesma linha de "vir de Deus para o mundo" ou "derivar o mundo de Deus" não tiveram sucesso e não poderiam tê-lo. Exatamente por serem falsas e absurdas na base não sabem de que se trata realmente na criação.

fazeis de vós uma exceção a uma lei de validade universal? Concedei também que o vosso Deus pessoal nada mais é que a vossa própria essência pessoal, que ao crerdes e demonstrardes o supra e extranaturalismo do vosso Deus nada mais credes e demonstrais do que o extra e supranaturalismo da vossa própria essência.

Como sempre, também na criação os atributos metafísicos ou panteísticos, confusos e gerais, encobrem a verdadeira essência da criação. Mas basta que encaremos os atributos mais próximos para nos convencermos de que o cerne da criação nada mais é do que a autoconservação da essência humana em oposição às diversidades da natureza. Deus produz o mundo fora de si – em princípio é ele apenas pensamento, plano, decisão, agora torna-se ação e assim sai para fora de Deus como um ser diverso dele, autônomo, pelo menos relativamente. Mas da mesma forma coloca o homem (ao se distinguir do mundo concebendo-se como um ser diverso dele), o mundo fora de si mesmo como uma outra essência – com efeito, este colocar-fora-de-si e este distinguir-se é um único ato. Assim, ao ser o mundo posto fora de Deus é Deus posto em si mesmo, distinto do mundo. O que é Deus então se não a vossa essência própria, subjetiva, ao surgir o mundo fora dele?[57] Ao surgir a reflexão sofística é então negada a diferença entre o exterior e o interior enquanto diferença finita, humana (?). Mas a negação de uma razão que é a falsa razão ou a não razão da religião não deve ser levada a sério. Se for levada a sério destrói ela a base da consciência religiosa, anula a possibilidade, a essência da criação, porque ela se baseia na verdade desta diferença. Além disso perde-se o efeito da criação, a majestade deste ato para o espírito e a

---

57. Não se pode objetar aqui com a onipresença de Deus a presença de Deus em todas as coisas ou das coisas em Deus. Pois mesmo não se considerando que, através de uma futura destruição real do mundo, é o ser-fora-de-Deus do mundo, i.e., a sua não divindade bastante clara, Deus está no homem apenas de modo especial; mas eu só me sinto em casa quando me sinto em casa de modo especial. "Deus não está em lugar nenhum como está na alma. Em todas as criaturas existe um pouco de Deus, mas na alma Deus é completo, porque ela é o seu lugar de descanso" (*Pregação de alguns mestres anteriores e contemporâneos a Tauler*, p. 19). E a existência das coisas em Deus (principalmente quando não tem um sentido panteísta, que aqui não se cogita) é apenas uma ideia sem realidade, não expressa as intenções especiais da religião.

fantasia no momento em que o colocar-fora-de-si não é tomado no sentido real. O que significa, pois, fazer, criar, produzir se não tornar objetivo, sensorial algo que inicialmente era apenas subjetivo, invisível, não existente, de forma que outros seres diversos de mim possam conhecê-lo e gozá-lo; portanto, colocar algo fora de mim, fazer deste algo um diverso de mim? Onde não há possibilidade e realidade de um ser-fora-de-mim, aí não se pode falar de um fazer, criar. Deus é eterno, mas o mundo surgiu; Deus existia enquanto o mundo ainda não existia; Deus é invisível, insensorial, mas o mundo é sensorial, material, portanto, fora de Deus; pois como existiria o material como tal, a massa, a matéria, em Deus? O mundo existe fora de Deus no mesmo sentido em que a árvore, o animal; o mundo em geral existe fora da minha ideia, fora de mim mesmo, um ser diverso da subjetividade. Somente quando um tal colocar-fora-de-si é aceito, como dentre os antigos filósofos e teólogos, temos então a doutrina pura e genuína da consciência religiosa. Os filósofos e teólogos especulativos dos tempos recentes, em compensação, obscurecem a questão com atributos panteísticos, não obstante condenem o princípio do panteísmo, mas por isso mesmo só geram uma criatura absolutamente contraditória em si, insuportável.

O criador do mundo é, pois, o próprio homem que dá a si mesmo, através da prova ou da consciência de que o mundo foi criado (uma obra da vontade, i.e., uma existência impessoal, impotente, nula), a certeza da própria importância, verdade e infinitude. O nada do qual o mundo foi criado é o próprio nada deles. Ao dizeres: o mundo foi feito do nada, imaginas o próprio mundo como um nada, retiras da tua cabeça todas as limitações da tua fantasia, do teu espírito, da tua vontade, porque o mundo é a limitação da tua vontade, do teu espírito; só o mundo oprime a tua alma; somente ele é a parede que te separa de Deus, o teu ser feliz e perfeito. Por isso anulas subjetivamente o mundo; tu imaginas Deus em si, i.e., a subjetividade pura, ilimitada, a alma que só goza a si mesma, que não necessita do mundo, que nada sabe dos dolorosos grilhões da matéria. No mais profundo da tua alma, queres que não exista nenhum mundo, porque onde existe mundo existe matéria e onde existe matéria existe opressão e choque, espaço e tempo, limitação e necessidade. No entanto, existe um mundo, uma matéria. Como podes sair do embaraço desta contradição? Como retiras o mundo da mente para que ele não te incomode no sentimento delicioso da alma ilimitada? Somente fazendo do próprio mundo um produto da vontade, dando a ele uma existência arbitrária, sempre oscilante entre ser e não ser, sempre na espera da sua destruição. Certamente o mundo ou a matéria (porque ambos são inseparáveis) não se deixa explicar pelo ato da criação; mas é um total mal-entendido quando tal se exige da criação, porque esta está baseada no pensamento: não deve existir nenhum mundo, nenhuma matéria; por isso se espera diariamente, ansiosamente, o seu fim. O mundo em sua verdade não existe aqui; ele é objeto apenas enquanto opressão, limitação da alma e da personalidade humana; como poderia o mundo em sua verdade e realidade ser fundamentado e deduzido de um princípio que o nega?

Para se compreender o significado desenvolvido da criação como o correto, que se medite apenas seriamente que na criação o principal não é a criação de plantas e animais, de água e terra, para os quais não existe um Deus, mas sim a criação de entidades pessoais, de espíritos, como se costuma dizer. Deus é o conceito ou a ideia da personalidade enquanto pessoa, é a subjetividade que existe em si mesma e separada do mundo, o ser-para-si-mesmo autossuficiente, posto como existência e essência absoluta, o Eu sem o Tu. Mas como o ser-somente-para-si-mesmo contradiz o conceito da verdadeira vida, o conceito do amor; como a consciência de si mesmo está sempre unida à consciência de um Tu; como durante muito tempo pelo menos a solidão não pode se livrar do sentimento de monotonia e mesmismo: então sai-se imediatamente da essência divina para outros seres conscientes; o conceito da personalidade, que antes é exprimido num só ser, é estendido para uma pluralidade de pessoas[58]. Se a personalidade for concebida como

---

58. Aqui está também o ponto em que a criação não representa para nós somente o poder divino, mas também o amor divino. "Nós existimos porque Deus é bom" (Agostinho). Antes do mundo Deus existia somente para si. "Antes de todas as coisas Deus existia sozinho, ele mesmo era para si o mundo, o lugar e tudo. Mas ele existia sozinho porque não existia nada fora dele" (Tertuliano). Porém não existe maior felicidade do que tornar outros felizes, a felicidade está no ato da comunicação. Mas comunicativa é só a alegria, o amor. Por isso o homem estabelece o amor comunicativo como o princípio da existência. "O êxtase da bondade

física, como um homem real (e como tal será um ser deficiente), então ela só aparecerá no fim do mundo físico, quando existirem as condições para a sua existência, enquanto meta da criação. Mas se, em compensação, o homem for pensado como pessoa abstrata, como acontece na especulação religiosa, então este caminho é cortado: trata-se, num atalho em linha reta, da fundamentação de si mesmo, da última autogarantia da personalidade humana. Em verdade é a personalidade divina distinguida da humana em todas as formas possíveis apenas para se encobrir a sua identidade com esta; mas estas distinções são ou puramente fantásticas ou sofísticas. Todas as bases essenciais da criação se reduzem somente aos atributos, aos motivos que impingem no Eu a consciência da necessidade de um outro ser pessoal. Especulai quanto quiserdes: nunca extraireis de Deus a vossa personalidade se não a tiverdes colocado nele antes, se Deus já não for ele próprio a vossa essência subjetiva ou pessoal.

---

coloca Deus fora de si" (Dionísio Areopagita). Tudo que é essencial só se fundamenta em si mesmo. O amor divino é a alegria de viver que se fundamenta a si mesma, que se afirma a si mesma. Mas o mais alto sentimento da vida, a maior alegria de viver é o amor que torna feliz. Deus, enquanto ser bom, é a felicidade da existência personificada e objetivada.

CAPÍTULO XII
O SIGNIFICADO DA CRIAÇÃO NO JUDAÍSMO

A doutrina da criação provém do judaísmo; ela é mesmo a doutrina característica, fundamental da religião judaica. Mas o princípio que a fundamenta aqui não é tanto o princípio da subjetividade, mas antes o do egoísmo. A doutrina da criação em seu significado característico só aparece no estágio em que o homem, na prática, submete a natureza somente à sua vontade e necessidade, rebaixando-a por isso também em sua concepção a uma mera matéria-prima, a um produto da vontade. Agora ele entende a existência dela, ao explicá-la e interpretá-la de acordo consigo, em seu sentido. A pergunta: de onde vem a natureza ou o mundo? pressupõe na verdade uma admiração pelo fato dela existir ou a pergunta: por que existe ela? Mas esta admiração, esta pergunta só surge no momento em que o homem já se separou da natureza e a transformou num objeto da sua vontade. O autor do *Livro da sabedoria* diz com razão que "os pagãos, por admiração da beleza do mundo, não se elevaram ao conceito do criador". Para quem a natureza se mostra como bela ela aparece também como um fim em si, para este ela tem o fundamento da sua existência em si mesma, neste não surge a pergunta: por que existe ela? Os conceitos de natureza e divindade não são distintos em sua consciência, em sua concepção do mundo. A natureza tal como impressiona os seus sentidos é certamente surgida, gerada, mas não criada no sentido próprio, no sentido da religião, não é um produto da vontade, não é fabricada. E com este surgimento não expressa ele nada de escandaloso; o surgimento não tem para ele nada de impuro, de profano em si; seus próprios deuses concebe ele como surgidos. A força geradora é para ele a primeira força: por isso coloca ele como fundamento da natureza uma força da natureza – uma força presente, constatada em sua contemplação sensorial como o fundamento das coisas. Assim pensa o homem quando ele se relaciona com o mundo estética ou teoreticamente (porque a contemplação teorética é originariamente a estética, a estética é a *prima philosophia*), quando para ele o conceito do mundo vale o mesmo que o conceito de cosmos, de majestade, de divindade. Somente quando tais concepções dominaram o homem podiam ser concebidos e expressos pensamentos como os de Anaxágoras: o homem nasceu para a contemplação do universo[59]. O estágio da teoria é o estágio da harmonia com o mundo. A atividade subjetiva, aquela na qual o homem se satisfaz, em que abre para si um campo livre, é aqui somente a imaginação sensorial. No momento em que ele se satisfaz, deixa ele que a natureza se mantenha em paz, pois tece as suas ilusões, as suas cosmogonias poéticas somente de materiais naturais. Mas onde, ao contrário, o homem só se coloca no ponto de vista prático e considera o mundo a partir deste, transformando até mesmo o ponto de vista prático no teorético, aí está ele cindido com a natureza, aí transforma ele a natureza numa escrava submissa do seu próprio interesse, do seu egoísmo prático. A expressão teorética desta concepção egoísta, prática, para a qual a natureza em e por si mesma nada é, significa: a natureza ou o mundo foi criado, fabricado, é um produto de um imperativo. Deus disse: faça-se o mundo, e o mundo se fez, i.e., Deus ordenou: faça-se o mundo, e sem demora surgiu o mundo depois desta ordem[60].

O utilitarismo, a utilidade é o princípio supremo do judaísmo. A crença numa providência divina especial é a crença característica do judaísmo; a crença na providência, a crença em milagres; mas a crença em milagres existe quando a natureza é encarada somente como um objeto da arbitrariedade, do egoísmo que utiliza

---

59. Em Diógenes (L. lib. II, c. III, § 6) encontramos textualmente: "para a contemplação do sol, da lua e do céu". Pensamentos semelhantes encontramos também em outros filósofos. Também os estoicos diziam: "O homem nasceu para a contemplação e imitação do mundo" (CÍCERO. *De nat. D.*).

60. "Os hebreus dizem que a Divindade tudo consegue através da palavra, que tudo foi criado pela sua ordem para mostrar como é fácil transformar a sua vontade em realidade e quão grande é a sua onipotência. Sl 33,6: O céu foi feito pela palavra do Senhor. Sl 148,5: Ele ordena e é criado" (CLERICUS, J. *Comment. in. Mosem. Genes*, I, 3).

a natureza para fins arbitrários. A água se divide em dois ou se torna compacta como uma massa sólida, o pó se transforma em piolhos, o bastão em cobra, o rio em sangue, a rocha numa fonte; no mesmo lugar encontram-se simultaneamente luz e trevas; o sol ora para, ora volta em seu curso. E todas essas coisas antinaturais acontecem pelo bem de Israel, por mera ordem de Jeová, que só se preocupa com Israel, que nada mais é que o egoísmo personificado do povo israelita com exclusão de todos os outros povos, a intolerância absoluta – o segredo do monoteísmo.

Os gregos contemplavam a natureza com olhos teoréticos; ouviam música celestial no curso harmônico das estrelas; viam emergir da espuma do oceano bravio a natureza sob a forma da Vênus Anadiômene. Os israelitas, ao contrário, só abriram para a natureza os sentidos gástricos; somente através do paladar sentiram prazer com a natureza; somente no gozo do maná tomaram consciência do seu Deus. O grego cultivou o humanismo, as belas artes, a filosofia; o israelita não passou do estudo elementar da teologia. "À noite tereis carne para comer e pela manhã estareis fartos de pão para compreenderdes que eu sou o Senhor, vosso Deus"[61]. "E Jacó fez um juramento e disse: Deus estará comigo e me protegerá no caminho pelo qual vou passar, dando-me pão para comer e roupa para vestir e me trará de novo em paz para a casa de meu pai, assim será o Senhor, meu Deus"[62]. Comer é o ato mais solene ou a iniciação da religião judaica. No comer festeja e renova o israelita o ato da criação; no comer o homem declara a natureza como algo nulo em si. Quando os setenta anciãos subiram a montanha com Moisés "viram Deus e, tendo visto Deus, beberam e comeram"[63]. A visão do ser supremo aumentou, pois, neles somente o apetite.

Os judeus conservaram-se em sua peculiaridade até hoje. Seu Deus, seu princípio é o princípio prático do mundo – o egoísmo, e em verdade o egoísmo em forma de religião. O egoísmo é o

---

61. Ex 16,12.

62. Gn 28,20.

63. Ex 24,10,11. *Tantum abest, ut mortui sint, ut contra convivium hilares celebrarint* (Clericus).

Deus que não decepciona os seus servos. O egoísmo é essencialmente monoteístico, porque ele só tem uma coisa por meta: a si mesmo. O egoísmo recolhe, concentra o homem sobre si mesmo; ele lhe fornece um princípio de vida sólido, denso, mas limita-o teoreticamente, porque é indiferente a tudo que não se relacione imediatamente com o próprio bem-estar. Por isso a ciência só surge do politeísmo, assim como a arte, porque o politeísmo é a sensibilidade aberta, sem preconceito, para tudo que é belo e bom indistintamente, a sensibilidade para o mundo, para o universo. Os gregos olhavam em torno de si no amplo mundo para ampliarem a sua perspectiva; os judeus rezam até hoje com a face voltada para Jerusalém. Em síntese, o egoísmo monoteísta roubou aos israelitas o impulso e o sentido teorético livre. Salomão certamente superou "todos os filhos do Oriente" em inteligência e sabedoria e falava (tratava, *agebat*) até mesmo "de árvores, do cedro do Líbano até o hissopo que cresce na parede", também de "gado, pássaros, bichos e peixes"[64]. Mas Salomão não servia a Jeová com todo coração; Salomão apreciava os deuses estrangeiros e as mulheres; Salomão tinha o senso e o gosto politeísta. O senso politeísta, repito, é a base da ciência e da arte.

Idêntico a este significado que a natureza em geral tinha para o hebreu é também o significado da origem dela. Da mesma maneira em que eu me explico o surgimento de uma coisa expresso claramente a minha opinião, a minha intenção com relação a ela. Se eu a julgo desprezível, suponho também uma origem desprezível para ela. A praga, os insetos acreditaram os homens um dia que provinham das podridões e outras imundícies. Não era pelo fato deles derivarem os insetos de uma origem tão nojenta que eles os desprezavam, mas era pelo fato deles pensarem assim dos insetos, pelo fato dos insetos serem tão desprezíveis para eles, então imaginaram uma origem correspondente para os insetos, uma origem igualmente desprezível. Para os judeus era a natureza um mero meio para o fim do egoísmo, um mero objeto da vontade. Mas o ideal, o ídolo da vontade egoística é a vontade que impera ilimitadamente, que não necessita de nenhum meio para atingir a sua meta e realizar o seu

---

64. 1Rs 4,30-34.

objetivo, que chama à existência o que sempre quer imediatamente e por si mesmo, i.e., pela sua mera vontade. O egoísta lamenta que a satisfação dos seus desejos e necessidades seja mediata, que para ele exista um abismo entre o objeto desejado e os desejos, entre a meta da realidade e a meta da imaginação. Então, para acalmar esse lamento, para se libertar das limitações da realidade, estabelece ele como o seu ser verdadeiro e supremo o ser que realiza o objeto pelo mero Eu quero. Por isso era para o hebreu a natureza, o mundo o produto de uma palavra ditatorial, de um imperativo categórico, de um decreto mágico.

O que não tem para mim um significado teórico, o que não é para mim uma entidade na teoria e na razão, para isso não tenho também uma base teorética, essencial. Através da vontade eu apenas corroboro, realizo a sua insignificância teorética. O que desprezamos não merece a nossa atenção; mas o que consideramos, respeitamos; contemplação é respeito. O que contemplamos nos cativa através de forças secretas de atração, supera, através do encanto que exerce sobre os olhos, a atrevida supérbia da vontade que quer subjugar tudo a si. Tudo que causa uma impressão no senso teórico, na razão, escapa ao domínio da vontade egoística; reage, oferece obstáculo. Tudo aquilo que o egoísmo destruidor consagra à morte traz para a vida novamente a amorosa teoria.

A tão desprezada eternidade da matéria ou do mundo defendida pelos filósofos pagãos tem por sentido profundo simplesmente que, para estes, era a natureza uma verdade teorética[65]. Os pagãos foram idólatras, i.e., contemplavam a natureza; nada mais faziam do que o que fazem hoje os povos profundamente cristãos ao fazerem da natureza um objeto da sua admiração, da sua pesquisa incansável. "Mas os pagãos adoravam os objetos da natureza". Certamente; mas a adoração é apenas a forma infantil, religiosa da contemplação. Contemplação e adoração não se distinguem essencialmente. Eu me humilho perante aquilo que contemplo, sacrifico a ele o que tenho de mais precioso, o meu coração, a minha

---

65. De resto, eles pensavam de maneira diversa sobre esta questão (cf. p. ex. ARISTÓTELES. *De coelo*, lib. I, c. 10). Mas a diferença entre eles é muito pequena, sendo o ser criador dentre eles mais ou menos um ser cósmico.

inteligência. Também o pesquisador da natureza cai de joelhos diante dela quando retira do fundo da terra uma alga, um inseto, uma pedra, até mesmo arriscando a vida, para divinizá-la à luz da contemplação e perenizá-la em memória da humanidade científica. Estudo da natureza é culto à natureza, idolatria no sentido do Deus israelita e cristão, e idolatria nada mais é que a primeira contemplação da natureza pelo homem; porque a religião nada mais é que a contemplação de si mesmo por parte do homem, mas a primeira e, por isso, infantil, popular e tolhida. Os hebreus, em compensação, elevaram-se da idolatria para o culto divino, da criatura para a contemplação do criador, i.e., elevaram-se da contemplação teorética da natureza, que encantava os idólatras, para uma contemplação puramente prática, que subordina a natureza somente aos fins do egoísmo. "Para que não levantes também os teus olhos para o céu e vejas o sol, a lua e as estrelas, todo o exército do céu e caias de joelho diante dele e o adores, o que o Senhor, teu Deus, deu (*largitus est*) a todos os povos sob o céu"[66]. Assim sendo, a criação a partir do nada, i.e., a criação como um mero ato imperativo, só tem a sua origem na insondável profundidade e violência do egoísmo hebreu.

Por este motivo não é também a criação a partir do nada um objeto da filosofia (pelo menos em nenhuma outra forma diversa da aqui apresentada), porque ela corta pela raiz toda a verdadeira especulação e não oferece ao pensamento, à teoria, nenhum ponto de partida; é uma doutrina sem fundamento, tirada do ar, para a teoria, que só deve justificar o egoísmo, o utilismo, que nada mais contém, nada mais expressa além do imperativo de não se fazer da natureza um objeto do pensamento, da contemplação, mas sim da utilização, do aproveitamento. Mas certamente quanto mais vazia for para a filosofia natural, tão mais profundo é o seu significado "especulativo", porque, exatamente por não ter nenhum ponto de partida teorético, deixa para a especulação um campo infinito para maquinações e sofismas arbitrários e infundados.

---

66. "Não obstante os corpos celestes não sejam obras dos homens, são, entretanto, criados para o homem. Que ninguém então adore o sol, mas sim o criador do sol" (CLEMENTE DE ALEXANDRIA. *Coh. ad gentes*).

Dá-se na história dos dogmas e especulações como na história dos estados. Antiquíssimos costumes, direitos e instituições são conservados, mesmo já tendo de há muito perdido o seu sentido. O que já foi uma vez não se deixa tomar o direito de ser para sempre; o que foi bom um dia pretende ser bom para sempre. Além disso aparecem os intérpretes, os especuladores e falam do sentido profundo, porque não mais conhecem o verdadeiro sentido[67]. Assim, a especulação religiosa também considera os dogmas separados do contexto no qual eles somente têm sentido; ela não os reduz criticamente à sua verdadeira origem interna; antes transforma ela o derivado em primitivo e inversamente o primitivo em derivado. Deus é para ela o princípio; o homem vem depois. Assim distorce ela a ordem natural das coisas! O princípio é exatamente o homem, depois vem a essência objetiva do homem: Deus. Somente numa época posterior, quando a religião já tinha se tornado carne e sangue, pode-se dizer: tal Deus, tal homem, não obstante esta frase expresse sempre uma tautologia. Mas na origem é diferente e somente na origem podemos conhecer algo em sua verdadeira essência. Primeiramente o homem cria Deus, sem saber e querer, conforme a sua imagem e só depois este Deus cria o homem, sabendo e querendo, conforme a sua imagem. Isto é confirmado antes de tudo pelo desenvolvimento da religião israelita. Daí o princípio da mediocridade teológica de que a revelação de Deus caminha *pari passo* com o desenvolvimento da espécie humana. Naturalmente, pois a revelação de Deus nada mais é do que a revelação, o autodesdobramento (*Selbstentfaltung*) da essência humana. Não foi do criador que surgiu o egoísmo supranaturalístico dos judeus, mas inversamente, aquele nasceu deste: na criação o judeu apenas justifica o seu egoísmo diante do fórum da sua razão.

Certamente não poderia também o israelita enquanto homem (o que é muito compreensível, até mesmo por motivos práti-

---

67. Mas somente na religião absoluta, como é natural, porque nas outras religiões eles só nos salientam as concepções e costumes para nós estranhos, desconhecidos quanto ao sentido e finalidade, como algo sem sentido e ridículo. Porém, não é na verdade a adoração da urina da vaca, que tanto o parse quanto o hindu bebem para conseguir o perdão dos pecados, mais ridícula do que a adoração de um pente ou de um pedaço do manto da mãe de Deus.

cos) escapar da contemplação e da admiração teorética da nature-za. Mas ele só celebra o poder e a grandeza de Jeová ao celebrar o poder e a grandeza da natureza. E este poder de Jeová mostrou--se da maneira mais suntuosa nos milagres que foram feitos para o bem de Israel. Portanto, na celebração deste poder, o israelita se refere também a si mesmo: ele celebra a magnificência da na-tureza com o mesmo interesse em que o vencedor engrandece a força do seu adversário, para com isso aumentar a sua autocon-fiança e engrandecer a sua glória. Grande e poderosa é a nature-za que Jeová criou, mas ainda maior e mais poderosa é a autocon-fiança de Israel. Por sua causa o sol para, por sua causa, segundo Fílon, a terra treme durante a comunicação da lei, em síntese, por sua causa toda a natureza modifica a sua essência. "Toda criatura que tinha a sua espécie própria transformou-se novamente após o teu mandamento, ao qual ela serve, para que teus filhos con-tinuassem intactos"[68]. Segundo Fílon, Deus deu a Moisés poder sobre toda a natureza; cada elemento obedecia a ele como o Se-nhor da natureza. A necessidade de Israel é a lei universal oni-potente, a dificuldade de Israel é o destino do mundo. Jeová é a consciência que Israel tem da sacralidade e necessidade da sua existência (uma necessidade diante da qual a existência da natu-reza, a existência de outros povos desaparece num nada), Jeová é a *salus populi*, a salvação de Israel diante da qual tudo que está no caminho deve ser sacrificado, Jeová é a consciência de si mes-mo exclusiva, monárquica, o fogo colérico devastador nos olhos que ardem por vingança de um Israel sedento de destruição; em síntese, Jeová é o Eu de Israel, que é objeto para si mesmo en-quanto meta e senhor da natureza. Assim então festeja o israe-lita no poder da natureza o poder de Jeová e no poder de Jeová o poder da consciência de si mesmo. "Louvado seja Deus! Ele é um Deus que nos ajuda, um Deus para a nossa salvação. [...] Jeo-vá é a minha força". "Deus obedeceu até mesmo à palavra do he-rói (Josué), porque ele, o próprio Jeová, lutou por Israel. [...] Jeo-vá é o Deus da guerra"[69].

---

68. Salomão 19,6.
69. Segundo Herder.

Não obstante com o correr do tempo o conceito de Jeová tenha se ampliado e o seu amor se estendido sobre os homens em geral, como no autor do livro de Jonas, não pertence este aspecto, entretanto, ao caráter essencial da religião israelita. O Deus dos pais, ao qual estão associadas as lembranças mais preciosas, o Deus antigo e histórico, permanece sempre como a base de uma religião[70].

---

70. Devo ainda observar aqui que a admiração do poder e da majestade de Deus em geral, assim como o de Jeová na natureza, não está na consciência do israelita, mas é em verdade apenas a admiração do poder e da majestade da natureza (cf. BAYLE, P. *Uma contribuição para a história da filosofia e da humanidade*). Mas demonstrar isso formalmente está fora do nosso plano, uma vez que nos limitamos aqui ao Cristianismo, i.e., à adoração de Deus no homem. Entretanto, o princípio desta demonstração já está explícito nesta obra.

—————— CAPÍTULO XIII ——————
A ONIPOTÊNCIA DA AFETIVIDADE OU
O MISTÉRIO DA ORAÇÃO

Israel é a definição histórica da natureza peculiar da consciência religiosa, somente que aqui ainda estava esta tolhida pela limitação de um interesse especial, nacional. Por isso, basta que retiremos esta limitação e teremos a religião cristã. O judaísmo é o cristianismo terra a terra, o cristianismo é o judaísmo espiritual. A religião cristã é a religião judaica purificada do egoísmo nacional, sendo ao mesmo tempo uma religião nova, diferente, pois toda reforma, toda purificação produz uma mudança essencial, principalmente em questões religiosas, onde até o insignificante tem importância. Para o judeu era o israelita o mediador, o traço de união entre Deus e homem; em sua relação com Jeová ele se relacionava consigo mesmo enquanto israelita; o próprio Jeová não era mesmo nada mais que a unidade, a autoconsciência de Israel objetivada como uma essência absoluta, a consciência nacional, a lei geral, o ponto central da política[71]. Se deixarmos cair as barreiras da consciência nacional teremos o homem ao invés do israelita. Assim como o israelita objetivou o seu caráter nacional em Jeová, o cristão objetivou em Deus a sua essência humana (e, em verdade, subjetivamente humana) libertada da barreira da nacionalidade[72]. Assim como Israel fez da privação, da necessidade da sua existência uma lei universal, assim como nesta necessidade mesma endeusou a sua sede de vingança política; da mesma forma transformou o cristão as necessidades da

---

71. "A maior parte da poesia hebraica, que frequentemente só se considera como espiritual, é de caráter político" (Herder).

72. A essência humana, subjetivamente humana, como é a essência do cristianismo, uma essência supranaturalística, que exclui de si a natureza, o corpo, os sentidos, através dos quais unicamente pode nos ser dado um mundo objetivo.

afetividade humana em poderes e leis que regem todo o universo. Os milagres do cristianismo (que são igualmente uma das suas características essenciais, assim como os milagres do Antigo Testamento são característicos do judaísmo) não têm por meta o bem de uma nação, mas o bem do homem – sem dúvida, somente do cristão, porque o cristianismo só reconhece o homem sob a condição, a limitação da cristandade em contraste com o coração verdadeiro, universal e humano; mas esta fatídica limitação só vem à tona posteriormente. O cristianismo refinou o egoísmo judaico num subjetivismo espiritual (não obstante, dentro do cristianismo, esta subjetividade tenha se expressado novamente como puro egoísmo); o anseio por uma felicidade terrena, a meta da religião israelita, transformou-se no anseio pela felicidade celestial, a meta do cristianismo.

O mais elevado conceito, o deus de uma comunidade política, de um povo cuja política se expressa em forma de religião, é a lei, a consciência da lei como um poder absoluto, divino; o mais elevado conceito, o deus da afetividade humana não terrena, apolítica, é o amor – o amor que sacrifica à coisa amada todos os tesouros e excelências no céu e na terra, o amor cuja lei é o desejo do que é amado e cujo poder é o poder ilimitado da fantasia, da atividade intelectual milagrosa.

Deus é o amor que satisfaz os nossos desejos, as nossas necessidades afetivas. Ele é o desejo realizado do coração, o desejo elevado à certeza da sua realização, à sua validade, à indubitável certeza diante da qual não se mantém nenhuma contradição com a razão, nenhuma objeção da experiência, do mundo exterior. Certeza é para o homem o mais elevado poder; o que é certo para ele é para ele também o existente, o divino. Deus é o amor – este pronunciamento, o mais elevado do cristianismo – é apenas a expressão da certeza que a afetividade humana tem em si mesma, da certeza de si como o único poder justificado, i.e., divino – a expressão da certeza de que os desejos íntimos do coração humano têm validade e verdade incondicional, que não existe limitação, oposição para a afetividade humana, que o mundo inteiro com toda a sua majestade e imponência não é nada em relação à afetividade humana[73]. Deus é o amor – i.e., a afetividade é o Deus do homem; sim, o Deus em si, o ente absoluto. Deus é a essência da afetividade enquanto objeto para si mesma, a afetividade ilimitada, pura – Deus é o optativo do coração humano transformado no *tempus finitum*, no seguro e feliz *"est"*, existe; é a intransigente plenipotência do sentimento; é a oração que ouve a si mesma, a afetividade que percebe a si mesma, o eco dos nossos lamentos. A dor deve se externar; espontaneamente toma o artista o seu instrumento para exalar em seus sons a sua própria dor. Ele suaviza a sua dor ao ouvi-la, ao objetivá-la; ele alivia o peso que está sobre o seu coração ao lançá-lo ao ar, ao fazer da sua dor uma essência geral. Mas a natureza não ouve os lamentos do homem – ela é insensível com relação aos seus sofrimentos. Por isso o homem dá as costas à natureza, aos objetos visíveis em geral – volta-se para dentro, para aqui, escondido dos poderes insensíveis, encontrar atenção para os seus sofrimentos. Aqui confessa ele os segredos que o angustiam, aqui alivia ele o seu coração oprimido. Este alívio do coração, este segredo confessado, esta dor externada é Deus. Deus é uma lágrima de amor derramada pela miséria humana na mais profunda intimidade. "Deus é um suspiro inefável situado no fundo das almas" – este pronunciamento[74] é o mais interessante, profundo e verdadeiro da mística cristã.

A mais profunda essência da religião é manifestada pelo ato mais simples da religião – a oração –, um ato que diz infinitamente mais ou pelo menos o mesmo que o dogma da encarnação, não obstante a especulação religiosa a considere como o maior mistério. Mas certamente não me refiro à oração de antes e depois das refeições, à oração de engorda do egoísmo, mas sim à oração

---

73. "Não existe nada que o homem bom e honesto não possa esperar da bondade divina; todos os bens de que é capaz o ser humano, coisas que nenhum olho viu, nenhum ouvido ouviu e nenhuma razão humana entendeu, pode se prometer àquele que crê em um Deus; porque necessariamente têm infinitas esperanças aqueles que creem que um ser de bondade e poder infinito cuida dos interesses humanos e que nossas almas são imortais. E nada pode destruir essas esperanças ou abalá-las, a não ser quando se entrega ao vício e leva uma vida ímpia (CUDWORTH. *Syst. Intellect*, cap. 5. sect. 5, § 27).

74. Sebastian Frank von Wörd nos *Apophthegmata* da nação alemã de Zinkgref.

dolorosa, a oração do amor inconsolável, a oração que expressa aquele poder do coração que arremessa o homem ao chão.

Na oração o homem fala com Deus, com o Tu; portanto, declara Deus em voz alta como o seu outro Eu; ele confessa a Deus, como o ser que lhe é mais íntimo e mais próximo, os seus pensamentos mais secretos, os seus desejos mais íntimos que ele teme serem conhecidos. Mas ele externa esses desejos na confiança, na certeza de que serão realizados. Como poderia ele se voltar para um ser que não tem ouvidos para os seus lamentos? O que é então a oração senão o desejo do coração expresso na confiança da sua realização[75]. E o que é o ser que realiza esses desejos senão a afetividade humana que se dá ouvidos, que se justifica, que se afirma sem objeção? O homem que não tira da mente a ideia do mundo, a ideia de que tudo aqui é apenas ocasionado, que todo efeito tem a sua causa natural, todo desejo só é atingido quando colocado como meta e os meios correspondentes utilizados, um tal homem não reza; ele só trabalha; ele transforma os desejos alcançáveis em metas da atividade terrena; os outros desejos, que reconhece como subjetivos, ele oprime ou os considera apenas como subjetivos, piedosos. Em síntese, ele limita, condiciona a sua essência pelo mundo, como membro do qual se conhece e os seus desejos ele restringe pela ideia da necessidade. Na oração, ao contrário, o homem exclui de si o mundo e com ele todas as ideias da causalidade, dependência e da triste necessidade; ele transforma os seus desejos, os interesses do seu coração em objetos do ser independente, plenipotente e absoluto, i.e., ele os afirma ilimitadamente. Deus é o SIM da afetividade humana – a oração é a confiança incondicional da afetividade humana na identidade absoluta do subjetivo e do objetivo, a certeza de que o poder do coração é maior do que o poder

---

75. Seria uma fraca objeção dizer que Deus só realiza os desejos, os pedidos que são feitos em seu nome ou no interesse da Igreja de Cristo; em síntese, só os desejos que coincidem com a sua vontade; porque a vontade de Deus é exatamente a vontade do homem, ou melhor, Deus tem o poder e o homem a vontade: Deus faz o homem feliz, mas o homem quer ser feliz. Um único, este ou aquele desejo, não pode ser ouvido; mas isto não vem ao caso aqui se o gênero, a tendência essencial é permitida: o devoto cujo pedido não é atendido se consola julgando que o seu atendimento não seria vantajoso para ele (cf. p. ex. MELANCHTON. *Oratio de precatione*. In: *Declamat*, parte III).

da natureza, que a sede do coração é a necessidade que sobre tudo impera, que é o destino do mundo. A oração transforma o curso natural – ela leva Deus à produção de um efeito que está em contradição com as leis da natureza. A oração é o encontro do coração humano consigo mesmo, com a sua própria essência. Na oração o homem se esquece que existe um limite para os seus desejos e sente-se feliz neste esquecimento.

A oração é a cisão do homem em dois seres – um diálogo do homem consigo mesmo, com o seu coração. Faz parte da eficácia da oração que ela seja proferida em voz alta, clara, enfática. Espontaneamente flui dos lábios a oração – a angústia do coração arrebenta o cadeado da boca. Mas a oração em voz alta é apenas a oração que revela a sua essência: a oração é essencialmente uma fala (mesmo que não seja proferida externamente) – a palavra latina *oratio* significa ambas –, na oração o homem expressa abertamente aquilo que o oprime, que o toca de perto; ele objetiva o seu coração – daí a força moral da oração. Diz-se que a concentração é a condição da oração. Mas ela é mais do que condição: a oração é ela própria uma concentração – afastamento de todas as ideias que possam distrair, de todas as influências perturbadoras vindas de fora, introspecção em si mesmo para o diálogo exclusivo com a própria essência. Somente uma oração confiante, sincera, amorosa e íntima, afirma-se, pode ajudar, mas esta ajuda está na própria oração. Como em geral na religião o elemento subjetivo, humano, subordinado e em verdade o primeiro, a *prima causa*, a coisa em si – são também aqui essas características subjetivas a essência objetiva da oração[76].

A mais superficial visão da oração é quando se vê nela somente uma expressão do sentimento de dependência. De fato ela ex-

---

76. Por questões subjetivas é a oração comunitária mais eficaz do que a individual. Comunidade aumenta o poder da afetividade, eleva a autoconfiança. O que não se consegue a sós, consegue-se com outros. Sentimento de solidão é sentimento de limitação; sentimento de comunidade é sentimento de liberdade. Por isso os homens se agrupam quando ameaçados por poderes naturais. "É impossível, como diz Ambrósio, que a oração de muitos nada consiga... à individualidade é negado o que é concedido ao amor" (MEZGER, P. Paul. *Sacra Hist. de gentis hebr. ortu, Aug,* v. 1700, p. 668-669).

pressa um tipo deste, mas é a dependência que o homem tem do seu coração, dos seus sentimentos. Quem só se sente dependente, este não abre a sua boca para a oração; o sentimento de dependência lhe rouba o ânimo para isso; porque sentimento de dependência é sentimento de necessidade. A oração, ao contrário, se baseia na confiança incondicional do coração, despreocupada de qualquer necessidade, de que os seus interesses são objeto do ser absoluto; na confiança de que o ser onipotente e absoluto é o pai dos homens, que é um ser que participa, que sente, que ama; que então os sentimentos e desejos mais caros e mais sagrados para o homem são verdades divinas. Mas a criança não se sente dependente do pai enquanto pai; ela tem antes no pai o sentimento da sua força, a consciência do seu valor, o penhor da sua existência, a certeza da realização dos seus desejos; no pai está o lastro do cuidado; a criança, ao contrário, vive despreocupada e feliz na confiança no pai, o seu anjo da guarda vivo, que nada quer a não ser o bem e a felicidade do filho. O pai faz da criança o fim, mas de si mesmo o meio da sua existência. A criança que implora ao seu pai por alguma coisa não se dirige a ele como um ser diverso dela, autônomo, como senhor ou pessoa em geral, mas sim como e enquanto dependente e determinado pelos seus sentimentos paternais, pelo amor a seu filho. O pedido é apenas uma expressão do poder que a criança exerce sobre o pai, se é que se pode empregar aqui a expressão "poder" com outro sentido, uma vez que o poder da criança nada mais é do que o próprio poder do coração do pai. O idioma tem para o pedir e o ordenar a mesma forma – o imperativo. O pedido é o imperativo do amor. E este imperativo tem infinitamente mais poder que o despótico. O amor não ordena; o amor só precisa fazer uma leve alusão aos seus desejos para ficar certo da realização dos mesmos; já o déspota deve colocar um poder no tom para fazer dos outros, para ele seres indiferentes em si, realizadores dos seus desejos. O imperativo do amor atua com força eletromagnética, o despótico com a força mecânica de um telégrafo de madeira. A mais profunda expressão de Deus na oração é a palavra: Pai – a mais profunda porque aqui o homem se relaciona com o ser absoluto como com o seu próprio, a própria palavra pai é exatamente a expressão da mais profunda unidade, a expressão na qual se encontra imediatamente a garantia dos meus desejos, o penhor da minha salvação. A onipotência para a qual o homem se volta na oração nada mais é que a onipotência da bondade que, para o bem do homem, transforma até o impossível em possível – na verdade nada mais é do que a onipotência do coração, do sentimento que rompe todos os limites da razão, transgride todas as fronteiras da natureza, que não quer que nada exista a não ser o sentimento, que nada exista que possa contrariar o coração. A crença na onipotência é a crença na nulidade do mundo exterior, da objetividade – a crença na verdade absoluta e na validade da afetividade. A essência da onipotência nada mais expressa do que a essência da afetividade. A onipotência é o poder diante do qual não vigora nenhuma lei, nenhuma determinação natural, nenhum limite, mas este poder é exatamente a afetividade que sente toda necessidade, toda lei como um impedimento e por isso a suprime. A onipotência nada mais faz que realizar o mais íntimo desejo da afetividade. Na oração volta-se o homem à onipotência da bondade – isto nada mais significa que: na oração o homem adora o seu próprio coração, ele contempla a essência de sua afetividade como o ser mais elevado, divino.

CAPÍTULO XIV
O MISTÉRIO DA FÉ – O MISTÉRIO DO MILAGRE

A fé no poder da oração (e somente quando é atribuído à oração um poder e um poder acima dos objetos exteriores ao homem é a oração uma verdade religiosa) é idêntica à fé no poder do milagre e a fé no milagre é idêntica à essência da fé em geral. Só a fé ora; só a oração da fé tem poder. Mas a fé não é nada mais que a inabalável certeza da realidade, i.e., da validade e verdade incondicional da subjetividade em oposição às limitações, i.e., às leis da natureza e da razão. O objeto característico da fé é, portanto, o milagre – fé é fé em milagre, fé e milagre são absolutamente inseparáveis. O que é o milagre objetivamente, ou o poder do milagre, é a fé subjetivamente – o milagre é o aspecto exterior da fé –, a fé é a alma interior do milagre – a fé é o milagre do espírito, o milagre da afetividade que apenas se objetiva no milagre exterior. Para a fé nada é impossível – e só esta onipotência da fé realiza o milagre. O milagre é apenas um exemplo sensorial daquilo que pode a fé. Ilimitação da afetividade, excesso de sentimento, com uma palavra: supranaturalismo, sobrenaturalidade é, pois, a essência da fé. A fé só se relaciona com coisas que objetivam a onipotência da afetividade humana, dos desejos humanos em contradição com as limitações, i.e., as leis da natureza e da razão. A fé desata os desejos humanos dos grilhões da razão natural; ela permite o que a natureza e a razão negam; ela torna o homem feliz porque tranquiliza os seus desejos mais subjetivos. E nenhuma dúvida abala a verdadeira fé. A dúvida só surge quando eu saio de mim mesmo, quando ultrapasso os limites da minha subjetividade, quando concedo verdade e direito de voto também ao que está fora de mim, ao que é diverso de mim, quando me conheço como um ser subjetivo, i.e., limitado e só procuro ampliar os meus limites através dos outros fora de mim. Mas na fé já desaparece o princípio da dúvida, porque para a fé já é exatamente o subjetivo em e por si considerado como o objetivo, o próprio absoluto. A fé nada mais é que a crença na divindade do homem.

"A fé é um estado do coração no qual atribuímos tudo de bom a Deus. Uma tal fé em que o coração deposita toda a sua confiança em Deus é a que exige Deus no primeiro mandamento quando diz: Eu sou o Senhor, teu Deus..., i.e., só eu quero ser o teu Deus, não deves buscar nenhum outro; quero te ajudar em toda dificuldade... não deves também pensar que eu seja teu inimigo ou não queira te ajudar. Se pensares assim, farás de mim em teu coração um Deus diferente do que sou. Por isto estejas certo de que eu quero te ser propício. [...] Como vais e voltas, vai e volta também Deus. Se pensas que ele está irado contigo, ele está. Se pensas que ele é impiedoso contigo e deseja te lançar no inferno, ele assim é. Como crês Deus, assim o tens. [...] Se o crês, o tens; se não crês, assim não o tens. [...] Como cremos, acontece conosco. Se o considerarmos como o nosso Deus, certamente não será o nosso demônio. Mas se não o considerarmos como o nosso Deus, certamente não será o nosso Deus, mas um fogo consumidor. [...] Pela descrença transformamos Deus num Demônio"[77]. Quando então creio em Deus, tenho um Deus, i.e., a fé em Deus é o Deus do homem. Se Deus é aquilo e assim que e como eu creio, o que é a essência de Deus senão a essência da fé? Podes crer num Deus bom se tu mesmo não és bom, se desesperas do homem, se ele para ti nada significa? Se crês que Deus está a teu lado, crês que nada está nem pode estar contra ti, que nada te contradiz. Mas se crês que nada está nem pode estar contra ti, então crês – o quê? – simplesmente que és Deus[78]. Que Deus seja um outro ser é apenas ilusão, fantasia. Que ele é a tua própria essência, declaras com o fato de ser Deus um ser para ti. O que é então a fé senão a certeza do homem, a indubitável certeza de que a sua essência própria e subjetiva é a essência objetiva, absoluta, a essência das essências?

---

77. Lutero, parte XV, p. 282; parte XVI, p. 491-493.

78. "Deus é onipotente; mas aquele que crê é um Deus" (LUTERO, parte XIV, p. 320). Em outro lugar designa Lutero a fé de "criadora da Divindade"; mas ele acrescenta imediatamente a restrição necessária sob o seu ponto de vista: "não que ela crie algo na essência divina eterna, mas em nós" (parte XI, p. 161).

A fé não se restringe à concepção de um mundo, de um universo, de uma necessidade. Para a fé existe apenas Deus, i.e., a subjetividade ilimitada. Quando a fé surge no homem o mundo sucumbe; sim, já sucumbiu. A crença no fim real e próximo, no fim, sempre presente ao espírito, deste mundo que contradiz os desejos cristãos é então um fenômeno da mais íntima essência da fé cristã, uma crença que não pode ser separada do conteúdo restante da fé cristã, com cuja renúncia é renunciado, é negado o cristianismo verdadeiro e primitivo[79]. A essência da fé que se constata em todos os seus objetos, até no mais especial, é que é isto que o homem deseja – ele deseja ser imortal, logo, ele é imortal; ele deseja que exista um ser que pode tudo que seja impossível à natureza e à razão, logo, existe um tal ser; ele deseja que exista um mundo que corresponda aos desejos da afetividade, um mundo da subjetividade ilimitada, i.e., da afetividade imperturbável, da felicidade ininterrupta; mas existe um mundo oposto a este mundo afetivo, então este mundo deve desaparecer – deve desaparecer tão necessariamente quão necessariamente existe um Deus, o ser absoluto da afetividade humana. Fé, amor e esperança são a trindade cristã. A esperança se relaciona com o cumprimento das promessas – dos desejos que ainda não foram realizados, mas que serão realizados; o amor se relaciona com o ser que faz essas promessas e as cumpre, e a fé nas promessas, nos desejos que já foram realizados, que são fatos históricos.

O milagre é um objeto essencial do cristianismo, um conteúdo essencial de fé. Mas o que é o milagre? Um desejo sobrenatural realizado – mais nada. O apóstolo Paulo explica a essência da fé cristã

---

79. Esta crença é tão essencial à Bíblia que esta não pode ser entendida sem ela. O trecho 2Pd 3,8 não fala contra um fim próximo, como está claro em todo o capítulo, porque 1.000 anos são um dia para o Senhor, mas também um dia como 1.000 anos, e por isso o mundo pode já amanhã não mais existir. Mas que na Bíblia é esperado e profetizado um fim do mundo muito próximo, apesar de não ser definido o dia e a hora, só um mentiroso ou um cego pode negar. Cf. os escritos de Lützelberger. Os cristãos religiosos acreditaram, pois, sempre num próximo fim do mundo – Lutero, p. ex., diz sempre que "o último dia não está longe" (p. ex., parte XVI, p. 26) – ou pelo menos ansiavam em seu íntimo por este fim do mundo, não obstante por esperteza deixando indefinido se estava perto ou longe (cf. p. ex. AGOSTINHO. *De fine saeculi ad Hesychium*, c. 13).

com o exemplo de Abraão. Abraão nunca poderia esperar descendência por vias naturais. Jeová prometeu-lhe, entretanto, por um favor especial. E Abraão acreditou, contrariando a natureza. Por isso foi essa fé levada em conta para aumentar a sua justiça e o seu mérito; porque é necessária muita imaginação para se aceitar algo como seguro, mas que, entretanto, está em contradição com a experiência, pelo menos com a experiência racional, normal. Mas qual era o objeto desta promessa divina? Descendência: o objeto de um desejo humano. E em que acreditou Abraão ao acreditar em Jeová? Em um ser que tudo pode, que pode realizar todos os desejos humanos. "Seria algo impossível para o Senhor?"[80]

Mas por que vamos até Abraão? Os exemplos mais crassos, temos muito mais próximos de nós. O milagre alimenta famintos, cura cegos, surdos e paralíticos de nascença, salva de perigos de vida, reaviva até mesmo os mortos por pedidos dos seus parentes. Realiza, pois, os desejos humanos – desejos esses que, no entanto, não são sempre em si extraordinários, sobrenaturais, como o desejo de dar vida a um morto, mas enquanto expressam o milagre, a ajuda milagrosa. Mas o milagre se distingue do modo natural e racional de satisfazer desejos e necessidades humanas pelo fato dele satisfazê-los da maneira correspondente à essência do desejo, da maneira mais desejável. O desejo não se prende a nenhum obstáculo, a nenhuma lei, a nenhum tempo; ele quer ser realizado sem demora, imediatamente. E veja, tão rápido quanto o desejo é o milagre. O poder milagroso realiza os desejos humanos instantaneamente, de uma só vez, sem qualquer espécie de obstáculo. O fato de doentes readquirirem a saúde não é milagre, mas sim o fato deles a readquirirem de um modo imediato, por um mero imperativo, este sim é que é o segredo do milagre. Não é então pelo produto ou objeto que ele realiza (se o milagre realizasse algo absolutamente novo, nunca visto, nunca imaginado, nunca pensado, seria demonstrado faticamente como uma atividade essencialmente diversa e ao mesmo tempo objetiva), mas é somente pelo modo, pela maneira que a atividade milagrosa se distingue da atividade da natureza e da razão. Mas a atividade que quanto à essência,

---

80. Gn 18,14.

quanto ao conteúdo é natural, sensorial, somente quanto ao tipo ou forma é sobrenatural, transsensorial; esta atividade é apenas a fantasia ou a imaginação. Por isso o poder do milagre nada mais é que o poder da imaginação.

A atividade milagrosa é uma atividade finalística. O anseio pelo Lázaro perdido, o desejo dos seus parentes de o possuírem de novo, foi o motivo da ressurreição milagrosa – o fato em si é a satisfação deste desejo, a finalidade. Certamente aconteceu o milagre "para a glória de Deus, para que com isso seja glorificado o filho de Deus", mas as irmãs de Lázaro que mandam buscar o Senhor com as palavras: "Eis que aquele que amas está doente" e as lágrimas que Jesus derramou, reivindicam para o milagre uma origem e uma finalidade humana. O sentido é: para o poder que pode até mesmo ressuscitar mortos nenhum desejo humano é irrealizável[81]. E a honra do filho consiste precisamente no fato de ser ele reconhecido e adorado como o ser que pode o que o homem não pode, mas deseja poder. A atividade que tem um fim em vista descreve um círculo vicioso: no fim ela volta para o seu início. Mas a atividade milagrosa se distingue da realização comum de uma meta pelo fato de realizar uma meta sem meio, de levar a afeito uma unidade imediata do desejo com a sua realização, portanto, por descrever um círculo não em linhas tortas, mas em linha reta, ou seja, na mais curta. Um círculo em linha reta é a imagem matemática do milagre. Por isso, assim como seria ridículo pretender construir um círculo em linha reta, igualmente ridículo é pretender fundamentar o milagre filosoficamente. O milagre é para a razão sem sentido, impensável, tão impensável como um ferro de madeira, um círculo sem periferia. Antes de falarmos da possibili-

---

81. "Para todo o mundo é impossível ressuscitar um morto, mas para o Senhor Cristo é não somente possível, mas também ele o faz sem nenhum esforço ou trabalho... Isto realizou Cristo como testemunho e sinal de que ele quer e pode nos salvar da morte. Ele não o faz sempre e a qualquer um... basta que ele o tenha feito uma vez, o resto ele guarda para o dia do juízo" (LUTERO, parte XVI, p. 518). Por isso, o significado positivo e essencial do milagre é que a essência divina é apenas a humana. Os milagres certificam, confirmam a doutrina. Que doutrina? Exatamente esta, que Deus é o redentor dos homens, um salvador de qualquer dificuldade, i.e., ele é um ser correspondente às necessidades e desejos humanos, portanto, um ser humano. Tudo que o Deus-homem expressa com palavras, demonstra o milagre com fatos *ad oculos*.

dade de acontecer um milagre, mostremos a possibilidade do milagre, i.e., do impensável ser pensado.

O que sugere ao homem a impressão da pensabilidade do milagre é que ele é concebido como um acontecimento sensorial e por isso o homem ilude a sua razão através de imagens sensoriais que se inserem entre a contradição. O milagre da transformação da água em vinho, p. ex., não diz em verdade nada mais que: água é vinho, portanto, nada mais que a unidade de dois predicados ou sujeitos que se contradizem absolutamente; porque na mão do milagroso não existe diferença entre as duas substâncias; a transformação é apenas o aspecto sensorial desta unidade do que é contraditório. Mas a transformação oculta a contradição, porque a concepção natural da modificação nela se insere. Mas ela não é uma transformação paulatina, natural ou orgânica, mas uma transformação absoluta, imaterial – uma mera criação a partir do nada. No ato misterioso e fatal do milagre, no ato que faz com que o milagre seja o milagre, transforma-se a água instantânea e imperceptivelmente em vinho – o que significa o mesmo que dizer: ferro é madeira ou um ferro de madeira.

O ato do milagre (e o milagre é apenas um ato fugaz) não é, pois, pensável, porque ele anula o princípio da pensabilidade – nem tampouco é um objeto dos sentidos, um objeto da experiência real ou somente possível. A água é de fato um objeto dos sentidos, igualmente o vinho; de fato eu vejo agora água, depois vinho; mas o milagre propriamente dito é aquilo que transforma esta água repentinamente em vinho, porque não é um processo natural, um objeto da experiência real ou somente possível. O milagre é um objeto da imaginação e exatamente por isso é afetivo (porque a fantasia é a atividade correspondente à afetividade), porque se liberta de todas as limitações, de todas as leis que ferem a afetividade e assim objetiva para o homem a satisfação imediata, ilimitada dos seus desejos mais subjetivos[82]. Afetividade é a característica essencial do milagre. Sem dúvida o milagre provoca também

---

82. Certamente é esta satisfação (uma observação que, de resto, já se subentende) limitada enquanto estiver presa à religião, à crença em Deus. Mas esta limitação na verdade não é uma limitação, porque o próprio Deus é a essência da afetividade humana ilimitada, absolutamente satisfeita, saciada em si.

uma impressão sublime, arrebatadora enquanto expressa um poder diante do qual nada fica de pé – o poder da fantasia. Mas esta impressão está apenas no ato passageiro do fazer – a impressão permanente, essencial é a afetiva. No instante em que o morto querido é ressuscitado os parentes e amigos circunstantes se assustam de fato com o poder extraordinário, onipotente que transforma mortos em vivos; mas no instante imediato (porque os efeitos do milagre são extremamente rápidos) em que ele se levanta, em que o milagre é consumado, já os parentes caem nos braços do recém-ressuscitado conduzindo-o para casa em lágrimas de alegria para aí celebrarem um alegre festejo. Da afetividade sai o milagre e para a afetividade ele volta. Já em sua exposição ele não nega a sua origem. A exposição conveniente é somente a afetiva. Quem poderia negar na narração da ressurreição de Lázaro, o maior dos milagres, o tom afetivo, cômodo, legendário?[83] Mas o milagre é afetivo exatamente porque, como foi dito, satisfaz os desejos do homem sem trabalho, sem esforço. O trabalho não tem sentimento, é descrente, racionalístico, porque o homem torna a sua existência aqui dependente da atividade teleológica, que por sua vez só é dada pela contemplação do mundo objetivo. Mas a afetividade não se importa com o mundo objetivo; ela não sai para fora e acima de si; ela é feliz em si. O elemento cultural, o princípio nórdico do sair-de-si-mesmo (*Selbstentäusserung*) falta à afetividade. O espírito clássico, o espírito da cultura é o que restringe a si mesmo por leis, pela contemplação do mundo, pela necessidade, pela verdade da natureza das coisas; é o espírito que determina, que objetiva para si o sentimento e a fantasia. Em lugar deste espírito surgiu com o cristianismo a subjetividade ilimitada, desmedida, extrapolante, supranaturalística – um princípio em sua mais íntima essência oposto ao princípio da ciência, da cultura[84]. Com o

---

83. As lendas do catolicismo (naturalmente as melhores, verdadeiramente afetivas) são apenas o eco do tom fundamental que já predomina nesta narrativa do Novo Testamento. Poderíamos também definir o milagre como o humor religioso. O catolicismo elaborou o milagre especialmente em seu aspecto humorístico.

84. Altamente característico para o cristianismo (um exemplo popular do que foi dito) é que só o idioma da Bíblia, não o de um Sófocles ou Platão, portanto só o idioma indefinido e sem critério da afetividade, não o idioma da arte e da filosofia, foi considerado e ainda hoje o é, como o idioma, a revelação do espírito divino no cristianismo.

cristianismo perdeu o homem o sentimento, a capacidade de pensar-se dentro da natureza, do universo. Enquanto existiu o cristianismo verdadeiro, genuíno, legítimo, intransigente, enquanto o cristianismo era uma verdade viva e prática, então aconteciam milagres reais, e eles aconteciam necessariamente; porque a crença em milagres mortos, históricos, passados é ela própria uma crença morta, o primeiro indício da descrença, ou melhor, a primeira forma e exatamente por isso tímida, presa, ilegítima, de como a descrença se liberta no milagre. Mas quando acontecem milagres, então se dissolvem todas as imagens definidas nas névoas da fantasia e da afetividade; aí o mundo, a realidade não é mais uma verdade, aí a essência real, verdadeira é apenas a essência milagrosa, afetiva, i.e., subjetiva.

Para o homem meramente afetivo é a imaginação, sem que ele queira e saiba, a mais elevada atividade, a que o domina; como a mais elevada, a atividade de Deus, a atividade criadora. A sua afetividade é para ele uma verdade imediata e uma autoridade; assim como a afetividade é para ele uma verdade (para ele a maior verdade, o que há de mais essencial; não pode, pois, se abstrair da sua afetividade, sair dela) igualmente uma verdade é para ele a imaginação. A fantasia ou imaginação (que aqui são indistintas, embora em si diversas) não é objeto para ele como é para nós racionalistas que a distinguimos da contemplação objetiva como sendo a subjetiva; ela existe imediatamente com ele, com a sua afetividade e é idêntica à sua essência, à sua contemplação essencial, objetiva, necessária. Para nós é certamente a fantasia uma atividade arbitrária, mas quando o homem ainda não acolheu em si o princípio da cultura, da contemplação universal, quando ainda vive apenas em sua afetividade, então é a fantasia uma atividade imediata, espontânea.

Certamente é a explicação do milagre pela afetividade e a fantasia tida por muitos hoje em dia como superficial. Mas que se penetre nos tempos em que ainda eram acreditados milagres vivos, presentes, em que a verdade e a existência das coisas fora de nós não era ainda um artigo sagrado de fé, em que os homens viviam abstraídos da contemplação da natureza, esperando diariamente o fim do mundo; em que só viviam na perspectiva deliciosa e na esperança do céu, portanto, na imaginação (porque, seja o céu o que for, para eles pelo menos ele existia, enquanto estavam na terra, somente na imaginação), quando esta imaginação não era uma imaginação, mas uma verdade, sim, a verdade eterna, a única existente, não só um consolo inerte, ocioso, mas um princípio moral prático, que determinava as ações, princípio este pelo qual os homens sacrificavam de bom grado a vida real, o mundo real com todas as suas grandezas – que se penetre nesses tempos e então será preciso ser mesmo bastante superficial para declarar como superficial a explicação psicológica. Não é uma objeção forte que esses milagres se deem diante de grandes multidões ou deveriam se dar: ninguém estava isento, todos estavam dominados por concepções e sentimentos delirantes, sobrenaturais; a mesma fé inspirava a todos, a mesma esperança, a mesma fantasia. Quem poderia desconhecer que existem também sonhos e visões idênticas e coletivas, principalmente em indivíduos fechados entre si, intimamente unidos? Mas isto não importa. Se a explicação do milagre pela afetividade e a fantasia é superficial, a culpa da superficialidade não cai sobre quem explica, mas sobre o próprio objeto – o milagre; porque o milagre, visto à luz, nada mais expressa do que o poder mágico da fantasia, que realiza sem obstáculo todos os desejos do coração[85].

---

85. Por detrás de muitos milagres pode ter havido realmente um fenômeno físico ou fisiológico como base. Mas aqui trata-se apenas do significado religioso e da gênese do milagre.

CAPÍTULO XV
O MISTÉRIO DA RESSURREIÇÃO E DO NASCIMENTO SOBRENATURAL

A qualidade da afetividade não é válida somente para os milagres práticos, quando então ela salta aos olhos por si mesma, uma vez que ela se refere imediatamente ao bem-estar, ao desejo do indivíduo humano; ela é válida também para os milagres teoréticos ou propriamente dogmáticos. Assim é com o milagre da ressurreição e com o nascimento sobrenatural.

O homem, pelo menos em boas condições, tem o desejo de não morrer. Este desejo é originariamente idêntico ao instinto de conservação. Tudo que vive quer se afirmar, quer viver, logo, não quer morrer. Este desejo inicialmente negativo torna-se (na reflexão posterior e no espírito, sob a pressão da vida, principalmente da vida social e política) um desejo positivo, um desejo de uma vida e em verdade de uma vida melhor após a morte. Mas neste desejo está no mesmo tempo o desejo da certeza desta esperança. A razão não pode realizar esta esperança. Por isso se disse: todas as provas para a imortalidade são insuficientes, ou mesmo, que a razão não pode conhecê-la por si e muito menos demonstrá-la. E com razão: a razão só faz demonstrações gerais, abstratas; a certeza da minha continuação pessoal após a morte ela não pode me oferecer e é exatamente esta certeza que se pede. Mas para uma tal certeza é necessária uma certificação imediata, sensorial, uma confirmação real. Esta só me pode ser dada se um morto (de cuja morte nós já estávamos certos antes) ressurgir novamente do túmulo e em verdade um morto que não é um qualquer, mas antes o modelo dos outros, de forma a ser também a sua ressurreição o modelo, a garantia da ressurreição dos outros. A ressurreição de Cristo é por isso a ânsia satisfeita que o homem tem de uma certeza imediata da sua continuação pessoal após a morte – é a imortalidade pessoal como um fato sensorial, indubitável.

A questão da imortalidade era, dentre os filósofos pagãos, uma questão na qual o interesse da personalidade era apenas um acessório. Tratava-se aqui principalmente da natureza da alma, do espírito, do fundamento da vida. No pensamento da imortalidade do fundamento da vida não está diretamente o pensamento, quanto mais a certeza da imortalidade pessoal. Por isso os antigos se expressam sobre esse objeto de modo tão indefinido, tão contraditório, tão dúbio. Os cristãos, por outro lado, na certeza indubitável de que os seus desejos pessoais e afetivos serão realizados, i.e., na certeza da essência divina da sua afetividade, da verdade e da sacralidade dos seus sentimentos, transformaram num fato imediato aquilo que para os antigos tinha o significado de um problema teorético; transformaram uma questão teorética, em si livre, numa questão comprometedora de consciência cuja negação era igual ao crime de lesa-majestade do ateísmo. Quem nega a ressurreição nega a ressurreição de Cristo, quem nega a ressurreição de Cristo, nega Cristo, mas quem nega Cristo, nega Deus. Assim transformou o cristianismo "espiritual" uma questão espiritual numa questão material! Para os cristãos era a imortalidade da razão, do espírito, muito "abstrata" e "negativa"; para eles só existia a imortalidade pessoal, afetiva; mas o penhor está apenas na ressurreição carnal. A ressurreição da carne é o mais alto triunfo do cristianismo sobre a espiritualidade e a objetividade sem dúvida sublime, mas muito abstrata dos antigos. Por isso a ressurreição custou para ser compreendida pelos pagãos.

Mas assim como a ressurreição, o fim da história sagrada (uma história que, no entanto, não tem o significado de uma história, mas da própria verdade) é um desejo realizado, da mesma forma o é também o início dela, o nascimento sobrenatural, não obstante este não se relacione com um interesse imediatamente pessoal, mas só com um sentimento especial, subjetivo.

Quanto mais o homem se afasta da natureza, quanto mais subjetiva, i.e., sobre e antinatural se torna a sua concepção, tanto maior é o seu repúdio pela natureza ou pelas coisas e processos naturais que desagradam a sua fantasia, que lhe impressionam negativamente[86]. O homem livre, objetivo certamente encontra também na natureza muita coisa nojenta e repelente, mas ele entende isso como uma consequência natural, inevitável e dentro desta concepção supera os seus sentimentos como sendo apenas sentimentos subjetivos, ilegítimos. O homem subjetivo, que só vive na afetividade e na fantasia, ao contrário, encara essas coisas com uma contrariedade especial. Ele possui o olho daquele infeliz descobridor que até na mais bela flor só percebeu os minúsculos "escaravelhos negros" que nela corriam e que com esta observação perdeu o prazer de contemplar a flor. O homem subjetivo transforma os seus sentimentos num critério do que deve ser. Tudo aquilo que não lhe agrada, que ofende a sua sensibilidade sobre ou antinatural, não deve existir. Mesmo que o que lhe agrada não possa existir sem o que lhe desagrada (o homem subjetivo não se baseia nas leis monótonas da lógica e da física, mas na arbitrariedade da fantasia) abandona ele numa coisa o que lhe desagrada, conservando o que lhe agrada. Assim, agrada-lhe certamente uma virgem pura, imaculada; mas certamente lhe agrada também a mãe, mas só a mãe que não sofre dores, a mãe que já carrega o filhinho nos braços.

Em e por si é a virgindade o mais elevado conceito moral na mais íntima essência do seu espírito, da sua fé, é a cornucópia dos seus sentimentos e concepções sobrenaturais, o seu sentimento personificado de honra e vergonha diante da natureza comum[87].

---

86. "Se Adão não tivesse caído no pecado, nada se conheceria da ferocidade dos lobos, leões, ursos etc., e, dentre todas as criaturas, nada seria incômodo ou nocivo para o homem... não haveria espinhos nem doenças... a fronte não adquiriria rugas, nem pé, nem mão, nem algum outro membro do corpo se tornaria fraco ou doente". "Mas após a queda sabemos e sentimos todos o tipo de rancor que existe em nossa carne, que não só anseia e apetece violenta e fervorosamente, mas também se enoja quando consegue aquilo que lhe apeteceu". "Mas isto é culpa do pecado original que tirou a pureza de toda criatura, de forma a sermos levados a crer que antes da queda o sol era muito mais claro, a água muito mais pura e a terra muito mais rica e cheia de todas as plantas" (LUTERO, parte I, p. 322-323, 329, 337).

87. *Tantum denique abest incesti cupido, ut nonnullis rubori sit etiam pudica conjunctio* (FÉLIX, M. *Otaviano*, c. 31). O Padre Gil era tão extraordinariamente casto que não conhecia nenhuma mulher, temia até mesmo tocar no próprio corpo. O padre Coton tinha um faro tão apurado neste sentido que por ocasião da aproxima-

Mas ao mesmo tempo existe também um sentimento natural em seu coração, o sentimento misericordioso do amor materno. O que se deve fazer então nesta angústia, neste conflito entre um sentimento natural e um sobre ou antinatural? O supranaturalista deve unir a ambos, compreender em um único ser dois atributos que se excluem mutuamente. Oh, que quantidade de sentimentos agradáveis, finos, transcendentemente sensoriais está nesta fusão!

Aqui temos a chave para a contradição do catolicismo em que tanto o casamento quanto o celibato é sagrado. A contradição dogmática da mãe virgem ou da virgem maternal é aqui realizada apenas como uma contradição prática. Entretanto, não é esta fusão milagrosa (contrária à natureza e à razão, porém altamente satisfatória para o sentimento e a fantasia) da virgindade com a maternidade um produto do catolicismo; já se encontra no papel ambíguo que o casamento desempenha na Bíblia, especialmente no sentido do apóstolo Paulo. A doutrina da geração e concepção sobrenatural de Cristo é uma doutrina essencial do cristianismo, uma doutrina que expressa a sua essência íntima e dogmática, que se baseia no mesmo alicerce dos outros dogmas de fé e milagres. Da mesma forma que os cristãos repudiaram a morte (que o filósofo, o cientista, o homem livre e isento em geral consideram como uma necessidade natural) e as limitações da natureza em geral (que impõem obstáculos ao sentimento, mas que para a razão são leis racionais) e assim a combateram através da atividade milagrosa, também repudiaram o processo natural da procriação e o anularam através do poder milagroso. E como a ressurreição, também o nascimento sobrenatural é bem recebido por todos os fiéis; porque a concepção de Maria, não maculada pelo esperma masculino que é o próprio contágio do pecado original, foi o primeiro ato de purificação de uma humanidade maculada pelo pecado, i.e., pela natureza. Somente porque o Deus-homem não era contagiado pelo pecado original pôde ele, o Puro, purificar a

---

ção de pessoas não castas sentia um mau cheiro insuportável (BAYLE, P. *Dict. Art. Mariana Rem. C.*). Mas o princípio supremo, divino desta delicadeza hiperfísica é a Virgem Maria; por isso é chamada pelos católicos: *Virginum gloria, Virginitatis corona, Virginitatis typus et forma puritatis, Virginum vexillifera, Virginitatis magistra, Virginum prima, Virginitatis primiceria.*

humanidade aos olhos de Deus, para o qual era o processo da procriação natural uma abominação, porque ele próprio nada mais é do que a afetividade sobrenatural.

Até mesmo os ortodoxos protestantes secos, tão arbitrariamente críticos, ainda consideraram a concepção da virgem mãe de Deus como um mistério de fé grande, respeitável, admirável, sagrado e que transcende a razão[88]. Mas dentre os protestantes que reduziam e restringiam o cristão apenas à fé, mas na vida deixavam que fosse homem, tinha este mistério somente um significado dogmático, não mais prático. Não se deixaram iludir por este mistério em sua sede de casamento. Mas, ao contrário, dentre os católicos ou os cristãos antigos, incondicionais, não críticos, era o mistério da fé também um mistério da vida, da moral. A moral católica é cristã, mística, mas a moral protestante foi racionalística desde o início. A moral protestante é e foi uma união carnal do cristão com o homem (com o homem natural, político, social ou, como o quereis denominar, em oposição ao cristão), a moral católica conservou em seu coração o mistério da virgindade imaculada. A moral católica era a Mater Dolorosa, a protestante era uma dona de casa robusta, cheia de filhos. O protestantismo é no fundo a contradição entre fé e vida e por isso se tornou a fonte ou a condição da liberdade. Exatamente pelo fato do mistério da virgem mãe de Deus só valer para os protestantes na teoria ou no dogma, mas não mais na vida, diziam eles que não se podia expressar sobre isto com suficiente cautela e moderação, que não se podia de modo algum fazer disto um objeto da especulação. Aquilo que negamos na prática não tem mais base e consistência no homem, permanece apenas como um fantasma da imaginação. Por isso o escondemos e retiramos da inteligência. Os fantasmas não suportam a luz do dia.

Mesmo o dogma posterior, já expresso numa carta a São Bernardo, que o condena, de que a própria Maria tinha sido concebida imaculada e sem pecado original, não é um "escolasticismo especial", como um historiador moderno o designa. Resultou antes de uma consequência natural e de uma intenção devota, grata para

---

88. Cf., p. ex., WINCKLER, J.D. *Philolog. Lactant.* S. Brunsvigae, 1754, p. 247-254.

com a mãe de Deus. Aquilo que é um milagre, que dá à luz Deus, deve também ter uma origem e uma essência divina, milagrosa. Como poderia Maria ter a honra de ser iluminada pelo Espírito Santo se já não fosse desde antes purificada? Poderia o Espírito Santo habitar um corpo maculado pelo pecado original? Se não achardes estranho o princípio do cristianismo, o nascimento milagroso do Salvador, (oh!) então não estranheis as deduções ingênuas, simples e bondosas do catolicismo.

CAPÍTULO XVI
O MISTÉRIO DO CRISTO CRISTÃO OU DO DEUS PESSOAL

Os dogmas fundamentais do cristianismo são desejos realizados do coração – a essência do cristianismo é a essência da afetividade. É melhor sofrer do que agir, é mais agradável ser libertado e redimido por um outro do que libertar-se a si mesmo, é mais agradável fazer depender a própria salvação de uma outra pessoa do que da força da própria atividade, é mais agradável amar do que buscar; melhor saber-se amado por Deus do que amar-se a si mesmo com o amor-próprio simples, natural, que é inato a todos os seres; é muito mais cômodo refletir-se nos olhos fulgurantes de amor de um outro ser pessoal do que no espelho oco do próprio Eu ou do que contemplar a fria profundidade do oceano tranquilo da natureza; é mais cômodo deixar-se determinar pelo próprio sentimento como se fosse um outro ser, mas no fundo o mesmo, do que determinar a si mesmo pela razão. A afetividade é em geral o *Casus obliquus* do Eu no acusativo. O Eu de Fichte não é afetivo porque o acusativo é igual ao nominativo, porque é um *indeclinabile*. Mas a afetividade é o Eu determinado por si mesmo e por si mas como se fosse determinado por um outro ser – o Eu passivo. A afetividade transforma a voz ativa do homem numa voz passiva e a passiva numa ativa: o que pensa é para a afetividade o que é pensado e o que é pensado é o que pensa. A afetividade é de natureza onírica, por isso não conhece ela nada mais agradável, mais profundo do que o sonho. Mas o que é o sonho? É a inversão da consciência em estado de vigília. No sonho o ativo é o passivo e o passivo é o ativo; no sonho eu apreendo as minhas autodeterminações como se fossem determinações vindas de fora, as emoções como acontecimentos, as minhas ideias e sentimentos como entidades fora de mim, eu sou o passivo do meu próprio ativo. O sonho refrata duplamente os raios da luz, daí a sua indescritível magia. É o mesmo Eu, o mesmo ser tanto no sonho quanto na vigília; a diferença é apenas que na vigília o Eu se determina a si mesmo e no sonho é determinado por si mesmo, mas como se o fosse por uma outra coisa. Eu me penso – não é afetivo, é racionalístico; eu sou pensado por Deus e só me penso como pensado por Deus – é afetivo, é religioso. A afetividade é o sonho de olhos abertos; a religião é o sonho da consciência desperta; o sonho é a chave para os mistérios da religião.

A mais elevada lei da afetividade é a unidade imediata entre a vontade e a ação, entre o desejo e a realidade. Esta lei é realizada pelo Redentor. Assim como o milagre exterior, em oposição à atividade natural, realiza imediatamente as atividades e desejos físicos do homem, assim também o Redentor, o Conciliador, o Deus-feito- -homem satisfaz imediatamente as necessidades e desejos morais íntimos (em oposição à atividade moral autônoma do homem natural ou racional) ao, por seu turno, livrar o homem da incumbência de conseguir meios para a realização dos seus desejos. Aquilo que desejas já é algo realizado. Queres conseguir e merecer a felicidade. A moral é a condição, o meio para a felicidade. Mas não podes, i.e., em verdade não necessitas. Já aconteceu o que ainda pretendes fazer. Basta que te comportes passivamente, basta que creias, que gozes. Pretendes atrair Deus para ti, para aplacar a sua cólera, ter paz com a tua consciência. Mas esta paz já existe; esta paz é o Mediador, o Deus-homem – ele é a tua consciência tranquilizada, o cumprimento da lei e, assim, o cumprimento do teu próprio desejo e anseio.

Mas exatamente por isso o modelo, o critério, a lei da tua vida não é mais a lei e sim o cumpridor da lei. Quem cumpre a lei anula-a como tal. A lei só possui autoridade, validade diante da antilegalidade. Mas quem cumpre a lei totalmente, este diz a ela: o que queres quero eu automaticamente e tudo que ordenas eu apenas reforço pela ação; a minha vida é a lei verdadeira e viva. Por isso o cumpridor da lei substitui necessariamente a lei e até mesmo como uma nova lei, uma lei cujo jugo é suave e manso. Porque ao invés da lei que apenas comanda coloca-se ele próprio como exemplo, como um objeto do amor, da admiração e da imitação e por isso torna-se o Redentor dos pecados. A lei não me dá a força para cumpri-la, (não!) ela é bárbara; ela só impera sem se importar se eu posso cumpri-la e como devo cumpri-la; ela me deixa abandonado a mim mesmo sem orientação e ajuda. Mas aquele que caminha na minha frente iluminando-me com o seu exemplo, este me toma sob os seus braços, este divide comigo a sua própria força. A lei não oferece resistência contra o pecado, mas o milagre dá o exemplo. A lei é morta, mas o exemplo comove, entusiasma, arrasta o homem espontaneamente atrás de si. A lei só fala para a razão e se opõe diretamente aos instintos; o exemplo, ao contrário, se molda num instinto poderoso, sensorial, no instinto espontâneo da imitação. O exemplo atua sobre a afetividade e a fantasia. Em síntese, o exemplo tem poderes mágicos, i.e., sensoriais; porque a força de atração mágica, i.e., espontânea, é uma característica essencial tanto para a matéria em geral quanto para a sensorialidade em especial.

Os antigos diziam que se a virtude pudesse se deixar ver cativaria para si e entusiasmaria a todos pela sua beleza. Os cristãos foram felizes a ponto de ver este desejo realizado. Os pagãos tinham uma lei inscrita, os judeus uma lei escrita; os cristãos tinham um exemplo, um modelo, uma lei visível, pessoal, viva, uma lei humana que se tornou carne. Daí o júbilo dos primeiros cristãos, daí a fama do cristianismo de ser o único que tem e dá o poder para resistir aos pecados. E este mérito não lhe pode ser tirado, pelo menos aqui. Somente deve-se observar que o poder do exemplo da virtude não é tanto o poder da virtude quanto o poder do exemplo em geral, assim como o poder da música religiosa não é o poder da religião, mas o poder da música[89], e que, portanto, o exemplo da virtude tem de fato como consequência atitudes virtuosas, mas nem por isso intenções e motivações virtuosas. Mas este sentido simples e verdadeiro do poder redentor e conciliador do exemplo em contraste com o poder da lei, pelo qual explicamos a oposição entre lei e Cristo, não expressa de modo algum o significado totalmente religioso da redenção e conciliação cristã. Nesta, ao contrário, tudo gira em torno do poder pessoal daquele admirável mediador que não é nem só Deus nem só homem, mas que é um

---

89. Interessante é a esse respeito a confissão de Agostinho (*Confess.* lib., X, c. 33).

homem que é ao mesmo tempo Deus e um Deus que é ao mesmo tempo homem e que por isso só pode ser entendido em conexão com o significado do milagre. E neste o Redentor milagroso nada mais é que o desejo da afetividade realizado, o desejo de ser livre de leis, i.e., de condições às quais a virtude está presa por vias naturais, o desejo realizado de ser libertado dos males morais repentina e imediatamente, num passe de mágica, i.e., de modo absolutamente subjetivo, afetivo. "A palavra de Deus", diz, p. ex., Lutero, "realiza todas as coisas instantaneamente, traz o perdão dos pecados e te oferece a vida eterna e para isso basta que ouças a palavra e que quando a ouvires acredites nela. Se acreditares terás tudo isso sem esforço, dispêndio, demora e danos"[90]. Mas este ouvir da palavra de Deus, cuja consequência é a fé, é ele próprio um "dom de Deus". Portanto, a fé nada mais é que um milagre psicológico, uma mágica que Deus efetua no homem, como diz o próprio Lutero. Mas livre do pecado ou da consciência de culpa o homem só se torna através da fé – a moral depende da fé, as virtudes dos pagãos são apenas vícios brilhantes – portanto, moralmente livre e bom, somente através do milagre.

Que o poder milagroso é idêntico ao conceito do mediador já é historicamente demonstrado pelo fato dos milagres do Antigo Testamento, a legislação, a providência, em síntese, todas as características que perfazem a essência da religião já serem projetadas pelo judaísmo posterior na sabedoria divina e no *Logos*. Mas este *Logos*, em Fílon, ainda paira no ar entre o céu e a terra, ora como algo somente pensado, ora como algo real, i.e., Fílon oscila entre filosofia e religião, entre o Deus metafísico, abstrato e o religioso, real. Somente no cristianismo esse *Logos* se solidificou e tomou corpo, de uma entidade do pensamento torna-se um ser real, i.e., a religião se concentrou agora exclusivamente na essência, no objeto que fundamenta a sua natureza essencial. O *Logos* é a essência personificada da religião. Por isso, quando Deus foi definido como a essência da afetividade, isto só tem a sua plena verdade no *logos*.

Deus enquanto Deus é ainda a afetividade fechada, oculta; a afetividade franca, aberta, objetiva ou o coração, é Cristo. Somen-

---

90. Parte XVI, p. 490.

te em Cristo torna-se a afetividade totalmente certa e segura de si mesma, livre de qualquer dúvida quanto à verdade e divindade da sua própria essência; porque Cristo não nega nada à afetividade, ele realiza todos os seus pedidos. Em Deus a afetividade ainda silencia o que está em seu coração; ela só suspira; mas em Cristo ela se expressa totalmente; aqui ela não retém nada mais. O suspiro é um desejo ainda amedrontado; ele se expressa mais através da queixa de que isto não é o que ele deseja, mas não externa franca e definitivamente o que quer; no suspiro a afetividade ainda duvida da validade dos seus desejos. Mas em Cristo desaparece toda a opressão da alma; ele é o suspiro que se transforma em canto da vitória pela sua realização, a confiança jubilante que a afetividade tem na verdade e realidade dos seus desejos ocultos em Deus, a vitória real sobre a morte, sobre toda a violência do mundo e da natureza, a ressurreição não mais só esperada, mas já concretizada; é o coração que está livre de qualquer limitação angustiante, a afetividade feliz – a divindade visível[91].

Ver a Deus é o supremo desejo, o supremo triunfo do coração. Cristo é este desejo realizado, este triunfo. O Deus somente pensado, somente enquanto entidade do pensamento, i.e., Deus enquanto Deus é sempre um ser distante, a relação com ele é abstrata como a relação de amizade que temos com alguém que está espacialmente distante e que nos é desconhecido pessoalmente. Por mais que as suas obras, as provas de amor que ele nos dá, nos mostrem a sua essência, sempre permanece um vazio impreenchível e o coração insatisfeito; ansiamos por vê-lo. Enquanto um ser não nos é conhecido cara a cara ficamos sempre na dúvida se ele é como imaginamos; somente na visão está a última confiança,

---

91. "Por ter Deus nos dado o seu filho, deu-nos com ele tudo, seja demônio, pecado, morte, inferno, céu, justiça, vida; tudo, tudo deve ser nosso, porque o filho é nosso como um presente no qual está tudo junto" (LUTERO, parte XV, p. 311). "A melhor parte da ressurreição já aconteceu: Cristo, a cabeça de toda a cristandade, venceu a morte e ressuscitou. Além disso venceu a morte também a melhor parte em mim, a minha alma, e coexiste com Cristo no ser celestial. Em que, pois, pode o túmulo e a morte me prejudicar?" (parte XVI, p. 235). "Um cristão tem o mesmo poder que Cristo, é com ele uma comunidade e se assenta com ele numa assembleia comunitária" (parte XIII, p. 648). "Quem se prende e se apoia em Cristo tem o mesmo tanto que ele" (parte XVI, p. 574).

a total tranquilidade. Cristo é o Deus conhecido pessoalmente, Cristo é, portanto, a feliz certeza de que Deus existe e que existe da maneira que a afetividade quer e necessita que ele exista. Deus enquanto objeto da oração já é um ser humano por participar da miséria humana, por ouvir desejos humanos, mas ainda não é objeto para a consciência religiosa como um homem real. Portanto, somente em Cristo realiza-se o último desejo da religião, somente nele é resolvido o mistério da afetividade religiosa (mas resolvido na linguagem simbólica própria à religião), pois tudo que Deus é em essência torna-se em Cristo uma manifestação. Nesse sentido podemos, com todo direito, classificar a religião cristã como a absoluta, a completa. A meta da religião é que Deus, que em si nada mais é que a essência do homem, seja também realizado como tal, seja objeto para a consciência como homem. E isto conseguiu a religião cristã com a encarnação de Deus, que não é de forma nenhuma um ato transitório, porque Cristo permanece homem mesmo após a sua ascensão, homem de coração e homem de forma, com a diferença que agora o seu corpo não é mais terreno, submetido ao sofrimento.

As encarnações de Deus não têm dentre os orientais, como dentre os hindus, um significado tão intenso quanto o cristão. Exatamente por sucederem com frequência tornam-se indiferentes, perdem o seu valor. A humanidade de Deus é a sua personalidade; Deus é um ser pessoal significa: Deus é um ser humano, Deus é homem. A personalidade é um pensamento que só possui verdade enquanto homem real[92]. O sentido que existe sob as encarnações de Deus é, pois, atingido de maneira infinitamente melhor através de uma encarnação, uma personalidade. Quando Deus se mostra em muitas pessoas são essas personalidades insignificantes. Mas aqui trata-se exatamente de uma personalidade permanente, exclusiva. Quando acontecem muitas encarnações existe espaço para ainda inúmeras outras; a fantasia não é limitada; aqui se mostram as já reais na categoria das possíveis ou ima-

---

92. Aqui se explica a inverdade e inutilidade da especulação moderna sobre a personalidade de Deus. Se não vos envergonheis de um Deus pessoal, não vos envergonheis também de um Deus carnal. Uma personalidade abstrata, incolor, uma personalidade sem carne e sangue é um fantasma oco.

gináveis, na categoria de fantasias ou de meros fenômenos. Mas quando uma personalidade é crida e contemplada como a encarnação da divindade com exclusividade, então impõe-se esta imediatamente com o poder de uma personalidade histórica; a fantasia é anulada e renuncia-se à liberdade de se imaginarem outras. Esta personalidade única me impinge a crença na sua realidade. O caráter da personalidade real é exatamente a exclusividade – o princípio leibniziano da diversidade, de que nada que existe é completamente igual ao outro. O acento com o qual uma personalidade é expressa causa no espírito uma tal impressão que ela se apresenta imediatamente como real; de um objeto da fantasia torna-se um objeto da visão histórica geral.

O anseio é a necessidade da afetividade; a afetividade anseia por um Deus pessoal. Mas este anseio pela personalidade de Deus só é verdadeiro, sério e profundo quando é o anseio por uma personalidade, quando ele se contenta com uma. Com a pluralidade das pessoas desaparece a verdade da necessidade, tornando-se a personalidade apenas um luxo da fantasia. No entanto o que atua sobre o homem com o poder da necessidade atua também com o poder da realidade. Tudo que é necessário para a afetividade é também algo real. O anseio diz: é necessário que haja um Deus pessoal, i.e., ele não pode não ser; a afetividade satisfeita diz: ele existe. O penhor da sua existência está para a afetividade na necessidade da sua existência – a necessidade da satisfação no poder da necessidade. A necessidade não conhece leis além de si; ela rompe ferro. A afetividade, porém, não conhece outra necessidade a não ser a da afetividade, do anseio: ela repudia a necessidade da natureza, da razão. Necessário é então para a afetividade um Deus subjetivo, afetivo, pessoal; mas necessária somente uma personalidade e esta deve ser histórica e real. A afetividade só se concentra, se satisfaz com a unidade da personalidade; com a pluralidade ela se dispersa.

Mas assim como a verdade da personalidade é a unidade e a verdade da unidade é a realidade, então a verdade da personalidade é o sangue. A última prova, salientada pelo autor do quarto evangelho com especial ênfase, de que a pessoa visível de Deus não foi um fantasma, uma ilusão, mas sim um homem real, é que fluiu sangue do seu corpo na cruz. Sendo o Deus pessoal uma legítima necessidade do coração, deve ele próprio sofrer necessidade. Somente em seu sofrimento está a certeza da sua realidade; somente aí está a ênfase especial da encarnação. Ver a Deus não basta para a afetividade; os olhos não prestam testemunho suficiente. A verdade da visão só reforça o sentimento. Mas assim como subjetivamente o sentimento, é objetivamente o tato, a capacidade de sofrer a última prova da realidade – o sofrimento de Cristo é por isso a mais elevada confiança, o mais elevado gozo e o mais elevado consolo da afetividade; pois somente no sangue de Cristo é saciada a sede por um Deus pessoal, i.e., humano, participante, sentimental.

> Por isso consideramos um engano prejudicial, uma vez que Cristo, pela sua humanidade, foi despido da sua majestade (divina), pelo que os cristãos tiveram o seu maior consolo, consolo este que têm na promessa da presença e assistência do seu Chefe, Rei e Sumo sacerdote, que lhes prometeu que não só a sua Divindade, que diante de nós pobres pecadores é como um fogo devorador diante de palhas secas, mas que também Ele, Ele, o Homem, que falou com eles, que experimentou todo tipo de sofrimento em sua forma humana e que por isso pode ter misericórdia de nós enquanto homens e seus irmãos, pretende permanecer conosco em todas as nossas aflições, também quanto à natureza, segundo a qual ele é nosso irmão e nós somos carne da sua carne[93].

É muito superficial dizer-se que o cristianismo não é a religião de um Deus pessoal, mas de três pessoas. Estas três pessoas têm de fato a sua existência no dogma; mas também aqui é a pessoa do Espírito Santo apenas um postulado arbitrário que é refutado por características impessoais, como p. ex. que o Espírito Santo é o dom do Pai e do Filho[94]. A própria aparição do Espírito Santo já propõe para a sua personalidade um prognóstico desfavorável, porque um

---

93. *Livro das Conc. Explic.*, art. 8.

94. Já Faustus Socinus mostrou isso de modo excelente. Cf. a sua *Defens. Animadv. in Assert. Theol. Coll. Posnan. de trino et uno Deo Irenopoli*, 1656, c. 11.

ser pessoal é produzido somente por geração, mas não por aparecimento, desaparecimento ou sopro (*spiratio*). E o próprio Pai, enquanto representante do conceito rigoroso de Divindade, é um ser pessoal somente quanto à imaginação e afirmação, mas não quanto aos seus atributos: ele é um conceito abstrato, um ser somente pensado. A personalidade plástica é somente Cristo. A personalidade exige forma; a forma é a realidade da personalidade. Somente Cristo é o Deus pessoal – ele é o Deus verdadeiro, real dos cristãos, o que não pode ser repetido frequentemente[95]. Somente nele se encontra a religião cristã, a essência da religião em geral. Somente ele corresponde ao anseio por um Deus pessoal; somente ele é uma existência correspondente à essência da afetividade; somente nele se reúnem todas as alegrias da fantasia e todos os sofrimentos da afetividade; somente nele se esgota a afetividade e a fantasia. Cristo é a unidade de afetividade e fantasia.

Aí se distingue o cristianismo das outras religiões: nestas o coração e a fantasia se separam, mas no cristianismo coincidem. A fantasia não era aqui abandonada a si mesma; ela segue as trilhas do coração; ela circunscreve um círculo cujo centro é a afetividade. A fantasia é aqui limitada pelas necessidades do coração, ela só realiza os desejos da afetividade, ela só se relaciona com o que é urgente; em síntese, ela tem, pelo menos em seu todo, uma tendência prática, concentrada, não somente vaga, poética. Os milagres do cristianismo, concebidos no ventre da afetividade

---

95. Que se leiam a esse respeito especialmente as obras dos ortodoxos cristãos contra os heterodoxos, p. ex., contra os socinianos. É sabido que teólogos mais recentes declaram a divindade eclesiástica de Cristo como não bíblica; mas este é inegavelmente o princípio característico do cristianismo e mesmo que já não esteja na Bíblia assim tão explicitamente quanto no dogma, é, entretanto, uma consequência necessária da Bíblia. O que pode ser um ser que é a soma incorporada da Divindade, que é onisciente (Jo 16,30) e onipotente (desperta mortos, faz milagres), que antecede a todas as coisas e seres quanto ao tempo e à hierarquia, que possui a vida em si mesmo (mesmo que sendo dada a ele), assim como o Pai tem a vida em si, que pode ser este ser, concluindo-se consequentemente, senão um Deus? "Cristo é idêntico ao Pai quanto à vontade"; mas unidade de vontade pressupõe unidade de essência. "Cristo é o enviado, o representante de Deus"; mas Deus só pode ser representado por um ente divino. Somente aquele no qual eu encontro qualidades iguais ou semelhantes às minhas pode ser escolhido por mim como o meu enviado ou representante, caso contrário eu repreendo a mim mesmo.

sofredora, necessitada, não sendo produtos somente de um ato mecânico, livre, arbitrário, nos colocam imediatamente no solo da vida comum, real; eles atuam sobre o homem afetivo com irresistível poder, porque são senhores da necessidade da afetividade. Em síntese, o poder da fantasia é aqui ao mesmo tempo o poder do coração, a fantasia é apenas o coração vitorioso, triunfante. Dentre os orientais, dentre os gregos a fantasia pairava no gozo da pompa e da majestade terrena, indiferente à necessidade do coração; no cristianismo ela desceu do palácio dos deuses para a moradia da pobreza onde só impera a necessidade urgente, ela se submeteu ao domínio do coração. Mas quanto mais ela se restringia exteriormente, tanto mais poder adquiria. Diante da necessidade do coração sucumbiu a bravura dos deuses olímpicos; mas a fantasia atua em todo o seu poder quando unida ao coração. E esta união da liberdade da fantasia com a necessidade do coração é Cristo. Todas as coisas são subordinadas a Cristo; ele é o Senhor do mundo que dele faz o que quiser; mas este poder que impera ilimitadamente sobre a natureza está por sua vez subjugado ao poder do coração: Cristo ordena que se silencie a natureza furiosa, mas somente para ouvir os suspiros do sofredor.

CAPÍTULO XVII
A DIFERENÇA ENTRE CRISTIANISMO E PAGANISMO

Cristo é a onipotência da subjetividade, o coração libertado de todas as cadeias e leis da natureza, a afetividade concentrada só em si mesma com exclusão do mundo, a realização de todos os desejos do coração, a ascensão da fantasia ao céu, a festa da ressurreição do coração – Cristo é, portanto, a diferença entre cristianismo e paganismo.

No cristianismo o homem só se concentrava em si mesmo, separava-se da conexão com o universo, transformava-se num todo autossuficiente, num ser absoluto extra e sobremundano. E exatamente por não se considerar mais como um ser pertencente ao mundo, por romper a sua conexão com ele, sentia-se ele como um ser ilimitado (porque a limitação da subjetividade é exatamente o mundo, a objetividade), não tinha mais motivo para duvidar da verdade e validade dos seus desejos e sentimentos subjetivos. Os pagãos, ao contrário, por não serem concentrados em si e não se escondendo da natureza, limitavam a sua subjetividade pela contemplação do universo. Por mais que os antigos celebrassem a majestade da inteligência da razão, eram, entretanto, bastante liberais e objetivos para deixarem viver, e viver eternamente, o oposto ao espírito, i.e., a matéria, tanto teorética quanto praticamente; os cristãos conservavam a sua intolerância, tanto prática quanto teórica, a ponto de acreditarem que garantiriam a sua vida eterna subjetiva ao destruírem a oposição à subjetividade, a natureza, como na crença no fim do mundo[96]. Os antigos eram livres

---

96. "Os pagãos criticam os cristãos porque estes anunciam um fim para os céus e as estrelas que deixaremos como os encontramos, prometendo, entretanto, a nós homens, que como um princípio temos também um fim, uma vida eterna após a morte" (FÉLIX, M. *Otaviano*, c. 11, § 2).

de si, mas a sua liberdade era a liberdade da indiferença para consigo; os cristãos eram livres da natureza, mas a sua liberdade não era a liberdade da razão, a verdadeira liberdade (a verdadeira liberdade é somente a que se rege pela contemplação do universo, pela natureza) mas sim a liberdade da afetividade e da fantasia, a liberdade do milagre. O cosmos arrebatava tanto aos antigos que eles perdiam de vista a si mesmos, viam-se desaparecer na imensidão; os cristãos desprezavam o mundo; o que é a criatura diante do criador? O que é o sol, a lua, a terra em comparação com a alma humana? O mundo acaba, mas o homem é eterno. Enquanto os cristãos arrancavam o homem de qualquer contato com a natureza, caindo assim no extremo de uma excelente *delicatesse* que já declarava como uma ímpia agressão à dignidade humana a mais longínqua comparação do homem com o animal; caíram os pagãos no extremo oposto, no vulgarismo que anula a diferença entre animal e homem ou que até mesmo, como p. ex. Celso, o inimigo do cristianismo, coloca o homem abaixo do animal.

Mas os pagãos não só contemplavam o homem em conexão com o universo; eles contemplavam o homem, i.e., aqui o indivíduo, somente em conexão com outros homens, em união com uma coletividade. Distinguiam rigorosamente, pelo menos enquanto filósofos, entre o indivíduo e a espécie, entre o indivíduo enquanto parte do todo e a espécie humana, e subordinavam o indivíduo ao todo. Os homens acabam, mas a humanidade continua, diz um filósofo pagão. "Por que clamas pela perda de tua filha?" escreve Sulpicius a Cícero, "cidades e impérios grandes, mundialmente famosos sucumbiram e tu te indignas com a morte de um *homunculus*, de um homenzinho? Onde está a tua filosofia?" O conceito de homem enquanto indivíduo era para os antigos um conceito derivado do conceito de espécie ou comunidade. Enquanto tinham em alta conta a espécie humana, as qualidades da humanidade, a inteligência, desprezavam o indivíduo. O cristianismo, ao contrário, desprezava a espécie humana e só tinha em mente o indivíduo. O cristianismo (certamente não o cristianismo atual, que acolheu a cultura do paganismo e só conservou o nome e alguns princípios gerais do cristianismo) é uma oposição direta ao paganismo – ele só é entendido verdadeiramente (não deturpado por sofismas arbitrários, especulativos) quando concebido como oposição; ele é verdadeiro enquanto o seu contrário é falso, mas falso enquanto o seu contrário é verdadeiro. Os antigos sacrificavam o indivíduo ao gênero; os cristãos o gênero ao indivíduo. Ou: o paganismo só concebia e compreendia o indivíduo como parte em oposição à totalidade do gênero humano, o cristianismo, ao contrário, só numa unidade imediata, indistinta do gênero[97].

Para o cristianismo era o indivíduo o objeto de uma providência imediata, i.e., um objeto imediato da providência divina. Os pagãos só acreditavam numa providência do indivíduo por meio do gênero, da lei, da ordem universal, portanto, só numa providência mediata, natural, não milagrosa; mas os cristãos abandonaram a mediação, colocaram-se numa união imediata com o ser providente, abrangente, universal, i.e., identificavam diretamente o ser universal com o ser particular.

---

97. É sabido que Aristóteles diz explicitamente em sua política que o indivíduo, por não se bastar a si mesmo, se relaciona com o estado como a parte com o todo e que por isso, naturalmente, o estado é anterior à família e ao indivíduo, pois o todo precede a parte necessariamente. Os cristãos, de fato, "sacrificavam" o "indivíduo", i.e., aqui o indivíduo enquanto parte, ao todo, ao gênero, à comunidade. A parte, diz Santo Tomás de Aquino, o maior pensador e teólogo cristão, sacrifica-se a si mesma, por um instinto natural, para a conservação do todo. "Toda parte, por natureza, ama mais o todo do que a si mesma. E todo indivíduo por natureza ama mais o bem do seu gênero do que o seu bem individual. Por isso todo ser naturalmente ama mais a Deus, o bem universal, do que a si mesmo" (*Summae P.I.* q., 60, art. V). Portanto, neste sentido, os cristãos pensam como os antigos. Tomás de Aquino louva os romanos (*Regim. Princ.*, lib. III, c. 4) pelo fato de eles terem colocado a sua pátria acima de tudo e de terem sacrificado o próprio bem-estar ao bem-estar dela. Mas todos esses pensamentos e intenções são válidos no cristianismo só na terra, não no céu, na moral, não no dogma, na antropologia, não na teologia. Enquanto objeto da teologia é o indivíduo um ser sobrenatural, imortal, autossuficiente, absoluto, divino. O filósofo pagão Aristóteles declara a amizade (*Ética*, l. 9, c. 9) como necessária para a felicidade, mas o pensador cristão Tomás de Aquino não. "A sociedade de amigos", diz ele, "não é necessária para a felicidade, porque o homem tem toda a sua perfeição em Deus". "Portanto, se houvesse uma alma só para si no gozo de Deus, seria ela feliz, não obstante não existindo um próximo que ela pudesse amar" (*Prima Secundae*, q. 4.8). O pagão se conhece também na felicidade enquanto indivíduo como necessitado de um outro ser semelhante, da sua espécie, mas o cristão não necessita de um outro eu, porque enquanto indivíduo não é indivíduo, mas gênero simultaneamente, um ser universal, porque traz "a totalidade da sua perfeição em Deus", i.e., em si mesmo.

Mas o conceito da divindade coincide com o conceito da humanidade. Todos os atributos divinos, todos os atributos que fazem de Deus um Deus são atributos específicos, restringidos ao indivíduo, mas cujas restrições são anuladas na essência da espécie e até mesmo na sua existência (na medida em que possui a sua existência correspondente em todos os homens juntos). O meu saber, a minha vontade é limitada; mas a minha limitação não é a limitação do outro, muito menos da humanidade; o que é difícil para mim é fácil para o outro; o que é impossível, incompreensível para uma época será para a época futura possível e compreensível. A minha vida está ligada a uma época limitada, mas não a vida da humanidade. A história da humanidade consiste somente numa constante superação de limitações que, numa determinada época, são tidas por limitações da humanidade, portanto, por limitações absolutas, insuperáveis. Mas o futuro sempre revela que as supostas limitações do gênero humano eram apenas limitações dos indivíduos. A história das ciências, especialmente da filosofia e da ciência natural, nos oferece a esse respeito as mais interessantes provas. Seria altamente interessante e instrutivo escrever uma história das ciências meramente sob este aspecto, a fim de mostrar em toda a sua nulidade a ilusão que tem o indivíduo de poder restringir o seu gênero. Ilimitado é portanto o gênero e limitado é somente o indivíduo[98].

Mas o sentimento da limitação é penoso; desta pena liberta-se o indivíduo na contemplação do ente perfeito; nesta contemplação possui ele o que lhe falta fora. Deus, para os cristãos, nada mais é que a contemplação da unidade imediata do gênero com a individualidade, do ser universal com o ser particular. Deus é o conceito do gênero como se fosse de um indivíduo, o conceito ou a essência do gênero que, enquanto gênero, enquanto entidade universal, enquanto cerne de todas as perfeições, de todos os atributos libertados das limitações do indivíduo, sejam elas reais ou supostas, é novamente uma essência individual, particular. "Essência e exis-

---

98. No sentido da religião e da teologia não é também o gênero ilimitado, onisciente, onipotente, mas somente porque todos os atributos divinos só existem na fantasia, são somente predicados, expressões da afetividade e da imaginação humana, como será demonstrado nesta obra.

tência são idênticas em Deus", isto nada mais significa a não ser que ele é o conceito genérico, a essência genérica imediata e ao mesmo tempo como existência, como entidade particular. O mais elevado pensamento sob o ponto de vista da religião ou da teologia é: Deus não ama, Ele é o próprio amor; Ele não vive, Ele é a própria vida; Ele não é justo, mas é a própria justiça; não é uma pessoa, mas a própria personalidade – Ele é o gênero, a ideia imediatamente real.

Exatamente por causa desta unidade imediata do gênero com o indivíduo, desta concentração de todas as generalidades e essências num ser pessoal, é Deus um objeto profundamente afetivo, arrebatador da fantasia, enquanto que a ideia de humanidade não é afetiva, porque a humanidade só paira diante de nós, na nossa imaginação, como um pensamento, mas como realidade (em oposição a este pensamento), como infinitos indivíduos limitados. Em Deus, ao contrário, a afetividade se satisfaz imediatamente, porque aqui tudo é sintetizado num Uno, tudo (porque aqui o gênero possui existência imediata) torna-se de uma vez um ser particular. Deus é o amor, a virtude, a beleza, a sabedoria, o ser perfeito, universal enquanto ser, a extensão infinita do gênero enquanto conteúdo sintetizado. Mas Deus é a própria essência do homem – portanto, os cristãos se distinguem dos pagãos pelo fato de identificarem imediatamente o indivíduo com o gênero, tendo o indivíduo para eles a mesma importância do gênero, valendo o indivíduo por si mesmo como a existência perfeita do gênero – e isto pelo fato de endeusarem o indivíduo humano, de fazerem dele uma essência absoluta.

Característica é a diferença entre cristianismo e paganismo sob o ponto de vista da relação do indivíduo com a inteligência, com a razão, com o *nous*. Os cristãos individualizaram a razão, os pagãos transformaram-na numa essência universal. Para os pagãos era a razão, a inteligência a essência do homem, para os cristãos somente uma parte da sua pessoa, para os pagãos era, pois, divina e imortal somente a inteligência, o gênero, para os cristãos o indivíduo. Daí resulta automaticamente a outra diferença entre a filosofia pagã e a cristã.

A expressão mais clara, o símbolo característico desta unidade imediata entre o gênero e a individualidade no cristianismo é

Cristo, o Deus real dos cristãos. Cristo é a imagem primordial, o conceito existencial da humanidade, o cerne de todas as perfeições morais e divinas, com exclusão de tudo que é negativo, defeituoso, o homem puro, celestial, imaculado, o homem gênero, o Adam Kadmon; mas não contemplado como a totalidade do gênero, da humanidade, e sim imediatamente, como um indivíduo, uma pessoa. Cristo, i.e., o Cristo cristão, religioso, não é, pois, o meio, mas sim o fim da história. Isto se manifesta tanto no conceito quanto na história. Os cristãos esperavam o fim do mundo, da história. O próprio Cristo profetiza na Bíblia claramente o próximo fim do mundo, apesar de todas as mentiras e sofismas dos nossos exegetas. A história só se baseia na distinção entre indivíduo e gênero. Onde acaba esta distinção, acaba a história, acaba a razão, o sentido da história. Nada mais resta para o homem além da contemplação e adoção deste ideal realizado e do vazio instinto de propagação – a pregação de que Deus apareceu e que o fim do mundo é chegado.

Pelo fato da unidade imediata[99] do gênero com o indivíduo ultrapassar os limites da razão e da natureza, foi também muito natural e necessário explicitar este indivíduo universal, ideal, por um ser extraordinário, sobrenatural, celestial. Por isso é um absurdo querer deduzir pela razão a unidade imediata do gênero com o indivíduo, pois é apenas a fantasia que leva a efeito esta unidade, a fantasia para a qual nada é impossível – a mesma fantasia que cria também os milagres, pois o maior milagre é o indivíduo que é ao mesmo tempo indivíduo e ideia, gênero, a humanidade na totalidade da sua perfeição e infinitude. Por isso um absurdo é também conservar o Cristo bíblico ou dogmático deixando de lado os milagres. Se mantiveres o princípio, como queres negar as suas consequências necessárias?

---

99. Certamente eu disse: a unidade imediata, i.e., sobrenatural, fantástica, assexuada, porque a unidade mediata, racional, natural e histórica do gênero com o indivíduo só se baseia no sexo. Eu só sou um ser humano enquanto homem ou mulher. Ou isto ou aquilo, ou luz ou trevas, ou homem ou mulher – este é o verbo criador da natureza. Mas para o cristão o homem real, masculino e feminino, é um "homem animal"; o seu ideal, a sua essência é o castrado, o ser humano genérico assexuado, porque o ser humano genérico nada mais é que o homem personificado em oposição ao homem é à mulher, que são ambos seres humanos, portanto, o homem assexuado.

A total ausência do conceito de gênero no cristianismo é documentada especialmente pela sua doutrina característica da pecabilidade geral do homem. Esta doutrina está fundada na exigência de que um indivíduo não deve ser um indivíduo, uma exigência que por sua vez tem por fundamento a pressuposição de que o indivíduo é por si mesmo um ser completo, que é em si mesmo a representação ou existência esgotada do gênero. Falta aqui completamente a visão objetiva, a consciência de que o Tu pertence à perfeição do Eu, de que só o homem completa o homem, de que só em conjunto podem os homens ser o que e como o homem pode e deve ser. Todos os homens são pecadores. Eu concedo; mas não são todos pecadores de maneira igual; existe uma diferença muito grande, essencial. Um tem tendência para a mentira[100], mas o outro não, ele preferiria morrer a romper com a sua palavra ou mentir; o terceiro tem tendência para a bebida, o quarto para o prazer sexual, mas o quinto não possui nenhuma dessas tendências – seja por um dom da natureza ou pela energia do seu caráter. Portanto, os homens se completam mutuamente tanto moral, quanto física, quanto intelectualmente, de forma que eles, tomados em seu todo, são como devem ser, representam o homem perfeito.

Por isso o convívio aprimora e eleva; espontaneamente, sem dissimulação, o homem torna-se outro no convívio, muito diverso do que é só para si. O amor faz milagres, principalmente o amor sexual. Homem e mulher se completam mutuamente e assim se une o gênero humano para representar o homem perfeito[101]. Sem o gênero é o amor impossível. O amor nada mais é que a consciência do gênero dentro da diferença sexual. No amor é a verdade do gênero (que é apenas um objeto da razão, do pensamento) uma questão de sentimento, uma verdade de sentimento, pois no amor

---

100. Dentre os siameses, por exemplo, o engodo e a mentira são vícios inatos, mas têm por outro lado virtudes que faltam a outros povos que, por sua vez, não têm os vícios dos siameses.

101. Dentre os hindus só é "um homem completo aquele que consiste de três pessoas unidas, de sua mulher, de si mesmo e de seu filho. Pois, homem e mulher, pai e filho são um só" (*Lei de Menu*). Também o Adão terreno do Antigo Testamento é incompleto sem a mulher, anseia por ela. Mas o Adão do Novo Testamento, o cristão, celestial, que é esperado para o fim deste mundo, não tem mais instinto e funções sexuais.

o homem expressa a insuficiência da sua individualidade, postula a existência do outro como uma necessidade do coração, inclui o outro na sua própria essência, só declara a sua vida unida ao outro pelo amor como uma vida verdadeiramente humana, correspondente ao conceito do homem, i.e., ao gênero. Defeituoso, incompleto, débil, carente é o indivíduo; mas forte, perfeito, satisfeito, sem carência, autossuficiente, infinito é o amor, porque nele a consciência da individualidade é a consciência da perfeição do gênero. Mas como o amor, atua também a amizade, pelo menos quando é verdadeira e sincera, quando é religião, como o era dentre os antigos. Os amigos se completam; a amizade é uma ponte para a virtude e ainda mais: ela própria é virtude, mas uma virtude comunitária. Somente entre virtuosos pode haver amizade, como diziam os antigos. Mas não pode haver uma igualdade total, deve antes haver uma diferença, pois a amizade se baseia num instinto de complementação. O amigo dá a si mesmo o que ele não possui através do outro. A amizade purga as falhas de um através das virtudes do outro. O amigo justifica o amigo diante de Deus. Por mais defeituoso que um homem possa ser em si mesmo, já demonstra, entretanto, uma boa índole quando tem por amigos pessoas virtuosas. Se eu mesmo não posso ser perfeito, pelo menos amo a virtude, a perfeição nos outros. Portanto, se um dia o querido Deus pretende julgar-me pelos meus pecados, fraquezas e defeitos, então eu apresento como defensoras ou mediadoras as virtudes dos meus amigos. Quão bárbaro, quão irracional seria o Deus que me condenasse por causa de pecados que eu de fato cometi, mas que eu mesmo condenei no amor por meus amigos que eram livres desses pecados!

Mas se a amizade, o amor de um ser incompleto em si faz, pelo menos relativamente, um todo completo, quanto mais então desaparecem no gênero (que só tem a sua existência devida na totalidade da humanidade[102] e exatamente por isso só é objeto para a razão) os pecados e falhas dos homens individuais! O lamento pelo pecado só é então válido quando o indivíduo humano em sua individualidade

---

102. "Só todos os homens conhecem a natureza; só todos os homens vivem o humano", diz Goethe, palavras que já citei, mas que não posso me conter de repeti-las aqui.

é objeto para si mesmo como um ser completo em si mesmo, absoluto, que não necessita do outro para a realização do gênero, do homem completo; quando em lugar da consciência do gênero surge a consciência exclusiva do indivíduo, quando o indivíduo não se sente como uma parte da humanidade, não se distingue do gênero e por isso faz dos seus pecados, das suas limitações e das suas fraquezas os pecados, limitações e fraquezas da própria humanidade. Mas o homem não pode perder a consciência do gênero porque a sua própria consciência está essencialmente relacionada com a consciência do outro. Portanto, quando o gênero não é objeto para o homem como gênero, então o gênero torna-se objeto para ele como Deus. Ele substitui a falta do conceito de gênero pelo conceito de Deus enquanto um ser que é livre das limitações e defeitos que caracterizam o indivíduo e o próprio gênero, uma vez que ele identifica o gênero com o indivíduo. Mas este ser livre das limitações dos indivíduos, ilimitado, nada mais é que o gênero que manifesta a infinitude da sua essência ao se realizar em infinitos e diversos indivíduos. Se todos os homens fossem absolutamente iguais, certamente não haveria diferença entre o gênero e o indivíduo. Mas então seria também a existência de muitos homens um puro luxo; um único seria suficiente para a finalidade do gênero. Todos juntos teriam o seu representante naquele único que gozasse da felicidade da existência.

Sem dúvida é a essência do homem única, mas esta essência é infinita; daí ser a sua essência real uma diversidade infinita e que se completa mutuamente para revelar a riqueza da essência. A unidade na essência é multiplicidade na existência. Entre mim e o outro (o outro é o representante do gênero, mesmo sendo um, ele me supre a necessidade de muitos outros, tem para mim um significado universal, é o deputado da humanidade que fala em nome dela para mim, o solitário, portanto, ainda que unido somente a um, tenho uma vida comunitária, humana), se encontra portanto uma diferença essencial, qualitativa. O outro é o meu Tu – mesmo sendo recíproco –, é o meu outro Eu, o homem objeto, o meu interior revelado – o olho que se vê a si mesmo. Somente no outro tenho a consciência da humanidade; somente através dele eu experimento, sinto que sou homem; somente no amor por ele torna-se claro que ele pertence a mim e eu a ele, que ambos não podemos existir um sem o outro, que somente a comunidade faz a humanidade. Mas da mesma forma encontra-se também moralmente uma diferença qualitativa, crítica entre o Eu e o Tu. O outro é a minha consciência objetiva: ele repreende os meus erros, mesmo que não me diga explicitamente: ele é o meu escrúpulo personificado. A consciência da lei moral, do direito, da conveniência, da própria verdade só está relacionada com a consciência do outro. Verdadeiro é aquilo em que o outro concorda comigo – a concordância é o primeiro sintoma da verdade, mas somente porque o gênero é o último critério da verdade. Aquilo que eu só penso de acordo com o critério da minha individualidade não tem a participação do outro, pode ser pensado de outra maneira, é apenas uma visão casual, subjetiva. Mas aquilo que eu penso segundo o critério do gênero, isto eu penso como o homem em geral pensa e sempre poderá pensar e, consequentemente, como o indivíduo deve pensar se quiser pensar do modo normal, legal e verdadeiramente. Verdadeiro é aquilo que está em concordância com a essência do gênero e falso é o que lhe contraria. Não existe uma outra lei para a verdade. Mas o outro é para mim o representante do gênero, o representante do outro no plural, o seu juízo pode até mesmo valer mais para mim do que o juízo da multidão infinita. "Que o entusiasta faça discípulos como grãos de areia no mar; a areia é areia; mas que a pérola seja minha, ó, inteligente amigo!" Portanto, a aprovação do outro vale para mim como sinal de conveniência, de universalidade, de verdade dos meus pensamentos. Eu não posso me abstrair de mim a ponto de poder julgar-me completamente livre e desinteressadamente; mas o outro tem um juízo isento; através dele eu corrijo, completo e amplio o meu próprio juízo, o meu próprio gosto, o meu próprio conhecimento. Em síntese, existe uma diferença qualitativa, crítica, entre os homens. Mas o cristianismo apaga essas diferenças qualitativas, passa uma régua sobre todos os homens, encara-os como um único indivíduo, porque não conhece nenhuma diferença entre o gênero e o indivíduo: um único meio de salvação para todos os homens sem distinção, um único pecado original em todos.

Exatamente pelo fato do cristianismo nada saber do gênero por excesso de subjetividade, gênero este no qual exclusivamente se encontra a solução, a justificação, a conciliação e a cura dos pecados e falhas dos indivíduos, necessitou ele também de uma ajuda sobrenatural, especial, mas por outro lado necessariamente pessoal, subjetiva, para superar o pecado. Quando só eu sou o gênero, quando, além de mim, não existem outros homens qualitativamente diversos ou, o que dá na mesma, quando não existe nenhuma diferença entre mim e o outro, quando somos todos inteiramente iguais, quando os meus pecados não são neutralizados e embotados pelas qualidades opostas de outros homens, então é certamente o meu pecado uma mancha vergonhosa que clama aos céus, uma miséria catastrófica que só pode ser apagada por meios extraordinários, extra-humanos, milagrosos. Mas felizmente existe uma conciliação natural. O outro é em si e por si o mediador entre mim e a ideia sagrada do gênero. "O homem é um Deus para o homem". Portanto, o meu pecado já é por si mesmo relegado para o seu limite, ele nada ofende exatamente pelo fato de ser somente meu, mas por isso não sendo ainda o pecado do outro.

CAPÍTULO XVIII
O SIGNIFICADO CRISTÃO DO CELIBATO LIVRE E DA CLASSE MONÁSTICA

O conceito de gênero e com ele o significado da vida-gênero havia desaparecido com o cristianismo. O princípio expresso anteriormente de que o cristianismo não contém em si o princípio da cultura recebe assim uma nova confirmação. Quando o homem anula a diferença entre o gênero e o indivíduo e estabelece esta unidade como o seu ente supremo ou Deus, quando então a ideia da humanidade só é objeto para ele como ideia de divindade, então desaparece a necessidade da cultura; o homem tem tudo em si, tudo em seu Deus, logo, nenhuma necessidade de se completar através do outro, o representante do gênero, através da contemplação do mundo em geral – uma necessidade sobre a qual exclusivamente se funda o anseio pela cultura. O homem por si só atinge a sua meta – ele a atinge em Deus, Deus é ele próprio esta meta atingida, esta mais elevada meta realizada da humanidade; mas Deus é presente a todo indivíduo. Só Deus é a necessidade do cristão; junto a ele não há uma carência necessária do outro, do gênero humano, do mundo; falta a carência intrínseca do outro. Deus representa para mim exatamente o gênero, o outro; sim, somente no desprezo do mundo, no isolamento, eu me torno carente de Deus, somente aí sinto viva a presença de Deus, sinto o que é Deus e o que ele deve ser para mim. Certamente é para o religioso uma carência também a comunidade, a formação comunitária, mas a necessidade do outro é em si mesma sempre algo de segunda ordem. A salvação da alma é a ideia fundamental, a questão principal do cristianismo, mas esta salvação só está em Deus, só na concentração nele. A ação pelos outros é exigida, é condição da salvação, mas a base da salvação é Deus, a relação imediata com Deus. E a própria ação pelos outros só tem por base e meta um sentido religioso, uma relação com Deus – é em sua essência apenas uma ação para Deus – glorificação do seu nome, expansão da sua glória. Mas Deus é a subjetividade absoluta, a subjetividade divorciada do mundo, supramundana, libertada da matéria, abstraída da vida-gênero e por isso mesmo da diferença sexual. A separação do mundo, da matéria, é portanto a meta essencial do cristão[103]. E esta meta se concretizou de modo sensorial na vida monástica.

É uma ilusão pretender derivar a vida monástica somente do Oriente. Pelo menos, se esta derivação for válida, deve-se ser justo e fazer com que a tendência da cristandade contrária à vida monástica derive não do cristianismo, mas do espírito, da natureza do Ocidente em geral. Mas como então se explica o entusiasmo do Ocidente pela vida monástica? Exatamente por isso deve a vida monástica ser deduzida do cristianismo: foi uma consequência necessária da crença no céu que o cristianismo prometia à humanidade. Quando a vida celestial é uma verdade, é a vida terrena uma mentira, quando a fantasia é tudo a realidade não é nada. Quem crê numa vida celestial eterna, para ele esta vida perde o seu valor. Ou antes, já perdeu o seu valor: a crença na vida celestial é exatamente a crença na nulidade e imprestabilidade desta vida. Não posso imaginar o além sem ansiar por ele, sem olhar para esta vida miserável com um olhar de misericórdia ou de desprezo. A vida celestial não pode ser um objeto, uma lei da fé sem ser ao mesmo tempo uma lei da moral: ela deve determinar os meus atos[104] se a minha vida deve ficar em concordância com a minha fé: eu não posso me prender às coisas transitórias

---

103. "A vida para Deus não é esta vida natural que é submetida à corrupção... não devemos então suspirar pelas coisas futuras e odiar todas as coisas temporais?... Portanto, consolados, devemos desprezar esta vida e este mundo e suspirar e desejar de coração a honra e a glória da vida eterna futura" (LUTERO, parte I, p. 466, 467).

104. "O espírito deve ser dirigido para onde ele um dia irá" (GERHARD, J. *Meditat. Sacrae*, Med. 46).

deste mundo. Eu não posso mas também não quero, pois o que são as coisas daqui diante da majestade da vida celestial?[105]

Certamente depende a qualidade daquela vida da qualidade moral desta vida, mas a moralidade é ela mesma determinada pela crença na vida eterna. E esta moralidade correspondente à vida supraterrena é apenas a renúncia a este mundo, a negação desta vida. Mas a conservação sensorial desta renúncia espiritual é a vida monástica. Tudo deve finalmente se apresentar exterior e sensorialmente[106]. A vida monástica e ascética em geral é a vida celestial da maneira em que ela pode se manter e se conservar aqui. Se a minha alma pertence ao céu, sim, por que devo, como posso eu pertencer à terra com o corpo? A alma dá vida ao corpo. Mas quando a alma está no céu, então está o corpo abandonado, morto – morto, portanto, o órgão de ligação entre o mundo e a alma. A morte, a separação entre a alma e o corpo, pelo menos deste corpo grotesco, material, pecaminoso, é o ingresso no céu. Mas se a morte é a condição para a felicidade e a perfeição moral, então é necessariamente a única lei da moral. A morte moral é a antecipação necessária da morte natural – a necessária; pois seria a máxima imoralidade deixar o alcance do céu à morte sensorial, que não é nenhum ato moral, mas natural, comum ao homem e ao animal. A morte deve ser, portanto, elevada a um ato moral, a um ato da autoatividade. "Eu morro diariamente", diz o apóstolo, e esta sentença tomou Santo Antão, o fundador do monasticismo[107], como o tema da sua vida.

---

105. "Quem anseia pelo celestial, este não tem prazer com o que é terreno. Quem exige o que é eterno, este sente nojo pelo que é transitório" (BERNARDO. *Epist. Ex persona Heliae monachi ad parentes*). Por isso os antigos cristãos não festejavam o dia do nascimento, como os modernos, mas o dia da morte (cf. a nota para *Min. Felix e rec. Gronovii Lugd. Bat.*, 1719, p. 332). "Por isso dever-se-ia antes aconselhar um cristão a suportar a doença com paciência; sim, até mesmo a ansiar que a morte venha quanto mais cedo, tanto melhor. Pois, como diz São Cipriano, nada é mais útil para um cristão do que morrer logo. Mas preferimos ouvir o pagão Juvenal, que diz: *Orandum est ut sit mens sana in corpore sano*" (LUTERO, parte IV, p. 15).

106. "Perfeito é aquele que é separado do mundo, espiritual e corporalmente" (*De modo bene vivendi ad Sororem*, S. VII – Dentre os escritos espúrios de Bernardo).

107. Cf. sobre isso *Hieronymus de vita Pauli primi Eremitae*.

Mas o cristianismo, objeta-se, só quis uma liberdade espiritual. Sim; mas o que é a liberdade espiritual que não passa para a ação, que não se afirma sensorialmente? Ou então crês que depende somente de ti, da tua vontade, da tua intenção, se és livre de alguma coisa? Oh, então erras violentamente e nunca experimentaste um legítimo ato de libertação. Enquanto estás numa classe, numa disciplina, numa relação, serás determinado por ela sem o saber. Tua vontade, tua intenção te liberta somente das limitações e impressões conscientes, mas não das secretas e inconscientes que estão na natureza da coisa. Por isso é-nos estranho, o nosso peito torna-se oprimido enquanto não nos separamos espacial e sensorialmente daquilo com que rompemos interiormente. A liberdade sensorial é somente a verdade da liberdade espiritual. Um homem que perdeu realmente o interesse espiritual em bens terrenos atira-os logo pela janela para libertar completamente o seu coração. O que eu não tenho mais com a intenção torna-se para mim um peso quando eu, no entanto, ainda o tenho, pois eu o tenho em contradição com a minha intenção. Portanto, fora com isso! O que a intenção abandonou não segure a mão. Somente a intenção é o peso da pressão das mãos: somente a intenção consagra a posse. Quem possuir uma mulher como se não a possuísse, este age melhor se não possuir nenhuma mulher. Ter como se não tivesse significa ter sem intenção do ter, em verdade significa não ter. Por isso quem diz: deve-se ter uma coisa como se não a tivesse, este diz somente de uma maneira fina, diplomática: não se deve tê-la. O que eu deixo escapar do coração não é mais meu, é livre como um pássaro. Santo Antão decidiu renunciar ao mundo quando um dia ouviu a sentença: "se queres ser perfeito então vai, vende o que tens e dá aos pobres, então terás um tesouro no céu, vem e segue-me". Somente Santo Antão deu a verdadeira interpretação deste mandamento. Ele partiu, vendeu as suas riquezas e as distribuiu aos pobres. Só assim conservou ele a sua libertação espiritual dos tesouros deste mundo[108].

---

108. Naturalmente o cristianismo só possuía tal força enquanto, como escreve Jerônimo a Demetrias, o sangue do nosso Senhor ainda era quente e a fé ainda estava em chama ardente. Cf. também G. Arnold. Sobre o contentamento e desprezo dos primeiros cristãos a qualquer posse privada (1 c. B. IV, c. 12, § 7-16).

Uma tal libertação, uma tal verdade contradiz sem dúvida o cristianismo atual, segundo o qual o Senhor só pretendeu uma libertação espiritual, i.e., uma libertação que não alcança nenhum sacrifício, nenhuma energia, uma libertação ilusória, uma libertação da autoilusão – a libertação dos bens terrenos que consiste na posse e no gozo desses bens. Por isso disse também o Senhor: "meu jugo é suave e leve". Quão bárbaro, quão absurdo seria o cristianismo se ele exigisse dos homens sacrificar os tesouros deste mundo! Então o cristianismo não serviria para este mundo. Mas isto está longe! O cristianismo é altamente prático e versátil; ele deixa a libertação dos tesouros e prazeres deste mundo para a morte natural – a mortificação dos monges é um suicídio não cristão – mas deixa para a atividade pessoal a aquisição e o gozo dos bens terrenos. Os cristãos legítimos de fato não duvidam da verdade da vida celestial (queira Deus!) e nisto concordam ainda hoje com os monges antigos; mas eles esperam esta vida pacientes, entregues à vontade de Deus, i.e., à vontade do autismo, do confortável gozo deste mundo[109]. Mas eu fujo com nojo e desprezo do cristianismo moderno, onde a noiva de Cristo saúda prontamente até mesmo a poligamia, pelo menos a poligamia sucessiva, que aos olhos do verdadeiro cristão não se distingue essencialmente da simultânea, mas ao mesmo tempo – oh, bajulação vergonhosa! – jura pela palavra de Deus eterna, sagrada, irrefutável e que tudo une; e volto com sacral respeito para a incompreendida verdade da casta clausura, onde a alma confiante no céu ainda não rivalizou com um corpo estranho, terreno!

A vida sobrenatural, não terrena, é também essencialmente uma vida celibatária. O celibato – certamente não enquanto lei – se acha portanto na mais íntima essência do cristianismo. Isto já foi expresso de sobra na origem sobrenatural do Salvador. Nesta crença saudaram os cristãos a virgindade imaculada como princípio de

---

109. Quão diversos eram os antigos cristãos! "É difícil, sim, impossível gozar simultaneamente os bens presentes e futuros" (JERÔNIMO. *Epist. Juliano*). "Tu és muito delicado, meu irmão, se quiseres gozar este mundo e depois reinar com Cristo" (JERÔNIMO. *Epist.* ad. Heliodorum de laude vitae solit.). "Quereis possuir Deus e criatura ao mesmo tempo e isto é impossível. O prazer de Deus não pode coexistir com o prazer das criaturas" (TAULER. *Ed. c.*, p. 334). Mas certamente eram cristãos abstratos. E agora vivemos na época da conciliação! Sim!

salvação, como princípio de um mundo novo, cristão. Que não me venham com tais trechos da Bíblia como: multiplicai-vos, ou: o que Deus une o homem não pode separar, para sancionar o matrimônio com isso! A primeira passagem se refere, como já observaram Tertuliano e Jerônimo, somente à terra vazia de homens, não à terra já habitada, somente ao início, não ao fim do mundo que já surge com o aparecimento imediato de Deus na terra. E mesmo o segundo só se refere ao casamento como uma instituição do Antigo Testamento. Os judeus propuseram a questão: se é permitido que um homem se separe da sua mulher; a mais objetiva resposta a esta pergunta foi a resposta dada acima. Quem contrai um matrimônio uma vez deve também considerá-lo como sagrado. O mero olhar para uma outra já é adultério. O matrimônio já é em e por si uma indulgência contra a fraqueza ou antes a energia dos sentidos, um mal que por isso deve ser restringido o mais possível. A indissolubilidade do casamento é um *Nimbus*, uma ilusão sacral que expressa o exato oposto daquilo que as cabeças confusas e cegas pela ilusão aí procuram. O casamento é em si, i.e., no sentido do cristianismo perfeito um pecado[110] ou ainda uma fraqueza que só é permitida e perdoada sob a condição de que tu te restrinjas – medita bem! – para sempre a uma única mulher. Em síntese, o matrimônio é consagrado somente no Antigo, mas não mais no Novo Testamento: o Novo Testamento conhece um princípio mais elevado, sobrenatural, o mistério da virgindade imaculada[111]. "Quem o entender que o entenda. [...] Os filhos deste mundo desposam e deixam se desposar, mas aqueles que serão dignos de alcançar aquele mundo na ressurreição dos mortos, estes não desposarão nem deixarão se desposar. Pois esses não poderão morrer, pois são iguais aos anjos e filhos de Deus, pelo que são filhos da ressurreição." Portanto, não se casam no céu; do céu está excluído o princípio do amor sexual como um princípio terreno, mundano. Mas a vida celestial é

---

110. "Não querer ser perfeito significa: pecar" (JERÔNIMO. *Epist. ad Heliodorum de la*ude vitae solit.). Ao mesmo tempo eu observo que interpreto a passagem da Bíblia aqui exposta sobre o matrimônio no sentido em que a história do cristianismo a expôs.

111. "O matrimônio não é nada novo ou inédito, e foi louvado e considerado por bom também por pagãos segundo o juízo da razão" (LUTERO, parte II, p. 337a).

a vida verdadeira, perfeita e eterna do cristão. Por que então devo eu, que sou determinado para o céu, contrair uma união que está dissolvida em meu verdadeiro desígnio? Por que não devo eu que, em si, quanto à possibilidade, sou um ser celestial, realizar já aqui esta possibilidade[112]. Sim, o matrimônio já está banido dos meus sentidos, do meu coração ao ser expulso do céu, o objeto essencial da minha crença, esperança e vida. Como pode uma mulher terrena ainda ter lugar em meu coração repleto do céu? Como posso eu dividir o meu coração entre Deus e o homem?[113] O amor que o cristão tem por Deus não é um amor abstrato ou geral, como o amor à verdade, à justiça, à ciência; é o amor a um Deus subjetivo, pessoal, portanto ele próprio um amor subjetivo, pessoal. Uma característica essencial deste amor é que ele é um amor exclusivo, ciumento, pois o seu objeto é um ser pessoal e ao mesmo tempo o mais elevado, ao qual nenhum outro se equipara. "Fica com Jesus (pois Jesus Cristo é o Deus do cristão) na vida e na morte; entrega-te à sua fidelidade: só ele pode te ajudar quando tudo te abandona. Teu Amado tem a qualidade de não suportar nenhum outro a seu lado: só ele quer possuir o teu coração, só ele quer reinar em tua alma como um rei sobre o seu trono. [...] O que pode o mundo te proporcionar sem Jesus? Ficar sem Cristo é um castigo infernal; ficar com Cristo é uma doçura celestial". "Não podes viver sem amigo; mas se a amizade de Cristo não está para ti acima de tudo, então ficarás excessivamente triste e desconsolado". "Que todos amem por causa de Jesus, mas que amem a Jesus por sua causa. Só Jesus Cristo é digno de amor". "Meu Deus, meu amor (meu coração): eu sou todo teu e tu és todo meu". "O amor... espera e confia sempre em Deus, mesmo quando seu Deus não é misericordioso (ou tem gosto amargo, *non sapit*); pois sem dor não se vive no amor... Em nome do amado deve o amante aceitar tudo, até mesmo o áspero e o amargo". "Meu Deus e meu tudo... Em tua presença tudo se

---

112. "Aqueles que querem ser acolhidos no paraíso devem abandonar aquilo de que o paraíso é livre" (TERTULIANO. *De exhort. cast.*, c. 13). "O celibato é a imitação dos anjos" (DAMASCENUS, J. *Orthod. fidei*, lib. IV. c. 25).

113. "A solteira só se ocupa com Deus e tem somente um pensamento, mas a casada vive em parte com Deus e em parte com o homem" (CLEMENTE DE ALEXANDRIA. *Pae*dag., lib. II, c. 10). "Quem escolhe uma vida isolada só pensa em coisas divinas" (THEODORETO. *Haeretic. Fabul.*, lib., v. 24).

torna doce, em tua ausência tudo repelente... Sem ti nada pode me agradar. [...] Oh, quando chegará finalmente aquele momento feliz, desejado, em que me encherás com a tua presença e serás para mim tudo em tudo! Enquanto isto não me for propiciado é a minha alegria apenas um pedacinho. [...] Onde eu me sentiria bem sem ti? Ou quando seria eu mau com a tua presença? Eu prefiro ser pobre por tua causa a ser rico sem ti. Prefiro ser um peregrino contigo na terra a possuir o céu sem ti. Onde estás, está o céu; morte e inferno onde não estás. Eu só anseio por ti. [...] Tu não podes servir a Deus e ao mesmo tempo gozar de coisas transitórias: deves te distanciar de todos os conhecidos e amigos e separar o teu espírito de todo consolo temporal. Os crentes de Cristo devem se considerar, de acordo com a exortação do santo apóstolo Pedro, somente como peregrinos e estranhos a este mundo"[114]. "Portanto, é o amor a Deus enquanto ser pessoal um amor específico, formal, pessoal, exclusivo. Como posso eu amar ao mesmo tempo a Deus e a uma mulher perecível? Não coloco assim Deus em pé de igualdade com a mulher? Não! Para uma alma que ama a Deus verdadeiramente é o amor à mulher uma impossibilidade – um adultério". "Quem possui uma mulher", diz o apóstolo Paulo, "pense em sua mulher, quem não tem nenhuma pense somente no Senhor. Que o casado pense somente em agradar a sua mulher, o solteiro em agradar a Deus."

O verdadeiro cristão, assim como não tem necessidade de cultura por ser esta um princípio contrário ao espírito, mundano, não tem também necessidade do amor (natural). Deus lhe supre a falta, a necessidade da cultura, da mulher, da família. O cristão identifica diretamente a espécie com o indivíduo: por isso anula ele a diferença sexual como um apêndice incômodo, casual[115]. Somente

---

114. Thomas a Kempis (*De imit.*, lib. II, c. 7 , c. 8; lib. III, c. 5, c. 34, c. 53, c. 59). "Oh, quão suave é a virgem em cujo seio, fora do amor de Cristo, nenhum outro ser habita!" (JERÔNIMO. *Demetriadi, virgini Deo consecratae*). Mas de certo está aqui novamente um amor muito abstrato, que na época da conciliação não mais valerá, quando Cristo e Belial serão um coração e uma alma. Oh, quão amarga é a verdade!

115. "Diversa é a mulher e a virgem. Veja quão celestial é aquela que perdeu o nome do seu sexo. A virgem não se chama mais mulher" (JERÔNIMO. *Adv. Helvidium de perpet. virg.*, p. 14; parte II, Erasmus).

o homem e a mulher juntos perfazem o ser humano real, homem e mulher juntos são a existência da espécie humana – pois a sua união é a fonte da pluralidade, a fonte de outros seres humanos. Portanto, o homem que não renega a sua masculinidade, que se sente como homem e reconhece este sentimento como um sentimento natural e normal, este se conhece e se sente como um ser parcial que necessita de um outro ser parcial para a reprodução do todo, da verdadeira humanidade. Mas o cristão se concebe em sua subjetividade excêntrica, sobrenatural, como um ser completo em si mesmo. Mas contra esta concepção estava o instinto sexual; ele estava em contradição com o seu ideal, com o seu Ente Supremo; por isso deveu o cristão oprimir este instinto.

Sem dúvida sentiu também o cristão a necessidade do amor sexual, mas somente como uma necessidade contraditória ao seu desígnio celestial, somente como uma necessidade natural (natural no sentido comum, desprezível, que esta palavra adquire no cristianismo), não como uma necessidade moral, íntima, não, por assim dizer, como uma necessidade metafísica, essencial, que o homem só pode sentir quando não abstrair de si a diferença sexual, mas antes a atribui à sua mais íntima essência. Por isso o matrimônio não é sagrado no cristianismo – ou pelo menos só ilusória e aparentemente –, pois o princípio natural do casamento, o amor sexual (ainda que o casamento burguês contradiga infinitas vezes esse princípio) é no cristianismo um princípio profano, excluído do céu[116]. Mas aquilo que o homem exclui do seu céu, exclui ele

---

116. Isto pode ser expresso também assim: o casamento só tem no cristianismo um significado moral, mas não religioso, não é pois um princípio ou modelo religioso. Diferente era dentre os gregos, onde p. ex. "Zeus e Hera são o grande protótipo de qualquer casamento" (Creuzer Symb.), dentre os antigos parses, para os quais a procriação é "a multiplicação da espécie humana, a diminuição do reino ahrimânico", sendo, portanto, um ato e dever religioso (Zend-Avesta), dentre os hindus, onde o filho é o pai renascido.

Quando o marido se aproxima de sua mulher, é ele mesmo renascido por aquela que será mãe por seu intermédio.

Dentre os hindus não pode um renascido entrar na classe de um Sanyassi, i.e., de um monge concentrado em deus, se não pagar antes três dívidas, dentre as quais ter procriado um filho legalmente. Mas dentre os cristãos, pelo menos os católicos, era um verdadeiro jubileu religioso quando um casado ou já comprometido (pressuposto que isto se desse com o consentimento de ambas as partes) abandonava o estado matrimonial, sacrificando o amor matrimonial ao religioso.

também da sua verdadeira essência. O céu é o seu tesouro. Que não se creia no que ele estabelece na terra, no que ele aqui permite e sanciona: aqui deve ele se acomodar; aqui muita coisa que não se enquadra em seu sistema lhe vem de encontro; aqui ele se esquiva do teu olhar, pois ele se encontra entre seres estranhos que o intimidam. Mas observe-o quando se despe do seu incógnito e se mostra em sua verdadeira dignidade, em seu estado celestial. No céu ele diz o que pensa; lá escutas a sua verdadeira opinião. Onde está o céu está o seu coração – o céu é o seu coração aberto. O céu nada mais é que o conceito do que é verdadeiro, bom, válido, daquilo que deve ser; a terra nada mais é que o conceito do que é falso, ilegítimo, daquilo que não deve ser. O cristão exclui do céu a vida conjugal: aí acaba o sexo, aí só existem indivíduos puros, assexuados, "espíritos", aí domina a subjetividade absoluta – por isso exclui o cristão da sua verdadeira vida a vida conjugal; ele renega o princípio do matrimônio como um princípio pecaminoso, condenável; pois a vida santa, a verdadeira vida é a celestial[117].

---

117. Enquanto a consciência religiosa por fim reestabelece tudo que ela anula de início, não sendo portanto a vida do além nada mais que a vida de cá reconstituída, então deve consequentemente também o sexo ser reconstituído. "Serão semelhantes aos anjos, mas não deixarão de ser homens, de forma que o apóstolo será apóstolo e Maria Maria" (JERÔNIMO. *Ad Theodoram viduam*). Mas como o corpo do além é um corpo apenas incorpóreo, aparente, então é necessariamente o sexo de lá um sexo não sexual, apenas aparente.

CAPÍTULO XIX
O CÉU CRISTÃO OU A IMORTALIDADE PESSOAL

A vida celibatária, ascética em geral é o caminho direto para a vida celestial imortal, pois o céu nada mais é que a vida sobrenatural, assexuada, absolutamente subjetiva. A fé na imortalidade pessoal tem por base a fé de que a diferença sexual é apenas um laivo exterior da individualidade, que o indivíduo é em si um ser assexuado, completo por si mesmo, absoluto. Mas quem não pertence a nenhum sexo não pertence a nenhuma espécie – a diferença sexual é o cordão umbilical através do qual a individualidade se funde com a espécie – e quem não pertence a nenhuma espécie, este só pertence a si mesmo, é um ser meramente desnecessitado, divino, absoluto. Portanto, somente quando a espécie desaparece da consciência torna-se a vida celestial uma certeza. Quem vive na consciência da espécie e, consequentemente, da sua verdade, este vive também na consciência da verdade da determinação sexual. Ele considera esta não como uma pedra de choque casual mecanicamente rompida, mas sim como uma parte química componente da sua essência. Ele se conhece certamente como um ser humano, mas ao mesmo tempo na determinação do sexo que não o penetra somente pela espinha dorsal, mas que determina também o seu mais íntimo. Eu, a maneira essencial do seu pensar, querer e sentir. Por isso, quem vive na consciência da espécie, quem restringe a sua afetividade e a sua fantasia, determinado pela contemplação da vida real, do ser humano real, este não pode conceber uma vida onde é suprimida a vida conjugal e com ela a diferença sexual: ele considera o indivíduo assexuado, o espírito celestial como uma concepção afetiva da fantasia.

Mas assim como o verdadeiro ser humano não pode se abstrair da diferença sexual, não pode ele também se abstrair da sua determinação moral ou espiritual que está intimamente ligada com a sua determinação natural. Exatamente por viver ele na contemplação do todo, vive ele na contemplação de si somente como um ser parcial, que só é o que é pela determinação que o torna exatamente uma parte do todo ou um todo relativo. Por isso cada um considera com razão o seu ofício, a sua classe, a sua arte ou ciência como a mais elevada, pois o espírito do homem é apenas o modo essencial da sua atividade. Quem é exemplar em sua classe, em sua arte, quem, como se diz na vida, preenche o seu posto, quem se dedica com corpo e alma à sua profissão, este concebe a sua profissão como sendo a mais elevada e mais bela. Como poderia ele negar em seu espírito, rebaixar em seu pensamento o que ele celebra através da ação, ao consagrar a isso com prazer todas as suas forças? Se isso deve acontecer, então é a minha atividade uma infeliz, pois eu estou cindido comigo mesmo. Trabalhar é servir. Mas como posso eu servir a um objeto, subordinar-me a ele se ele não me paira como ideal no espírito? Em síntese, as determinações determinam o juízo e o modo de pensar a intenção do homem. E quão mais elevado é o tipo da ocupação, tanto mais identifica-se o homem com ela. Tudo aquilo que o homem estabelece como meta essencial da sua vida, declara ele como sendo a sua alma, pois é o princípio do movimento nele. Através dos seus objetivos, da atividade na qual ele realiza esses objetivos, é, porém, o homem ao mesmo tempo, como algo para si, também algo para os outros, para o geral, para a espécie. Portanto, quem vive na consciência da espécie como uma verdade, este considera o seu ser para outros, o seu ser público, comunitário, como o ser que é idêntico ao ser da sua essência, seu ser imortal. Ele vive para a humanidade com toda alma, com todo coração. Como poderia ele ainda considerar uma existência especial para si, como se separar da humanidade? Como afirmar na morte o que ele corroborava em vida?

A vida celestial ou – o que aqui não diferenciamos – a imortalidade pessoal é uma doutrina característica do cristianismo. Certamente ela já se encontra em parte dentre os filósofos pagãos, mas aqui ela só tem o significado de uma fantasia, porque não era coerente com a sua concepção fundamental. Como se contradizem, por exemplo, os estoicos, sobre esta questão! Somente dentre os cristãos encontrou a imortalidade pessoal o princípio pelo qual ela se mostra como uma verdade que se entende por si mesma. Aos antigos surgiu sempre como um obstáculo a contemplação do mundo, da natureza, da espécie; eles distinguiam entre o princípio da vida e o sujeito vivo, entre a alma, o espírito e "si mesmo", enquanto que o cristão suprimiu a diferença entre alma e pessoa, espécie e indivíduo e por isso estabeleceu diretamente em si o que só pertence à totalidade da espécie. Mas a unidade imediata da espécie e da individualidade é exatamente o mais elevado princípio, o Deus do cristianismo – o indivíduo tem nele o significado do ser absoluto – e a consequência necessária deste princípio é exatamente a imortalidade pessoal.

Ou melhor: a crença na imortalidade pessoal é idêntica à crença no Deus pessoal – i.e., o mesmo que expressa a crença numa vida celestial, imortal da pessoa expressa também Deus tal como é objeto para os cristãos – a essência da personalidade absoluta, ilimitada. A personalidade ilimitada é Deus, mas a personalidade celestial, imortal não é ela mesma nada mais que a personalidade ilimitada, livre de todos os incômodos e limitações terrenas – a distinção é apenas que o Deus é o céu espiritual, o céu é o Deus sensorial; que é pensado em Deus o que é posto no céu como um objeto da fantasia. Deus é somente o céu não desenvolvido, o céu real é Deus desenvolvido. Presentemente é Deus o Reino dos Céus, no futuro o céu é Deus. Deus é o penhor, a presença e a existência do futuro, mas ainda abstrata – o céu antecipado, compendioso. A nossa essência própria, futura, mas diversa de nós enquanto existimos presentemente neste mundo, neste corpo, que é um objeto somente ideal, é Deus – Deus é o conceito de espécie que somente lá se realizará, se individualizará. Deus é a essência celestial, pura, livre que lá existirá como um ser celestial, puro; a felicidade que lá se desdobrará numa grande quantidade de indivíduos felizes. Deus é, portanto, somente o conceito ou a essência da vida absoluta, feliz, celestial, mas que já aqui é sintetizado numa personalidade ideal. Isto é expressado de modo bastante claro na crença de que a vida feliz é a união com Deus. Aqui somos nós distintos e separados de Deus, lá cai a separação; aqui somos nós homens, lá deuses;

aqui é a divindade um monopólio, lá um bem comum; aqui uma unidade abstrata, lá uma pluralidade concreta[118].

O que dificulta o conhecimento deste objeto é somente a fantasia que rompe a unidade do conceito por um lado através da concepção da personalidade e autonomia de Deus, por outro lado através da concepção das diversas personalidades que ela habitualmente transfere para um reino pintado em cores sensoriais. Mas em verdade não existe diferença entre a vida absoluta que é pensada como Deus e a vida absoluta pensada como céu, apenas no céu é estendido em profundidade e largura o que em Deus é concentrado num ponto. A crença na imortalidade do homem é a crença na divindade do homem e, vice-versa, a crença em Deus é a crença na personalidade pura, livre de todas as limitações e exatamente por isso imortal. As diferenças que se estabelecem entre a alma imortal e Deus são sofísticas ou fantásticas, como quando se encerra, por exemplo, novamente em limites, a felicidade dos habitantes do céu se divide em graus para se estabelecer numa diferença entre Deus e os seres celestiais.

A unidade da personalidade divina e celestial se mostra até mesmo nas provas populares da imortalidade. Se não existe uma vida melhor, Deus não é bom e justo. A justiça e a bondade de Deus é então dependente da continuidade dos indivíduos; mas sem justiça e bondade Deus não é Deus – a Divindade, a existência de Deus é, portanto, dependente da existência dos indivíduos. Se não sou imortal, então não creio em nenhum Deus; quem nega a imortalidade nega Deus. Mas é impossível eu não crer assim: tão certo como Deus existe, tão certa é a minha felicidade. Deus

---

118. "É ótimo, diz a escritura (1Jo 3,2), que um dia possamos ver a Deus tal como ele é, quando então seremos iguais a ele, i.e., seremos o que ele mesmo é, pois aqueles aos quais é dado o poder de se tornarem filhos de Deus, a estes é dado também o poder, não de se tornarem Deus, mas de se tornarem o que Deus é" (PSEUDO-BERNARDO. *De vita solit.*). "O objetivo da boa vontade é a felicidade: mas a vida eterna é o próprio Deus" (AGOSTINHO. In: *Petrus Lomb.*, lib. II., dist. 38, c. 1). "A felicidade é a própria divindade, portanto, cada indivíduo feliz é um Deus" (BOETHIUS. *De consol. Phil.*, lib. III. prosa 10). "Felicidade e Deus são a mesma coisa" (TOMÁS DE AQUINO. *Summa cont. gentiles*, lib. I, c. 101). "O outro homem será renovado na vida espiritual, ele será igual a Deus na vida, na justiça, na grandeza e na sabedoria" (LUTERO, parte I, p. 324).

é para mim exatamente a certeza da minha felicidade. O interesse de que Deus exista é idêntico ao interesse de que eu exista, que seja eterno. Deus é a minha existência oculta, certa: ele é a subjetividade dos sujeitos, a personalidade das pessoas. Portanto, como não iria suceder às pessoas o que sucede com a personalidade? Em Deus transformo, pois, o meu futuro num presente, ou melhor, um verbo num substantivo; como poderia separar-se um do outro? Deus é a existência correspondente aos meus desejos e sentimentos: ele é o justo, o bom, aquele que realiza os meus desejos. A natureza, este mundo é uma existência que contradiz os meus desejos, os meus sentimentos. Aqui a coisa não é como deve ser – este mundo perece – mas Deus é o ser que é como deve ser. Deus realiza os meus desejos – esta é apenas uma personificação popular do princípio: Deus é o realizador, i.e., a realidade, o ser-realizado dos meus desejos[119]. Mas o céu é exatamente o ser[120] correspondente aos meus desejos, ao meu anseio, portanto, nenhuma diferença entre Deus e céu. Deus é a força através da qual o homem realiza a sua eterna felicidade – Deus é a personalidade absoluta na qual todas as pessoas individuais encontram a certeza de sua felicidade e imortalidade – Deus é a última e mais elevada certeza que o homem tem da verdade absoluta da sua essência.

A imortalidade é a conclusão da religião – o testamento no qual ela expressa o seu último desejo. Aqui expressa ela abertamente o que ela normalmente oculta. Não obstante se trate alhures da existência de um outro ser, trata-se aqui publicamente só da própria existência; quando pois o homem faz na religião que o seu ser dependa do ser de Deus, faz ele aqui com que a existência de Deus dependa da sua própria, o que é antes para ele a verdade primitiva, imediata, é para ele aqui uma verdade derivada: se eu não

---

119. "Se um corpo imperecível é um bem para nós, por que duvidaremos que Deus faria um assim para nós?" (AGOSTINHO. *Opp. Antwerp.*, 1700, parte V., p. 698).

120. "O corpo celestial se chama um corpo espiritual porque se adaptará à vontade do espírito. Nada em ti contraria a ti mesmo, nada em ti se rebelará contra ti. Onde quiseres estar estarás no mesmo momento" (AGOSTINHO. L.c., p. 705, 703). "Lá não haverá nada repelente, nada contrário, nada desunido, nada feio, nada que agride à vista" (AGOSTINHO. L.c., p. 707). "Somente o feliz vive como quer" (AGOSTINHO. *De Civit. Dei*, l. 10, c. 25).

sou eterno, Deus não é Deus, se não existe imortalidade não existe Deus. E esta conclusão já tirou o apóstolo. Se não ressuscitamos Cristo não ressuscitou e tudo é nada. *Edite bibite*. Certamente pode-se superar o escândalo aparente ou real que subsiste nas provas populares ao se evitar a conclusão, mas somente ao se fazer da imortalidade uma verdade analítica, de forma a ser o conceito de Deus, enquanto conceito da personalidade ou subjetividade absoluta, já por si o conceito da imortalidade. Deus é o penhor da minha existência futura porque ele já é a certeza e verdade da minha existência presente, a minha salvação, o meu consolo, a minha proteção contra as agressões do mundo exterior; por isso não preciso deduzir expressamente a imortalidade, não preciso demonstrá-la como uma verdade à parte; se eu tenho Deus, tenho a imortalidade. Assim se procedia dentre os místicos cristãos mais profundos; para eles o conceito de imortalidade se fundia no conceito de Deus: Deus era para eles a sua vida imortal – Deus era a própria felicidade subjetiva, portanto, era para eles, para a sua consciência aquilo que era em si mesmo, i.e., na essência da religião.

Com isso está demonstrado que Deus é o céu, que ambos são a mesma coisa. Mais fácil seria a demonstração oposta, ou seja, que o céu é o próprio Deus dos homens. Como o homem imagina o seu céu, assim imagina o seu Deus: o conteúdo do seu céu é o conteúdo do seu Deus, com a diferença que no céu é pintado e executado sensorialmente o que em Deus é apenas um esboço, um conceito. O céu é, portanto, a chave para os mais íntimos segredos da religião. Assim como o céu é objetivamente a essência revelada da divindade, da mesma forma é ele também subjetivamente a mais sincera confissão dos pensamentos e intenções mais íntimos da religião. Por isso são as religiões tão diversas quanto os céus e tantos céus diversos quantas diferenças humanas essenciais existam. Os próprios cristãos imaginam o céu de maneiras muito diversas[121].

---

121. E igualmente variado é o seu Deus. Assim, os cristãos devotos alemães e patriotas têm um "Deus alemão", necessariamente têm também os devotos espanhóis um Deus espanhol, os franceses um Deus francês. Os franceses dizem mesmo proverbialmente: *le bom Dieu est français*. Na verdade existirá politeísmo enquanto existirem muitos povos. O Deus real de um povo é o *"point d'honneur"* da sua nacionalidade.

Somente os sagazes dentre eles não pensam e dizem nada definido sobre o céu ou o além em geral, como que sendo incompreensível e, portanto, só pensado de acordo com o critério daqui, só válido aqui neste mundo. Todas as concepções daqui são apenas imagens através das quais o homem representa o além desconhecido quanto à sua essência, mas certo quanto à sua existência. Dá-se aqui o mesmo com Deus: a existência de Deus é certa, mas o que ele é ou como é insondável. Mas quem assim fala já expulsou o além da sua cabeça; ele só o mantém ou porque não medita sobre essas coisas ou porque ainda é para ele somente uma necessidade do coração, porém ele o distancia de seus olhos o quanto pode, repleto de coisas reais; ele nega com a sua cabeça o que afirma com o coração: pois ele nega o além ao tirar dele as características através das quais ele é para o homem um objeto real e eficaz. A qualidade não é distinta do ser – a qualidade é somente o ser real. Ser sem qualidade é uma quimera – um fantasma. Somente através da qualidade o ser me é dado, não antes o ser e depois a qualidade. A doutrina da incognoscibilidade e indefinibilidade de Deus, assim como da insondabilidade do além não são, portanto, doutrinas religiosas originais: são antes produtos da irreligiosidade que ainda está presa à religião ou antes se esconde por detrás da religião, e isto exatamente porque originariamente a existência de Deus só é dada com uma concepção determinada do mesmo. Assim é para o cristão uma certeza somente a existência do seu paraíso, do paraíso que traz em si a qualidade da cristandade de Deus, a existência do além somente com uma concepção determinada do seu paraíso, do paraíso que traz em si a qualidade da cristandade, não o paraíso dos maometanos ou o *Elysium* dos gregos. Normalmente a primeira certeza é a qualidade; o ser se entende por si mesmo quando a qualidade é certa. No Novo Testamento não existem provas ou frases gerais onde se lê: existe um Deus ou existe uma vida celestial; mas apenas são apresentadas qualidades da vida do céu: "lá não se casarão". Isto é natural, pode-se objetar, porque o ser já é pressuposto. Mas já se insere aqui no sentido religioso uma distinção da reflexão que originariamente nada sabe desta distinção. Certamente já é o ser pressuposto, mas somente porque a qualidade já é o ser, porque a afetividade religiosa não deturpada só vive na qualidade, assim como para o homem natural a coisa em si, o ser real está somente na qualidade que ele sente. Assim, é pressuposto naquela passagem do Novo Testamento a vida virginal, ou antes, assexuada como sendo a vida real que, no entanto, se transformará numa futura, porque esta vida real contradiz o ideal da verdadeira vida. Entretanto, a certeza desta verdadeira vida só está na certeza da qualidade da futura como sendo a vida verdadeira, suprema e correspondente ao ideal.

Quando a vida do além é realmente crida, quando é certa, é ela, exatamente por ser certa, também determinada. Quando eu não sei o que e como eu serei um dia, quando existe uma diferença essencial e absoluta entre meu futuro e meu presente, também não saberei o que fui antes e assim é suprimida a unidade da consciência; um outro ser surgiu lá em meu lugar e o meu ser futuro, de fato, não será distinto do não ser. Se por outro lado não existe uma diferença essencial, então é também o além um objeto determinável e conhecível por mim. E assim é de fato: eu sou o ser permanente na mudança das qualidades, eu sou a substância que une o aquém e o além numa unidade. Como poderia então o além ser obscuro para mim? Ao contrário: a vida deste mundo é a vida obscura, incompreensível, que só se tornará clara no além; aqui eu sou um ser mascarado, complicado; lá cai a máscara: lá eu sou o que sou na verdade. Portanto, a afirmação de que existe de certo uma outra vida, celestial, mas o que e como é permanece aqui insondável, é somente uma invenção do ceticismo religioso que se baseia num total mal-entendido da religião, porque se alienou totalmente da sua essência. Aquilo que a reflexão irreligiosa-religiosa transforma numa imagem conhecida de uma coisa desconhecida, porém certa, é na origem, no sentido original e verdadeiro da religião não imagem, mas a própria coisa, a essência. A descrença, que ao mesmo tempo ainda é crença, coloca a coisa em dúvida, mas é bastante vazia de ideias e covarde para colocá-la diretamente em dúvida: ele só a coloca em dúvida ao duvidar da imagem ou da representação, i.e., ao declarar a imagem somente como imagem. Mas a inverdade e nulidade deste ceticismo já é provada historicamente. Quando se duvida da verdade das imagens da imortalidade, duvida-se de que se possa existir como a crença concebe, por exemplo, sem corpo material, real ou sem sexo, então duvida-se também logo da existência do além em geral. Com a imagem cai a coisa exatamente porque a imagem é a própria coisa.

A crença no céu ou numa vida do além em geral baseia-se num juízo. Ela expressa louvor e repreensão; é de natureza crítica; faz uma colheita de flores da flora deste mundo. E esta colheita de flores é exatamente o céu. Tudo que o homem julga belo, bom, agradável é para ele o ser que unicamente deve ser; o que ele julga mau, horrível, desagradável é para ele o ser que não deve ser e por isso, enquanto e porque ainda existe, é um ser condenado ao desaparecimento, um ser nulo. Quando a vida não é vista em contradição com um sentimento, uma ideia, e este sentimento, esta ideia não é tida por absolutamente verdadeira e justificada, então não surge a crença numa outra vida celestial. A outra vida nada mais é do que a vida em harmonia com o sentimento, com a ideia que contradiz esta vida. O além não tem outro significado a não ser suprimir esta cisão, realizar um estado que contradiz o sentimento no qual o homem está em concordância consigo mesmo. Um além desconhecido é uma quimera ridícula: o além é apenas a realidade de uma ideia conhecida, a satisfação de um anseio consciente, a realização de um desejo[122]: é somente a supressão das limitações que aqui se opõem à realidade da ideia. Onde estaria o consolo, onde estaria o significado do além se eu o enxergasse numa noite escura? Não! Lá reluz com o brilho do metal precioso o que aqui só brilha com as cores obscuras do bronze oxidado. O além não tem outro significado, outro fundamento da sua existência que não ser a purificação no metal das suas partes componentes estranhas e misturadas, a separação entre bem e mal, agradável e desagradável, louvável e repreensível. O além é as núpcias nas quais o homem contrai a união com a sua amada. Há muito conhecia ele a sua noiva, há muito ansiava por ela, mas relações exteriores, a realidade insensível impedia a sua união com ela. Nas núpcias a sua amada não será um outro ser, caso contrário, co-

---

122. *Ibi nostra spes erit res*. Agostinho. "Por isso temos as primícias da vida imortal na esperança, até que a perfeição se apresente no dia do juízo, quando então vamos sentir e ver a vida acreditada e esperada" (LUTERO, parte I, p. 459).

mo poderia ele ansiar tão ardentemente por ela? Ela só será sua, só agora se tornará ela de um objeto do anseio um objeto da posse real. O além é aqui somente uma imagem, mas não a imagem de uma coisa distante, desconhecida, e sim um retrato da essência que o homem prefere e ama acima de todas as outras. Tudo o que homem ama é a sua alma. A cinza de mortos queridos encerrava o pagão em urnas: dentre os cristãos é o além celestial o mausoléu no qual ele tranca a sua alma.

Para o conhecimento de uma crença, da religião em geral é necessário que se atente para os graus inferiores, mais rudes, da religião. Não se deve considerar a religião somente numa linha ascendente, mas contemplá-la em toda a extensão da sua existência. Deve-se ter presente as diversas religiões também ao lado da religião absoluta, não deixar atrás dela no passado, para se poder compreender e discernir corretamente tanto a absoluta quanto as outras religiões. Os mais terríveis "erros", os mais selvagens desatinos da consciência religiosa permitem também que se lancem os mais profundos olhares nos segredos da religião absoluta. As concepções aparentemente mais rudes são frequentemente as mais infantis, inocentes e verdadeiras. Isto é válido também para as concepções do além. O "selvagem", cuja consciência não vai além das fronteiras da sua terra, que cresce com ela, leva também a sua terra para o além, ou deixando a natureza como ela é, ou melhorando-a, superando assim as fadigas da sua vida na concepção do além[123]. Existe nesta limitação dos povos não cultivados um traço surpreendente. O além não expressa aqui nada mais que a nostalgia. A morte separa o homem dos seus, do seu povo, de sua terra. Mas o homem que não ampliou a sua consciência não pode suportar esta separação: deve voltar para sua pátria. Os negros na Índia Ocidental se matavam para reviver em sua pátria. Esta limitação é o direto oposto do espiritualismo fantástico que transforma o homem num vagabundo que, indiferente à terra, corre de uma

---

123. De acordo com as descrições mais antigas de viagens, muitos povos não imaginam a vida futura idêntica à presente ou melhor, mas até mesmo pior. Parny (MELANG, P.I. *Oeuv. Chois.*) fala de um escravo negro moribundo que rejeitou a consagração à imortalidade através do batismo com palavras: *je ne veux point d'une autre vie, car peut-être y serais-je encore votre esclave.*

estrela para a outra. E no entanto existe nela uma verdade. O homem é o que é pela natureza, por mais que deva o que é também à sua própria atividade; mas também a sua própria atividade encontra o seu fundamento na natureza, i.e., na sua natureza. Sede gratos à natureza! O homem não se deixa separar dela. O germano, cuja divindade é a autoatividade (*Selbsttätigkeit*), deve tanto o seu caráter à sua natureza quanto o oriental. A repreensão à arte indiana, à religião e à filosofia indiana é uma repreensão à natureza indiana. Reclamais contra o editor que retira do contexto de vossas obras um trecho para expô-la assim ao deboche. Por que fazeis vós mesmos o que repreendeis em outros? Por que arrancais a religião indiana da conexão na qual ela é tão racional quanto vossa religião absoluta?

A crença em um além, em uma vida após a morte é, portanto, dentre os povos "selvagens" em essência apenas a crença no aquém, é a crença imediata, não corrompida, nesta vida. Esta vida tem para eles, mesmo com suas limitações locais, um valor total absoluto: não podem se abstrair dela, imaginar uma ruptura; i.e., eles creem precisamente na infinitude, na incessabilidade desta vida. Somente quando a crença se torna uma crença crítica para a imortalidade, i.e., quando se distingue entre o que permanece aqui e o que resta lá, o que aqui deve passar e lá subsistir, somente assim transforma-se a crença na vida após a morte na crença numa outra vida. No entanto, cai também esta crítica, esta distinção, já nesta vida. Assim, os cristãos distinguiram entre a vida natural e cristã, entre a vida sensorial, terrena e a espiritual, sagrada. A vida celestial, a outra vida não é outra vida senão a vida já aqui diversa da natural, mas já aqui ao mesmo tempo unida à vida espiritual. O que o cristão já exclui de si aqui, como a vida sexual, já está excluído também pela outra vida. A diferença é apenas que ele já é livre do que ele *deseja* ser livre aqui e do que procura se libertar através da vontade, da devoção e da castidade. Por isso é para o cristão esta vida uma vida de martírio e dor, pois aqui ainda está preso ao seu contrário, tem que combater os prazeres da carne e as tentações do demônio.

Portanto, a crença dos povos civilizados só se distingue da dos povos incivilizados (pelo que também a cultura em geral se distingue da incultura) pelo fato da crença da cultura ser distintiva, seletiva, abstrata. E onde existe distinção existe juízo e onde existe juízo surge a separação entre o positivo e o negativo, o bem e o mal. A crença dos povos selvagens é uma crença sem juízo. Mas a cultura julga: para o homem culto só a vida culta é a verdadeira, para o cristão a cristã. O homem natural, rústico entra no além sem cerimônia, como ele é: o além é a sua nudez natural. Mas o homem culto repudia uma tal vida rude após a morte porque ela já repreende aqui a vida natural, não polida. A crença na vida do além é, portanto, apenas a crença na *verdadeira* vida do aquém: a determinação essencial do conteúdo do aquém é também a determinação essencial do além; a crença no além não é, portanto, uma crença numa outra vida desconhecida, mas na verdade e infinitude, logo, na interminabilidade da vida que aqui já vale como a genuína.

Assim como Deus nada mais é que a essência do homem purificada daquilo que se mostra ao indivíduo humano como limitação, como mal, seja no sentimento ou no pensamento; assim também o além nada mais é que o aquém libertado do que se mostra como limitação, como mal. Por mais definida e claramente que seja conhecida pelo indivíduo a limitação como limitação, o mal como mal, igualmente definido e claro é conhecido por ele o além, onde essas limitações desaparecem. O além é o sentimento, a ideia da libertação das limitações que prejudicam aqui o sentimento de si mesmo, a existência do indivíduo. O curso da religião só se distingue do curso do homem natural ou racional pelo fato dela descrever numa linha curva o que o outro perfaz na linha reta como a mais curta. O homem natural permanece em sua terra porque ela lhe agrada, porque lhe satisfaz plenamente; a religião que se inicia numa insatisfação, numa discórdia, abandona a pátria, vai longe, mas somente para, nesta distância, sentir de modo mais vivo a felicidade da pátria. O homem se separa de si mesmo na religião, mas somente para voltar sempre ao mesmo ponto de onde saiu. O homem se nega mas só para se afirmar novamente, e agora numa forma mais suntuosa. Assim também condena ele o aquém, mas somente para no fim estabelecê-lo novamente[124]. O aquém perdido,

---

124. Por isso, tudo será reconstruído lá; nem mesmo "um dente ou unha" se perderá (cf. AURELIUS PRUDENT. *Apotheos. de ressurr. carnis hum.*). E esta crença, a vossos olhos rude, carnal e por isso renegada por vós é a única consequente, honesta e verdadeira. À identidade da pessoa pertence a identidade do corpo.

mas reencontrado e tão mais refulgentemente brilhante na euforia do reencontro, é o além. O homem religioso renuncia às alegrias deste mundo, mas somente para, em compensação, ganhar as alegrias celestiais, ou melhor, ele só renuncia a elas porque já está pelo menos na posse espiritual das alegrias celestiais. E as alegrias celestiais são as mesmas daqui, apenas libertadas das limitações e contrariedades desta vida. A religião chega, portanto, em linha curva à meta da alegria, meta esta que o homem natural tem em vista em linha reta. A essência na imagem é a essência da religião. A religião sacrifica a coisa à imagem. O além é o aquém no espelho da fantasia – a imagem encantadora, no sentido da religião, o protótipo do aquém: esta vida real é apenas uma ilusão, um reflexo daquela vida figurada, espiritual. O além é o aquém contemplado em imagem, embelezado, purificado de qualquer matéria bruta.

O embelezamento, o melhoramento pressupõe uma repreensão, um desagrado. Mas o desagrado é somente superficial. Eu não nego valor à coisa; ela apenas não me agrada tal como é; eu só condeno as disposições, não a essência, caso contrário iria destruí-la. Uma casa que me desagrada totalmente eu mando derrubar, mas não embelezar. A crença no além renuncia ao mundo, mas não à sua essência; ele apenas não me agrada tal como é. A alegria agrada ao crente no além (quem não deveria sentir a alegria como algo verdadeiro, essencial?), mas desagrada-o o fato de que aqui se seguem sentimentos contrários à alegria, que ela aqui é transitória. Por isso coloca ele a alegria também no além, mas como uma alegria eterna, ininterrupta, divina – o além chama-se por isso o reino da alegria – da mesma forma que já coloca aqui a alegria em Deus; pois Deus é somente a alegria eterna, ininterrupta, como essência. A individualidade lhe agrada, mas não a individualidade molestada por anseios objetivos; por isso toma ele também a individualidade, mas a pura, a absolutamente subjetiva. A luz agrada, mas não o peso, porque ele se mostra ao indivíduo como uma limitação; não a noite, porque nela o homem obedece à natureza; lá existe luz, mas não existe peso, nenhuma noite – só existe luz pura, incólume[125].

---

125. "Após a ressurreição o tempo não será mais medido por dias e noites. Será um dia sem noite" (DAMASCENUS, J. *Orthod. fidei*, lib. II, c. 1).

Assim como o homem no distanciamento de si sempre volta para si mesmo em Deus, sempre gira em torno de si mesmo, da mesma forma também no distanciamento do aquém ele sempre volta para ele. Quanto mais extra e sobre-humanamente se mostrar Deus no início, tanto mais humano se mostrará ele no decurso ou no fim. Da mesma forma, quanto mais sobrenatural se mostrar a vida celestial considerada no início ou à distância, tanto mais se manifestará, considerada de perto ou no fim, a unidade da vida celestial com a natural – uma unidade que se estende por fim até à carne, ao corpo. Inicialmente trata-se da separação entre alma e corpo, como na concepção de Deus trata-se da separação entre a essência e o indivíduo – o indivíduo morre uma morte espiritual, o corpo morto que fica é o indivíduo humano, a alma que dele se separa é Deus. Mas a separação entre alma e corpo, a essência e o indivíduo, Deus e o homem deve ser novamente anulada. Toda separação de seres que se pertencem é dolorosa. A alma anseia novamente por sua parte perdida, por seu corpo, assim como Deus, a alma separada, anseia novamente pelo homem real. Portanto, ao se tornar Deus novamente homem, volta a alma para o seu corpo – e é reconstituída agora a unidade perfeita entre aquém e além. Em verdade é este novo corpo um corpo luminoso, transfigurado, miraculoso, mas – e isto é o principal – é um outro e no entanto o mesmo corpo[126], assim como Deus é uma essência diversa e ao mesmo tempo idêntica à humana. Abordamos aqui novamente o conceito do milagre, que encerra contradições. O corpo sobrenatural é um corpo da fantasia, mas exatamente por isso correspondente à afetividade do homem, porque é um corpo que não o importuna – um corpo puramente subjetivo. A crença no além é apenas a crença na verdade da fantasia, assim como a crença em Deus é a crença na verdade e na infinitude da afetividade humana. Ou: assim como a crença em Deus é apenas a crença na essência abstrata do homem, a crença no além é apenas a crença no aquém abstrato.

Mas o conteúdo do além é a felicidade, a eterna felicidade da personalidade, que aqui existe limitada e prejudicada pela natureza. A

---

126. *Ipsum* [*corpus*] *erit et non ipsum erit* (AGOSTINHO. In: DOEDERLEIN, J.C. *Inst. Theol. Christ.* Altdorf., 1781, § 280).

crença no além é, portanto, a crença na libertação das limitações da natureza por parte da subjetividade – portanto, a crença na eternidade e infinitude da personalidade, em verdade não em seu conceito genérico, que se desdobra sempre em novos indivíduos, mas destes indivíduos já existentes – ou seja, a crença do homem em si mesmo. Mas a crença no reino celestial é idêntica à crença em Deus – existe o mesmo conteúdo em ambas – Deus é a personalidade pura, absoluta, livre de todas as limitações naturais: ele é exclusivamente o que os indivíduos humanos devem ser ou serão – a crença em Deus é, portanto, a crença do homem na infinitude e verdade da sua própria essência – a essência divina é a humana e em verdade a essência humana subjetiva em sua liberdade e ilimitação absoluta. Nosso propósito mais essencial foi realizado aqui. Reduzimos a essência extramundana, sobrenatural e sobre-humana de Deus às partes componentes da essência humana como suas partes componentes fundamentais. No fim voltamos ao início. O homem é o início da religião, o homem é o meio da religião, o homem é o fim da religião.

Segunda parte
A ESSÊNCIA FALSA, ISTO É, TEOLÓGICA DA RELIGIÃO

CAPÍTULO XX
O ESTÁGIO ESSENCIAL
DA RELIGIÃO

O estágio essencial da religião é o prático, i.e., aqui o subjetivo. A meta da religião é o bem, a salvação, a felicidade do homem; a relação do homem com Deus nada mais é que a relação do mesmo com a sua salvação: Deus é a redenção realizada da alma ou o poder ilimitado de realizar a salvação, a felicidade do homem[1]. A religião cristã se distingue das outras religiões exatamente pelo fato de nenhuma ter salientado tão enfaticamente como ela a salvação do homem. Por isso não se denomina doutrina de Deus, mas doutrina da salvação. Mas esta salvação não é um bem e uma felicidade mundana, terrena. Ao contrário, os cristãos mais verdadeiros e mais profundos disseram que a felicidade terrena separa o homem de Deus e que, por outro lado, as infelicidades, sofrimentos e doenças terrenas reconduzem o homem para Deus e por isso só elas são devidas aos cristãos[2]. Por quê? Porque na infelicidade o homem só tem intenções práticas e objetivas, na infelicidade ele só se relaciona com o que é necessário, na infelicidade Deus é sentido como necessidade do homem. O prazer, a alegria expande o homem, a infelicidade, a dor o oprime – na dor nega o homem a verdade do mundo: todas as coisas que encantam a fantasia do artista e a razão do pensador perdem para ele o seu encanto, o seu poder; ele submerge em si mesmo, em sua afetividade. Este ser ou espírito submerso em si, concentrado somente sobre si, que só

---

1. "Que a tua salvação seja o teu único pensamento, Deus a tua única preocupação" (THOMAS A KEMPIS. *De imit.*, lib I. c. 23). "Não pensa em nada contra a tua própria salvação. Eu disse muito pouco: ao invés de *contra* deveria eu dizer *fora*" (BERNARDO. *De consid. ad. Eugenium*, lib. II). "Quem procura Deus está ocupado com a sua própria salvação" (CLEMENTE DE ALEXANDRIA. *Coh. ad. gentes*).
2. De resto, quem demonstra a realidade da religião somente na desgraça, demonstra também a realidade da superstição.

descansa em si, que renega o mundo, que é idealístico com relação ao mundo e à natureza em geral, mas realístico com relação ao homem, que só se relaciona com a sua necessidade interior de salvação, este ser ou espírito é – Deus. Deus enquanto Deus, Deus tal como é objeto da religião e somente como é objeto, nesta é ele Deus, i.e., Deus no sentido de um nome próprio, não de um ser geral, metafísico, Deus é essencialmente um objeto exclusivo da religião, não da filosofia, da afetividade, não da razão, da necessidade do coração, não da liberdade do pensamento; em síntese, um objeto, um ser que não expressa a essência do estágio teorético, mas do prático.

A religião associa a suas doutrinas maldição e bênção, condenação e felicidade. Feliz é aquele que crê; infeliz, perdido, amaldiçoado é aquele que não crê. Portanto, ela não faz apelo à razão, mas à afetividade, ao instinto de ser feliz, aos sentimentos de medo e esperança. Não está no estágio teorético, caso contrário deveria ter a liberdade de expressar as suas doutrinas sem associar a elas consequências práticas, sem de certa forma forçar a sua crença; pois quando se diz: estou condenado se não creio, é isto uma sutil coação da consciência para que se creia; o medo do inferno me obriga a crer. Mesmo que a minha fé devesse ser livre quanto à sua origem, o medo sempre se mistura com ela; a minha afetividade está sempre presa; a dúvida, o princípio da liberdade teorética, me aparece como um delito. Mas o conceito mais elevado, a essência mais elevada da religião é Deus: o supremo delito é, portanto, a dúvida em Deus ou a dúvida, se existe um Deus. No entanto aquilo de que eu não ouso duvidar, não posso duvidar sem me sentir intranquilo em meu espírito, sem atrair para mim uma culpa, não é uma questão de teoria, mas de consciência, não é uma entidade da razão, mas da afetividade.

Mas como o estágio prático ou subjetivo é o estágio da religião, uma vez que, de acordo com ela, só o homem prático, objetivo, que só age conforme as suas metas conscientes, sejam elas físicas ou morais, e que só considera o mundo em relação com essas metas e necessidades e não em si mesmo, é tido como o homem total, essencial; assim coincide nela tudo que está por detrás da consciência prática, mas o objeto essencial da teoria está (teoria no sentido original e mais geral, no sentido da contemplação e experiência objetiva, da razão, da ciência em geral[3]) fora do homem e da natureza, num ser pessoal especial. Tudo que é bom, mas principalmente o que surpreende o homem espontaneamente, que não combina com propósito e intenção, que vai além das fronteiras da consciência prática, vem de Deus; tudo que é ruim, mau, nefasto, mas especialmente o que o surpreende espontaneamente em seus propósitos morais ou religiosos ou que o arrasta com terrível violência, vem do diabo. Ao conhecimento da essência da religião pertence o conhecimento do demônio, de Satã, do diabo[4]. Não se pode deixar de lado essas coisas sem se mutilar violentamente a religião. A graça e seus efeitos são o oposto das atuações diabólicas. Como os impulsos espontâneos, que se elevam a partir do fundo da natureza, em geral todos os fenômenos inexplicáveis do (seja real ou suposto) mal moral e físico da religião, se mostram como obras de uma entidade maligna; assim, também aparecem para a religião necessariamente os movimentos espontâneos do entusiasmo e do êxtase como obras de uma entidade benigna, de Deus, do Espírito Santo ou da graça. Daí a arbitrariedade da graça – a queixa dos devotos de que a graça ora os alegra, visita, ora os abandona e expulsa de novo. A vida, a essência da graça é a vida, a essência da afetividade espontânea. A afetividade é o paracleto dos cristãos. Os momentos destituídos de júbilo e entusiasmo são os momentos da vida abandonados pela graça divina.

No tocante à vida interior pode-se definir a graça também como o *gênio religioso*; no tocante à vida exterior, porém, como o acaso religioso. O homem não é de maneira alguma bom ou mau por si mesmo, pela sua própria força, pela sua vontade, mas ao mesmo tempo por uma série de desígnios secretos e públicos que nós, por não os fundarmos em nenhuma necessidade absoluta ou

---

3. Portanto, teoria é tomada aqui e em outros lugares desta obra no sentido em que é ela a fonte da verdadeira práxis objetiva, pois o homem só pode quanto sabe: *tantum potest quantum scit*. A expressão: o estágio *subjetivo* diz, portanto, tanto quanto: o estágio da incultura e ignorância é o estágio da religião.

4. Sobre as concepções bíblicas de *Satã*, seu poder e atuação cf. Lützelberger: *Fundamentos da doutrina paulina*; G.C. Knapp: *Prel. sobre a doutrina cristã*, § 62-65. Aqui pertencem também as doenças demoníacas, as possessões. Também estas doenças estão fundamentadas na Bíblia. Cf. Knapp, § 65. III. 2.3.

metafísica, atribuímos ao poder *"de sua majestade o acaso"*, como costumava dizer Frederico o Grande[5]. A graça divina é o poder do acaso mistificado. Aqui temos novamente a confirmação do que já reconhecemos como a lei essencial da religião. A religião nega, condena o acaso ao fazer com que tudo dependa de Deus, explicando tudo por ele; mas ela o nega aparentemente: ela apenas o transfere para o arbítrio divino. Mas a vontade divina que, por motivos incompreensíveis (i.e., dito aberta e honradamente), por um arbítrio absoluto e infundado, como por um humor divino, determina e predestina uns para o mal, a desgraça, a infelicidade, outros para o bem, a salvação e a felicidade, não tem em si nenhuma característica fundada que a pudesse distinguir do poder de "sua majestade o acaso". O mistério da graça é, portanto, o mistério ou a mística do acaso. Eu digo a mística do acaso, porque de fato é o acaso um mistério, não obstante confundido e ignorado pela nossa filosofia especulativa da religião, que esqueceu os verdadeiros mistérios do pensar e viver em nome dos mistérios ilusórios do ser absoluto, i.e., da teologia, e que da mesma forma esqueceu o mistério profano do acaso em nome do mistério da graça divina ou do livre-arbítrio[6].

Mas de volta ao nosso tema. O demônio é o negativo, o mal que vem da essência, não da vontade; Deus é o positivo, o bem que vem da essência, não da vontade consciente – o demônio é a maldade, a perversidade espontânea, inexplicável; Deus é a bondade espontânea, inexplicável. Ambos têm a mesma origem – somente a qualidade é diversa ou oposta. Por isso mesmo a crença no demônio estava intimamente relacionada com a crença em Deus até tempos recentes, de forma que a negação do demônio era tida por ateísmo assim como a negação de Deus. Não sem motivo: uma vez que se começa a deduzir os fenômenos maléficos de causas

---

5. Schelling explica este enigma, em sua obra sobre a liberdade, através de uma autodeterminação levada a efeito na eternidade, i.e., antes desta vida. Que aceitação fantástica, ilusória! Mas a fantasia sem base e infantil é o mais íntimo segredo dos chamados filósofos positivos, destes especuladores religiosos "profundos", sim, muito profundos. Quanto mais confusos, mais profundos.

6. Esta revelação do mistério da graça será sem dúvida acusada de infame, ímpia e demoníaca. Eu não me importo: *prefiro ser um demônio aliado à verdade a um anjo aliado à mentira.*

naturais, começa-se ao mesmo tempo a deduzir os fenômenos benignos, divinos, também da natureza das coisas, não de um ente sobrenatural, e chega-se finalmente ou a negar Deus inteiramente ou pelo menos a crer num Deus diverso da religião ou ainda, o que é mais comum, a transformar a divindade num ser ocioso, inativo, cujo ser é idêntico ao não ser por não mais atuar ativamente na vida, sendo apenas colocado no cume do mundo, no início, como a causa primeira. Deus criou o mundo – isto é a única coisa que resta de Deus. O *perfectum* é aqui necessário, pois desde então segue o mundo e seu curso como uma máquina. O apêndice: ele cria sempre, ele cria até hoje, é apenas o acréscimo de uma reflexão exterior; o *perfectum* expressa aqui totalmente o sentido religioso; pois o espírito da religião é um passado onde a atuação de Deus é transformada num *perfectum*. Mas diferente é quando a consciência realmente religiosa diz: o *perfectum* é ainda hoje um presente; aqui tem isto um sentido normal, não obstante sendo um produto da reflexão, porque aqui Deus é pensado como agente em geral.

A religião é anulada quando se introduz entre Deus e os homens a concepção do mundo, das chamadas causas intermediárias. Aqui já se introduziu um elemento estranho, o princípio da formação da inteligência – rompida está a paz, a harmonia da religião, que só existe na conexão imediata do homem com Deus. A causa intermediária é uma capitulação da inteligência descrente diante do coração ainda crente. De acordo com a religião Deus atua sobre o homem também através de outras coisas e seres. Mas só Deus é a causa, o ser agente e ativo. O que o outro te faz, no sentido da religião, não é o outro que faz, mas Deus. O outro é apenas aparência, instrumento, veículo, mas não a causa. Porém a causa intermediária é um maldito instrumento entre um ser autônomo e um não autônomo: Deus dá certamente o primeiro impulso; depois surge a sua atividade autônoma[7].

---

7. Aqui entra também a doutrina pobre e vazia, ou melhor, sofística, do *Concursus Dei*, onde Deus não só dá o primeiro impulso, mas também colabora ele mesmo na ação da causa segunda. De resto, é esta doutrina somente um aspecto especial do dualismo contraditório entre Deus e natureza, dualismo este que atravessa toda a história do cristianismo. Sobre o objeto desta nota, assim como de todo o parágrafo, cf. também Strauss: *A doutrina cristã*, II. B., § 75 e 76.

A religião nada sabe por si mesma da existência das causas intermediárias; esta é antes o seu incômodo; pois o reino das causas intermediárias, o mundo sensorial, a natureza é exatamente o que separa o homem de Deus, não obstante Deus, enquanto Deus ativo, já seja por sua vez um ser sensorial[8]. Por isso crê a religião que esta divisão cairá um dia. Um dia não haverá mais natureza, matéria, corpo, pelo menos nenhum do tipo que separa o homem de Deus: um dia existirão somente Deus e as almas devotas. A religião só toma conhecimento da existência das causas intermediárias, i.e., das coisas que estão entre Deus e o homem, através da contemplação sensorial, natural, portanto irreligiosa ou pelo menos não religiosa – uma contemplação que ela no entanto abate ao fazer das atuações da natureza as atuações de Deus. Mas a esta ideia religiosa contradiz a razão e o nexo natural, que concebe às coisas naturais uma autonomia real. E esta contradição da contemplação sensorial com a sua, a contemplação religiosa, resolve a religião ao fazer da inegável atuação das coisas uma atuação de Deus através dessas coisas. O essencial, o principal é aqui Deus; o não essencial, o supérfluo é o mundo.

Por outro lado quando as causas intermediárias são postas em atividade ou emancipadas, dá-se o caso inverso – a natureza é o essencial, Deus é o não essencial. O mundo é autônomo em seu ser, em seu subsistir, ainda dependente somente quanto ao seu início. Deus é aqui um ser somente hipotético, derivado, não mais absolutamente necessário, original, mas apenas um ser sur-

---

8. "Enquanto estivermos no corpo, estaremos longe de Deus" (BERNARDO. *Epist.* 18 na edição de Basiléia de 1552). O conceito do além é, portanto, somente o conceito da religião verdadeira, completa, livre das limitações e impedimentos do aquém; o além, como já foi dito acima, é apenas a opinião e intenção verdadeira, o coração aberto da religião. Aqui nós cremos, lá nós contemplamos, i.e., lá não existe nada além de Deus, portanto, nada entre Deus e a alma, mas somente porque não deve existir nada entre ambos, porque a unidade imediata de Deus com a alma é a verdadeira opinião e intenção da religião. "Temos sempre que nos haver com Deus, que nos é oculto, e não é possível que possamos nesta vida atuar com ele cara a cara. Todas as criaturas não serão agora nada mais que puras máscaras sob as quais Deus esconde e assim comunica-se conosco" (LUTERO, parte XI, p. 70). "Bastaria que fosses libertado da imagem das criaturas, para que pudesses gozar permanentemente da presença de Deus" (TAULER, l.c., p. 313).

gido da dificuldade de uma razão restrita, para a qual a existência de um mundo por ela transformado numa máquina é inexplicável sem um princípio autônomo. Deus não existe por si, mas por causa do mundo, só existe para explicar a causa primeira do mundo-máquina. O homem racional limitado se choca com a existência do mundo originalmente autônoma porque ele só a considera sob o ponto de vista subjetivo-prático, só em sua generalidade, só como uma máquina, não em sua majestade e imponência, não como cosmos. Por isso ele se choca com o mundo. O choque sacode o seu cérebro – e nesta sacudida ele objetiva então para fora de si o próprio choque como o choque original que lançou o mundo na existência, a ponto dele agora continuar eternamente o seu curso como a matéria posta em movimento através do choque matemático, i.e., ele concebe uma origem mecânica. Uma máquina deve ter um início, isto já reside em seu conceito, pois não tem em si a fonte do movimento.

Toda cosmogonia religiosa-especulativa é tautologia – isto vemos também neste exemplo. Na cosmogonia o homem apenas realiza ou se explica o conceito que ele tem do mundo; ele diz o mesmo que ele sempre diz dele. Assim é aqui: se o mundo é uma máquina, então compreende-se por si mesmo que ele "não se fez a si mesmo", mas que ele foi feito, i.e., que tem uma origem mecânica. Aqui certamente existe uma concordância da consciência religiosa com a mecânica, por ser o mundo também para ela um mero produto da vontade. Mas esta concordância é apenas momentânea, só existe no momento do fazer ou criar – se este instante da criação desaparecer desaparecerá também a harmonia. O mecanicismo só necessita de Deus para o fabrico do mundo; uma vez que ele já está feito vira as costas imediatamente ao querido Deus e goza de coração da sua autonomia ateia. Porém a religião só faz o mundo para mantê-lo sempre na consciência da sua nulidade, da sua dependência de Deus. A criação é para o mecanicista o último fio delgado que ainda une a religião a ele; a religião para a qual a nulidade do mundo é uma verdade presente (pois toda força e atividade é para ela a força e a atividade de Deus) é para ele somente a reminiscência da juventude; por isso transporta ele a criação do mundo, o ato da religião, o não ser do mundo (pois no início, antes da criação, não havia mundo, mas somente Deus) para a distância, o passado, enquanto que a autonomia do mundo, que envolve todo o seu pensar e agir, atua sobre ele com o poder do presente. O mecanicista interrompe e abrevia a atividade de Deus através da atividade do mundo. Deus ainda tem para ele sem dúvida um direito histórico, mas que contradiz o seu direito natural; então limita ele tanto quanto possível este direito que ainda pertence a Deus, para com isso adquirir para suas causas naturais e para a sua razão um espaço maior e mais livre.

O mesmo que se dá com a criação no sentido do mecanicista dá-se com os milagres que ele pode aceitar de bom grado e de fato aceita porque eles existem, pelo menos na opinião religiosa. Mas, apesar dele explicar os milagres natural ou mecanicamente, ele só pode aceitá-los transportando-os para o passado; mas para o presente ele exige tudo de modo natural. Quando já se perdeu alguma coisa pela razão, pelos sentidos, quando não mais se crê em algo de modo espontâneo, mas só se crê porque é crido ou porque deve ser crido por algum motivo; em síntese, quando uma fé é internamente passada, então transporta-se também externamente o objeto da fé para o passado. Com isso a descrença se liberta, mas ao mesmo tempo ainda concede à crença um direito pelo menos histórico. O passado é aqui o feliz remédio entre crença e descrença: certamente creio eu em milagres, mas, *nota bene*, não em milagres que acontecem, e sim que aconteceram um dia que – graças a Deus! – já são *plus quam perfecta*. Assim também aqui. A criação é uma atividade ou ação imediata de Deus, um milagre, pois não existia nada ainda, exceto Deus. Na concepção da criação o homem sai fora do mundo, abstrai-se dele; ele o concebe no momento da criação como não existente; portanto, apaga ele dos olhos o que permeia entre si e Deus, o mundo sensorial; ele se coloca em contacto imediato com Deus. Mas o mecanicista evita este contacto imediato com a divindade; ele transforma por isso o presente, quando vai tão longe, imediatamente num *perfectum*; ele insere milênios entre a sua concepção natural ou materialística e entre a ideia de uma ação imediata de Deus.

No sentido da religião é, ao contrário, Deus a causa exclusiva de todos os efeitos positivos, bons[9], é Deus o fundamento último e único através do qual ela responde ou evita todas as perguntas da teoria ou da razão; porque a religião afirma todas as perguntas com *não*: ela dá uma resposta que diz tanto quanto nada ao responder todas as mais diversas questões sempre com a mesma resposta, ao fazer das atividades da natureza atividades imediatas de Deus, atividades de um ente intencional, pessoal, extra ou sobrenatural. Deus é o conceito que supre a falta da teoria. Ele é a explicação do inexplicável, que nada explica porque deve explicar tudo sem distinção – ele é a noite da teoria, mas que torna claro o espírito, porque nela não existe o critério das trevas, a luz discernidora da inteligência – o não saber que resolve todas as dúvidas porque abate todas, que tudo sabe porque nada sabe definidamente, porque todas as coisas que se impõem à razão desaparecem diante da religião, perdem a sua individualidade, nada são aos olhos do poder divino. A noite é a mãe da religião.

O ato essencial da religião, no qual ela confirma o que denominamos como sua essência, é a oração. A oração é onipotente. O que o devoto anseia na oração, Deus realiza. Mas ele não pede só por coisas espirituais[10], ele pede também por coisas que estão fora dele, em poder da natureza, um poder que ele quer domar com a oração; na oração ele lança mão de um meio sobrenatural para atingir meios em si naturais. Deus não é para ele a causa distante, primeira, mas a causa atuante mais próxima, direta, de todos os fenômenos naturais. Todas as chamadas forças e causas intermediárias não são nada para ele na oração; se fossem algo para ele o poder, o fervor da oração iria fracassar diante delas. Mas, ao

---

9. Na verdade são também todas as atividades más, negativas, nocivas e desumanas, pois também estas acontecem, como se expressa a teologia sofística, somente com a permissão de Deus; sim, o demônio, o causador de todo o mal, é somente o mau Deus, a cólera de Deus personificada, concebida como um ser especial, a cólera de Deus é, portanto, a causa de todo mal. "As cenas terrificantes da história (p. ex., de Jerusalém, Utika) devem nos lembrar a ira de Deus e nos mover a aplacar Deus através de uma mortificação verdadeira e de uma sincera oração" (MELANCHTON. *Declam*, parte III, p. 29).

10. Somente a descrença na oração restringiu espertamente a oração somente a coisas espirituais.

contrário, não são objeto para ele; caso contrário só iria ele procurar atingir a sua meta por via indireta. Entretanto ele quer ajuda imediata. Ele se refugia na oração com a certeza de que consegue muito mais através da oração do que através de todo esforço e atividade da razão e da natureza, com a certeza de que a oração possui poderes sobre-humanos e sobrenaturais[11]. Na oração dirige-se ele diretamente a Deus. Deus é para ele, portanto, a causa imediata, a oração atendida, o poder que realiza a oração. Mas uma atuação imediata de Deus é um milagre – por isso o milagre está necessariamente ligado à concepção da religião. A religião explica tudo de maneira milagrosa. Que milagres nem sempre acontecem entende-se por si mesmo, assim como o homem nem sempre ora. Porém o fato de milagres não acontecerem sempre está fora da essência da religião, somente na concepção natural ou sensorial. Mas quando começa a religião, começa o milagre. Toda oração verdadeira é um milagre, um ato do poder milagroso. O próprio milagre exterior só torna visíveis os milagres interiores, i.e., nele só se apresenta em espaço e tempo, portanto como um fato especial, o que já se encontra em e por si na concepção fundamental da religião: que Deus é a causa sobrenatural, direta de todas as coisas. O milagre factual é somente uma expressão de efeito da religião – um momento de exaltação. Os milagres só se dão em casos extraordinários, naqueles onde o espírito está exaltado – por isso existem também milagres de cólera. Com sangue frio nenhum milagre é realizado. Mas é exatamente na exaltação que se manifesta a intimidade. O homem não ora sempre com o mesmo fervor e intensidade. Tais orações são por isso malsucedidas. No entanto somente a oração muito sentida manifesta a essência da oração. Ora-se quando a oração é tida em e por si como um poder sagrado, uma força divina. Assim se dá também com o milagre. Milagres acontecem (indiferentemente se poucos ou muitos) quando o fundamento é uma concepção milagrosa. Mas o milagre não

---

11. Na concepção primitiva é, portanto, a oração um meio de coação ou encantamento. Mas esta concepção não é cristã (não obstante se encontre dentro de muitos cristãos a afirmação de que a oração coage Deus), pois no cristianismo é Deus em e por si a afetividade satisfeita, a onipotência da bondade que nada nega à afetividade (naturalmente religiosa). Porém, sob a concepção da coação está um Deus sem afetividade.

é uma concepção teorética ou objetiva do mundo e da natureza; o milagre satisfaz necessidades práticas e na verdade em contradição com as leis que se impõem à razão; no milagre o homem subjuga a natureza a seus fins como se ela fosse uma existência nula; o milagre é o mais alto grau do egoísmo espiritual ou religioso; todas as coisas estão no milagre a serviço do homem sofredor. Portanto, torna-se claro aqui que a concepção essencial da religião é a concepção do estágio prático ou subjetivo, i.e., que Deus (pois a essência do poder milagroso é idêntica à essência de Deus) é um ser puramente prático ou subjetivo, mas um tal que supre a falta e a necessidade da contemplação teorética, que, portanto, não é objeto do pensamento, do conhecimento, como também o milagre, que só deve a sua origem ao Não Pensar. Se eu me colocar no estágio do pensamento, da pesquisa, da teoria, onde considero as coisas em si mesmas, em sua relação consigo mesmas, então o ser milagroso desaparece num nada, num nada também o milagre – entenda-se, o milagre religioso, que é absolutamente diverso do milagre (maravilha, *Wunder*) da natureza, não obstante sempre se confundam ambos para perturbar a razão, para introduzir o milagre religioso, sob a aparência da naturalidade, no reino da racionalidade e realidade.

Mas exatamente pelo fato da religião nada saber do estágio, da essência da teoria, transforma-se para ela a essência para ela oculta da natureza e do mundo, objetiva, verdadeira e geral somente para o olho teorético, numa outra essência milagrosa e sobrenatural – transforma-se o conceito do gênero no conceito de Deus, que já é por sua vez um ser individual, mas que se distingue dos indivíduos humanos por possuir as suas características nas proporções do gênero. Por isso na religião o homem coloca necessariamente a sua essência fora de si, coloca a sua essência como uma outra essência – necessariamente porque a essência da teoria está fora dele, porque toda a sua essência consciente se converge para a subjetividade prática. Deus é o seu outro eu, sua outra metade perdida; em Deus ele se completa; só em Deus é ele um homem total. Deus é para ele uma necessidade; falta-lhe algo sem que saiba o que lhe falta – Deus é este algo que falta, Deus é indispensável para ele; Deus pertence à sua essência. O mundo não é nada para a religião[12] – o mundo, que nada mais é que o cerne da realidade, só é revelado em sua imponência pela teoria; os prazeres teoréticos são os mais belos prazeres espirituais da vida; mas a religião nada sabe dos prazeres do pensador, nada sabe dos prazeres do naturalista, nada sabe dos prazeres do artista. Falta a ela a contemplação do universo, a consciência do infinito real, a consciência do gênero. Somente em Deus supre ela a falta da vida, a falta de um conteúdo consistente que oferece à contemplação racional a vida real em infinita riqueza. Deus é para ela a compensação para o mundo perdido – Deus é para ela a contemplação pura, a vida da teoria.

A contemplação prática é uma contemplação impura, maculada pelo egoísmo, pois nela eu me relaciono com uma coisa só por minha causa – uma contemplação não satisfeita em si mesma, pois eu me relaciono aqui com um objeto ao qual não me equiparo. Por outro lado é a contemplação teorética uma contemplação feliz, satisfeita em si mesma, cheia de júbilo, pois para ela é o objeto um objeto do amor e da admiração, ele refulge na luz da livre inteligência majestaticamente, como um diamante, diáfano, como uma montanha de cristal; a contemplação da teoria é estética, mas a prática é não estética. Por isso a religião supre em Deus a falta da contemplação estética. Nulo é para ela o mundo por si mesmo, a sua admiração, a sua contemplação é idolatria, pois o mundo é para ela um mero engenho[13]. Deus é, portanto, a contemplação pura, imaculada, i.e., teorética ou estética. Deus é o objeto com

---

12. "Sem a Providência e o Poder Divino a natureza não é nada" (LACTANTIUS. *Div. Inst.*, lib. 3, c. 28). "Tudo que foi criado, não obstante muito bem criado por Deus, no entanto não é bom em comparação com o criador, assim como também em comparação com ele não existe, pois ele só atribui a existência no sentido mais elevado e próprio a si, ao dizer: *eu sou aquele que é*" (AGOSTINHO. *De perfect. just. hom.*, c. 14).

13. "Formas belas e variegadas, cores brilhantes e alegres são amadas pelos olhos. Mas essas coisas não devem cativar a minha alma; que somente Deus a cative, que foi quem a criou; sem dúvida são elas coisas boas, pois foram feitas por Ele, mas só *Ele mesmo* é o meu bem, não essas coisas" (AGOSTINHO. *Confess.*, lib. X, c. 34). "A Bíblia nos proíbe (2Cor 4,18) de voltarmos os nossos sentidos para as coisas visíveis. Portanto, só Deus deve ser amado, mas todo este mundo, i.e., tudo que é sensorial deve ser desprezado e só utilizado para as necessidades desta vida" (AGOSTINHO. *De Moribus Eccl. cathol.*, lib. I, c. 20).

o qual o homem religioso se relaciona objetivamente; em Deus é para ele o objeto um objeto por si mesmo. Deus é uma meta por si mesma; portanto, tem Deus para a religião a importância que tem em geral o objeto para a teoria. A essência geral da teoria é para a religião uma essência especial.

CAPÍTULO XXI
A CONTRADIÇÃO NA EXISTÊNCIA DE DEUS

A religião é o relacionamento do homem com a sua própria essência – aí está a sua verdade e redenção moral – mas com a sua própria essência não como sendo sua, mas de um outro ser diverso dele, até mesmo oposto – aí está a sua inverdade, a sua limitação, a sua contradição com a razão e a moral, aí está a fonte desgraçada do fanatismo religioso, aí o princípio supremo, metafísico, dos sangrentos sacrifícios humanos; em síntese, aí está a base de todas as crueldades, de todas as cenas horripilantes na tragédia da história da religião.

A concepção da essência humana como uma outra essência, existente por si, é, entretanto, no conceito original da religião, uma concepção espontânea, infantil, ingênua, i.e., uma tal que distingue imediatamente entre Deus e o homem ao identificá-lo novamente com o homem. Mas quando a religião aumenta em razão com o passar dos anos, quando surge dentro da religião a reflexão sobre a religião, então a consciência da unidade da essência divina com a humana começa a desaparecer; em síntese, quando a religião se torna teologia, então a cisão inicialmente espontânea e tranquila entre Deus e o homem torna-se uma distinção intencional, estudada, que não tem outro objetivo a não ser dissipar da consciência esta unidade já surgida na consciência.

Por isso, quanto mais próxima a religião ainda estiver da sua origem, tanto mais verdadeira e sincera será ela, tanto menos ocultará ela esta sua essência. Isto significa: na origem da religião não existe uma diferença qualitativa ou essencial entre Deus e o homem. E com esta identidade o homem religioso não se espanta, pois a sua razão ainda está em harmonia com a sua religião. Assim, no antigo judaísmo, Jeová era um ser diverso do indivíduo humano somente quanto à existência; mas qualitativamente, quanto à sua essência interior, era ele idêntico ao homem, tinha as mesmas paixões, as mesmas características humanas, até mesmo corporais. Somente no judaísmo posterior separou-se de modo mais agudo Jeová do homem e recorreu-se à alegoria para se inserir nas antropopatias um sentido diverso do que tinham originariamente. Assim foi também no cristianismo. Em seus documentos mais antigos a divindade de Cristo ainda não é tão decisivamente fixada como posteriormente. Para Paulo, em especial, ainda é Cristo um ser indefinido, que paira entre o céu e a terra, entre Deus e o homem ou os seres em geral subordinados ao supremo – o primeiro dos anjos, a primeira criatura, mas criada; ainda que criada por minha causa, mas então não são também os anjos, também os homens criados, mas gerados; pois Deus é também o seu pai. Somente a Igreja o identificou explicitamente com Deus, determinou a sua diferença dos homens e anjos e deu-lhe assim o monopólio de um ser eterno, incriado.

O primeiro modo, quanto ao conceito, pelo qual a reflexão sobre a religião, a teologia transforma, coloca fora do homem a essência divina numa outra essência, é a existência de Deus, que é transformada no objeto de uma prova formal.

As provas da existência de Deus foram declaradas como contraditórias à essência da religião. Elas o são, mas somente quanto à forma de demonstração. A religião apresenta imediatamente a essência interior do homem como uma essência diversa, objetiva. E a demonstração nada deseja além de provar que a religião tem razão. O ser mais perfeito é o ser acima do qual não pode ser pensado nenhum mais elevado – Deus é o que há de mais elevado que o homem pensa e pode pensar. Esta premissa da prova ontológica – a prova mais interessante, porque parte de dentro – expressa a mais íntima e mais secreta essência da religião. Aquilo que é o mais elevado para o homem, além do que ele não pode abstrair mais, aquilo que é o limite essencial da sua razão, da sua afetividade, da sua intenção, é para ele Deus – *id quo nihil majus cogitari potest*. Mas este ser supremo não seria o supremo se não existisse; poderíamos então conceber um ser mais elevado que teria a existência antes dele; mas para esta ficção não nos deixa lugar já de antemão o conceito do ser mais perfeito. Não ser é falta; ser, perfeição, felicidade, júbilo. A um ser ao qual o homem tudo oferece, tudo sacrifica, que lhe é elevado e caro, não pode o homem negar-lhe também o bem, a felicidade da existência. O contraditório ao sentido religioso está somente no fato da existência ser pensada separadamente, surgindo daí a ilusão de que Deus seria um ser somente pensado, existente na ideia, ilusão esta que é imediatamente suprimida; pois a demonstração prova exatamente que Deus é um ser diverso do pensado, um ser exterior ao homem, ao pensamento, um ser real, um ser por si.

A prova só se distingue da religião por sintetizar, desenvolver o pensamento secreto da religião numa conclusão formal e assim por discernir o que a religião une imediatamente; pois o que é o mais elevado para a religião, Deus, não é para ela um pensamento, mas é para ela imediatamente uma verdade e realidade. Mas que toda religião mesma faz também uma conclusão secreta, não desenvolvida, isto já é confessado em suas polêmicas contra as outras religiões. Vós, pagãos, não pudestes conceber nada mais elevado do que vossos deuses porque estáveis submersos em tendências pecaminosas. Vossos deuses se baseiam numa conclusão cujas premissas são vossos impulsos sensoriais e paixões. Pensáveis assim: a vida mais excelente é viver ilimitadamente para os instintos, e por ser esta para vós a melhor vida, a mais verdadeira, então a transformastes em vosso Deus. Vosso Deus era o vosso instinto sensorial, vosso céu somente o campo aberto das paixões em geral restringidas à vida burguesa, à vida real. Porém, com relação a si mesma não é ela naturalmente consciente de nenhuma conclusão, porque o mais elevado pensamento de que ela é capaz é o seu limite, tem para ela a força da necessidade, não sendo para ela, portanto, nenhum pensamento, nenhuma ideia, mas uma realidade imediata.

As provas da existência de Deus têm por meta exteriorizar o interior, separá-lo do homem[14]. Através da existência torna-se

---

14. Mas ao mesmo tempo afirmar também o objetivo, a essência do homem. As diversas provas nada mais são que formas diversas, altamente interessantes, da autoafirmação da essência humana. Assim é, por exemplo, a prova físico-teológica, a autoafirmação da razão objetiva.

Deus uma coisa em si. Deus não é somente um ser para nós, um ser em nossa fé, em nossa afetividade, em nossa essência, ele é também um ser por si, um ser fora de nós – em síntese, não só fé, sentimento, pensamento, mas também um ser real, diverso do crer, do sentir e do pensar. Mas um tal ser não é outro a não ser um ser sensorial.

O conceito da sensorialidade, de resto, já está na expressão característica do estar-fora-de-nós. Certamente a teologia sofística não tomou a palavra fora de nós em seu sentido próprio e estabelece em seu lugar a expressão indefinida do ser-independente-e--diverso de nós. Mas somente se este ser-fora-de-nós é impróprio, então é também a existência de Deus imprópria. E, no entanto, trata-se somente de uma existência na razão no sentido mais próprio e a expressão determinada, não fugidia, para ser-diverso é somente ser-fora-de-nós.

O ser real, sensorial é aquele que não depende do meu determinar-me-a-mim-mesmo, da minha atividade, mas pelo qual eu sou determinado automaticamente; que existe mesmo que eu não exista, pense e sinta. A essência de Deus deveria então ser uma essência determinada sensorialmente. Mas Deus não é visto, ouvido e sentido sensorialmente. Ele não existe para mim se eu não existir para ele; se eu não creio e penso em nenhum Deus, então não existe nenhum Deus para mim. Ele só existe então ao ser pensado, crido – e o acréscimo *para mim* é desnecessário. Portanto, é a sua essência uma essência espiritual, real, mas que ao mesmo tempo não é real, objeta-se. Mas um ser espiritual é precisamente apenas um ser pensado, um ser crido. Portanto, é a sua existência um intermediário entre existência sensorial e existência pensada, um intermediário cheio de contradição. Ou: é um ser sensorial ao qual faltam todas as determinações da sensorialidade – portanto, um ser sensorial não sensorial, um ser que contradiz o conceito da sensorialidade ou que é somente uma vaga existência em geral, mas que no fundo é sensorial, mas que, para não deixar este fundo vir à tona, é roubado de todos os predicados de uma existência sensorial real. Porém, uma tal existência se contradiz. À existência pertence realidade total, determinada.

Uma consequência necessária desta contradição é o ateísmo. A existência de Deus tem a essência de uma existência empírica ou sensorial sem, entretanto, possuir os sintomas da mesma; ela é *em si* uma questão de experiência e, no entanto, não é um objeto da experiência na realidade. Ela própria exorta o homem a procurá-la na realidade; ela o fecunda com ideias e pretensões sensoriais; mas se estas não são satisfeitas, se ao contrário encontra ele a experiência em contradição com estas ideias, então é ele totalmente justificado para negar esta existência.

Kant afirmou em sua crítica das provas da existência de Deus que esta não se deixa provar pela razão. Kant não mereceu por isso a repreensão da parte de Hegel. Ao contrário, Kant está totalmente certo: de um conceito eu não posso deduzir a existência. Ele só merece a repreensão enquanto pretendeu com isso expressar algo especial e ao mesmo tempo fazer uma objeção à razão. Isto é automático. A razão não pode transformar um objeto que é seu num objeto dos sentidos. Eu não posso, no ato de pensar, apresentar aquilo que eu penso como um objeto sensorial ao mesmo tempo fora de mim. A prova da existência de Deus ultrapassa os limites da razão; certo; mas no mesmo sentido em que ver, ouvir e cheirar ultrapassam os limites da razão. Tolice é, pois, repreender a razão por não satisfazer ela a uma exigência que só pode ser feita aos sentidos. Existência empírica, real, só os sentidos me podem dar. E a existência, no caso da existência de Deus, não tem o significado de uma realidade inferior, de uma verdade, mas sim o significado de uma existência formal, exterior, de uma existência que convém a todo ser sensorial, existente fora do homem e independente da sua intenção, do seu espírito.

Por isso torna-se a religião, enquanto se baseia na existência de Deus como uma verdade empírica, exterior, uma questão indiferente para a intenção interior. Sim, assim como no culto da religião a cerimônia, o costume, o sacramento em si mesmo, sem o espírito, a intenção, torna-se necessariamente a própria coisa, da mesma forma torna-se finalmente também a crença somente na existência de Deus, independente da qualidade interior, do conteúdo espiritual, a questão principal da religião. Se somente crês em Deus, crês que existe um Deus em geral, já estás protegido.

Mas se concebes sob esse Deus um ser benigno ou um monstro, um Nero ou um Calígula, uma imagem da tua paixão, da tua sede de vingança e glória, tanto faz – o importante é que não sejas um ateu. A história da religião demonstrou isso suficientemente. Se a existência de Deus por si mesma não tivesse se solidificado nos espíritos como uma verdade religiosa, nunca teria se chegado àquelas concepções de Deus vergonhosas, absurdas e cruéis que caracterizam a história da religião e da teologia. A existência de Deus era uma questão comum, exterior, mas ao mesmo tempo sagrada – portanto, não é de se admirar se sobre este solo só germinassem também as ideias e intenções mais vulgares, mais rudes e mais profanas.

O ateísmo era tido e é tido ainda hoje como a negação de todos os princípios morais, de todos os fundamentos e laços éticos: *Se Deus não existe, então se esvai qualquer distinção entre bem e mal, virtude e vício*. A diferença está, portanto, somente na existência de Deus, a verdade da virtude não está nela mesma, mas fora dela. Sem dúvida torna-se assim a existência da virtude dependente da existência de Deus, mas não por intenção virtuosa, não por persuasão do valor e do conteúdo intrínseco da virtude. Ao contrário, a crença em Deus como condição necessária da virtude é a crença na nulidade da virtude por si mesma.

De resto, é curioso que o conceito da existência empírica de Deus só se desenvolveu completamente em tempos recentes, quando veio à tona o empirismo e o materialismo. Sem dúvida Deus já é no sentido original e mais simples da religião uma existência empírica, situada num lugar, mas num lugar supraterreno. Mas ela não tem aqui um significado tão nu e prosaico: a imaginação identifica novamente o Deus exterior com a afetividade do homem. A imaginação é em geral o verdadeiro lugar de uma existência ausente, não presente aos sentidos, mas sensorial quanto à essência[15]. Somente a fantasia soluciona a contradição entre uma

---

15. "Cristo viajou para o céu... Isto é, ele não está assentado só lá em cima, mas também aqui embaixo. E viajou para lá exatamente para ficar aqui, para que cumprisse todas as coisas e pudesse estar em toda parte, o que ele não poderia realizar na terra, pois aqui não poderiam vê-lo todos os olhos corpóreos. Por isso ele lá se assentou, onde todos possam vê-lo e ele possa cuidar de cada um"

existência ao mesmo tempo sensorial e não sensorial; somente a fantasia a protege contra o ateísmo. Na imaginação tem a existência efeitos sensoriais – a existência se afirma como um poder; a imaginação associa à essência da existência sensorial também os fenômenos da mesma. Quando a existência de Deus é uma verdade viva, uma questão da imaginação, então são cridas também todas as manifestações de Deus[16]. Mas, por outro lado, quando se apaga o fogo da imaginação religiosa, quando acabam os fenômenos e efeitos sensoriais necessariamente ligados a uma existência em si sensorial, aí torna-se a existência uma existência morta, que se contradiz a si mesma, que cai inevitavelmente no ateísmo.

A crença na existência de Deus é a crença numa existência especial, diversa da existência do homem e da natureza. Uma existência especial só pode se documentar de modo especial. Portanto, esta crença só é verdadeira, viva, quando são cridos efeitos especiais, manifestações diretas de Deus, milagres. Só então, quando a crença em Deus se identifica com a crença no mundo, quando a crença em Deus não é mais uma crença especial, quando a essência geral do mundo inclui o homem total, só então desaparece naturalmente também a crença em efeitos especiais e manifestações de Deus. A crença em Deus rompeu-se, naufragou diante da crença no mundo, nos efeitos naturais como os únicos reais. Assim como aqui a crença em milagres ainda é apenas a crença em milagres históricos, passados, assim é também aqui a existência de Deus somente uma concepção histórica, ateística em si mesma.

(LUTERO, parte XIII, p. 643). Isto significa: Cristo ou Deus é um objeto, uma existência da imaginação; na imaginação não está ele limitado por nenhum lugar, mas é onipresente e imediato para todos. Deus existe no céu e é por isso onipresente, pois este céu é a fantasia, imaginação.

16. "Não tens que reclamar que estás menos exercitado do que Abraão ou Isaac. Tens também fenômenos... tens o sagrado batismo, a ceia do Senhor, onde pão e vinho são as figuras e formas nas quais e sob as quais Deus está presente e atua e te fala nos ouvidos, olhos e coração... Ele te aparece no batismo e é ele mesmo que te batiza e fala... tudo é cheio de fenômeno e da fala divina quando ele conversa contigo" (LUTERO, parte II, p. 466. Cf. também parte XIX, p. 407).

CAPÍTULO XXII
A CONTRADIÇÃO NA REVELAÇÃO DE DEUS

Com o conceito da existência está associado o conceito da revelação. A autoconfirmação da existência, o testemunho documental de que Deus existe é a revelação. As provas somente subjetivas da existência de Deus são as provas da razão; a prova objetiva, a única verdadeira, da sua existência, é a sua revelação. Deus fala para o homem – a revelação é a palavra de Deus –, ele dá um tom de si, um tom que toca a afetividade e lhe dá a feliz certeza de que Deus existe realmente. A palavra é o evangelho da vida – o sinal distintivo entre ser e não ser. A crença na revelação é o ponto culminante do objetivismo religioso. A certeza subjetiva da existência de Deus torna-se aqui um fato indubitável, exterior, histórico. A existência de Deus já é em si mesma, enquanto existência, uma existência exterior, empírica, mas ainda só pensada, concebida, portanto dubitável, daí a afirmação de que todas as provas não dão uma certeza satisfatória –, esta existência pensada, concebida como existência real, como fato, é a revelação. Deus se revelou, se demonstrou. Quem então ainda pode duvidar? A certeza da existência está para mim na certeza da revelação. Um Deus que só existe sem se revelar, que só existe para mim através de mim, um tal Deus é somente um Deus abstrato, concebido, subjetivo; somente um Deus que me coloca em seu conhecimento através de si mesmo é um Deus realmente existente, objetivo, que se confirma como existente. A crença na revelação é a certeza imediata da afetividade religiosa de que existe o que ela crê, deseja e concebe. A afetividade religiosa não distingue entre subjetivo e objetivo – ela não duvida; ela não possui os sentidos para ver coisas diferentes, mas somente para enxergar as suas concepções como essências fora de si.

Para a afetividade religiosa uma coisa em si teorética é um fato, uma questão prática, uma questão de consciência. Fato é tudo que de um objeto da razão é transformado numa questão de consciência, fato é tudo que não se pode criticar, tocar, sem se tornar culpado de uma injúria[17], fato é tudo que se deve crer *nolens volens*, fato é violentação sensorial, nenhum fundamento, fato cabe na razão como o punho no olho. Oh, vós, filósofos alemães da religião, de pouca visão, vós que nos lançais na cabeça os fatos da consciência religiosa para embotar a nossa razão e nos transformar em servos da vossa superstição infantil, não vedes então que os fatos são tão relativos, tão diversos, tão subjetivos quanto as concepções das religiões? Não foram uma vez fatos também os deuses do Olimpo, existências que se testemunhavam a si mesmas?[18] Não eram tidas por fatos também as mais ridículas lendas milagrosas dos pagãos? Também os anjos e demônios não foram pessoas históricas? Não aparecem realmente? Um dia o asno de Balaão não falou realmente? O asno falante não foi crido até mesmo por eruditos esclarecidos do século passado como um milagre real assim como o milagre da encarnação ou qualquer outro? Oh, grandes e profundos filósofos, estudai antes de mais nada o idioma do asno de Balaão! Só ao ignorante soa ele de modo estranho, mas eu vos garanto que num estudo mais meticuloso deste idioma reconhecereis a vossa própria língua materna e descobrireis que este asno já murmurou há mi-

---

17. A negação de um fato não tem um significado inocente, em si indiferente, mas sim um significado moral nocivo. Pelo fato do cristianismo ter transformado os seus artigos de fé em fatos sensoriais, i.e., inegáveis, intocáveis, por ter então superado a razão e cativado o espírito através de fatos sensoriais, temos também a explicação verdadeira, última e primitiva do motivo pelo qual no cristianismo (e em verdade não só no católico, mas também no protestante) pode se expressar e se fazer vigorar em toda formalidade e solenidade o princípio de que a heresia, i.e., a negação de um dogma ou fato é um objeto de penalidade, um crime, para as autoridades profanas. O fato sensorial na teoria torna-se na prática uma violência sensorial. O cristianismo está aqui muito inferior ao islamismo, pelo menos ao Corão, que não conhece o crime da heresia.

18. "Frequentemente indicam os deuses a sua presença" (CÍCERO. *De nat. D.*, lib. II). As obras de Cícero *De nat. D* e *De divinatione* são interessantes também pelo fato de aqui serem tidos por verdades dos objetos da crença pagã no fundo os mesmos argumentos que ainda hoje os teólogos e positivistas apresentam como verdades dos objetos da crença cristã.

lênios os mais profundos segredos da vossa sabedoria especulativa. Fato – meus senhores! –, para repetir para vós mais uma vez, é uma ideia de cuja verdade não se duvida porque o seu objeto não é uma questão de teoria, mas de afetividade que deseja que aquilo que ela deseja, em que ela crê, seja um fato, fato este que é proibido negar, se não exterior, pelo menos interiormente; fato é qualquer possibilidade que é tida por realidade, qualquer ideia que para o tempo em que é fato expressa uma necessidade e que exatamente por isso é um limite não transponível do espírito, fato é qualquer desejo concebido como realizado; em síntese fato é tudo que não é duvidado pelo simples motivo que, por não ser duvidado, não deve ser duvidado.

A afetividade religiosa, de acordo com a sua natureza até aqui desenvolvida, está na certeza imediata de que todos os seus movimentos e determinações espontâneas são impressões de fora, manifestações de um outro ser. A afetividade religiosa faz de si mesma o ser passivo e de Deus o ser ativo. Deus é a atividade; mas o que o determina a atividade, o que transforma a sua atividade (que inicialmente é uma atividade total) numa atividade real, o próprio motivo, a base não é Ele (ele não necessita para si, é sem necessidades), mas o homem, o sujeito ou a afetividade religiosa. Mas ao mesmo tempo é o homem por sua vez determinado por Deus, ele se transforma num *passivum*; ele recebe de Deus revelações determinadas, provas determinadas da sua existência. Na revelação é, pois, o homem determinado por si como o princípio determinativo de Deus, como o que determina Deus, i.e., a revelação é somente a autodeterminação do homem, com a diferença que ele insere entre si, o determinado, e si, o determinante, um objeto – Deus, um outro ser. O homem concilia através de Deus a sua própria essência consigo mesma – Deus é o elo personificado entre a essência, o gênero e o indivíduo, entre a natureza humana e a consciência humana.

A crença na revelação desvenda da maneira mais clara a ilusão característica da consciência religiosa. A premissa desta crença é: o homem não pode por si mesmo saber nada de Deus, todo o seu saber é apenas vaidoso, terreno, humano. Mas Deus é um ser sobre-humano: Deus só conhece a si mesmo. Portanto, nada sabemos de Deus com exceção do que ele nos revelou. Somente o conteúdo comunicado por Deus é divino, sobre-humano, sobrenatural. Através da revelação conhecemos então Deus através de si mesmo, porque a revelação é a palavra de Deus, o Deus expressado por si mesmo. Por isso, na crença na revelação o homem se nega, vai para fora e para cima de si; ele opõe a revelação ao saber e à opinião humana, nela se mostra um saber oculto, o conjunto de todos os mistérios sobrenaturais; aqui a razão deve silenciar. No entanto, é a revelação divina uma revelação determinada pela natureza humana. Deus não fala para animais ou anjos, mas para homens, portanto, um idioma humano com concepções humanas. O homem é o objeto de Deus antes dele se comunicar exteriormente com o homem; ele pensa no homem; ele se determina de acordo com a sua natureza, com as suas necessidades. Deus é certamente livre na vontade; ele pode se revelar ou não, mas não é livre na razão; ele não pode revelar ao homem o que ele sempre quer, mas o que convém ao homem, o que é adequado à sua natureza como ela é, se quiser se revelar de alguma forma; ele revela o que ele *deve* revelar, se a sua revelação deve ser uma revelação para o homem e não para qualquer outro ser. O que então Deus pensa para o homem pensa ele como determinado pela ideia do homem, surge da reflexão sobre a natureza humana. Deus se submerge no homem e pensa de si da maneira em que este outro ser deve e pode pensar dele; ele não pensa com a sua faculdade de pensar, mas com a humana. Deus não é dependente de si no plano da revelação, mas da capacidade de compreensão do homem. O que chega de Deus no homem vem ao homem somente a partir do homem em Deus, i.e., chega ao homem consciente a partir da essência do homem, chega do gênero para o indivíduo. Portanto, entre a revelação divina e a chamada razão ou natureza humana não existe distinção a não ser ilusória – também o conteúdo da revelação divina é de origem humana, pois ele não surge de Deus enquanto Deus, mas de um Deus determinado pela razão humana, pela necessidade humana, i.e., surge diretamente da razão humana, da necessidade humana. Assim, também na revelação o homem sai de si para voltar novamente para si numa linha curva! Assim se confirma também neste objeto, da maneira mais crassa, que o mistério da teologia é apenas a antropologia![19]

De resto, confessa a própria consciência religiosa, com relação a tempos passados, a humanidade do conteúdo revelado. À consciência religiosa de uma época posterior não satisfaz mais um Jeová, que é um homem da cabeça aos pés e exibe sem medo a sua humanidade. Eram apenas concepções nas quais Deus se acomodava à faculdade de compreensão dos homens de então, i.e., eram concepções somente humanas. Mas com relação ao seu conteúdo atual, por estar submersa nele, ela não reconhece isto. No entanto, qualquer revelação de Deus é apenas uma revelação da natureza do homem. Na revelação torna-se objeto para o homem a sua natureza oculta. Ele é determinado pela sua essência, mas como se fosse por uma outra essência; ele recebe das mãos de Deus o que lhe impinge, como uma necessidade, a sua própria essência desconhecida em determinados períodos.

A crença na revelação é uma crença infantil e só respeitável enquanto é infantil. Mas a criança é determinada por fora. E a revelação tem por objetivo exatamente efetuar, através da ajuda de Deus, o que o homem não consegue atingir por si mesmo. Por isso chamou-se a revelação de educação da espécie humana. Isto é certo; apenas não se deve transportar a revelação para além da natureza humana. Assim como o homem é movido interiormente para expor doutrinas morais e filosóficas em forma de narrações e fábulas, da mesma forma exterioriza ele necessariamente como revelação o que lhe é dado por dentro. O fabulista tem um objetivo, o objetivo de tornar os homens bons e devotos; ele escolhe intencionalmente a forma da fábula como o método mais objetivo e figurativo; mas ao mesmo tempo é ele mesmo impelido a esta didática

---

19. O que é então o conteúdo essencial da revelação? Que Cristo é Deus, i.e., que Deus é um ser humano. Os pagãos se voltavam para Deus com suas necessidades, mas duvidavam se Deus escuta as preces do homem, se é misericordioso ou humano. Mas para os cristãos é certo o amor de Deus pelo homem: Deus se revelou como homem (cf. p. ex. *Or. de vera Dei invocat.*, MELANCHTON, *Decl.*, parte III e LUTERO, por exemplo, parte IX, p. 538, 539). I.e., precisamente, a revelação de Deus é a certeza do homem de que Deus é homem e de que o homem é Deus. Certeza é fato.

pelo seu amor à fábula, pela sua própria natureza interior. Assim se dá também com a revelação em cujo ápice está um indivíduo. Este tem um objetivo, mas ao mesmo tempo vive ele mesmo nas concepções através das quais ele realiza este objetivo. O homem projeta espontaneamente através da imaginação a sua essência interior; ele a mostra fora de si. Esta essência da natureza humana contemplada, personificada, que atua sobre ele através do poder irresistível da imaginação como lei do seu pensar e agir – é Deus.

Aqui estão os efeitos morais benéficos da crença na revelação sobre o homem; pois a própria essência só atua sobre o homem inculto, subjetivo, quando ele a concebe como um outro ser pessoal, como um ser que tem o poder de castigar e como uma visão à qual nada escapa.

Mas como a natureza "produz sem consciência obras que parecem ter sido feitas com consciência", assim também gera a revelação atos morais sem que provenham da moralidade – atos morais, mas não intenções morais. Os mandamentos morais são de fato guardados, mas já distantes da intenção interior, do coração, por serem concebidos como mandamentos de um legislador exterior, por entrarem na categoria de mandamentos arbitrários, policiais. O que é praticado não acontece porque é bom e justo agir assim, mas porque é ordenado por Deus. O *conteúdo em si mesmo* é indiferente; tudo que Deus ordena é justo[20]. Se esses mandamentos concordarem com a razão, com a ética, então é uma sorte, mas casual para o conceito da revelação. As leis cerimoniais dos judeus eram também reveladas, divinas e, no entanto, leis casuais *em si mesmas*, arbitrárias. Os judeus receberam de Jeová até mesmo o mandamento de roubar, sem dúvida num caso especial.

A crença na revelação, porém, não corrompe somente o senso moral, a estética da virtude; ela envenena, até mesmo mata o mais

---

20. "Aquilo que é cruel quando os homens praticam sem a ordem de Deus praticaram os hebreus, porque fizeram guerra pela ordem de Deus, o mais excelso Senhor sobre vida e morte" (CLERICUS, J. *Comm. in Mos. Num.*, c. 31,7). "Muita coisa fez Sansão que dificilmente poderia ser perdoada se não fosse considerado como um instrumento de Deus, do qual os homens dependem" (CLERICUS, J. *Comment. in Judicum*, c. 14, 19. Cf. também LUTERO, parte I, p. 339, e XVI, p. 495).

divino sentimento no homem – o sentimento da verdade. A revelação de Deus é uma revelação determinada, temporal: Deus se revelou de uma vez por todas no ano tal e tal e não para o homem de todos os tempos e lugares, para a razão, para o gênero, mas para os indivíduos determinados, limitados. Enquanto determinada local e temporalmente deve a revelação ser conservada por escrito, para assim a sua utilidade poder favorecer sem deturpação também a outros. A crença na revelação é, portanto, ao mesmo tempo, pelo menos para posteriores, a crença numa revelação por escrito; mas a consequência e o efeito necessário de uma crença na qual um livro histórico (necessariamente compilado sob todas as condições da temporalidade e transitoriedade) tem o significado de uma palavra eterna, absoluta, universalmente válida – é superstição e sofística.

A crença numa revelação por escrito só é ainda uma crença real, verdadeira, sincera e até aí também respeitável, quando é crido que tudo que está na Sagrada Escritura é significativo, verdadeiro, sagrado, divino. Mas quando se distingue entre o que é humano e divino, entre o que é válido relativa e absolutamente, entre o histórico e o eterno, quando o incondicionalmente verdadeiro não é tudo que está na Sagrada Escritura sem distinção, então o juízo da descrença de que a Bíblia não é um livro divino, torna-se já registrado na Bíblia e é renegado a ela, pelo menos indiretamente, o caráter de uma revelação divina. Somente unidade, incondicionalidade, inexcepcionalidade são as características da divindade. Um livro que me impõe a necessidade do discernimento, a necessidade da crítica para distinguir o divino do humano, o eterno do temporal, não é mais um livro divino, autêntico, verdadeiro: já caiu na classe dos livros profanos, pois todo livro profano tem esta mesma característica, que é conter o divino junto com ou no humano, i.e., conter o universal ou eterno junto com ou no individual. Mas um livro verdadeiramente bom ou divino não é aquele no qual uma parte é boa, outra má, uma parte eterna, outra temporal, mas sim aquele em que, de um só sopro, tudo é eterno, verdadeiro e bom. Que espécie de revelação é esta em que eu primeiro devo ouvir o apóstolo Paulo, depois Pedro, depois Jacó, depois João, depois Mateus, depois Marcos, depois Lucas até finalmente chegar a um trecho onde a minha alma, sedenta de Deus, pode exclamar: *heureka*; aqui fala o próprio Espírito Santo; aqui está algo para mim, algo para todos os tempos e homens. Por outro lado, com quanta honestidade pensava a antiga crença ao estender a inspiração até mesmo à palavra, à letra! A palavra não é indiferente para o pensamento; o pensamento determinado só pode ser dado por uma palavra determinada. Uma outra palavra, uma outra letra é um outro sentido. Esta crença é sem dúvida uma superstição; mas só esta superstição é a crença verdadeira, aberta, sincera, que não se envergonha das suas consequências. Se Deus conta os cabelos da cabeça do homem, se nenhum pardal cai do telhado sem a sua vontade, como poderia ele deixar ao arbítrio e à ignorância dos escritores a sua palavra, a palavra da qual depende a eterna felicidade do homem, por que não iria ele lhes ditar na pena os seus pensamentos para preservá-los de qualquer deturpação? "Mas se o homem fosse um mero instrumento do Espírito Santo, então a liberdade humana seria anulada!"[21] Oh, que argumento miserável! Então a liberdade humana tem mais valor do que a verdade divina? Ou a liberdade humana consiste apenas na deturpação da verdade divina?

Mas assim como a superstição está necessariamente ligada a uma crença numa revelação histórica determinada como a verdade absoluta, da mesma forma está ligada a ela a sofística. A Bíblia contradiz a moral, contradiz a razão, contradiz a si mesma inúmeras vezes; mas ela é a Palavra de Deus, a eterna verdade e "a verdade não pode se contradizer[22]. "Como então o crente na revelação sai desta contradição entre a ideia da revelação como

---

21. Muito corretamente já observavam os jansenistas contra os jesuítas: *Vouloir reconnoitre dans l'Ecriture quelque chose de la foiblesse et de l'esprit naturel de l'homme, c'est donner la liberté à chacun d'en faire le discernement et de rejetter ce qui lui plaira, de l'Ecriture, comme venant plutot de la foiblesse de l'homme que de l'esprit de Dieu* (BAYLE. *Dict. Art. Adam (Jean) Rem. E.*).

22. "Na sagrada escritura não se pode aceitar nenhuma contradição" (*Petrus Lomb.*, lib. II, dist. II, c. 1.). Pensamentos iguais dentre os padres, dentre os reformadores, p. ex., Lutero. Deve-se ainda observar que assim como o jesuitismo católico tem como campo de batalha da sua sofística principalmente a moral, da mesma forma o jesuitismo protestante (que sem dúvida, pelo menos que eu saiba, não representa uma corporação organizada formalmente) tem por seu campo de batalha principalmente a Bíblia, a Exegese.

uma verdade divina, harmônica e a suposta revelação real? Somente através de autotapeações, somente através dos argumentos mais tolos e falsos, somente através dos piores e mais mentirosos sofismas. A sofística cristã é um produto da fé cristã, em especial da crença na Bíblia como a revelação divina.

A verdade, a verdade absoluta é dada objetivamente na Bíblia, subjetivamente na fé, pois eu só posso me portar como crente, dedicado e submisso com relação ao que diz o próprio Deus. Para a inteligência, para a razão resta aqui somente uma atuação formal, subordinada; ela tem uma posição falsa, contraditória à sua essência. A razão em si mesma é aqui indiferente com relação à verdade, indiferente com relação à distinção entre verdadeiro e falso; ela não possui nenhum critério em si mesma; o que está na revelação é verdadeiro, ainda que contradiga diretamente a razão; ela é inevitavelmente abandonada ao acaso do pior empirismo: tudo que eu encontrar na revelação divina devo crer e a minha razão deve defender, caso necessário; a razão é o *Canis Domini*; ela deve se deixar impor como verdade tudo que é possível sem distinção – a distinção seria dúvida, seria ultraje; portanto, nada lhe resta a não ser um pensar casual, indiferente, i.e., um pensar falso, sofístico, intrigante – um pensar que só se ocupa com as mais infundadas distinções e subterfúgios, com os mais mesquinhos truques. Mas quanto mais o homem se distancia da revelação quanto ao tempo, quanto mais a razão amadurece para a autonomia, tanto mais gritante se mostra necessariamente também a contradição entre a razão e a crença na revelação. O crente só pode então confirmar a verdade da sacralidade e divindade da revelação numa contradição consciente consigo mesma, com a verdade, com a razão, somente através de uma ousada arbitrariedade, através de mentiras desavergonhadas – através do pecado contra o Espírito Santo.

CAPÍTULO XXIII
A CONTRADIÇÃO NA ESSÊNCIA
DE DEUS EM GERAL

O princípio supremo, o ponto central da sofística cristã é o conceito de Deus. Deus é a essência humana e no entanto deve ele ser um outro ser sobre-humano. Deus é o ser genérico, puro, a mera ideia do ser e no entanto deve ele ser um ser pessoal, individual; ou: Deus é pessoa e no entanto deve ele ser Deus, universal, i.e., nenhum ser pessoal. Deus existe; sua existência é certa, mais certa do que a nossa; ele possui uma existência separada, diversa de nós e das coisas, i.e., individual e no entanto deve a sua existência ser espiritual, i.e., uma existência não perceptível como especial. No *deve* é sempre negado o que é afirmado no *é*. O conceito fundamental é uma contradição que só é ocultada por sofismas. Um Deus que não se preocupa conosco, que não escuta os nossos pedidos, que não nos vê e não nos ama, não é um Deus; o humanitarismo torna-se, portanto, o predicado essencial de Deus; mas ao mesmo tempo significa: um Deus que não existe para si, fora do homem, acima do homem, como um outro ser, é um fantasma, portanto torna-se o não ou extra-humanitarismo um predicado essencial da divindade. Um Deus que não é como nós, que não possui consciência, inteligência, i.e., que não possui inteligência pessoal, consciência pessoal, como a substância de Spinoza, não é um Deus. A unidade essencial conosco é a condição principal da divindade; o conceito da divindade torna-se dependente do conceito da personalidade, da consciência enquanto o que há de mais elevado que se possa pensar. Mas um Deus (significa ao mesmo tempo) que não é essencialmente diverso de nós não é um Deus.

O caráter da religião é a contemplação imediata, espontânea, inconsciente da essência humana como uma outra essência. Mas esta essência objetivamente contemplada num objeto da reflexão, da teologia, torna-se uma mina inesgotável de mentiras, ilusões, cegueiras, contradições e sofismas.

Um artifício e pretexto especialmente característico da sofística cristã é a insondabilidade e incompreensibilidade da essência divina. Mas o mistério desta incompreensibilidade, como se verá, nada mais é que uma qualidade conhecida transformada numa qualidade desconhecida, uma qualidade natural transformada numa qualidade sobrenatural, i.e., não natural, e exatamente por isso é criada a ilusão de que a essência divina é uma outra diversa da humana e exatamente por isso incompreensível.

No sentido original da religião tem a incompreensibilidade de Deus somente o significado de uma expressão afetiva. Assim exclamamos nós também durante a emoção de um fenômeno surpreendente: "é incrível, ultrapassa todos os conceitos"; não obstante mais tarde, quando voltamos à razão, constatamos o objeto da nossa admiração como tudo, menos incompreensível. A incompreensibilidade religiosa não é o ponto seco que a reflexão frequentemente coloca quando lhe escapa a compreensão, mas um ponto de exclamação patético da impressão que a fantasia exerce sobre a afetividade. A fantasia é o órgão e a essência original da religião. No sentido original da religião existe entre Deus e o homem, por um lado, somente uma distinção quanto à existência, enquanto Deus está diante do homem como um ser autônomo; por outro lado, somente uma distinção quantitativa, i.e., uma distinção quanto à fantasia, pois as distinções da fantasia são somente quantitativas. A infinitude de Deus na religião é uma infinitude quantitativa; Deus é e tem tudo que o homem tem, mas em proporção infinitamente maior. A essência de Deus é a essência da fantasia objetivada[23]. Deus é um ser sensorial, mas abstraído das limitações da sensorialidade – o ser sensorial ilimitado. Mas o que é a fantasia? – a sensorialidade infinita, ilimitada. Deus é a existência eterna, i.e., a existência sempre existente em todos os

---

23. Isto se mostra, de resto, especialmente também no superlativo e na preposição: *Über, hyper, sobre,* que são antepostos aos predicados divinos e sempre (como por exemplo dentre os neoplatônicos, os cristãos dentre os filósofos pagãos) desempenharam o papel principal na teologia.

tempos; Deus é a existência onipresente, i.e., a existência em todos os lugares; Deus é o ser onisciente, i.e., o ser para o qual é objeto todo particular, tudo que é sensorial sem distinção, sem tempo e sem delimitação local.

Eternidade e onipresença são características sensoriais, pois nelas não é negada a existência no espaço e no tempo, mas somente a restrição exclusiva a um tempo determinado, a um lugar determinado. Da mesma forma é a onisciência uma característica sensorial, um saber sensorial. A religião não faz cerimônias em atribuir ao próprio Deus os mais nobres sentidos; Deus vê e ouve tudo. Mas a onisciência divina é um saber sensorial do qual é abandonada a característica, a determinação essencial do saber sensorial e real. Meus sentidos só me apresentam os objetos sensoriais um fora do outro e um após outro; mas Deus concebe tudo que é sensorial de uma só vez, tudo que é espacial e não espacial, tudo que é temporal e atemporal, tudo que é sensorial de uma maneira não sensorial[24]. Isto significa: eu amplio o meu horizonte sensorial através da fantasia; eu concebo na ideia confusa da totalidade todas as coisas, até mesmo as ausentes espacialmente e estabeleço esta ideia que me eleva acima do ponto de referência sensorial limitado, que me toca beneficamente, como uma essência divina. Eu sinto como uma limitação o meu saber preso somente ao ponto de referência espacial, à experiência sensorial; o que eu sinto como limitação eu anulo na fantasia, que proporciona um campo aberto aos meus sentimentos. Esta negação através da fantasia é a posição da onisciência como um poder e uma essência divina. No entanto, existe entre a onisciência e o meu saber uma diferença somente quantitativa; a qualidade do saber é a mesma. De fato eu não poderia atribuir a onisciência a um objeto ou ser fora de mim se ele fosse essencialmente diverso do meu saber, se ele não fosse uma ideia de mim mesmo, se não existisse em minha imaginação. O sensorial é tanto objeto e conteúdo da onisciência divina quanto do meu saber. A fantasia só supera a limitação da

---

24. "Deus sabe, portanto, o número das pulgas, mosquitos, moscas e peixes, ele sabe quantos nascem e morrem, mas ele não sabe isso isoladamente, um após o outro, mas tudo simultaneamente e de uma só vez" (PETRUS LOMB., lib. I, dist. 39, c. 3).

quantidade, não da qualidade. Nosso saber é limitado, significa: sabemos só alguma coisa, pouco, não tudo.

O efeito benéfico da religião consiste nesta ampliação da consciência sensorial. Na religião está o homem ao ar livre, *sub divo*; na consciência sensorial ele está em seu habitáculo estreito, limitado. A religião só se relaciona essencial e originalmente (e somente em sua origem é algo sagrado, verdadeiro, puro e bom) com a consciência imediatamente sensorial, inculta; ela é a supressão de todas as limitações sensoriais. Homens e povos fechados, limitados conservam a religião em seu sentido original, pois permanecem eles mesmos na origem, na fonte da religião. Quanto mais limitado é o horizonte do homem, quanto menos sabe ele de história, natureza, filosofia, tanto mais intimamente depende ele da sua religião.

Por isso também o religioso não tem em si nenhuma necessidade da cultura. Por que os hebreus não tinham uma arte, uma ciência como os gregos? Porque não tinham necessidade disso. E por que não tinham necessidade? Jeová lhes supriu esta necessidade. Na onisciência divina eleva-se o homem acima das limitações do seu saber[25]; na onipresença divina eleva-se ele acima das limitações do seu estágio local e na eternidade divina acima das limitações do seu tempo. O homem religioso é feliz em sua fantasia; ele tem sempre tudo junto *in nuce*; seu feixe está sempre amarrado. Jeová me acompanha por toda parte; eu não necessito sair de mim; eu tenho em meu Deus o cerne de todos os tesouros e preciosidades, de todas as coisas que são dignas de serem sabidas e pensadas. Mas a cultura depende de fora, tem diversas carências, pois ela supera as limitações da consciência e da vida sensorial através de uma atividade sensorial e real, não através do poder encantador da fantasia religiosa. Por isso não tem também a religião cristã, como já foi dito diversas vezes, em sua essência ou em si nenhum princípio da cultura, da formação, pois ela supera as limitações e misérias da vida terrena somente através da fantasia, somente em Deus, no céu. Deus é tudo que o coração anseia e exige – todas

---

25. "Aqueles que conhecem aquele que tudo conhece não podem não conhecer nada" (PSEUDO-AGOSTINHO. *Liber Medit.*).

as coisas, todos os bens. "Queres amor, fidelidade, verdade, consolo ou presença constante, tudo isso existe nele sem modo e medida. Se anseias por beleza Ele é o mais belo. Se anseias por riqueza Ele é o mais rico. Se anseias por poder, ele é o mais poderoso, ou qualquer coisa que o teu coração possa desejar encontra-se milhares de vezes mais nele, no simples e melhor dos bens, que é Deus[26]. "Mas quem tem tudo em Deus, quem já goza da felicidade celestial na fantasia, como sentiria aquela carência, aquela pobreza que é o impulso de qualquer cultura? A cultura não tem outro objetivo a não ser realizar um céu terreno; mas o céu religioso também só é realizado ou adquirido através da atividade religiosa.

A diferença originariamente apenas quantitativa entre a essência divina e a humana é agora transformada pela reflexão numa diferença qualitativa e assim o que era inicialmente apenas uma afeição, uma expressão imediata da admiração, do entusiasmo, uma impressão da fantasia sobre o espírito, é agora fixado como uma qualidade objetiva, como uma incompreensibilidade real. A expressão predileta da reflexão neste sentido é que sem dúvida compreendemos de Deus *o quê*, mas nunca o *como*. Que, por exemplo, o predicado do criador cabe essencialmente a Deus, que ele criou o mundo não de uma matéria existente, mas do nada, através da sua onipotência, isto é claro, certo; sim, indubitavelmente certo; mas *como* isto é possível é uma questão que naturalmente ultrapassa a nossa limitada inteligência. Isto significa: o conceito genérico é claro, certo, mas o conceito especial é obscuro, incerto.

O conceito da atividade, do fazer, do criar é em e por si um conceito divino; por isso é irrefletidamente aplicado em Deus. No ativo o homem se sente livre, ilimitado, feliz; no passivo limitado, oprimido, infeliz. Atividade é sentimento positivo de si mesmo. Positivo é em geral tudo aquilo que no homem vem acompanhado de uma alegria – Deus é, portanto, como já dissemos acima, o conceito da alegria pura, ilimitada. Só temos sucesso naquilo que fazemos com prazer; o júbilo tudo supera. Uma atividade realizada é, porém, aquela que combina com a nossa

---

26. J. Tauler, l. c., p. 312.

essência, que não sentimos como limitação, portanto, como pressão. Mas a atividade mais feliz é a agente. Ler, por exemplo, é agradável; ler é uma atividade passiva, mas criar coisas dignas de serem lidas é ainda mais agradável. Dar é melhor do que receber, significa também aqui. O conceito genérico da atividade agente é então aplicado em Deus, i.e., em verdade contemplado, objetivado como atividade e essência divina. Mas abstrai-se de qualquer qualidade especial, de qualquer tipo de atividade – só permanece a qualidade básica, essencialmente humana: a criação fora de si. Deus não criou algo, isto ou aquilo, especial, como o homem, mas tudo, sua atividade é meramente universal, ilimitada. Por isso é automático, é uma consequência necessária que a maneira pela qual Deus criou tudo seja incompreensível, pois esta atividade não é nenhum tipo de atividade, pois a questão relativa ao *como* é aqui absurda, uma questão que já é em e por si repelida pelo conceito básico da atividade ilimitada. Toda atividade especial produz os seus efeitos de modo especial, porque aqui a própria atividade é um modo determinado da atividade; surge aqui necessariamente a questão: como ela produziu isto? Mas a resposta à pergunta: "como criou Deus o mundo?", resulta necessariamente negativa, porque a própria atividade criadora do mundo nega qualquer atividade determinada, que unicamente justifica esta pergunta, qualquer tipo de atividade ligada a um conteúdo determinado, i.e., a uma matéria. Nesta pergunta é inserido indevidamente entre o sujeito, a atividade criadora, e o objeto, o criado, um intermediário que não pertence a este lugar, excluído: o conceito da especialidade. A atividade só se relaciona com o coletivo: tudo, mundo; Deus criou tudo, mas não algo – o todo indefinido, como a fantasia o sintetiza, mas não determinado, especial, como é objeto para os sentidos em sua especialidade e para a razão em sua totalidade, como universo. Tudo surge por um curso natural – é algo determinado e como tal (o que é apenas uma tautologia) tem uma base definida, uma causa determinada. Não foi Deus que criou o diamante, mas o carbono; este sal deve a sua origem somente à união deste ácido determinado com uma base determinada, não a Deus. Deus só criou tudo junto sem distinção.

Sem dúvida, na concepção religiosa, Deus criou o particular, porque este já está contido no todo, mas só indiretamente; porque ele não criou o particular de maneira particular, o determinado de maneira determinada, caso contrário seria ele um ser determinado. Sem dúvida é incompreensível como pôde surgir o determinado, o especial desta atividade universal, indeterminada; mas isto somente porque eu aqui obscureço o objeto da contemplação sensorial, natural, particular, porque eu submeto à atividade divina um outro objeto como sendo o que lhe convém. A religião não tem uma concepção física do mundo; ela não se interessa por uma explicação natural, que só pode ser dada com o surgimento. Mas o surgimento é um conceito teorético, filosófico. Os filósofos pagãos se ocuparam com o surgimento das coisas. No entanto a consciência cristã-religiosa repudiou este conceito como sendo pagão, irreligioso e estabeleceu em seu lugar o conceito humano prático ou subjetivo da criação, que é apenas uma proibição de pensar as coisas como surgidas por vias naturais, um interdito para toda física e filosofia da natureza. A consciência religiosa associa o mundo diretamente a Deus; ela deriva tudo de Deus, porque nada é objeto para ela em sua especialidade e realidade, enquanto objeto da razão. Tudo vem de Deus – isto é bastante, isto satisfaz plenamente a consciência religiosa. A pergunta *"como Deus criou?"* é uma dúvida indireta de que Deus criou o mundo. Com esta pergunta chegou o homem ao ateísmo, materialismo, naturalismo. Quem assim pergunta, para este já é o mundo objeto da teoria, da física, i.e., objeto em sua realidade, na especificidade do seu conteúdo. Mas este conteúdo contradiz a concepção de uma atividade indefinida, imaterial. E esta contradição leva à negação da concepção básica.

A criação da onipotência só é uma verdade quando todos os acontecimentos e fenômenos do mundo são derivados de Deus. Ela se torna, como já foi dito, um mito de tempos passados, quando a física se converte num instrumento, quando o homem faz do objeto da sua pesquisa os fundamentos definidos, o *como* dos fenômenos. Portanto, para a consciência religiosa não é também a criação a partir do nada algo incompreensível, i.e., insatisfatório; no máximo somente nos momentos da irreligiosidade, da dúvida, quando ela se afasta de Deus e se volta para as coisas, mas para a reflexão, para a teologia que com um olho espreita o céu, mas com o outro o mundo. Quanto na causa, tanto no efeito. Uma flauta só produz sons de flauta, não de fagote ou trompete. Quando ouves um som de fagote, mas não viste nem ouviste além da flauta nenhum outro instrumento de sopro, então certamente será incompreensível como pode surgir da flauta um tal som. Assim é também aqui – apenas é a comparação indevida por ser a própria flauta um instrumento determinado. Mas imagina, se possível, um instrumento meramente universal que reunisse em si todos os instrumentos sem ser ele mesmo um instrumento determinado e então verás que é uma tola contradição exigir um determinado tom (que só pertence a um determinado instrumento) de um instrumento do qual excluíste precisamente o que há de característico em todos os instrumentos determinados.

Porém, sob esta incompreensibilidade está ao mesmo tempo a intenção de distanciar a atividade divina da humana, de impedir a sua semelhança, uniformidade ou mesmo a sua unidade essencial com a humana para transformá-la numa atividade essencialmente diversa. Esta distinção entre a atividade divina e humana é o nada. Deus fabrica – ele fabrica algo fora de si como o homem. Fabricar é um conceito genuíno, fundamentalmente humano. A natureza cria, produz, o homem fabrica. Fabricar é uma ação que eu posso omitir, uma ação intencional, proposital, exterior – uma ação da qual não participa diretamente a minha essência mais própria e mais íntima, na qual eu não sou ao mesmo tempo passivo, tomado. Mas uma atividade não indiferente é idêntica à minha essência, necessária para mim, como a produção espiritual, que é para mim uma necessidade interna e que exatamente por isso me toca da maneira mais profunda, me comove patologicamente. Obras espirituais não são fabricadas – o fabricar é aí apenas a atividade mais exterior –, elas surgem em nós[27]. Entretanto fabricar é uma atividade indiferente, por isso livre, i.e., arbitrária. Até este ponto,

---

27. Por isso em tempos recentes fez-se de fato também da atividade do gênio uma atividade universalmente criadora e, com isso, se abriu um novo campo para a imaginação religioso-filosófica. Um interessante objeto da crítica seria a maneira pela qual desde sempre a especulação religiosa tentou conciliar a liberdade, ou melhor, a arbitrariedade, i.e., a não necessidade da criação, que contradiz a razão, com a necessidade da mesma, i.e., com a razão. Mas esta crítica está fora do nosso objetivo. Só criticamos a especulação através da crítica da religião, só nos restringimos ao que é original, fundamental. A crítica da especulação resulta da mera conclusão.

portanto, é Deus inteiramente idêntico ao homem, não é diverso dele pelo fato de fabricar; ao contrário, é dada uma ênfase especial ao fato do seu fabricar ser livre, arbitrário, voluntário. Deus quis, sentiu prazer em criar um mundo. Assim endeusa o homem aqui o agrado com seu próprio agrado, com sua própria vontade e arbitrariedade infundada. A qualidade fundamentalmente humana da atividade divina torna-se ela mesma, através da ideia da vontade, uma atividade vulgarmente humana. Deus, de um espelho da essência humana, torna-se um espelho da vaidade e do narcisismo humano.

Mas agora dissolve-se de uma vez a concórdia numa discórdia; o homem até aqui identificado consigo mesmo se cinde: Deus fabrica a partir do nada; ele cria; fabricar a partir do nada é criar – esta é a diferença. A qualidade essencial é humana; mas ao ser a característica desta qualidade essencial de novo anulada, a reflexão a transforma numa não humana. Desta anulação parte o conceito, a razão; resta apenas uma ideia nula, sem conteúdo, porque já está esgotada a pensabilidade, a representabilidade, i.e., a distinção entre a qualidade divina e a humana é na verdade um nada, um *nihil negativum* da razão. A ingênua confissão deste nada da razão é o nada enquanto objeto.

Deus é amor, mas não amor humano, é razão, mas não humana, (não!) uma razão essencialmente diversa. Mas onde está a diferença? Eu não posso conceber ou imaginar nenhuma razão fora da especificação segundo a qual ela atua em nós; eu não posso dividir a razão em duas ou quatro partes, de forma a ganhar muitas razões; eu só posso pensar numa única razão. Decerto posso eu pensar a razão em si, i.e., livre das limitações casuais; mas aqui eu não abandono a característica essencial. A reflexão religiosa, por outro lado, anula exatamente a característica que faz com que alguma coisa seja o que ela é. Somente aquilo em que a razão divina é idêntica à humana, somente aquilo é algo, é razão, um conceito real; mas aquilo que deve fazer dela uma outra, essencialmente diversa, não é nada objetivamente e é mera imaginação subjetivamente.

Um outro exemplo característico é o mistério insondável da geração do filho de Deus. A geração do filho de Deus é naturalmente diversa da comum, natural, (sim!) uma geração sobrenatural, i.e., em verdade uma geração apenas aparente, ilusória – uma geração à qual falta a característica pela qual uma geração é geração, pois falta a diferença sexual – portanto, uma geração que contradiz a natureza e a razão, mas que, exatamente por ser uma contradição, por não expressar nada definido, por não fornecer nenhum material ao pensamento, proporciona à fantasia um campo muito maior e por isso causa no espírito a impressão da profundidade. Deus é Pai e Filho – Deus, imagina só! Deus. A afetividade se apodera do pensamento; o sentimento da união com Deus coloca o homem fora de si por êxtase – o mais distante é denominado com o mais próximo, o outro com o mais próprio, o mais elevado com o mais profundo, o sobrenatural com o material, i.e., o sobrenatural é estabelecido como o natural, o divino como o humano; é negado que o divino seja algo diverso do humano. Mas esta união do divino com o humano é logo negada de novo; o que Deus tem em comum com o homem deve significar em Deus algo inteiramente diverso do que no homem – e assim torna-se o próprio novamente o estranho, o conhecido torna-se desconhecido e o mais próximo o mais distante. Deus não gera, como a natureza, não é pai, filho, como nós – como então? Sim, esta é exatamente a profundidade incompreensível, inefável da geração divina. Assim estabelece a religião, ou melhor, a teologia, o natural, o humano que ela aniquila, sempre de novo em Deus, mas agora em contradição com a essência do homem, com a essência da natureza, porque em Deus deve ser algo diferente, mas em verdade não é nada diferente.

Dentre todas as outras qualidades da essência divina é, porém, este *nada* da distinção um nada oculto; na criação, por outro lado, é ele um nada público, expresso, objetivo – daí o nada oficial, notório da teologia em sua distinção da antropologia.

Mas a qualidade essencial através da qual o homem transforma a sua própria essência alienada numa essência estranha, incompreensível, é o conceito, a concepção da autonomia, da individualidade ou – o que é apenas uma expressão mais abstrata – da personalidade. O conceito da existência só se realiza no conceito da revelação, mas o conceito da revelação enquanto autotestemunho de Deus somente no conceito da personalidade. Deus é um ser pessoal – este é o lema que de uma só vez transforma o concebido em real, o subjetivo em objetivo. Todos os predicados, todas as determinações da essência divina são fundamentalmente humanas; mas enquanto determinações de um ser pessoal, portanto de um outro ser que existe separado e independente do homem, parecem elas ser de imediato também realmente outras determinações, mas de forma a permanecer ao mesmo tempo e sempre a unidade essencial. Com isso surge para a reflexão o conceito dos chamados antropomorfismos. Os antropomorfismos são semelhanças entre Deus e o homem. As determinações da essência divina e humana não são as mesmas, mas elas se assemelham.

Por isso é também a personalidade o antídoto contra o panteísmo: i.e., através da ideia da personalidade a reflexão religiosa se desfaz da não diversidade da essência divina e humana. A expressão rude, mas sempre característica do panteísmo, é: o homem é uma emanação ou parte da essência divina; o religioso, ao contrário: o homem é uma imagem de Deus, ou também: um ser aparentado com Deus; pois de acordo com a religião o homem não se origina da natureza, mas pertence a uma estirpe divina, a uma origem divina. Mas parentesco é uma expressão indefinida, ambígua. Existem graus de parentesco – parentesco próximo e longínquo. Mas que parentesco é referido? Para a relação do homem com Deus no sentido da religião só cabe uma única relação de parentesco – a mais próxima, mais íntima, mais sagrada que se pode conceber –, a relação do filho com o pai. Desta forma, Deus e o homem se distinguem assim: Deus é o pai do homem, o homem é o filho de Deus. Aqui é estabelecida simultaneamente a autonomia de Deus e a dependência do homem, e na verdade diretamente, como um objeto do sentimento, enquanto que no panteísmo a parte se mostra tão autônoma quanto o todo, uma vez que este é concebido como um todo composto de suas partes. No entanto é esta distinção apenas uma ilusão. O pai não é pai sem o filho; ambos juntos formam um ser comum. No amor o homem renuncia à sua autonomia, rebaixando-se a uma parte – um autorrebaixamento, auto-humilhação que só se compensa pelo fato do outro se rebaixar da mesma forma a uma parte, pelo fato de ambos se subjugarem a um poder mais elevado – o poder do espírito familiar, do amor. Portanto, existe aqui a mesma relação entre Deus e o homem que no panteísmo, com a diferença que aqui ela se mostra como uma relação pessoal, patriarcal, e lá como impessoal, geral; sendo no panteísmo expresso lógica, portanto, definida, e diretamente o que é omitido pela fantasia na religião. A identificação, ou melhor, a não diversidade de Deus e o homem é aqui dissimulada pelo fato de se conceberem ambos como pessoas ou indivíduos e Deus simultaneamente, desconsiderada a sua paternidade, como um ser autônomo – mas uma autonomia que é também somente aparente, pois aquele que é pai do fundo do coração, como o Deus religioso, tem em seu próprio filho sua vida e sua essência.

A relação de dependência interna e recíproca entre Deus como Pai e o homem como filho não se pode afrouxar através da distinção de que só Cristo é o filho natural, mas os homens filhos adotivos de Deus, que, portanto, Deus está em relação essencial de dependência somente com Cristo como filho unigênito, mas não com os homens. Porque também esta distinção é somente teológica, i.e., ilusória. Deus só adota homens, não animais. O motivo da adoção está na natureza humana. O homem adotado pela graça divina é somente o homem consciente da sua natureza e dignidade divina. Além disso não é o próprio filho unigênito nada mais que o conceito da humanidade, que o homem preocupado consigo mesmo, o homem que se oculta em Deus de si mesmo e do mundo – o homem celestial. O logos é o homem secreto, silencioso; o homem é o logos aberto, expresso. O logos é apenas o prenúncio do homem. O que vale para o logos vale também para a essência do homem[28]. Mas entre Deus e o filho unigênito não existe uma diferença essencial – quem conhece o filho conhece o pai – portanto, nem entre Deus e o homem.

---

28. "A maior união que Cristo possui com o Pai ser-me-ia possível adquirir se eu pudesse abandonar o que é deste ou daquele e pudesse acolher a humanidade. Tudo então que Deus deu a seu filho legítimo deu Ele a mim com tanta perfeição quanto a ele" (*Pregações de alguns mestres anteriores e contemporâneos a Tauler*, Hamburgo 1621, p. 14). "Entre o filho unigênito e a alma não existe diferença" (Ibidem, p. 68).

O mesmo caso se dá também com a semelhança de Deus. A imagem não é aqui uma essência morta, mas viva. O homem é uma imagem de Deus, não significa mais que: o homem é um ser semelhante a Deus. A semelhança entre seres vivos se baseia no parentesco de natureza. A semelhança se reduz, portanto, ao parentesco: o homem é semelhante a Deus porque é filho de Deus. A semelhança é somente o parentesco evidente; por aquela concluímos esta.

Mas a semelhança é uma ideia tão ilusória, fugidia quanto o parentesco. É somente a ideia da personalidade que suprime a unidade natural. A semelhança é a unidade que não quer confessar que é unidade, que se esconde atrás de um nebuloso *medium*, atrás da névoa da fantasia. Se eu suprimir esta névoa, estas trevas, chego à unidade nua. Quanto mais semelhantes forem os seres, tanto menos se distinguem eles; se conheço um, conheço o outro. Decerto tem a semelhança os seus graus. No entanto, também a semelhança entre Deus e o homem tem os seus graus. O bom, piedoso é mais semelhante a Deus do que o homem que só tem por base da sua semelhança a natureza do homem em geral. Aceita-se também aqui, portanto, o mais alto grau de semelhança, ainda que este não seja atingido aqui, mas somente no além. Porém, o que o homem será um dia já pertence a ele também agora, pelo menos quanto à possibilidade. Mas o mais alto grau de semelhança existe quando dois indivíduos ou seres dizem e expressam a mesma coisa, de forma a não se encontrar nenhuma diferença a não ser o fato de serem dois indivíduos. As qualidades essenciais, aquelas através das quais distinguimos as coisas, são as mesmas em ambos. Por isso eu não posso distingui-los através do pensamento, da razão (para esta desapareceram todos os pontos de referência), eu só posso distingui-los pela contemplação ou concepção sensorial. Se meus olhos não me dissessem: são realmente dois seres diversos quanto à existência – então minha razão iria aceitar ambos como um único e mesmo ser. Por isso também os meus olhos os confundem. Confundível é somente o que é diverso para os sentidos, não para a razão, ou melhor, o que é diverso somente quanto à existência, não quanto à essência. Pessoas totalmente semelhantes têm por isso um extraordinário encanto, assim como por si mesmas, também para a fantasia. A semelhança oferece oportunidades para todo tipo de mistificações e ilusões, pois meus olhos zombam da minha razão, para a qual o conceito de uma existência autônoma está sempre associado ao conceito de uma diferença determinada.

A religião é a luz do espírito que se refrata no meio da fantasia e da afetividade e que contempla o mesmo ser como duplo. A semelhança é a unidade da razão que é dividida, interrompida no campo da realidade pela contemplação imediatamente sensorial, mas no campo da religião pela ideia da imaginação, em síntese, é a identidade da razão cindida pela ideia da individualidade ou personalidade. Eu não posso descobrir uma distinção real entre pai e filho, original e cópia, Deus e homem se não inserir entre ambos a ideia de personalidade. A semelhança é a unidade afirmada pela razão, pelo senso da verdade e negada pela imaginação; a unidade que deixa subsistir uma aparência de distinção – uma ideia aparente que não diz nem sim nem não.

CAPÍTULO XXIV
A CONTRADIÇÃO NA TEOLOGIA ESPECULATIVA

A personalidade de Deus é então o meio através do qual o homem transforma as determinações e concepções da sua própria essência em determinações e concepções de uma outra essência, de uma essência fora dele. A personalidade de Deus não é em si mesma nada mais que a personalidade do homem exteriorizada, objetivada.

Neste processo da autoexteriorização se baseia também a doutrina especulativa hegeliana que faz da consciência que o homem tem de Deus a consciência que Deus tem de si mesmo. Deus é pensado e conhecido por nós. Este seu ser-pensado é, de acordo com a especulação, o pensar-se-a-si-mesmo de Deus; ela reúne ambos os lados que a religião separa. A especulação é aqui muito mais profunda do que a religião, pois o ser-pensado de Deus não é como o de um objeto exterior. Deus é um ser interior, espiritual; o pensamento, a consciência é um ato interior, espiritual, portanto, o ser-pensado de Deus é a afirmação daquilo que Deus é, a essência de Deus é confirmada como ato. Que Deus seja pensado e conhecido é para ele essencial, necessário; que esta árvore seja pensada é para a árvore casual, não essencial. Mas como é possível que esta necessidade deva expressar somente uma necessidade subjetiva e não ao mesmo tempo objetiva? Como é possível que Deus, se ele deve existir para nós, se deve ser objeto para nós, deve ser pensado necessariamente, se Deus em si mesmo é indiferente, como um pedaço de pau, se ele é pensado, conhecido ou não? Não é possível. Somos obrigados a transformar o ser-pensado de Deus no pensar-se-a-si-mesmo de Deus.

O objetivismo religioso tem dois passivos, um duplo ser-pensado. Uma vez é Deus pensado por nós, a outra vez por si mesmo.

Deus se pensa independentemente de ser pensado por nós – ele possui uma consciência de si mesmo diversa, independente da nossa consciência. Isto é também necessário se Deus for concebido como uma personalidade real; pois a pessoa real, humana se pensa e é pensada por um outro; o meu pensá-la é para ela indiferente, exterior. E este é o ponto culminante do antropopatismo religioso. Para se tornar Deus autônomo e livre de tudo que é humano faz-se dele de preferência uma pessoa formal, real, ao se encerrar nele o seu pensar, mas ao se excluir dele o ser-pensado, que cai fora como um outro ser. Esta indiferença com relação a nós, com relação ao nosso pensar é o testemunho da sua existência autônoma, i.e., exterior, pessoal. Certamente a religião transforma também o ser-pensado de Deus no pensar-se-a-si-mesmo de Deus; mas uma vez que este processo antecede à sua consciência, ao ser Deus imediatamente pressuposto como um ser pessoal, existente por si, então só vem à sua consciência (da religião) a indiferença de ambas as partes.

De resto, também a religião não permanece nesta indiferença de ambas as partes. Deus cria para se revelar – a criação é a revelação de Deus. Mas para as pedras, as plantas, os animais não existe Deus, mas só para o homem, pelo que também a natureza existe meramente por causa do homem, mas o homem por causa de Deus. No homem Deus se glorifica – o homem é o orgulho de Deus. Deus se conhece a si mesmo sem o homem; mas enquanto não existe um outro Eu é ele apenas uma pessoa possível, concebida. Somente quando é posta uma distinção de Deus, o não divino, só então torna-se Deus consciente de si mesmo; só quando ele sabe o que não é Deus, sabe ele o que significa ser Deus, conhece ele a felicidade da sua divindade. Somente com o se estabelecer do outro, do mundo, estabelece-se Deus como Deus. É Deus onipotente sem a criação? Não! Somente na criação se realiza, se mantém a onipotência. O que é uma força, uma propriedade que não se mostra, não atua? O que é um poder que nada faz? Uma luz que não ilumina? Uma sabedoria que nada sabe de real? Mas o que é a onipotência, o que são todas as outras qualidades divinas se o homem não existe? O homem não é nada sem Deus; mas também Deus não é nada sem o homem[29]; pois só no homem torna-se Deus objeto enquanto Deus, torna-se ele Deus. Só as diversas qualidades do homem estabelecem a diversidade, a base da realidade em Deus. As qualidades físicas do homem transformaram Deus num ser físico – num Deus-pai que é o criador da natureza, i.e., que é a essência personificada, humanizada da natureza[30] –; as qualidades intelectuais transformaram-no num ser intelectual; as morais, num ser moral. A desgraça do homem é o triunfo da misericórdia divina; a vergonha dos pecados é o prazer da sacralidade divina. Vida, fogo, afeto só chegam a Deus através do homem. Com o pecador teimoso ele se encoleriza; com o pecador arrependido ele regozija. O homem é o Deus revelado – só no homem se realiza, atua a essência divina como tal. Na criação da natureza sai Deus para fora de si mesmo, relaciona-se com um outro, mas no homem ele volta para si: o homem conhece Deus porque Deus se encontra e se conhece nele, se sente como Deus. Onde não existe opressão, dificuldade, não existe sentimento – e o sentimento é o único conhecimento real. Quem pode conhecer a misericórdia se não sente a necessidade da mesma? A justiça sem a injustiça? A felicidade sem dificuldade? Deves sentir o que é uma coisa, caso contrário nunca a aprenderás. Mas somente no homem transformam-se as qualidades divinas em sentimentos, i.e., o homem é o autossentimento de Deus – o Deus sentido é o Deus real; pois as qualidades de Deus são somente realidades enquanto qualidades patológicas e psicológicas sentidas pelo homem. Se o sentimento da miséria humana estivesse fora de Deus, num ser pessoalmente separado dele, então também a misericórdia não estaria em Deus e então teríamos novamente o ser sem atributos, ou melhor, um Nada, o que era Deus antes do homem ou sem o homem. Um exemplo: Se eu sou um ser bom ou comunicativo – pois só é bom o que se

---

29. "Deus não pode prescindir de nós assim como nós não podemos prescindir dele" (*Pregações de alguns mestres anteriores e contemporâneos a Tauler*, p. 16. Cf. também STRAUSS. *Da Doutrina Cristã*. I.B. § 47, e a teologia alemã, c. 49).

30. "Esta vida transitória temporal neste mundo (i.e., vida natural) temos através de Deus, que é o criador onipotente do céu e da terra. Mas a vida eterna, imperecível temos através do sofrimento e da ressurreição de Nosso Senhor Jesus Cristo... Jesus Cristo é um senhor da outra vida" (LUTERO, parte XVI, p. 459).

dá a si mesmo, o que se comunica, *bonum est communicativum sui* – não saberei fazer o bem a outro antes que a oportunidade me permita. Somente no ato da comunicação experimento eu a felicidade do benefício, a alegria da generosidade, da liberdade. Mas é esta alegria diversa da alegria do recebedor? Não; eu me alegro porque ele se alegra. Eu sinto a desgraça do outro, sofro com ele; ao facilitar o seu sofrimento, facilito o meu próprio – o sentimento da desgraça é também desgraça. O alegre sentimento de quem dá é somente o reflexo, o autossentimento da alegria no recebedor. Sua alegria é um sentimento comunitário e que por isso se manifesta também exteriormente através da união das mãos, dos lábios. Da mesma forma aqui. Assim como o sentimento da miséria humana é humano, igualmente humano é o sentimento da misericórdia divina. Só o sentimento da dificuldade da finitude é o sentimento da felicidade da infinitude. Onde não está um não está também o outro. Ambos são inseparáveis – inseparável o sentimento de Deus enquanto Deus e o sentimento do homem enquanto homem – inseparável do conhecimento do homem o autoconhecimento de Deus. Deus é ele mesmo somente no *mesmo* humano – só na capacidade humana de discernimento, só na duplicidade interior da essência humana. Assim, só é a misericórdia sentida pelo seu contrário enquanto Eu, enquanto Mesmo, enquanto Força, i.e., enquanto algo especial. Deus só é Deus através daquilo que não é Deus, somente na distinção do seu contrário. Aqui temos também o segredo da doutrina de Böhme. Somente é para se observar que Böhme, enquanto místico e teólogo, estabelece fora do homem os sentimentos (nos quais somente a essência divina se realiza, torna-se algo do nada, torna-se um ser qualitativo, separado dos sentimentos do homem, pelo menos conforme a sua imaginação) e os objetiva na forma de qualidades naturais, de modo que estas qualidades representam por sua vez somente as impressões que elas causam em seu espírito. Em seguida, não é para se desprezar que aquilo que a consciência empírico-religiosa só estabelece com a criação real da natureza e do homem, a consciência mística já transfere para antes da criação num ser pré-mundano, mas exatamente com isso suprime também o significado da criação. Se pois Deus já tem o seu outro atrás de si, não necessita ele tê-lo diante de si; se Deus já tem em si o que não é Deus, então não necessita ele estabelecer este não divino para ser Deus. A criação do mundo real é aqui um mero luxo, ou antes, uma impossibilidade; este Deus, por legítima realidade, não vem à realidade; ele já é neste mundo tão saciado, tão carregado com alimentos terrenos que no máximo só pode ser explicado por um *motus peristalticus* inverso no estômago devora-mundos de Deus, como se só pudesse ser explicada a existência, a criação de um mundo real através de um vômito divino. Isto vale especialmente também para o Deus schellingiano que, não obstante composto de incontáveis potências, é, no entanto, um Deus totalmente impotente. Muito mais racional é por isso a consciência empírico-religiosa, que só deixa Deus se revelar como Deus, i.e., se realizar com o homem real, com a natureza real, segundo a qual o homem é feito meramente para o louvor de Deus. I.e., o homem é a boca de Deus, que articula e acentua as qualidades divinas como sentimentos humanos. Deus quer ser adorado, louvado. Por quê? Porque somente o sentimento do homem por Deus é o autossentimento de Deus. No entanto, a consciência religiosa separa de novo estes dois lados inseparáveis ao transformar Deus e homem em existências autônomas através da concepção da personalidade. A especulação hegeliana identifica ambos os lados, de forma que a velha contradição ainda permanece no fundo – por isso é ela somente a execução consequente, a complementação de uma verdade religiosa. Tão cego foi o erudito Haufe em seu ódio contra Hegel que ele não percebeu que a sua doutrina, pelo menos nesse ponto, não contradiz a religião – só contradiz como em geral o pensamento elaborado, consequente contradiz a ideia não elaborada, inconsequente, mas que diz a mesma coisa.

Mas se a consciência que o homem tem de Deus é a autoconsciência de Deus, como lemos na doutrina hegeliana, então é a consciência humana *per se* a consciência divina. Por que então alienas do homem a sua consciência e a transformas na autoconsciência de um ser diverso dele, de um objeto? Por que atribuis a essência a Deus, mas ao homem só a consciência? Deus tem a sua consciência no homem e na sua essência em Deus? O saber que o homem tem de Deus é o saber que Deus tem de si? Que cisão e contradição! Invertas e terás a verdade: o saber que o homem tem de Deus é o saber que o homem tem de si, da sua própria essência.

Somente a unidade de essência e consciência é verdade. Onde estiver a consciência de Deus, aí estará também a essência de Deus – portanto, no homem; na essência de Deus só é objeto para ti a tua própria essência, só surge *diante* da tua consciência o que está atrás da tua consciência. Se as qualificações da essência divina são humanas, então são as qualificações humanas de natureza divina.

Só assim conseguimos uma unidade verdadeira, satisfeita em si, da essência divina com a humana – a unidade da essência humana consigo mesma – só assim, quando então não tivermos mais uma filosofia da religião ou teologia diversa da psicologia ou antropologia, mas sim quando reconhecermos a própria antropologia como teologia. Toda identidade que não é uma verdadeira identidade, uma unidade consigo mesma, tem por base ainda a cisão, a separação em dois, quando ela então é suprimida ou antes deve ser suprimida. Toda unidade de tal tipo é uma contradição consigo mesma e com a inteligência – uma superficialidade, uma fantasia, um contrassenso – uma confusão que, entretanto, se mostra tanto mais profunda quanto mais invertida e falsa for.

——— CAPÍTULO XXV ———
A CONTRADIÇÃO NA TRINDADE

A religião, ou antes, a teologia não objetiva porém somente a essência humana ou divina em geral como uma essência pessoal; ela concebe também as características ou distinções fundamentais da mesma novamente como pessoas. Portanto, não é a trindade originariamente nada mais que o cerne das diferenças fundamentais essenciais que o homem apreende na essência humana. Como esta for concebida, diversas são também as qualidades fundamentais sobre as quais se baseia a trindade. Estas diferenças da essência humana una e mesma são, porém, como foi dito, concebidas como substâncias, como pessoas divinas. E no fato de serem elas em Deus hipóstases, sujeitos, essências, deve se fundar precisamente a distinção entre estas qualidades, tais como existem em Deus e estas mesmas qualidades tais como existem no homem em consequência da lei expressa de que somente na ideia da personalidade a personalidade humana aliena de si as próprias características. Mas a personalidade de Deus só existe na imaginação; as qualidades fundamentais são, portanto, também aqui hipóstases, pessoas somente para a imaginação; para a razão, o pensamento são somente qualidades. A trindade é a contradição entre politeísmo e monoteísmo, fantasia e razão, imaginação e realidade. A fantasia é a trindade; a razão a unidade das pessoas. Para a razão são os seres diversificados somente diversidades, para a fantasia são as diversidades os próprios diversificados, que, portanto, anulam a unidade da essência divina. Para a razão as pessoas divinas são fantasmas, para a imaginação são seres. A trindade dá ao homem a pretensão de se pensar o contrário do que se imagina e de se imaginar o contrário do que se pensa – pensar fantasmas como seres[31].

---

31. É estranho como a filosofia especulativa da religião protege a trindade contra a razão ateia e, no entanto, arranca do corpo da trindade a alma e o coração com a anulação das substâncias pessoais e com a explicação de que a relação entre Pai e Filho é somente uma imagem indevida abstraída da vida orgânica. De

Elas são três pessoas, mas não são essencialmente diversas. *Tres personae*, mas *una essentia*. Até aí tudo natural. Nós pensamos em três e até mesmo mais pessoas que são idênticas em essência. Assim como nós homens nos distinguimos uns dos outros através de diferenças pessoais, mas na substância, na essência, na humanidade somos um. E esta identificação não faz somente a razão filosófica, mas também o sentimento. Este indivíduo aí é homem como nós; *punctum satis*; neste sentimento desaparecem todas as outras diferenças – se é rico ou pobre, esperto ou estúpido, culpado ou inocente. O sentimento da compaixão, da participação é, portanto, um sentimento substancial, essencial, filosófico. Mas as três ou muitas pessoas humanas existem uma fora da outra, têm uma existência separada, ainda que devessem confirmar, realizar independentemente disso a unidade da essência através de um sincero amor. Fundamentam através do amor uma pessoa moral, mas têm, cada uma por si, uma existência física. Ainda que se sintam realizadas uma pela outra, ainda que não possam se dispensar, têm, entretanto, um ser-para-si formal. Ser-para-si e ser-fora-do- outro é a mesma coisa, é a característica essencial de uma pessoa, de uma substância. Diversamente se dá com Deus, e necessariamente, pois existe nele a mesma coisa que existe no homem, mas como se fosse uma outra coisa, com o postulado: ele deve ser outro. As três pessoas em Deus não têm uma existência separada; caso contrário nos defrontaríamos no céu da dogmática cristã, em toda majestade e franqueza, não com muitas pessoas divinas como no Olimpo, mas pelo menos com três pessoas em forma individual, três deuses. Os deuses do Olimpo não tinham o sinal da pessoa real em sua individualidade; eles combinam na essência, na divindade, mas eram cada um por si um Deus; eles eram pessoas divinas legítimas. As três pessoas cristãs, por outro lado, são apenas pessoas imaginadas, representadas, dissimuladas – certamente pessoas diversas das pessoas reais exatamente por serem

---

fato, se se pudesse ou quisesse deixar virem a favor também das religiões "finitas" os artifícios da arbitrariedade cabalística que os filósofos especulativos da religião empregam a favor da religião "absoluta", então não seria difícil já mesmo dos chifres do Apis egípcio extrair a caixa de Pandora da dogmática cristã. Não se necessitaria para isso mais do que a separação ominosa, apta para a justificação de qualquer absurdo, entre entendimento e razão especulativa.

somente personalidades imaginadas, aparentes, mas que querem e devem ser ao mesmo tempo pessoas reais. A característica essencial da realidade pessoal, o elemento politeístico é excluído, negado como não divino. Mas exatamente através desta negação torna-se a sua personalidade somente uma figura da imaginação. Somente na verdade do plural está a verdade das pessoas. As três pessoas cristãs não são três *Dii*, três deuses – pelo menos não devem sê-lo – mas sim *unus Deus*. As três pessoas não terminam, como é para se esperar, num plural, e sim num singular; elas não são somente *Unum*, um – tais são também os deuses do politeísmo –, mas somente o Um, *Unus*. A unidade não tem aqui somente o significado da essência, mas ao mesmo tempo da existência; unidade é a forma da existência de Deus. Três é um: o plural é um singular. Deus é um ser pessoal que consiste de três pessoas[32].

As três pessoas são, portanto, somente fantasmas aos olhos da razão, pois as condições ou determinações através das quais a sua personalidade deveria se afirmar são suspensas pela lei do monoteísmo. A unidade nega a personalidade; a autonomia das pessoas sucumbe sob a autonomia da unidade; elas são meras relações. O filho nada é sem o pai, o pai nada é sem o filho, o Espírito Santo, que em geral perturba a simetria, expressa apenas a relação de ambos entre si. Mas as pessoas divinas só se distinguem através do modo como elas se relacionam entre si. O essencial do pai como pessoa é que ele é pai; do filho, que ele é filho. O que o pai ainda é além da sua paternidade não atinge a sua personalidade; aí é ele Deus e enquanto Deus idêntico ao filho enquanto Deus. É por isso que se diz: Deus-Pai, Deus-Filho, Deus-Espírito Santo, Deus está igualmente em todos Três, é O mesmo. "Um é o Pai, outro é o Filho e outro o Espírito Santo, mas não 'outro', e sim o que o Pai é, é também o Filho e o Espírito Santo", i.e., são pessoas diversas, mas sem diversidade da essência. A personalidade se dilui, portanto, somente na relação da paternidade, i.e., o

---

32. A unidade não tem o significado do *Genus*, do *Unum*, mas sim de Unus (SANTO AGOSTINHO e PETRUS LOMB., lib. I, dist. 19, c. 7, 8, 9). *Hi ergo tres, qui unum sunt propter ineffabilem conjunctionem deitatis, qua ineffabiliter copulantur, unus Deus est* (PETRUS LOMB., 1. C., c. 6). "Como pode a razão se acomodar ou crer que três sejam um e um seja três?" (LUTERO, parte XIV, p. 13).

conceito pessoa é aqui somente um conceito relativo, o conceito de uma relação. O homem enquanto pai, exatamente pelo fato de ser pai, não é autônomo, é essencialmente relacionado com o filho; ele não é pai sem o filho; através da paternidade se rebaixa o homem a um ser relativo, não autônomo, impessoal. Antes de tudo é necessário não se deixar iludir por essas relações como elas na realidade existem no homem. O pai humano é, fora a sua paternidade, ainda um ser autônomo, pessoal; ele tem pelo menos um ser-para-si formal, uma existência fora do seu filho; ele não é somente pai com exclusão de todos os outros predicados de um ser real pessoal. A paternidade é uma relação que o homem decaído pode transformar até mesmo numa relação totalmente exterior que não atinge a sua essência pessoal. Mas no Deus-Pai não existe nenhuma diferença entre o Deus-Pai e o Deus-Filho enquanto Deus; somente a paternidade abstrata fundamenta a sua personalidade, a sua diferença do Filho, cuja personalidade é da mesma forma fundamentada somente pela filiação abstrata.

Porém ao mesmo tempo não devem essas relações, como foi dito, ser meras relações, dependências, mas sim pessoas reais, essências, substâncias. Assim é de novo afirmada a verdade do plural, a verdade do politeísmo[33] e negada a verdade do monoteísmo. Assim se dilui também no sagrado mistério da Trindade – enquanto deve, pois, representar uma verdade diversa da essência humana – tudo em ilusões, fantasmas, contradições e sofismas[34].

---

33. "Se o Pai é Deus e o Filho é Deus e o Espírito Santo é Deus, por que então não se chamam três deuses? Ouve o que Agostinho responde a esta pergunta: Quando eu digo três deuses, então contradiria a Bíblia que diz: 'Ouve, Israel, teu Deus é um único.' Pelo que então preferimos dizer três pessoas a três deuses, pois isso a Sagrada Escritura não contradiz" (Petrus Lomb. lib. I, dist. 23, c. 3). Quanto se baseou também o catolicismo na Sagrada Escritura!

34. Uma exposição magistral das arrasadoras contradições às quais o mistério da Trindade conduz um espírito religioso genuíno encontra-se na obra do meu irmão Friedrich: *Theanthropos*, Zurique, 1838.

CAPÍTULO XXVI
A CONTRADIÇÃO NOS SACRAMENTOS

Como a essência objetiva da religião, a essência de Deus – dilui-se também, por motivos facilmente compreensíveis, a essência subjetiva da mesma em puras contradições.

Os momentos essenciais subjetivos da religião são por um lado fé e amor, por outro lado, enquanto ela se apresenta num culto exterior, os sacramentos do batismo e da ceia. O sacramento da fé é o batismo, o sacramento do amor é a ceia. Rigorosamente só existem dois sacramentos, como dois momentos essenciais subjetivos da religião: fé e amor; pois a esperança é somente a fé relacionada com o futuro, por isso é ela transformada com a mesma injustiça lógica que o Espírito Santo, num ser especial.

A unidade dos sacramentos com a essência peculiar desenvolvida da religião se manifesta agora, excluindo as outras relações, pelo fato de que a base dos mesmos são coisas ou elementos naturais, aos quais é, porém, concedido um significado e um efeito contraditório à sua natureza. Assim é o sujeito ou a matéria do batismo a água, a água comum, natural, assim como, de um modo geral, é a matéria da religião a nossa própria essência natural. Mas como a religião nos aliena e desvia da nossa própria essência, assim também é a água do batismo uma água totalmente diversa da comum, pois ela não tem uma força e um significado físico, mas sim hiperfísico: é o *Lavacrum regenerationis*, purifica o homem da mácula do pecado original, expulsa o demônio inato, concilia com Deus. É portanto uma água natural propriamente só em aparência, em verdade é sobrenatural. Em outras palavras: a água do batismo tem efeitos sobrenaturais – mas o que atua de modo sobrenatural é ele mesmo de essência sobrenatural – somente na imaginação.

No entanto, deve ao mesmo tempo ser o elemento do batismo a água natural. O batismo não tem nenhuma validade e efeito se não for realizado com a água. A qualidade natural tem, portanto, valor e significado também por si mesma, porque só com a água, não com qualquer outro elemento, o efeito sobrenatural do batismo se associa de modo sobrenatural. Deus poderia em si, através da sua onipotência, associar o mesmo efeito a qualquer coisa. Mas ele não o faz; ele se acomoda à qualidade natural; ele escolhe um elemento semelhante, correspondente ao seu efeito. Portanto, o natural não é totalmente preterido, ao contrário, resta sempre uma certa analogia, uma aparência de naturalidade. O vinho representa o sangue, o pão a carne[35]. Também o milagre se rege por semelhanças; ele transforma água em vinho ou sangue, uma espécie em outra, sob conservação do conceito genérico indefinido do líquido. Assim é também aqui. A água é o líquido visível mais puro, mais claro; através desta sua qualidade natural é a imagem da essência imaculada do espírito divino. Em síntese, a água tem ao mesmo tempo por si mesma, enquanto água, significado; ela é consagrada por causa da sua qualidade natural, escolhida como instrumento ou meio do Espírito Santo. Até aí jaz sob o batismo um conceito natural belo, profundo. No entanto este belo sentido se perde logo após, ao ter a água um efeito que transcende a sua essência – um efeito que ela só tem através do poder sobrenatural do Espírito Santo, não por si mesma. A qualidade natural torna-se de novo indiferente; quem transforma vinho em água pode associar arbitrariamente com qualquer elemento os efeitos da água do batismo.

Por isso o batismo não pode ser compreendido sem o conceito do milagre. O batismo é ele próprio um milagre. A mesma força a qual levou a efeito os milagres e que transformou em cristãos, através deles, judeus e pagãos, como provas reais da divindade de Cristo, esta mesma força foi que introduziu o milagre e atua nele. O cristianismo começou com milagres e com milagres ele continua. Se se quiser negar o poder milagroso do batismo, deve-se também negar o milagre em geral. A água miraculosa do batismo

---

35. "O sacramento tem semelhança com o objeto cujo símbolo ele é" (PETRUS LOMB., lib. IV, dist. 1, c. 1).

tem a sua fonte natural na água que foi transformada em vinho nas bodas de Caná.

A fé que é levada a efeito através do milagre não depende de mim, da minha atividade própria, da liberdade de convicção e julgamento. Um milagre que acontece diante dos meus olhos deve ser crido por mim se não sou totalmente embotado. O milagre me impinge a fé na divindade do milagroso[36]. Certamente em alguns casos ele já pressupõe fé, a saber, quando aparece como recompensa, mas além disso não tanto quanto fé real, antes somente como sentido para a fé, predisposição, tendência, em oposição ao sentido incrivelmente embotado e mal-intencionado dos fariseus. O milagre deve provar que o milagroso é realmente aquele que como tal se apresenta. Somente a fé baseada no milagre é uma fé provada, fundamentada, objetiva. A fé que o milagre pressupõe é somente a fé em um Messias, em um Cristo em geral, mas a fé de que este homem aqui é o Cristo – esta fé só o milagre pode levar a efeito. De resto, não é também a pressuposição mesma desta fé indeterminada de forma alguma necessária. Incontáveis só se tornam crentes através do milagre; o milagre foi, portanto, a causa da sua fé. Se então os milagres não contradizem o cristianismo – e como deveriam contradizê-lo? – também não contradiz ao mesmo o efeito milagroso do batismo. Ao contrário, é necessário atribuir ao batismo um significado sobrenatural, se se quiser atribuir-lhe um significado cristão. Paulo foi convertido por um fenômeno milagroso repentino, mesmo sendo ainda repleto de ódio aos cristãos. O cristianismo veio violentamente sobre ele. Não se pode escapar com a evasiva que em algum outro este fenômeno não teria tido o mesmo sucesso e que, portanto, o sucesso do mesmo só deveria ser atribuído ao próprio Paulo. Pois se outros fossem dignos deste mesmo fenômeno, certamente se tornariam tão cristãos quanto Paulo. A graça divina é onipotente. A descrença e inconvertibilidade dos fariseus não é nenhum contra-argumento; pois deles precisamente foi tirada a graça. O Messias, conforme

---

36. Em relação ao milagroso é certamente a fé (a confiança na assistência de Deus) a *causa efficiens* do milagre (cf., por exemplo, Mt 18,20; At 6,8). Mas em relação ao espectador do milagre – e é disso que se trata aqui – é o milagre a *"causa efficiens"* da fé.

um decreto divino, necessariamente teve que ser traído, maltratado, crucificado. Mas tinham que ser indivíduos que o maltrataram e que o crucificaram, portanto a graça divina já de antemão tinha que ser tirada desses indivíduos. Certamente ela não lhes será tirada totalmente, mas somente para aumentar a sua culpa e de forma nenhuma com o sério desejo de convertê-los. Como seria possível contrariar o desejo de Deus, pressupondo-se naturalmente que era realmente o seu desejo e não mera veleidade? O próprio Paulo apresenta a sua conversão e transformação como uma obra da graça divina totalmente imerecida da sua parte[37]. Muito certo. Não contrariar a graça divina, i.e., acolher a graça divina, deixá-la atuar sobre si – já é algo bom, logo, um efeito da graça do Espírito Santo. Nada é mais absurdo que querer conciliar o milagre com a liberdade de doutrina e pensamento, a graça com o livre-arbítrio. A religião separa do homem a essência do homem. A atividade, a graça de Deus é a atividade própria do homem exteriorizada, o livre-arbítrio objetivado[38].

É a maior inconsequência quando se apresenta a experiência de que os homens não são santificados, transformados pelo santo batismo, como um argumento contra a fé no efeito milagroso do batismo, como já sucedeu com teólogos racionalístico-ortodoxos[39]; pois também os milagres, também a força objetiva da oração, em geral todas as verdades sobrenaturais da religião contradizem a experiência. Quem apela para a experiência, que renuncie à fé. Quando a experiência é uma instância, então já desapareceu a fé e o sentido religioso. O poder objetivo da oração, o descren-

---

37. "Aqui vê-se o milagre dos milagres que Cristo realizou, tendo convertido tão misericordiosamente o seu pior inimigo" (LUTERO, parte XVI, p. 560).

38. Por isso deve-se conceder grande honra à inteligência e amor à verdade de Lutero pelo fato de ele, especialmente em sua obra contra Erasmo, ter negado incondicionalmente o livre-arbítrio do homem perante a graça divina. "O nome livre-arbítrio", expressa Lutero muito corretamente sob o ponto de vista da religião, "é um título e nome divino que ninguém pode ou deve trazer, a não ser somente a alta majestade divina" (parte XIX, p. 28).

39. Certamente a experiência já obrigou também aos mais antigos teólogos, que eram crentes incondicionais, a confessar que os efeitos do batismo, pelo menos nesta vida, eram muito limitados, *Baptismus non aufert omnes poenalitates hujus vitae* (MEZGER. *Theol. Schol.*, parte IV, p. 251. Cf. também PETRUS LOMB., lib. IV, dist. 4, c. 4; lib. II, dist. 32, c. 1).

te só nega porque contradiz a experiência; o ateu vai mais longe, ele nega a própria existência de Deus porque não a encontra na experiência. A experiência interna não é para ele obstáculo; pois o que experimentas e ti mesmo de um outro ser prova somente que existe algo em ti que não é tu mesmo, que atua sobre ti independentemente da tua vontade e consciência pessoal sem que saibas o que é esse algo misterioso. Mas a fé é mais forte do que a experiência. Os casos que falam contra ela não perturbam a fé em sua crença; ela é feliz em si; ela só tem olhos para si, fechada a tudo mais fora dela.

Certamente exige a religião, também sob o ponto de vista do seu materialismo místico, sempre o momento da subjetividade, da espiritualidade, da mesma forma como nos sacramentos; mas exatamente aqui se revela sua contradição consigo mesma. E esta contradição se mostra especialmente gritante no sacramento da ceia; pois o batismo convém também às crianças, não obstante já se tenha feito valer também mesmo nele, como condição da sua efetividade, o momento da espiritualidade, mas que estranhamente se transferiu para a fé dos outros, para a fé dos pais ou de seus representantes ou da Igreja em geral[40].

O objeto do sacramento da ceia é a saber o corpo de Cristo – um corpo real; mas faltam-lhe os predicados necessários da realidade. Temos aqui novamente só num exemplo evidente, o que encontramos em geral na essência da religião. O objeto ou sujeito na sintaxe religiosa é sempre um sujeito ou predicado real humano ou natural; mas a determinação mais próxima, o predicado essencial deste predicado é negado. O sujeito é sensorial, mas o predicado é um não sensorial, i.e., algo que contradiz este sujeito. Eu só distingo um corpo real de um corpo imaginário pelo fato de que aquele causa em mim efeitos corporais, espontâneos. Se então o pão fosse o corpo real de Deus, então deveria o gozo do mesmo produzir em mim efeitos sagrados imediatos, espontâneos;

---

40. Mesmo na ficção absurda dos luteranos de que "as crianças no batismo creem", reduz-se o momento da subjetividade novamente à fé de outros, quando a fé das crianças "Deus leva a efeito pela intercessão e apresentação dos padrinhos na fé das igrejas cristãs" (LUTERO, parte XIII, p. 360, 361). Portanto, a fé alheia ajuda para que eu consiga uma própria fé" (LUTERO, parte XIV, p. 347a).

eu não necessitaria de fazer nenhuma preparação especial, de trazer nenhuma intenção sagrada. Quando eu como uma maçã, então esta maçã me proporciona automaticamente o gosto da maçã. Eu não necessito de nada mais que, no máximo, um estômago saudável para sentir a maçã como maçã. Os católicos exigem da parte do corpo o jejum como condição do gozo da ceia. Isto é bastante. Com os meus lábios eu capto o corpo, com meus dentes eu o trituro, com meu esôfago eu o levo ao estômago; eu não o assimilo espiritual, mas corporalmente[41]. Por que então não devem seus efeitos ser corporais? Por que deve este corpo, que é de essência corporal, mas ao mesmo tempo celestial, sobrenatural, não produzir também em mim efeitos também corporais e ao mesmo tempo sagrados, sobrenaturais? Se somente a minha intenção, a minha fé faz do corpo um corpo que me consagra, que transforma o pão seco numa substância animal pneumática, para que ainda necessito de uma coisa externa? Eu mesmo produzo o efeito do corpo em mim, portanto, a realidade do mesmo; eu sou tocado por mim mesmo. Onde está a força e a verdade objetiva? Quem goza indignamente a ceia, este não tem nada mais além do gozo físico de pão e vinho. Quem não traz nada não leva nada. A diferença essencial entre este e o comum e natural se baseia, portanto, somente na diferença entre a intenção na mesa do Senhor e a intenção em qualquer outra mesa. "Quem come e bebe indignamente, este come e bebe para si próprio a condenação, pois ele não distingue o corpo do Senhor"[42]. Mas esta mesma intenção só depende do significado que eu atribuo a este pão. Se para mim ele tem o

---

41. "Isto, diz Lutero, é em suma nossa opinião, que verdadeiramente no e com o pão o corpo de Cristo é comido, portanto, que tudo que o pão age e sofre, o corpo de Cristo age e sofre, que ele é partido, comido e mastigado com os dentes *propter unionem sacramentalem*" (PLANK, *Hist. do surgim. do protest.* Lehrbeg., VIII. B., p. 369). Alhures de fato nega Lutero que o corpo de Cristo, apesar de usufruído corporalmente, seja "mastigado, rasgado e digerido pela barriga como um pedaço de carne" (parte XIX, p. 429). Não é de se espantar, pois o que é usufruído é um objeto sem objetividade, um corpo sem corporalidade, uma carne sem carnalidade, é uma "carne espiritual" como Lutero (aí mesmo) diz, i.e., uma carne imaginária. Que seja ainda observado: também os protestantes gozam a ceia em jejum, mas isso é para eles só costume, não uma lei (cf. LUTERO, parte XVIII, p. 200, 201).

42. 1Cor 11,29.

significado de não ser pão, mas sim o próprio corpo de Cristo, então também não tem o efeito do pão comum. No significado está o efeito. Eu não como para me saciar; por isso eu só devoro um pequeno *Quantum*. Assim então já com respeito à quantidade, que em qualquer outro gozo material desempenha um papel essencial, é posto de lado exteriormente o significado do pão comum.

Mas este significado só existe na fantasia; para os sentidos o vinho permanece vinho; o pão, pão. Os escolásticos apelavam aqui para a preciosa distinção entre substância e acidentes. Todos os acidentes que compõem a natureza de vinho e pão, ainda estão lá; somente aquilo que esses acidentes compõem, a substância, a essência, é que falta, é transformada em carne e sangue. Mas todas as qualidades juntas, esta unidade é a própria substância. O que é vinho e pão se eu não lhes tomo as qualidades que fazem deles o que são? Nada. Carne e sangue não têm, portanto, nenhuma existência objetiva, caso contrário deveriam também ser objeto para os sentidos descrentes. Ao contrário: as únicas testemunhas válidas de uma existência objetiva – o paladar, o olfato, o tato, o olho se pronunciam unanimemente só pela realidade de vinho e pão. Vinho e pão são na realidade substâncias naturais, mas na imaginação divinas.

A fé é o poder da imaginação que transforma o real no irreal, o irreal no real – a contradição direta com a verdade dos sentidos, com a verdade da razão. A fé nega o que a razão afirma e afirma o que ela nega[43]. O mistério da ceia é o mistério da fé[44], daí ser o

---

43. "Nós vemos a forma do vinho e do pão, mas não cremos na existência da substância do pão e do vinho. Cremos, ao contrário, que a substância do corpo e sangue de Cristo está aí e, no entanto, não vemos a sua forma" (DIVUS BERNARDUS. Ed. Basis, 1552, p. 189-191).

44. Também ainda em outra relação não desenvolvida aqui mas que deve ser mencionada a título de observação, a saber, na seguinte. Na religião, na fé é o homem objeto para si mesmo, i.e., a meta de Deus. O homem tem por objetivo a si mesmo em e através de Deus. Deus é o meio da existência e felicidade humana. Esta verdade religiosa, estabelecida como objeto de culto, como objeto sensorial é a ceia. Na ceia o homem come, devora Deus – o criador do céu e da terra – como um alimento corpóreo; declara a Deus, através da ação do "comer e beber oral" como um mero meio vital do homem. Aqui é o homem estabelecido como o Deus de Deus – a ceia, portanto, o mais elevado autossaborear da subjetividade humana. Também o protestante aqui, não quanto à palavra, mas quanto à verdade, transforma Deus numa coisa exterior ao submetê-lo a si como um objeto de gozo sensorial.

gozo da mesma o momento mais elevado, o mais extasiado, o mais inebriado de prazer da afetividade crente. A destruição da verdade não afetiva, da verdade da realidade, do mundo e razão objetiva – uma destruição na qual consiste a essência da fé – atinge na ceia o seu mais alto cume porque aqui a fé aniquila um objeto imediatamente presente, evidente, indubitável, afirmando: ele não é o que é conforme o testemunho da razão e dos sentidos, mas é só uma aparência de que seja pão, na verdade é carne. O princípio dos escolásticos: é pão quanto aos acidentes, quanto à substância é carne; é, pois, somente a expressão abstrata do pensamento, explicativa daquilo que a fé aceita e pronuncia e por isso não tem nenhum outro sentido a não ser: segundo a aparência dos sentidos ou a intuição comum é pão, mas segundo a verdade é carne. Onde, pois, a imaginação da fé ousou uma tal violentação dos sentidos e da razão, a ponto de negar a mais evidente verdade dos sentidos, aí também não é para se admirar quando os próprios crentes puderam se exultar de que eles realmente viam sangue fluir ao invés de vinho. Tais exemplos, o catolicismo pode mostrar. Aqui não se trata de perceber sensorialmente, fora de si, o que se aceita como real na fé, na imaginação.

Enquanto a fé no mistério da ceia dominou a humanidade como a verdade sagrada, sim, a mais sagrada e elevada verdade, até então foi também o princípio imperante da humanidade a imaginação. Todas as características distintivas entre realidade e não realidade, razão e não razão desapareceram – tudo que se podia só imaginar era tido por possibilidade real. A religião consagrou toda contradição com a razão, com a natureza das coisas. Não ridicularizai as estúpidas questões dos escolásticos! Elas eram consequências necessárias da fé. O que é somente questão de afetividade deveria ser questão de razão, o que contradiz o entendimento não deveria contradizê-lo. Esta foi a contradição fundamental da escolástica, da qual resultaram por si mesmas todas as outras contradições.

E não é de nenhuma importância especial se eu creio na ceia protestante ou católica. A diferença é somente que no protestantismo só na língua, no ato do gozo[45] carne e sangue se unem de modo totalmente milagroso com pão e vinho; no catolicismo, porém, já antes do gozo através do poder do sacerdote, que no entanto aqui só age em nome do onipotente, pão e vinho são transformados realmente em carne e sangue. O protestante só se esquiva de uma maneira mais hábil de uma explicação determinada; ele só não se permite uma nudez sensorial, como a ingenuidade devota e não crítica do catolicismo, cujo Deus, como uma coisa exterior, pode ser devorado até mesmo por um rato; ele acolhe o seu Deus em si onde não lhe possa mais ser tirado e o protege assim perante o poder do acaso, da ironia; mas apesar disso ele devora, como o católico, no pão e vinho carne e sangue reais. Quão pouco se distinguiam, pois, no início os protestantes dos católicos na doutrina da ceia! Surgiu em Ansbach uma querela sobre a questão: "se o corpo de Cristo chega também ao estômago, é mastigado como outros alimentos e novamente é lançado fora por via natural?"[46]

Não obstante a imaginação da fé fazer da existência objetiva uma mera aparência e da existência afetiva, imaginada uma verdade e uma realidade; assim é, no entanto, em si ou na verdade o realmente objetivo somente o elemento natural. Mesmo a hóstia na caixa do sacerdote católico é em si um corpo divino somente na fé, aquela coisa exterior, na qual ela transforma a essência divina, é só uma questão de fé; pois o corpo não é também aqui visível, palpável, saboreável como corpo. Isto significa: o pão é pão somente quanto ao significado. Em verdade tem para a fé este significado o sentido real – como em geral no êxtase do fervor o significante se torna ele mesmo o significado – não deve significar, mas ser carne. Mas exatamente este ser não é carnal; ele é só um ser crido, idealizado, imaginado, i.e., ele mesmo tem somente o valor, a qualidade de um significado[47]. Uma coisa que para mim

---

45. "Não objeta que Cristo tenha dito estas palavras: 'este é o meu corpo', antes que seus discípulos comessem e, portanto, o pão já era o corpo de Cristo antes do gozo (*ante usum*)" (BUDDEUS, L. c., lib. V, c. I. § 13 e 17). Cf. por outro lado o *Concil. Trident. Sessio* 13. C. 3, c. 8, can. 4.

46. Apologia de Melanchton. Strobel. Nürnb. 1783, p. 127.

47. "Os fanáticos creem que seja mero pão e vinho, então decerto é assim como creem, assim eles os têm e comem então mero pão e vinho" (LUTERO, parte XIX, p. 432). I.e., se tu crês, representas, imaginas.

tem um significado especial é uma coisa em minha ideia e outra na realidade. O significante não é ele próprio aquilo que com ele é significado. O que ele é cai nos sentidos, o que ele significa existe só em minha intenção, ideia, fantasia; existe objetivamente só para mim, não para os outros. Assim é também aqui. Quando então Zwinglio disse que a ceia só tem significado subjetivo, disse ele em si a mesma coisa que os outros; apenas destruiu ele a ilusão da imaginação religiosa; pois o "é" na ceia é ele mesmo somente uma imaginação, mas com a imaginação de que não é nenhuma imaginação. Zwinglio só expressou de modo simples, nu, prosaico, racionalístico e por isso ofensivo o que os outros expressaram de modo místico, indireto, ao confessarem[48] que o efeito da ceia só depende da digna intenção ou da fé, i.e., que só para o pão e o vinho "estão" a carne e o sangue do Senhor, o Senhor mesmo, para o qual eles têm o significado sobrenatural do corpo divino, pois só disso depende a digna intenção, a afeição religiosa[49].

Mas se a ceia nada leva a efeito, consequentemente nada é – pois só o que atua é – sem a intenção, sem a fé, então só está nesta o significado da mesma; toda a questão se processa na afetividade. Se também atua sobre a afetividade a ideia de que eu aqui recebo o corpo real do salvador, por outro lado só surge esta mesma ideia da afetividade; ela só leva a efeito intenções devotas, quando e porque ela mesma já é uma intenção devota. Então é definido, aficcionado também aqui o sujeito religioso por si mesmo como por um outro ser por meio da ideia de um objeto imaginado. Eu poderia, portanto, muito bem realizar o ato da ceia sem a mediação de vinho e pão, sem qualquer cerimônia eclesiástica em mim mesmo, na imaginação. Existem incontáveis poesias devotas cujo único tema é o sangue de Cristo. Aqui temos, portanto, uma celebração genuinamente poética da ceia. Na ideia viva do salvador sofredor, ferido, une-se a afetividade com ele; aqui a alma devota

---

48. Mesmo os católicos. "O efeito deste sacramento, se for gozado condignamente, é a união do homem com Cristo" (Conc. Florent. de S. Euchar.)

49. "Se o corpo está no pão e é comido corporalmente com fé, então a alma se fortifica pelo fato de crer que a boca come o corpo de Cristo" (LUTERO, parte XIX, p. 433; cf. também p. 205). "Pois o que cremos receber, isto recebemos também na verdade" (LUTERO, parte XVII, p. 557).

bebe em entusiasmo poético o sangue puro, não mesclado com nenhuma matéria sensorial, contraditória; aqui não existiu entre a ideia do sangue e o próprio sangue nenhum objeto perturbador.

Não obstante a ceia, o sacramento em geral nada seja sem a intenção, sem a fé, apresenta a religião, no entanto, o sacramento ao mesmo tempo como algo real por si mesmo, interior, diverso da essência humana, de forma que na consciência religiosa a questão verdadeira, a fé, a intenção se torna somente um supérfluo, uma condição, mas a questão suposta, imaginada, se torna o principal. E as consequências e efeitos necessários deste materialismo religioso, desta subordinação do humano sob o suposto divino, do subjetivo sob o suposto objetivo, da verdade sob a imaginação, da moralidade sob a religião – as consequências necessárias são superstição e imoralidade – superstição porque a uma coisa é ligado um efeito que não está na natureza da mesma, porque uma coisa não deve ser o que ela é na verdade, porque uma mera imaginação é tida pela realidade; imoralidade porque necessariamente, no espírito, a sacralidade do ato como tal se separa da moralidade, o gozo do sacramento, também independentemente da intenção, se torna um ato sagrado e sacralizante. Assim se configura a questão pelo menos na prática, que nada sabe da sofística da teologia. Aquilo através do qual em geral a religião se coloca em contradição com a razão, através disto mesmo ela se coloca também sempre em contradição com o sentido moral. Somente com o sentido da verdade é dado também o sentido para o bem. Maldade da inteligência é também sempre maldade do coração. Quem ilude a mente com a sua inteligência, este não possui também um coração verdadeiro, honrado; a sofística põe a perder o homem total. Mas a sofística é a doutrina da ceia. Com a verdade da intenção é expressa a inverdade da presença corpórea de Deus e vice-versa, com a verdade da existência objetiva a inverdade e não necessidade da intenção.

CAPÍTULO XXVII
A CONTRADIÇÃO ENTRE
FÉ E AMOR

Os sacramentos simbolizam a contradição entre idealismo e materialismo, entre subjetivismo e objetivismo, que constitui a mais íntima essência da religião. Mas os sacramentos não são sem fé e amor. A contradição nos sacramentos nos reconduz, portanto, à contradição entre fé e amor.

O mistério secreto da religião é a unidade da essência divina com a humana – mas a forma da religião ou a essência revelada, consciente da mesma é a diferença. Deus é a essência humana, mas sabida como uma outra essência. Mas é o amor que revela a essência oculta da religião, é a fé que compõe a forma consciente. O amor identifica o homem com Deus, Deus com o homem, portanto, o homem com o homem; a fé separa Deus do homem, portanto, o homem do homem; porque Deus nada mais é que o conceito genérico místico da humanidade, a separação de Deus do homem é, portanto, a separação do homem, do homem da dissolução da união comunitária. Através da fé a religião se coloca em contradição com a moralidade, com a razão, com o simples senso da verdade do homem; mas através do amor ela se opõe novamente a esta contradição. A fé isola Deus, ela o transforma num outro ser, especial; o amor generaliza; ele transforma Deus num ser comum, cujo amor é idêntico ao amor ao homem. A fé cinde o homem no interior, consigo mesmo, logo, também no exterior; mas é o amor que cura as chagas que a fé abre no coração do homem. A fé transforma a fé em seu Deus numa lei; o amor é liberdade, ele não condena nem mesmo o ateu porque ele mesmo é ateu, mesmo que nem sempre negue teórica mas praticamente a existência de um Deus especial, oposto ao homem.

A fé separa: isto é verdadeiro, isto falso. E somente para si atribui a verdade. A fé tem uma verdade determinada, especial, que por isso está necessariamente ligada com a negação, em seu conteúdo. A fé é por natureza exclusiva. Uma só é a verdade, um só é Deus, um só ao qual pertence o monopólio do filho de Deus; tudo mais não é nada, é erro, ilusão. Somente Jeová é o verdadeiro Deus, todos os outros deuses são ídolos nulos.

A fé tem em mente algo especial para si; ela se baseia numa revelação especial de Deus; não se pode chegar à sua posse por via comum, pela via que está aberta a todos os homens indistintamente. O que está aberto a todos é algo comum e que exatamente por isso não representa nenhum objeto especial de fé. Que Deus é o criador puderam já todos os homens conhecer pela natureza, mas o que este Deus é por si mesmo em pessoa é uma questão de graça especial, conteúdo de uma fé especial. Mas exatamente pelo fato de se dar a revelação de modo especial, é também o objeto desta fé um objeto especial. O Deus dos cristãos é certamente também o Deus dos pagãos, mas existe, no entanto, uma enorme diferença, a mesma diferença que existe entre mim como sou objeto para o amigo e para mim, e como sou objeto para um estranho que só me conhece à distância. Deus, como é objeto para os cristãos, é totalmente diverso de como é objeto para os pagãos. Os cristãos conhecem Deus em pessoa, cara a cara. Os pagãos só sabem – e isto já é conceder muito – "o quê", mas não "quem" é Deus, pelo que os pagãos caíram também na idolatria. A igualdade dos pagãos e cristãos perante Deus é, portanto, muito vaga; o que os pagãos têm em comum com os cristãos e vice-versa – se quisermos ser tão liberais para estabelecer algo comum – isso não é o peculiarmente cristão, não é aquilo em que consiste a fé. Naquilo que os cristãos são cristãos, nisso exatamente são diversos dos pagãos[50]; mas eles o são pelo seu conhecimento especial de Deus; a sua característica distintiva é, portanto, Deus. A especialidade é o sal que unicamente traz sabor ao ser comum. O que um ser é em especial, só isto ele é: só quem me conhece especial, pessoalmente, me conhece. O Deus especial é, portanto, o Deus como é objeto em especial para os

---

50. "Porque sou um cristão devo crer e fazer o que outras pessoas não creem nem fazem" (LUTERO, parte XVI, p. 569).

cristãos, o Deus pessoal que somente é Deus. E este é para os pagãos, os descrentes, em geral desconhecido, não é para eles. Ele certamente deve sê-lo também para os pagãos, mas de modo mediato, só deixando de serem pagãos e se tornando cristãos. A fé limita o homem; ela lhe toma a liberdade e capacidade de valorizar devidamente o outro, o que lhe é diverso. A fé é presa em si mesma. O dogmático filosófico, em geral o dogmático científico certamente se limita também com a determinação do seu sistema. Porém, a limitação teorética tem, no entanto, por mais que seja presa, estreita de visão e coração, um caráter ainda mais livre, porque em e por si é o campo da teoria livre, porque aqui só a causa, o fundamento, a razão decide. Mas a fé faz essencialmente da sua causa uma causa da consciência e do interesse, do instinto de ser feliz, pois seu objeto é ele próprio um ser especial, pessoal, que impinge reconhecimento e faz depender a felicidade deste reconhecimento.

A fé dá ao homem um sentimento especial de honra e de si mesmo. O crente se acha excelente perante outros homens, elevado acima do homem natural; ele só se conhece como uma pessoa de distinção, na posse de direitos especiais; os crentes são aristocratas, os descrentes plebeus. Deus é esta diferença personificada e o privilégio do crente perante o descrente[51]. Mas uma vez que a fé imagina a própria essência como uma outra, então o crente empurra a sua honra não diretamente para si, mas para esta outra pessoa. A consciência do seu privilégio é a consciência desta pessoa, o sentimento de si mesmo tem ele nesta outra personalidade[52]. Como o criado na dignidade do seu senhor sente-se a si mesmo, pensa ser até mais do que um homem livre, autônomo de classe mais baixa que o seu senhor, da mesma forma é o crente[53].

---

51. Celsus objeta aos cristãos que eles se ufanavam de serem os primeiros depois de Deus. *Est Deus et post illum nos* (*Origenes adv. Celsum*. Ed. Hoeschelius. Aug. Vind. 1605, p. 182).

52. "Eu sou orgulhoso e vaidoso por causa da minha felicidade e perdão dos pecados, mas através de quê? Através de uma honra e orgulho alheio, a saber, do Senhor Cristo" (LUTERO, parte II, p. 344). "Quem se enaltece que enalteça o Senhor" (1Cor 1,31).

53. Um ex-ajudante do general russo Münnich disse: "quando eu era seu ajudante eu me sentia maior que agora, onde eu comando."

Ele se nega qualquer mérito para deixar somente ao seu senhor a honra do mérito, mas só porque este mérito vem por bem a ele mesmo, porque na honra do senhor se satisfaz o seu próprio sentimento de honra. A fé é orgulhosa, mas ela se distingue do orgulho natural pelo fato de transferir o sentimento do seu privilégio, da sua honra, para uma outra pessoa que o prefere, uma outra pessoa, mas que é o seu próprio "mesmo" oculto, que é o seu instinto de ser feliz personificado e satisfeito, pois esta personalidade não tem outras determinações que não ser o benfeitor, o redentor, o salvador; determinações, portanto, nas quais o crente só se relaciona consigo, com a sua própria salvação eterna. Em síntese, temos aqui o princípio característico da religião, de que ela é o ativo natural transformado num passivo. O pagão se eleva, o cristão sente-se elevado. O cristão transforma numa questão de sentimento, de sensibilidade, o que para o pagão é uma questão de atividade natural. A humildade do crente é um orgulho às avessas – um orgulho que não tem a aparência, os sinais exteriores do orgulho. Ele se sente distinto, mas esta distinção não é o resultado da sua atividade, e sim uma questão da graça; ele foi distinguido: não tem culpa. Ele não faz de si mesmo em geral o objetivo da sua própria atividade, mas sim o objetivo, o objeto de Deus.

A fé é essencialmente uma fé determinada, Deus é o verdadeiro Deus somente nesta determinação. Este Jesus é Cristo, o verdadeiro, único profeta, o filho unigênito de Deus. E neste determinado tu deves crer se não quiseres perder a tua felicidade. A fé é imperativa[54]. É por isso necessário, está na essência da fé que ela seja fixada como dogma. O dogma só expressa o que a fé já tinha na mente ou na língua originariamente. O fato de que, bastando que um dogma fundamental seja estabelecido, aí se liguem questões especiais que devem ser depois decididas dogmaticamente, e que daí resulta uma enfadonha multiplicidade de dogmas é certamente uma fatalidade, mas não anula a necessidade de que a

---

54. "Os homens são comprometidos pela lei divina à fé correta. Antes de todos os outros mandamentos da lei é a fé correta em Deus estabelecida quando se lê: 'Ouve, Israel, o Senhor, o nosso Deus, é um Senhor único'. Através disso é excluído o erro daqueles que afirmam que para a salvação do homem é indiferente com qual fé ele serve a Deus" (TOMÁS DE AQUINO. *Summa cont. gentiles*, lib. III, c. 118, § 3).

fé se fixe em dogmas para que com isso ela saiba determinadamente o que ela deve crer e como ela pode alcançar a sua felicidade.

O que atualmente se condena, mesmo sob o ponto de vista do cristianismo crente, que se compadece ou mesmo se ridiculariza como erro, mal-entendido, exagero, é a mais pura consequência da essência interna da fé. A fé é quanto à sua natureza presa, acanhada, porque na fé trata-se, assim como da própria felicidade, também da própria honra de Deus. Mas como ficamos temerosos de se prestamos a um mais elevado a honra devida, assim também é a fé. O apóstolo Paulo só se preocupa com a glória, a honra e o mérito de Deus. Uma determinação dogmática, exclusiva, escrupulosa existe na essência da fé. Em alimentos e outras coisas indiferentes à fé é ela certamente liberal, mas de maneira nenhuma com relação aos objetos da fé. Quem não é a favor de Cristo, é contra Cristo; o que não é cristão é anticristão. Mas o que é isto? Isto deve ser determinado, não pode ser deixado livre. Se o conteúdo da fé é colocado em livros que provêm de diversos autores, colocado em forma de expressões casuais, contraditórias, ocasionais, então é a própria delimitação e determinação dogmática uma necessidade exterior. Só à dogmática cristã deve o cristianismo a sua subsistência.

É somente a falta de caráter, a descrença crente dos últimos tempos que se esconde por detrás da Bíblia e contrapõe os ditos bíblicos às determinações dogmáticas para, através da arbitrariedade da exegese, se libertar dos limites da dogmática. Mas a fé já desapareceu, já se tornou diferente quando as determinações da fé são sentidas como limitações. É somente a indiferença religiosa sob a aparência da religiosidade que faz a Bíblia, indefinida quanto à sua natureza e origem, a medida exclusiva da fé, e sob o pretexto de só crer no essencial, não crê em nada que mereça o nome de crença, por exemplo, ao invés do filho de Deus determinado, característico da Igreja, estabelece a determinação vaga, que nada diz, de um homem sem pecado, que como nenhum outro poderia se atribuir o nome do filho de Deus; em síntese, de um homem que não nos atrevemos chamar nem de homem, nem de Deus. Entretanto que é realmente só o indiferentismo religioso que se esconde por detrás da Bíblia se esclarece pelo fato de que mesmo o que está na Bíblia, mas que contradiz o estágio da cultura atual, não se considera como obrigatório ou até mesmo se nega, mesmo atos que são cristãos, que necessariamente resultam da fé, como a separação entre crentes e descrentes, designa-se agora como não cristãos.

A Igreja com total razão condenou heterodoxos[I] ou em geral descrentes[55], pois esta condenação está na essência da fé. A fé aparece inicialmente só como uma separação ingênua entre crentes e descrentes; mas esta separação é altamente crítica. O crente tem Deus para si, o descrente contra si – só como um possível crente não tem ele Deus contra si, mas como um atual descrente – aí está precisamente o fundamento da exigência de se abandonar o estágio da descrença. Mas o que Deus tem contra si não é nada, é expulso, condenado; pois o que Deus tem contra si é ele próprio contra Deus. Crer significa o mesmo que ser bom, não crer o mesmo que ser mau. A fé, limitada e presa, empurra tudo para a intenção. O descrente é para ela descrente por teimosia, por maldade[56], um inimigo de Cristo. Por isso a fé assimila para si somente os crentes, mas os descrentes ela repudia. Ela é boa para com os crentes, mas má para com os descrentes. Na fé existe um mau princípio.

É somente por egoísmo, vaidade, comodismo dos cristãos que eles mesmos veem as farpas na fé dos povos não cristãos, mas não enxergam as traves na sua própria fé. Somente o tipo da fé religiosa é diferente entre os cristãos e dentre outros povos. São somente diferenças climáticas ou as diferenças dos temperamentos étnicos que fundamentam a diversidade. Um povo sensorial, em si guerreiro ou de um modo geral ardente, irá naturalmente manifestar a sua diferença religiosa também através de feitos sensoriais, através de violência bélica. Mas a natureza da fé como tal é em toda parte a mesma. Essencialmente a fé condena, dana. Toda bênção,

---

I. Traduzi por "heterodoxos" (do grego "héteros", outro + "dóxa", fé) a expressão *"Andersgläubige"* utilizada por Feuerbach e que significa "aquele que crê em outra coisa diferente da que creio" [N.T.].

55. Para a fé que ainda tem fogo no corpo, caráter, é sempre o heterodoxo igual ao descrente, ao ateu.

56. Já no Novo Testamento é o conceito da desobediência associado à descrença. "A principal maldade é a descrença" (LUTERO, parte XIII, p. 647).

tudo que é bom ela amontoa sobre si, sobre o seu Deus, como o amado sobre a sua amada; toda maldição, toda desgraça e mal lança ela à descrença. Abençoado, querido de Deus, participante da eterna felicidade é o crente; amaldiçoado, expulso de Deus e repudiado pelo homem é o descrente, pois o que Deus repudia o homem não pode aceitar, não pode poupar; isso seria uma crítica ao juízo divino. Os maometanos aniquilam os descrentes com fogo e espada; os cristãos com as chamas do inferno. Mas as chamas do além já penetram no aquém para iluminar a noite do mundo descrente. Como o crente já antegoza aqui embaixo as alegrias do céu, então já devem também aqui, para antegosto do inferno, arder as chamas do atoleiro infernal, pelo menos nos momentos do mais alto entusiasmo de fé[57]. O cristianismo não ordena de fato nenhuma perseguição a hereges, nem menos conversão à força de armas. Mas enquanto a fé condena, produz ela necessariamente disposições inamistosas, disposições das quais surge a perseguição a hereges. Amar ao homem que não ama a Cristo é um pecado contra Cristo, significa amar o inimigo de Cristo[58]. Aquilo que Deus, que Cristo não ama o homem não pode amar; seu amor seria uma contradição com a vontade divina, portanto, pecado. Deus ama na verdade todos os homens, mas somente se e porque são cristãos ou pelo menos podem ou querem sê-lo. Ser cristão significa ser amado por Deus, não ser cristão ser odiado por Deus, ser um objeto da ira divina[59]. O cristão só pode então amar o cristão, o outro somente como cristão potencial; ele só pode amar o que a fé consagra, abençoa. A fé é o batismo do amor. O amor pelo homem enquanto homem é somente o natural. O amor cristão é o amor sobrenatural, transfigurado, sacralizado; mas o cristão só ama o que é também

---

57. Também o próprio Deus de forma nenhuma sempre guarda o castigo dos blasfemadores, dos descrentes, dos hereges, para o futuro, mas muitas vezes ele já os castiga também nesta vida "para o bem da sua cristandade e para a fortificação da fé", assim, por exemplo, o herege Cerinthum, o herege Arium (cf. LUTERO, parte XIV, p. 13).

58. "Quem tem o espírito de Deus que se lembre do verso (Sl 139,21): *Eu odeio, Senhor, aqueles que te odeiam*" (BERNARDO. *Epist. 193 ad magist.* Yvonem Card).

59. "Quem nega a Cristo é negado por Cristo" (CIPRIANO. *Epist.*, E. 73, § 18. Edit. Gersdorf).

cristão. O princípio: "amai vossos inimigos" só se relaciona com inimigos pessoais, mas não com inimigos públicos, os inimigos de Deus, os inimigos da fé, os descrentes. Quem ama o homem que Cristo renega não crê em Cristo, renega seu Senhor e Deus; a fé anula a união natural da humanidade; ela coloca no lugar da unidade geral, natural, uma particular.

Que não se objete que se lê na Bíblia: "não julgueis para não serdes julgados", e que, portanto, a fé deixa para Deus tanto o tribunal quanto a sentença de condenação. Também este e outros ditos semelhantes só valem no direito privado cristão, mas não no direito público cristão, só pertence à moral, não à dogmática. Já é indiferença da fé trazer tais sentenças morais para o campo da dogmática. A distinção entre o descrente e o homem é um fruto da humanidade moderna. Para a fé o homem se dilui na fé; a diferença essencial entre o homem e o animal se baseia para ela somente na fé religiosa. Somente a fé compreende em si todas as virtudes que tornam o homem querido por Deus; Deus é a medida, o seu bom grado é a suprema norma; portanto, somente o crente é o homem legítimo, normal, o homem como ele deve ser, o homem que conhece Deus. Onde é feita a distinção entre o homem e o crente o homem já se separou da fé; aí o homem já vale por si mesmo, independentemente da fé. A fé só é, portanto, uma fé verdadeira, sincera, onde a diferença da fé atua em toda agudeza. Se a diferença da fé for embotada, então torna-se a própria fé também indiferente, sem caráter. Somente em coisas em si mesmas indiferentes é a fé liberal. O liberalismo do apóstolo Paulo tem por pressuposição a aceitação dos artigos fundamentais da fé. Onde tudo se reduz aos artigos fundamentais da fé surge a diferença entre essencial e não essencial. No campo do não essencial não existe lei, aí sois livres. Mas naturalmente só sob a condição de que deixais para a fé o seu direito irredutível ela vos garante direitos, liberdades.

Seria, portanto, muito falso escapar dizendo que a fé deixa o julgamento para Deus. Ela deixa para ele somente o julgamento moral no que concerne à fé, somente o julgamento sobre a qualidade moral da mesma, sobre a fé hipócrita ou honesta dos cristãos. Os que vão ficar à esquerda, à direita de Deus, isso a fé sabe.

Só com respeito a pessoas ela não sabe; mas que somente os crentes em geral são os herdeiros do reino eterno, isto é fora de dúvida[60]. Mas fora isso: o Deus que distingue entre crentes e descrentes, o Deus que condena e recompensa não é nada mais que a própria fé. Quem Deus condena a fé condena e vice-versa. A fé é um fogo devorador implacável para o seu oposto. Este fogo da fé contemplado como um ser objetivo é a ira de Deus ou, o que dá na mesma, o inferno, pois o inferno tem notoriamente a sua base na ira de Deus. Mas a fé possui este inferno em si mesma, em seu juízo de condenação. As chamas do inferno são apenas as centelhas do olhar aniquilador e furioso que a fé lança sobre os descrentes.

A fé é, portanto, essencialmente partidária. Quem não é a favor de Cristo é contra Cristo. A meu favor ou contra mim. A fé só conhece inimigos ou amigos, nenhuma imparcialidade; ela só se preocupa consigo mesma. A fé é essencialmente intolerante – essencialmente, porque com a fé está sempre necessariamente ligada a ilusão de que a sua causa é a causa de Deus, a sua honra é a honra de Deus. O Deus da fé é em si somente a essência objetiva da fé, a fé que é objeto para si mesma. Por isso se identifica também no espírito e na consciência religiosa a causa da fé com a causa de Deus. O próprio Deus participa: o interesse no crente é o mais íntimo interesse do próprio Deus. "Quem vos toca", lê-se no profeta Zacarias, "este toca a sua (do Senhor) menina dos olhos"[61]. O que ofende a fé ofende Deus, o que nega a fé, nega ao próprio Deus.

---

60. *Il y a*, diz Jurieux V. 4. Papisme c. 11, *un principe dangereus, que les Esprits forts de ce Siècle essayent d' établir, c'est que les Erreurs de créance de quelque nature qu'elles soyent ne damnent pas*; "pois é impossível que alguém que crê que só existe uma fé salutar (Ef 4,5), e que sabe qual é a fé salutar e correta, não deva saber também o que é injusto e quais são os hereges ou não." A Imagem de Cristo Thomasii através de S. Bentzen Pastorn. 1962, p. 57. "Nós julgamos e condenamos", diz Lutero em seus *Discursos de Mesa* com relação aos anabatistas, "conforme o Evangelho quem não crê já está julgado. Por isso devemos estar certos que eles erram e estão condenados!"

61. "Ele se referiu à mais delicada parte do corpo humano para percebermos da maneira mais clara que Deus é tão ofendido pela menor ofensa aos seus santos como o homem é ofendido pelo menor contato com a menina dos olhos" (SALVIANO, l. VIII de Gubern. Dei). "Tão cuidadosamente guarda o Senhor os caminhos dos santos, para que eles não tropecem numa pedra" (CALVINO. *Inst. Rel. Chr.*, lib. I. c. 17. Sect. 6).

A fé não conhece outra diferença a não ser entre o culto a Deus e a idolatria. Somente a fé presta honra a Deus; a descrença retira de Deus o que lhe é devido. A descrença é uma injúria contra Deus, um crime de lesa-majestade. Os pagãos adoram os demônios; seus deuses são demônios. "Eu digo que tudo que os pagãos sacrificam, sacrificam aos demônios e não a Deus. Não quero que estejais em comunidade com o demônio." Mas o demônio é a negação de Deus; ele odeia a Deus, não quer que exista nenhum Deus. Assim é a fé cega perante o que é bom e verdadeiro que possa existir também na idolatria; ela enxerga idolatria em tudo que não homenageia ao seu Deus, i.é., a ela mesma, e só vê na idolatria a obra do demônio. Por isso deve a fé também quanto à intenção ser somente negativa perante esta negação de Deus; ela é, portanto, essencialmente intolerante diante do seu contrário, em geral contra tudo que não concorda com ela. A sua tolerância seria intolerância perante Deus, que tem o direito incondicional da monarquia. Nada deve subsistir que não reconheça a Deus e a fé. "Que em nome de Jesus devem se curvar todos os joelhos daqueles que estão no céu, na terra e sob o sol e todas as línguas devem confessar que Jesus Cristo é o Senhor para a honra de Deus- Pai[62]. Por isso a fé exige um além, um mundo em que a fé não tenha mais nenhuma oposição ou que pelo menos ela só exista para glorificar o orgulho da fé triunfante. O inferno adoça as alegrias do ditoso crente. "Eles vão aparecer, os eleitos, para contemplar as aflições dos ímpios e nesta visão serão tocados pela dor; ao contrário, ao verem os indescritíveis sofrimentos dos ímpios, inebriados de alegria, vão agradecer a Deus pela sua salvação[63].

---

62. Felipe 2,10.11: "Quando se ouve o nome de Jesus Cristo, deve se estremecer tudo que no céu e na terra é descrente e ímpio" (LUTERO, parte XVI, p. 322). "O cristão se vangloria com a morte do pagão, porque ele glorifica a Cristo" (DIVUS BERNARDUS. *Sermo exhort. Ad Milites Templi*).

63. (PETRUS LOMB., lib. IV. Dist. 50, c.4) Mas esta sentença não é de forma alguma um dito do próprio Petrus Lomb. Ele é por demais simples, tímido e dependente das autoridades do cristianismo para que pudesse ousar uma tal afirmação por seu próprio punho. Não! Esta sentença é um dito geral, uma expressão característica do amor cristão, crente. A doutrina de alguns Padres da Igreja, como por exemplo de Orígenes, Gregório de Nissa, de que os castigos dos condenados um dia iriam terminar, não provém da doutrina cristã ou eclesiástica, e sim do platonismo. Expressamente foi por isso repudiada também a doutrina da finitude

A fé é o oposto do amor. O amor conhece também no pecado ainda a virtude, no erro a verdade. Somente a partir da época em que, no lugar do poder da fé, entrou o poder da unidade natural da humanidade, o poder da razão, do humanitarismo, enxerga-se também no politeísmo, na idolatria em geral a verdade ou pelo menos procura-se através de fundamentos humanos, naturais explicar o que a fé presa em si mesma só deriva do diabo. Por isso o amor só é idêntico à razão, mas não à fé; pois como a razão, é o amor de natureza mais livre, mais universal, mas a fé de natureza mais estreita, mais limitada. Somente onde existe a razão impera o amor geral; a razão não é ela mesma nada mais que o amor universal. Foi a fé que descobriu o inferno, não o amor, não a razão. Para o amor é o inferno um horror, para a razão um absurdo. Seria lastimável querer ver no inferno somente um desvio da fé, uma falsa fé. O inferno já está na Bíblia. A fé é em geral e em toda parte sempre idêntica, pelo menos a fé religiosa positiva, a fé no sentido que tomou e deve ser tomado aqui, se não se quiser misturar os elementos da razão, da cultura, com a fé – uma mistura na qual certamente o caráter da fé se torna irreconhecível.

Se, portanto, a fé não contradiz o cristianismo, também não contradizem ele as intenções que resultam da fé, as ações que resultam dessas intenções. A fé amaldiçoa: todas as ações, todas as intenções que contradizem o amor, a humanidade, a razão, correspondem à fé. Todas as crueldades da história da religião cristã, das quais os nossos crentes dizem que elas não vieram do cristianismo, são oriundas do cristianismo, porque são oriundas da fé. Este seu negar é até mesmo uma consequência necessária da fé; pois a fé só se apropria do que é bom, mas tudo que é ruim ela empurra para a descrença ou para a fé não correta ou para o homem em geral. Mas exatamente aí, no fato da fé negar que o mal no cristianismo seja a sua culpa, temos a mais contun-

---

dos castigos infernais não só pela Igreja Católica, mas também pela protestante (*Augsb. Konfess.* Art. 17). Um excelente exemplo da estreiteza exclusiva, desumana do amor cristão é também a passagem citada por Strauss (*Doutr. Crist.*, II. V., p. 547) de Buddeus, segundo a qual não os filhos dos homens em geral, mas só e exclusivamente os filhos dos cristãos participarão da graça e da felicidade se morrerem sem ser batizados.

dente prova de que ela é realmente a causadora dele, porque é a prova da sua limitação, partidarismo e intolerância, pela qual ela só é boa para si, para seus adeptos, mas perversa, injusta contra tudo mais. O que aconteceu de bom da parte dos cristãos, segundo a fé, não foi praticado pelo homem, mas pelo cristão, pela fé; mas o mal dos cristãos não foi praticado pelo cristão, mas pelo homem. Os atos de fé cruéis da cristandade correspondem, portanto, à essência da fé – da fé como já foi expressa mesmo no mais antigo e sagrado documento do cristianismo, na Bíblia. "Se alguém vos pregar o Evangelho de forma diversa da que recebeste, que seja amaldiçoado, *anáthema ésto[64]*" (Gl 1,9). "Não caminheis em jugo estranho com os descrentes, pois o que tem a justiça para lucrar com a injustiça? O que tem a luz em comum com as trevas? Como combina Cristo com Belial? Ou que parte tem o crente com o descrente? O que tem o templo de Deus em comum com os ídolos? Vós, porém, sois o templo do Deus vivo, como pois Deus diz: eu vou morar e caminhar neles e serei o seu Deus e eles deverão ser o meu povo. Por isso afastai-vos deles, separai-vos, diz o Senhor, e não tocais em nada impuro; assim eu vos acolherei" (2Cor 6,14-17). "Quando o Senhor Jesus for revelado pelo céu juntamente com os anjos do seu poder e com as chamas de fogo para vingar-se daqueles que não reconhecem Deus e daqueles que não são obedientes ao Evangelho de Nosso Senhor Jesus Cristo, que irão sofrer castigo, a danação eterna da face do Senhor e do seu glorioso poder, quando ele vier para que apareça gloriosamente com os seus santos e milagrosamente com todos os crentes" (ITs 1,7-10). "Sem fé é impossível agradar a Deus" (Hb 11,6). "Assim amou Deus o mundo, a ponto de dar o seu filho unigênito, para que todos que nele creem não se percam, mas tenham a vida eterna" (Jo 3,16). "Todo espírito que reconhece que Jesus Cristo encarnou, pertence a Deus, e todo espírito que não reconhece que Jesus Cristo encarnou, não pertence a Deus. E este é o espírito do Anticristo" (1Jo 4,2-3). "Quem é mentiroso a não ser quem nega que Jesus seja o Cristo? Este é o Anticristo que nega o pai e o filho" (1Jo 2, 22). "Quem

---

64. *"Fugite, abhorrete hunc doctorem."* Mas por que devo eu fugir dele? Porque a ira, i.e., a maldição de Deus paira sobre a sua cabeça.

comete heresia e não permanece na doutrina de Cristo não tem nenhum Deus; quem permanece na doutrina de Cristo, este tem ambos, o pai e o filho. Se alguém não vem a vós e não traz esta doutrina, não o acolhei em casa e também não o saudai. Pois quem o saúda torna-se participante das suas más ações" (2Jo 9,11). Assim fala o Apóstolo do amor. Mas o amor que ele festeja é somente a fraternidade cristã. "Deus é o salvador de todos os homens, mas especialmente dos fiéis" (1Tm 4,10). Um fatídico "especialmente"! "Façamos o bem a todos, principalmente aos companheiros na fé!" (Gl 6,10). Um igualmente muito fatídico "principalmente". "Evita um herege, quando já foi exortado mais de uma vez e sabe que um tal é pervertido e peca, como alguém que condenou-se a si mesmo[65]" (Tt 3,10-11). "Himeneu e Fileto subverteram a fé de alguns, que eu entreguei a Satã para que aprendam a não mais blasfemar" (1Tm 1,20; 2Tm 2,17-18) – passagens as quais ainda hoje os católicos evocam para demonstrar a intolerância da Igreja contra os hereges como apostólica. "Se alguém não ama Nosso Senhor Jesus Cristo, que seja amaldiçoado" (1Cor 16,22). "Quem crê no filho tem a vida eterna. Quem não crê no Filho não verá a vida, mas a ira de Deus permanece sobre ele[66] (Jo 3,36). "E quem escandalizar um dos pequenos que creem em mim, a este seria melhor que lhe fosse pendurada uma pedra de moinho ao pescoço e que fosse lançado ao mar" (Mc 9,42; Mt 18,6). "Quem crê e é batizado será venturoso, mas quem não crê será condenado" (Mc 16,16). A diferença entre a fé, tal como já se expressou na Bíblia, e a fé como se fez valer em épocas posteriores é somente a diferença entre o gérmen e a planta. No gérmen eu certamente não posso ver tão claramente o que me vem aos olhos na planta madura, e, no entanto, a planta já

---

65. Necessariamente resulta daí uma intenção, como a expressa, por exemplo, Cipriano. "Se os hereges são em toda parte somente inimigos e se chamam anticristãos, se são designados como evitandos e pervertidos e condenados por si mesmos, por que não deveriam eles, que segundo o testemunho dos apóstolos são condenados por si mesmos, serem também condenados por nós?" (*Epist. 74*, edit. cit.).

66. O trecho em Lucas 9,56, como cujo paralelo é citado João 3,17, ganha a sua complementação e correção no verso 18 imediatamente seguinte: "quem nele crê, não será julgado, mas quem não crê já está julgado."

estava no gérmen. Mas o que dá nas vistas, isso naturalmente os sofistas não querem mais reconhecer; eles só se prendem à diferença entre a existência desenvolvida e não desenvolvida; a unidade eles jogam fora dos sentidos.

A fé se transforma necessariamente em ódio, o ódio em perseguição, quando o poder da fé não encontra nenhum obstáculo, não se choca com um poder estranho à fé, o poder do amor, do humanitarismo, do sentimento de justiça. A fé em si mesma eleva-se necessariamente acima das leis da moral natural. A dogmática é a doutrina dos deveres diante de Deus, o mais alto dever é a fé. Tão mais alto é Deus do que o homem, quão mais altos são os deveres diante de Deus do que diante do homem. E necessariamente entram os deveres perante Deus em colisão com os deveres humanos comuns. Deus não é somente crido, imaginado como o ente comum, o pai dos homens, o amor – uma tal fé é a fé do amor –, Ele é também representado como pessoal, como um ser para si. Por mais que então Deus como um ser para si divirja da essência do homem, tanto mais divergem também os deveres perante Deus dos deveres perante o homem – a fé se separa no espírito da moral, do amor[67]. Que não se objete que a fé em Deus é a fé no amor, no próprio bem, que a fé já é, portanto, uma expressão da boa intenção. No conceito da personalidade desaparecem as qualidades morais; elas se tornam acessórios, meros acidentes. O principal é o sujeito, o eu divino. O próprio amor a Deus, por ser um amor a um ser pessoal, não é nenhum amor moral, mas pessoal. Incontáveis canções devotas só suspiram o amor ao Senhor, mas neste amor não se mostra nenhuma centelha de uma ideia ou intenção moral elevada.

---

67. Na verdade a fé não vai "sem boas obras", sim, de acordo com a expressão de Lutero é tão impossível separar obras da fé como separar arder e luzir do fogo. No entanto – e isto é o principal – as boas ações não pertencem aos artigos da justificação diante de Deus, i.e., é-se justificado diante de Deus e "venturoso sem as ações somente pela fé." A fé é assim expressamente distinta das boas ações; somente a fé vale diante de Deus, não a boa ação; somente a fé causa a felicidade, não a virtude; somente a fé tem assim um significado substancial, a virtude somente acidental, i.e., somente a fé tem significado religioso, autoridade divina, não a moral. Como se sabe afirmaram alguns até mesmo que as boas ações não só não são necessárias, mas também até mesmo "nocivas para a bem-aventurança". Muito certo.

A fé é para si o mais elevado, porque o seu objeto é uma personalidade divina. Por isso ela faz depender de si a eterna felicidade, não do cumprimento de deveres humanos comuns. Mas o que tem por consequência a eterna felicidade determina-se necessariamente no sentido do homem como principal. Como interiormente a moral é subordinada à fé, então ela pode, deve ser-lhe subordinada, sacrificada também exteriormente, na prática. É necessário que haja ações nas quais a fé se manifesta em distinção, ou antes, em contradição com a moral – ações que são moralmente péssimas, mas louváveis pela fé, pois só têm em vista o bem da fé. Toda salvação está na fé; tudo, portanto, na salvação da fé. Se a fé for ameaçada então é a felicidade eterna e a glória de Deus ameaçada. Portanto, a fé dá o seu privilégio a tudo, bastando que tenha por objetivo a sua promoção; pois ela é, rigorosamente, o único bem no homem, como o próprio Deus é o único bom ser, então o primeiro e mais elevado mandamento é: fé![68]

Exatamente pelo fato de não haver nenhuma conexão necessária, interna entre a fé e a intenção moral, e que antes já faz parte da própria essência da fé que ela seja indiferente para com os deveres morais[69], que ela sacrifica o amor ao homem à honra de Deus, exatamente por isso é exigido que a fé tenha por consequência boas ações, que ela deve se manifestar através do amor. A fé sem amor ou indiferente ao amor contradiz a razão, o senso de justiça natural do homem, o sentimento moral, que como tal se impõe o amor imediatamente como lei e verdade. A fé torna-se, portanto, em contradição com a sua essência em si limitada pela moral; uma fé que não pratica nenhum bem, que não se manifesta

---

68. Cf. sobre isso, por exemplo, BOEHMERI, J.H. *Jus. Eccles*, lib. V, tit. VII § 32, § 44.

69. "Placetta de Fide diz: não se deve procurar na própria natureza das coisas a verdadeira causa da inseparabilidade da fé e da devoção. Deve-se procurá-la, se não me engano, unicamente na vontade de Deus. Ele tem razão e pensa como nós quando deriva aquela ligação (a saber, da sacralidade ou da intenção devota, virtuosa, com a fé) da disposição do clemente arbítrio de Deus. Também este pensamento não é novo, mas concordante com os nossos mais antigos teólogos" (ERNESTI, J.A. *Vindiciae arbitrii div. opusc. theol.*, p. 297). "Se alguém afirma que não é cristão, que tem fé sem amor, amaldiçoado seja" (*Concil. Trid.*, sess. VI de justif. Can. 28).

pelo amor, não é verdadeira, viva. Mas esta limitação não se origina da fé mesma. É o poder do amor independente da fé que lhe dita leis, pois aqui a qualidade moral torna-se o sinal característico da legitimidade da fé, a verdade da fé é feita dependente da verdade da moral – uma relação, mas que contradiz a fé.

Certamente a fé torna o homem feliz, mas uma coisa é certa: ela não lhe inspira nenhuma intenção realmente moral. Se ela melhora o homem, se tem por consequência intenções morais, então isto só provém da convicção interna, independente da crença religiosa, da incontestável verdade da moral. É somente a moral que chama o crente à consciência mas não a fé: tua fé não é nada se ela não te torna bom. Certamente pode, não se deve negar, a certeza de eterna felicidade, do perdão dos pecados, da clemência e redenção de todos os castigos, fazer com que o ser humano tenda a praticar o bem. O homem que tem esta fé tem tudo; ele é feliz[70]; ele se tornará indiferente com relação aos bens deste mundo; nenhuma inveja, nenhuma ambição, nenhum orgulho, nenhum anseio dos sentidos pode cativá-lo; tudo que é terreno desaparece em vista da graça celestial e da eterna felicidade supraterrestre, mas as boas ações não se originam nele das próprias intenções da virtude. Não é o próprio amor, não é o objeto do amor, o homem, a base de toda moral, o impulso das suas boas ações. Não, ele pratica o bem não pelo bem, não pelo homem, mas por Deus – por gratidão a Deus, que fez tudo por ele e pelo qual também ele por sua vez deve fazer tudo que lhe for possível. Ele abandona o pecado porque este ofende a Deus, seu salvador, seu Senhor e benfeitor[71]. O conceito da virtude é aqui o conceito do sacrifício recompensador. Deus se sacrificou pelo homem; por isso deve agora o homem se sacrificar a Deus. Quanto maior o sacrifício, tanto melhor a ação. Quanto mais algo contradiz o homem, a natureza,

---

70. Cf. Lutero, por exemplo, parte XIV, p. 286.

71. "Por isso as boas ações devem acompanhar a fé como agradecimentos a Deus" (Apol. Da Conf. de Augsb. Art. 3). "Como posso eu te proporcionar em ações os teus atos de amor? No entanto, existe ainda algo que te agrada, quando eu reprimo e abafo os prazeres da carne, para que eles não venham de novo incitar meu coração com novos pecados. [...] Se os pecados se agitam, não me aperto, a visão de Jesus na cruz mata suas incitações" (Livro de cânticos da irmandade evangélica).

tanto maior será a auto abnegação, tanto maior também a virtude. Este conceito somente negativo do bem realizou e desenvolveu em especial o catolicismo. Seu supremo conceito moral é o do sacrifício – daí o alto significado da negação do amor sexual – a virgindade. A castidade ou virgindade é a virtude característica da fé católica – porque não tem nenhuma base na natureza –, a virtude mais extravagante, transcendente e fantástica, a virtude da fé supranaturalística – para a fé é a suprema virtude, mas em si não é nenhuma virtude. A fé transforma, portanto, em virtude o que em si, quanto ao seu conteúdo, não é nenhuma virtude; portanto, ela não tem nenhum senso da virtude; ela deve necessariamente rebaixar a verdadeira virtude porque ela realça uma mera virtude aparente, porque nenhum outro conceito a conduz a não ser o da negação, da contradição com a natureza do homem.

Não obstante os atos contraditórios ao amor da história da religião cristã correspondam ao cristianismo, e por isso os adversários do cristianismo têm razão quando culpam o mesmo das atrocidades dogmáticas dos cristãos; no entanto ao mesmo tempo eles contradizem também o cristianismo, porque o cristianismo não é somente uma religião da fé, mas também do amor, que nos obriga não só à fé, mas também ao amor. Os atos de desamor, o ódio aos hereges correspondem e contradizem ao mesmo tempo o cristianismo? Como isso é possível? Certamente. O cristianismo sanciona ao mesmo tempo os atos que se originam do amor e os atos que se originam da fé sem amor. Se o cristianismo tivesse feito só do amor uma lei, então seus adeptos teriam razão, não se poderia lhe atribuir as crueldades da história da religião cristã como culpa; mas se tivesse feito só da fé uma lei, então seriam as acusações dos descrentes incondicionalmente verdadeiras, sem restrição. O cristianismo não abandonou o amor, não se elevou à altura para abraçar o amor absolutamente. E ele não teve esta liberdade, não poderia tê-la porque é religião – o amor é, portanto, subjugado ao domínio da fé. O amor é somente a doutrina exotérica, a fé é a doutrina esotérica ao cristianismo – o amor é somente a moral, mas a fé é a religião da religião cristã.

Deus é o amor. Este princípio é o mais elevado do cristianismo. Mas a contradição entre a fé e o amor já está contida neste princípio. O amor é somente um predicado, Deus é o sujeito. Porém o que é este sujeito em distinção do amor? Assim devo eu perguntar e distinguir necessariamente. A necessidade da distinção só seria suprimida se fosse o contrário: o amor é Deus, o amor é o ser absoluto. No princípio "Deus é o amor" é o sujeito o escuro atrás do qual a fé se esconde, o predicado é o claro que somente ilumina o sujeito obscuro em si. No predicado eu manifesto o amor, no sujeito a fé. Só o amor não preenche o meu espírito: eu deixo um campo aberto para o meu desamor ao pensar Deus como sujeito em distinção ao predicado[II]. É, portanto, necessário que eu ora perca a ideia do amor, ora a ideia do sujeito, ora sacrifique a personalidade de Deus à divindade do amor, ora o amor à personalidade de Deus. A história do cristianismo confirmou esta contradição amplamente. Em especial o catolicismo festejou o amor tão entusiasticamente como a divindade essencial que para ele toda a personalidade de Deus desapareceu neste amor. Mas ao mesmo tempo sacrificou ele novamente numa única alma o amor à majestade da fé. A fé se mantém na autonomia de Deus; o amor a anula. Deus é amor significa: Deus não é nada por si; quem ama anula a sua autonomia egoística; ele faz daquilo que ama um indispensável, essencial à sua existência. No entanto ao mesmo tempo surge de novo, enquanto submirjo o "mesmo" no fundo do amor, a ideia do sujeito e perturba a harmonia entre a essência divina e humana que o amor instaurou. A fé aparece com suas pretenções e só concebe ao amor o tanto quanto convém em geral a um predicado no sentido habitual. Ela não deixa o amor se desenvolver de modo livre e autônomo; ela faz de si mesma a essência, a coisa, o fundamento. O amor da fé é apenas uma figura retórica, uma ficção poética da fé – a fé em êxtase. Quando a fé se volta de novo para si, então também o amor desaparece.

Necessariamente deveu esta contradição teorética se manifestar também praticamente. Necessariamente; pois no cristianismo foi o amor maculado pela fé, não foi concebido livre, verdadeiramente.

II. Platão aborda esse mesmo tema durante todo o seu pequeno diálogo *Êutifron* [N.T.].

Um amor limitado pela fé é um amor ilegítimo[72]. O amor não conhece outra lei a não ser a si mesmo; ele é divino por si mesmo; ele não necessita da sacralidade da fé; ele só pode ser fundamentado por si mesmo. O amor atado à fé é um amor estreito, falso, contraditório no conceito do amor, i.e., a si mesmo; um amor pseudossagrado, pois ele oculta em si o ódio da fé; ele só é bom enquanto a fé não for atingida. Nesta contradição consigo mesmo cai ele, para manter a aparência do amor, nos mais diabólicos sofismas, como Agostinho em sua apologia das perseguições aos heréticos. O amor é limitado pela fé; ele não acha, portanto, também os atos do desamor, que a fé concede, em contradição consigo; ele interpreta os atos do ódio, que acontecem por causa da fé, como atos do amor. E ele cai necessariamente em tais contradições, porque já é em e por si uma contradição que o amor seja limitado pela fé. Se ele tolera esta limitação, então renunciou ao seu próprio juízo, à sua medida e critério inato, à sua autonomia; está abandonado, indefeso às sugestões da fé.

Aqui temos novamente um exemplo de que muita coisa que não está na Bíblia literalmente, está nela, no entanto, como princípio. Encontramos na Bíblia as mesmas contradições que encontramos em Agostinho, no catolicismo em geral, com a diferença que aqui elas são expressas de modo definido, ganhando uma existência evidente e por isso revoltante. A Bíblia condena através da fé, perdoa através do amor. Mas ela só conhece o amor fundado na fé. Portanto, já também aqui um amor que amaldiçoa, um amor incerto, um amor que não me dá nenhuma garantia de que ele não vai se afirmar como desamor; pois se eu não reconheço os artigos de fé, então já saí fora do campo e do reino do amor, sou um objeto da maldição, do inferno, da ira de Deus, para a qual a existência dos descrentes é um escândalo, um espinho no olho. O amor cristão não superou o inferno porque não superou a fé. O amor é em si descrente, mas a fé é sem amor. Mas o amor é descrente porque ele não conhece nada mais divino do que a si mesmo, porque ele só crê em si mesmo como a verdade absoluta.

---

72. A única limitação que não contradiz a essência do amor é a autolimitação do amor pela razão, pela inteligência. Um amor que despreza o rigor, a lei da inteligência, é teoricamente um amor falso, praticamente um amor pernicioso.

O amor cristão já é um amor especial pelo fato dele ser cristão, de se denominar cristão. Mas a universalidade está na essência do amor. Enquanto o amor cristão não abandonar a cristianidade, não fizer do mero amor a lei suprema, até então é ele um amor que ofende o senso da verdade, pois é exatamente o amor que anula a distinção entre o cristianismo e o chamado paganismo – um amor que pela sua especialidade entra em contradição com a essência do amor, um amor anormal, sem amor, que por isso também já há muito tempo e com razão se tornou um objeto da ironia. O verdadeiro amor se basta a si mesmo; ele não necessita de nenhum título especial, de nenhuma autoridade. O amor é a lei universal da inteligência e da natureza – ele nada mais é que a realização da unidade do gênero por via da intenção. Se esse amor deve ser fundado sobre o nome de uma pessoa, então isso só é possível se com o nome desta pessoa forem associadas concepções supersticiosas, sejam elas do tipo religioso ou especulativo. Mas com a superstição está sempre associado o sectarismo, o particularismo e o particularismo está ligado ao fanatismo. O amor só pode se fundar na unidade do gênero, da inteligência, da natureza da humanidade; só então é ele um amor fundamental, protegido em seu princípio, garantido, livre, pois ele se baseia na origem do amor, da qual se originou o próprio amor de Cristo. O amor de Cristo foi ele próprio um amor derivado. Ele não nos amou por si, por sua própria plenipotência, mas sim por causa da natureza da humanidade. Mas se o amor se baseia em sua pessoa, então é este amor especial, que só vai até onde vai o reconhecimento desta pessoa, um amor que não se baseia no próprio solo do amor. Devemos então nos amar porque Cristo nos amou? Tal amor seria afetado, imitado. Só podemos amar verdadeiramente se amamos a Cristo? Mas é Cristo a causa do amor? Ou não é ele antes o apóstolo do amor? Não é a base do seu amor a unidade da natureza humana? Devo eu amar mais a Cristo do que à humanidade? Mas um tal amor não é um amor quimérico? Posso eu sair para além da essência do gênero? Amar algo mais elevado do que a humanidade? O que enobreceu a Cristo foi o amor; o que ele foi tomou-lhe de empréstimo; ele não foi o proprietário do amor, tal como é em todas as concepções supersticiosas. O conceito do amor é um conceito autônomo que eu não abstraio somente da vida de Cristo; ao contrário, eu reconheço esta vida só porque e enquanto eu a considero em concordância com a lei, com o conceito do amor.

Historicamente isto já é comprovado pelo fato de que a ideia do amor de forma nenhuma só veio à consciência da humanidade com o cristianismo e através dele, que o amor não é só o cristão. De modo significativo as crueldades do Império Romano caminham lado a lado com o aparecimento desta ideia. O reino da política, que uniu a humanidade de uma maneira contraditória ao seu conceito, deveu desmoronar. A unidade política é violenta. O despotismo de Roma teve que se voltar para dentro, destruir-se a si mesmo. Mas exatamente por causa desta miséria da política o homem se esquivou totalmente desses laços impiedosos da política. Em lugar de Roma entrou o conceito da humanidade e com isso em lugar do conceito do domínio o conceito do amor. Os próprios judeus já tinham amenizado o seu odiento princípio sectário religioso no princípio humanitário da cultura grega. Fílon festeja o amor como a suprema virtude. Já estava no próprio conceito da humanidade que as diferenças nacionais fossem dissolvidas. O espírito do pensamento já tinha superado desde cedo as cisões civis e políticas do ser humano. Aristóteles distingue decerto o homem do escravo e coloca o escravo enquanto homem em pé de igualdade com o Senhor, ao travar ele próprio amizade entre ambos. Escravos foram mesmo filósofos. Epícteto, o escravo, era estoico; Marco Antônio, o imperador, o foi também. Assim a filosofia uniu os homens. Os estoicos[73] ensinavam que o homem não nasceu para si mesmo, mas por causa do outro, i.e., para o amor – uma expressão que diz infinitamente mais do que a muito conhecida palavra do imperador Marco Antônio, que ordena o amor ao inimigo. O princípio prático dos estoicos é o princípio do amor. O mundo é para eles uma cidade comunitária, os homens concidadãos. Sêneca celebra o amor, a clemência, o humanitarismo nas mais sublimes expressões, especialmente para com os escravos. Assim desapareceu o rigorismo político, a estreiteza e limitação patriótica.

---

73. Também os peripatéticos; mas eles fundavam o amor, mesmo o entre todos os homens, não num princípio especial, religioso, mas num natural, i.e., geral, racional.

Um fenômeno especial desses anseios humanitários – o fenômeno popular e por isso religioso, sem dúvida o mais intenso fenômeno deste novo princípio foi o cristianismo. O que alhures se fez valer através da cultura, aqui se expressou como espírito religioso, como questão de fé. Por isso o próprio cristianismo fez por sua vez da unidade geral uma especial, do amor a causa da fé, mas o colocou exatamente por isso em contradição com o amor geral. A unidade não foi reconduzida à sua origem. As diferenças nacionais desapareceram, mas em compensação surge agora na história a diferença da fé, a oposição entre cristão e não cristão, mais violenta do que uma oposição nacional, mais odiosa também.

Todo o amor baseado num fenômeno especial contradiz, como foi dito, a essência do amor que como tal não tolera limites, supera qualquer especialidade. Devemos amar o homem pelo homem. O homem é objeto do amor porque ele é um objeto em si mesmo, porque é um ser racional e apto para o amor. Esta é a lei do gênero, a lei da inteligência. O amor deve ser um amor imediato, sim, ele só é amor enquanto imediato. Mas se eu empurro entre o outro e eu, que realizo o gênero precisamente no amor, a ideia de uma individualidade, na qual o gênero já deve ser realizado, então eu anulo a essência do amor, perturbo a unidade através da ideia de um terceiro fora de nós, pois o outro é objeto de amor para mim somente por causa da semelhança ou comunidade que ele tem com este arquétipo, não por sua causa, i.e., não por sua essência. Aqui surgem novamente todas as contradições que temos na personalidade de Deus, onde o conceito da personalidade por si mesma, sem a qualidade que a torna uma personalidade amável e adorável, se solidifica na consciência e no espírito. O amor é a existência subjetiva do gênero, como a razão é a existência objetiva do mesmo. No amor, na razão desaparece a necessidade de uma pessoa intermediária. O próprio Cristo nada mais é que uma imagem sob a qual a unidade do gênero se impingiu e representou à consciência popular. Cristo amou os homens; ele quis trazer felicidade, unir todos sem distinção de sexo, idade, classe e nacionalidade. Cristo é o amor da humanidade a si mesma como uma imagem – segundo a natureza desenvolvida da religião – ou como uma pessoa, uma pessoa que, porém – entenda-se, como objeto religioso – só tem o significado de uma imagem, é somente ideal. Por isso o amor é expresso como característica dos discípulos. Mas o amor, como foi dito, nada mais é que a manifestação, a realização da unidade do gênero através da intenção. O gênero não é um mero pensamento; ele existe no sentimento, na intenção, na energia do amor. O gênero é que me inspira o amor. Um coração amoroso é o coração do gênero. Portanto é Cristo enquanto consciência do amor a consciência do gênero. Todos nós devemos ser Um em Cristo. Cristo é a consciência da nossa unidade. Quem então ama o homem pelo homem, quem se eleva ao amor do gênero, ao amor universal, correspondente à essência do gênero[74], este é cristão, é o próprio Cristo. Ele faz o que Cristo fez, o que fez de Cristo, Cristo. Quando surge então a consciência do gênero enquanto gênero, aí desaparece Cristo sem que se passe a sua verdadeira essência; pois ele foi o representante, a imagem da consciência do gênero.

---

74. O amor praticamente é e deve ser naturalmente sempre um amor especial, limitado, i.e., dirigido para o próximo. No entanto é universal quanto à sua natureza, ao amar o homem pelo homem, o homem em nome do gênero. Mas, ao contrário, é o amor cristão enquanto cristão exclusivista quanto à sua natureza.

CONCLUSÃO

CAPÍTULO XXVIII

Na contradição desenvolvida entre fé e amor tivemos que nos alçar da instância prática, palpável, para o cristianismo, para a essência peculiar da religião em geral. Demonstramos que o conteúdo e o objeto da religião é totalmente humano, demonstramos que o mistério da teologia é a antropologia, que a essência divina é a humana. Mas a religião não tem a consciência da humanidade do seu conteúdo; ela antes se opõe ao humano ou pelo menos não confessa que o seu conteúdo é humano. A mudança necessária da história é, portanto, esta confissão aberta, de que a consciência de Deus nada mais é que a consciência do gênero, que o homem pode e deve se elevar acima das limitações da sua individualidade ou personalidade, mas não acima das leis, das qualidades essenciais do seu gênero, que o homem não pode pensar, pressentir, imaginar, sentir, crer, querer, amar e adorar como essência absoluta, divina, a não ser a essência humana[1].

A nossa relação com a religião não é, portanto, somente negativa, e sim crítica; só separamos o verdadeiro do falso – não obstante certamente a verdade separada da falsidade seja sempre uma verdade nova, essencialmente diversa da antiga. A religião é a primeira consciência de si mesmo do homem. As religiões são sagradas exatamente porque são as tradições da primeira consciência. Mas o que é para a religião o primeiro, Deus, é em si, como foi demonstrado, quanto à verdade o segundo, pois ele é somente a essência objetiva do homem, e o que é para ela o segundo, o homem, deve, portanto, ser estabelecido e pronunciado como o primeiro. O amor ao ser humano não pode ser derivado, ele deve ser primitivo. Só então torna-se o amor um poder verdadeiro, sagrado, seguro. Se a essência do homem é a mais elevada essência do homem,

---

1. Com inclusão da natureza, pois assim como o homem pertence à essência da natureza – isso vale contra o materialismo vulgar – também a natureza pertence à essência do homem – isso vale contra o idealismo subjetivo, que é também o segredo da nossa filosofia "absoluta", pelo menos em relação à natureza. Somente através da união do homem com a natureza podemos superar o egoísmo supranaturalístico do cristianismo.

então também praticamente deve ser a mais elevada e primeira lei o amor do homem pelo homem. *Homo homini Deus est* – este é o supremo princípio prático –, este é o ponto de transição da história universal. As relações da criança com os pais, do marido com a esposa, do irmão com o irmão, do amigo com o amigo, em geral do homem com o homem, em síntese, as relações morais são em e por si mesmas relações verdadeiramente religiosas. A vida é em geral em suas relações essenciais totalmente de natureza divina. A sua sagração religiosa, ela não recebe somente através da bênção do sacerdote. A religião pretende através de um acréscimo em si exterior sacralizar um objeto; somente através disso ela se expressa como o poder sagrado; fora de si ela só conhece relações terrenas, profanas; exatamente por isso ela entra em cena, para sacralizá-las, consagrá-las.

Mas o casamento – naturalmente como união livre do amor[2] – é por si mesmo sagrado pela natureza da união que aqui é concluída. O casamento religioso, verdadeiro é somente o que corresponde à essência do casamento, do amor. E assim é com todas as relações morais. Elas só são morais, só são cultivadas com o senso moral quando valem por si mesmas como religiosas. A verdadeira amizade só existe quando as fronteiras da amizade são conservadas com consciência religiosa, com a mesma consciência com a qual o crente conserva a dignidade do seu Deus. Sagrada é e seja para ti a amizade, sagrada a propriedade, sagrado o matrimônio, sagrado o bem de todo homem, mas sagrado em e por si mesmo.

No cristianismo são as leis morais concebidas como mandamentos de Deus; a própria moralidade é transformada num critério da religiosidade; mas a moral tem no entanto um significado subordinado, não tem por si mesma o significado da religião. Esta só coincide com a fé. Sobre a moral paira Deus como um ser diverso do homem, ao qual pertence o melhor, enquanto que ao homem só é atribuída a decadência. Todas as intenções que devem ser voltadas para a vida, para o homem, todas as suas melhores energias desperdiça o homem no ser desnecessitado. A causa real torna-se um meio inútil; uma causa só imaginada, idealizada tor-

---

2. Sim, somente como união livre do amor; pois um casamento, cuja união é somente uma restrição exterior, que não é a autorrestrição do amor voluntária, satisfeita em si mesma, em síntese, que não é um casamento por si mesmo decidido, desejado, satisfeito não é verdadeiro e, consequentemente, genuinamente moral.

na-se a causa verdadeira, real. O homem agradece a Deus pelos benefícios que o outro lhe presta mesmo com sacrifícios. A gratidão que ele expressa ao seu benfeitor é só aparente, não é válida para ele, mas para Deus. Ele é grato a Deus, mas ingrato para com os homens[3]. Assim sucumbe a intenção moral na religião! Assim o homem sacrifica o homem a Deus! O sacrifício humano sangrento é de fato apenas uma expressão sensorial rude do mais íntimo segredo da religião. Onde sacrifícios humanos sangrentos são oferecidos a Deus, aí esses sacrifícios são tidos como os mais elevados, a vida sensorial como o supremo bem. Por isso se sacrifica a vida a Deus e em verdade em casos extraordinários; crê-se com isso prestar-lhe a maior honra. Se o cristianismo não mais, pelo menos em nossa época, oferece sacrifícios sangrentos ao seu Deus, isso só resulta, sem contar outros motivos, do fato de que a vida sensorial não é mais tida como bem supremo. Por isso sacrifica-se a Deus a alma, a intenção, porque esta é tida como mais elevada. Mas o fator comum é que o homem na religião sacrifica um compromisso perante os homens – como este: respeitar a vida do outro, ser-lhe grato – por um compromisso religioso, sacrifica a relação com o homem à relação com Deus. Os cristãos, através do conceito da autossuficiência de Deus, que é somente um objeto da pura adoração, puseram de lado na verdade muitas concepções vazias. Mas esta autossuficiência é somente um conceito abstrato, metafísico, que de forma nenhuma fundamenta a essência peculiar da religião. Se a necessidade da adoração só é transferida para um lado, o subjetivo, ela deixa frio o espírito religioso, como toda unilateralidade; por isso deve, se bem que não com palavras expressas, na prática ser colocada em Deus uma qualidade correspondente à necessidade subjetiva para se reconstituir a reciprocidade. Todas as determinações reais da religião se baseiam na reciprocidade[4]. O homem religioso pensa em Deus porque Deus pensa

---

3. "Uma vez que Deus beneficia através de autoridade, senhores e criaturas, então se desvia o povo, se prende às criaturas e não ao criador, através delas eles não vão ao criador. Daí sucedeu que os pagãos fizeram dos reis deuses... pois não se quer e pode observar como a obra ou o benefício vem de Deus e não somente da criatura, não obstante ela seja um meio através do qual Deus atua, nos ajuda e nos dá" (LUTERO, parte IV, p. 237).

4. "Quem me honra, a este também vou honrar, mas quem me despreza será desprezado (Samuel, 2, 30). Já tem, oh, bom pai, o verme mais baixo e digno do eterno ódio a confiança de ser amado por ti, porque ele sente que ama, ou antes, porque ele pressente que é amado, não se envergonha de retribuir o amor. Por-

nele, ele ama a Deus porque Deus o amou primeiro etc. Deus tem ciúme do homem – a religião tem ciúme da moral[5]; ela lhe suga as melhores energias; ela dá ao homem o que é do homem, mas a Deus o que é de Deus. E de Deus é a intenção verdadeira, repleta de alma, o coração.

Se em épocas em que a religião era sagrada encontramos respeitados o casamento, a propriedade, as leis do Estado, isso não tem o seu fundamento na religião e sim na consciência originalmente, naturalmente ética e honesta, para a qual as relações jurídicas e éticas como tais valem como sagradas. Para quem o direito não é sagrado por si mesmo, para este ele nunca se tornará sagrado pela religião. A propriedade não se tornou sagrada porque era imaginada como uma instituição divina, mas sim porque ela era tida por sagrada por si mesma, através de si mesma, foi ela considerada como uma instituição divina. O amor não é sagrado porque é um predicado de Deus, mas é um predicado de Deus porque ele é divino em e por si. Os pagãos não adoram a luz, a fonte, porque ela é um dom de Deus, mas sim porque ela por si mesma se mostra ao homem como algo benéfico, porque ela alivia o sofredor; por causa desta sua excelente qualidade eles lhe concedem sua honra divina.

Quando a moral é fundada sobre a teologia, o direito sobre instituição divina, então pode-se justificar e fundamentar as coisas mais imorais, mais injustas, mais vergonhosas. Eu só posso fundamentar a moral pela teologia quando eu mesmo já determi-

---

tanto, ninguém que já ame duvide de que seja amado" (Bernardo Ad Thomam. *Epist.* 107). Um dito muito belo e importante: se eu não estou com Deus, Deus não está comigo; se eu não amo, não sou amado. O passivo é o ativo seguro de si mesmo, o objeto é o sujeito seguro de si mesmo. Amar significa ser homem, ser amado significa ser Deus. Eu sou amado, diz Deus; eu amo, diz o homem. Só mais tarde isso se inverte e o passivo se transforma no ativo e vice-versa.

5. "O Senhor disse a Gedeão: o povo é muito, que contigo está, para que eu pudesse entregar Madian em suas mãos; Israel poderia *se ufanar contra mim* e dizer: minha mão me redimiu", i.e., *"ne Israel sibi tribuat, quae mihi debentur"* (Jz 7,2). "Assim diz o Senhor: *amaldiçoado seja o homem que confia em homens*. Mas abençoado seja o homem que confia no Senhor e para o qual o Senhor é a sua confiança" (Jr 17,5). "Deus não quer ter o nosso dinheiro, corpo e bem, mas deu esses ao Imperador (i.e., ao representante do mundo, do Estado) e no-los deu através do Imperador. Mas o coração, que é o que há de maior e melhor no homem, reservou ele para si, este deve-se dar a Deus, para que creiamos nele" (LUTERO, parte XVI, p. 505).

no a essência divina *através da moral*. Caso contrário não tenho nenhum critério do que é moral e imoral, e sim uma base imoral, arbitrária, da qual posso deduzir tudo. Por isso eu já devo colocar a moral em Deus, se a quero fundamentada por Deus, i.e., eu só posso fundamentar a moral, o direito, em síntese, todas as relações essenciais *por si mesmas*, e só as fundamento *verdadeiramente*, como a verdade manda, quando as fundamento por si mesmas. Colocar algo em Deus ou deduzir de Deus nada mais significa a não ser retirar algo da razão seletora, estabelecer algo como indubitável, intocável e sagrado sem prestar contas do porquê. Cegueira, quando não intenção má, matreira, está por detrás de todas as fundamentações da moral, do direito através da teologia. Se o direito é levado a sério, não necessitamos de nenhum estímulo e fundamento vindos de cima. Não necessitamos de nenhum direito público cristão; só necessitamos de um direito público racional, correto, humano. O que é correto, verdadeiro e bom tem em geral a base da sua consagração em si mesmo, em sua qualidade. Onde a moral é levada a sério, aí ela vale em e por si mesma como um poder divino. Se a moral não tem nenhuma base em si mesma, então não existe também nenhuma necessidade interna da moral; a moral é então abandonada à arbitrariedade sem base da religião.

Trata-se, portanto, na relação da razão consciente com a religião somente da destruição de uma ilusão – mas de uma ilusão que de forma nenhuma é indiferente, mas que antes atua sobre a humanidade de uma forma fundamentalmente nociva, que mata no homem tanto a energia da vida real quanto o senso de verdade e virtude; pois o próprio amor, que é em si a intenção mais íntima, mais verdadeira, torna-se através da religião um amor somente aparente, ilusório, pois o amor religioso só ama o homem por causa de Deus, portanto, só ama o homem aparentemente, quando na verdade só ama a Deus.

E como foi mostrado, basta que invertamos as relações religiosas, que concebamos como fim o que a religião estabelece como meio, que elevemos à questão principal, à causa o que para ela é o subordinado, a questão secundária, a condição, então teremos destruído a ilusão e teremos a luz não obscurecida da verdade diante dos nossos olhos. Os sacramentos do batismo e da ceia, os símbolos essenciais e característicos da religião cristã, podem nos confirmar e representar esta verdade.

A água do batismo é para a religião somente o meio através do qual o Espírito Santo se comunica com o homem. Mas através desta determinação ela se coloca em contradição com a razão, com a verdade da natureza das coisas. Por um lado existe algo na qualidade natural da água, por outro lado nada; ela é um mero instrumento arbitrário da graça e onipotência divina. Destas e daquelas contradições intoleráveis nós nos libertamos, só concedemos ao batismo um significado verdadeiro se o encararmos como um símbolo do significado da própria água. O batismo deve representar para nós o efeito milagroso, mas natural da água sobre o homem. A água não tem de fato somente efeitos físicos, mas exatamente por isso também morais e intelectuais sobre o homem. A água purifica o homem não só do sujo do corpo, mas na água também lhe caem as escamas dos olhos; ele vê, ele pensa com mais clareza; ele se sente mais livre; a água apaga a chama do desejo. Quantos santos não recorreram à qualidade natural da água para vencerem as tentações do demônio! O que a graça negou, concedeu a natureza. A água não pertence somente à dietética, mas também à pedagogia. Se limpar, se banhar é a primeira, se bem que mínima virtude[6]. Na contemplação da água se apaga o ardor do egoísmo. A água é o meio primeiro e mais próximo para se tornar amigo da natureza. O banho na água é como um processo químico no qual o nosso Eu se dissolve na essência objetiva da natureza. O homem que se levanta da água é um homem novo renascido. A doutrina de que a moral nada pode sem os sacramentos tem um bom sentido quando, ao invés dos sacramentos imaginários sobrenaturais, estabelecemos meios naturais. A moral nada pode sem a natureza, ela deve se adaptar aos meios naturais mais simples. Os mais profundos mistérios estão no comum, no quotidiano, que ignoram a

---

6. Evidentemente é também o batismo cristão pela água somente um resquício das antigas religiões naturais, onde, como na Pérsia, a água era um meio religioso de purificação (cf. RHODE: *A Lenda Sagrada* etc., p. 305, 426). Mas aqui tinha a água do batismo um sentido muito mais verdadeiro e consequentemente mais profundo do que dentre os cristãos, porque ele se baseava na energia e significado natural da água. Mas certamente para essas concepções naturais simples das religiões antigas o nosso supranaturalismo tanto especulativo quanto teológico não tem nenhuma sensibilidade e inteligência. Por isso quando os persas, indianos, egípcios e hebreus fizeram da limpeza corporal um dever religioso, foram aqui muito mais racionais do que os santos cristãos, que representavam e conservavam o princípio supranaturalístico da sua religião na impureza corporal. A sobrenaturalidade na teoria torna-se antinaturalidade na prática. A sobrenaturalidade é somente um eufemismo para antinaturalidade.

religião e a especulação supranaturalística, sacrificando os mistérios reais aos mistérios ilusórios, como aqui sacrificando a energia miraculosa real da água a uma energia miraculosa imaginária. A água é o mais simples sacramento ou remédio contra doenças tanto da alma quanto do corpo. Mas a água só tem efeito quando é utilizada frequentemente, regularmente. O batismo enquanto um ato de uma única vez é uma instituição totalmente inútil e insignificante, ou supersticiosa, quando é associada com efeitos reais. Uma instituição racional e honrada é ele ao contrário, quando nele é representada e festejada a energia salutar e física da água, da natureza em geral.

Mas o sacramento da água não necessita de uma complementação. A água enquanto um elemento universal da vida nos faz lembrar a nossa origem natural, que temos em comum com as plantas e animais. No batismo da água nós nos curvamos sob o poder da energia natural pura; a água é o elemento da igualdade e liberdade natural, o espelho do período de ouro. Entretanto, nós homens nos distinguimos também do mundo das plantas e animais que, ao lado do reino inorgânico, compreendemos sob o nome comum da natureza – nós nos distinguimos da natureza. Por isso devemos também festejar a nossa distinção, a nossa diferença essencial. Os símbolos desta nossa diferença são vinho e pão. Vinho e pão são produtos naturais quanto à sua matéria, mas quanto à sua forma são produtos humanos. quando declaramos na água: "o homem nada pode sem a natureza"; então declaramos através de vinho e pão: "a natureza nada pode, pelo menos espiritualmente, sem o homem; a natureza necessita do homem, como o homem da natureza." Na água sucumbe a atividade humana, espiritual; no vinho e no pão ela goza a si mesma. Vinho e pão são produtos sobrenaturais – no único sentido válido e verdadeiro, que não contradiz a razão e a natureza. Quando adoramos na água a pura energia natural, então adoramos no vinho e pão a energia sobrenatural do espírito, da consciência, do homem. Por isso é esta festa só para o homem que se amadureceu para a consciência; o batismo já é concedido às crianças. Mas ao mesmo tempo festejamos aqui a verdadeira relação do espírito com a natureza: a natureza fornece a matéria, o espírito a forma. A festa do batismo na água nos inspira gratidão pela natureza, a festa do pão e vinho gratidão pelo homem. Vinho e pão pertencem às mais antigas descobertas. Vinho e pão nos tornam presente, nos simbolizam a verdade de que o homem é o Deus e o redentor do homem.

Comer e beber é o mistério da ceia – comer e beber é de fato em e por si mesmo um ato religioso; pelo menos deve sê-lo[7]. Por isso em cada mordida do pão, que te redime do martírio da fome, e em cada sorvida de vinho que alegra teu coração, pensa no Deus que te proporcionou essas dádivas benignas – no homem! Mas não te esqueças nesta gratidão ao homem da gratidão à natureza! Não te esqueça de que o vinho é o sangue da planta e o trigo é a carne da planta, que é sacrificada para o bem da tua existência! Não te esqueça de que a planta representa para ti a essência da natureza que se te entrega ao gozo desinteressadamente. Portanto, não te esqueças da gratidão que deves à qualidade natural do pão e vinho! E se quiseres sorrir pelo fato de que eu chamo de atos religiosos o comer e beber, uma vez que são atos comuns e quotidianos, pelo que são exercidos por milhares sem espírito, sem intenção, então pensa que também a ceia é um ato para milhares sem intenção e sem espírito, porque acontece com frequência e, para que compreendas o significado religioso do gozo do pão e vinho, te põe na situação em que o ato habitualmente tão quotidiano é violentamente interrompido, de um modo não natural. Fome e sede não destroem somente as energias físicas do homem, mas também as espirituais e morais, elas lhes roubam a humanidade, a inteligência, a consciência. Oh, se experimentaste alguma vez uma tal falta, uma tal desgraça, como irias abençoar e louvar a qualidade natural de pão e vinho que te deram novamente a tua humanidade, a tua inteligência. Assim, basta que interrompamos o curso habitual e comum das coisas, para que o comum adquira um significado incomum, para que a vida como tal em geral adquira um significado religioso. Por isso sagrado nos seja o pão, sagrado o vinho, mas sagrada também a água! Amém.

---

7. "Comer e beber é o trabalho mais fácil, uma vez que os homens nada fazem com tanto prazer; sim, o mais ditoso trabalho em todo mundo é comer e beber, como se costuma dizer: antes de comer não há dança. Sobre uma barriga cheia está uma cabeça alegre. Em suma, comer e beber é um trabalho caramente necessário, o que logo se aprendeu e se ensinou às pessoas. Este mesmo trabalho caramente necessário acolhe o nosso Senhor Cristo e diz: eu preparei uma refeição alegre, doce e amável, não quero vos impor um trabalho duro, difícil... eu introduzo uma ceia etc. (LUTERO, parte XVI, p. 222).

APÊNDICE

EXPLICAÇÕES, OBSERVAÇÕES, DOCUMENTAÇÕES

> A consciência do ser infinito nada mais é que a consciência que o homem tem da infinitude da sua essência, ou: no ser infinito, o objeto da religião, é objeto para o homem somente a sua própria essência infinita.

"Deus", diz Santo Tomás de Aquino, "não é nenhum corpo. Todo corpo é finito. Mas para além de todo corpo finito podemos sair na razão e imaginação. Se então Deus for um corpo, então podem nossa razão e imaginação pensar alguma coisa sobre Deus: o que se contradiz" (*Summa contra gentiles*, lib. I, c. 20)."Os céus e anjos têm forças finitas, portanto não podem preencher a infinita capacidade de compreensão do nosso espírito, *non poterunt mentis nostrae captum implere, Qui ad recipiendum immensus est*" (VIVES, J.L. *De veritat fidei Christianae*, lib. I. *de fine hom.*). "A felicidade é nossa última, nossa única exigência. Mas esta exigência nenhum bem terreno pode saciar, pois tudo que é terreno está abaixo do espírito humano. É só Deus que pode saciar a exigência do homem, que pode fazer o homem feliz, pois o espírito humano conhece através do seu intelecto e exige através da sua vontade o bem universal (i.e., infinito), mas só em Deus é encontrado e bem universal" (TOMÁS DE AQUINO. *Princ. Regim.*, lib. I, c. 8). "O objeto da inteligência humana é a verdade universal (*universale verum*, i.e., a verdade em geral ou a verdade não restrita a um determinado tipo); mas o objeto da vontade ou exigência humana é o bem universal, que não se encontra em qualquer ente criado (i.e., finito) mas somente em Deus. Portanto, só Deus pode satisfazer a vontade humana (TOMÁS DE AQUINO. *Summa Theol. Sac.*, *Prima Secundae*, Qu. II. 8). Mas se nada corporal, nada terreno, i.e., nada determinado, nada finito, se só o ser infinito é o objeto correspondente, devido ao espírito humano, só ele pode satisfazer a vontade e inteligência humana, então evidentemente no ser infinito somente é objeto para o homem a infinitude da própria essência, o ser infinito nada mais é que uma expressão, um fenômeno, uma revelação ou objetivação da própria essência ilimitada do homem[1]. "Um ser mortal nada sabe de um ser imortal" (Sallustius em GROTIUS, H. *De veritate religionis christianae*, lib. I. § 24, not. 1), i.e., aquilo para o qual um ser imortal é objeto, é ele próprio um ser imortal. No ser infinito é para mim objeto somente como sujeito, como essência, o que é um predicado, uma propriedade de mim mesmo. O ser infinito nada mais é que a infinitude do homem personificada, Deus nada mais que a divindade personificada do homem concebida como um ser.

"Os seres cognoscentes se distinguem dos não cognoscentes pelo fato destes terem a sua própria forma, mas aqueles também a forma de um outro ser, pois a forma ou figura do conhecido está no cognoscente. Aqui torna-se claro que a natureza do ser não cognoscente é mais limitada e estreita, mas a natureza do ser cognoscente tem uma maior extensão e amplitude. Por isso diz o filósofo (Aristóteles): *A alma de certa forma é tudo*. Mas a limitação de uma forma (de um ser) vem da natureza, da matéria. Quanto mais então algo for *imaterial*, tanto mais se aproxima ele da *infinitude*" (TOMÁS DE AQUINO. *Summa*, P.I, Qu. 14. Art. 2). "Tudo que possui uma *energia infinita* (*virtutem infinitam*), possui uma *essência infinita*, mas o *espírito* ou *intelecto* possui uma *energia infinita*, pois ele concebe o universal, que pode se estender ao infinito. E o fato de que a energia do intelecto pode de certa forma se estender ao infinito, vem de que ela não é nenhuma energia material ou forma, pois a energia do intelecto não é nenhuma atividade de algum órgão corporal" (Ibidem, Qu. 7. Art. 2). "Não é nossa carne que é a imagem de Deus, mas sim nossa alma, que é livre e paira solta por toda parte, que nos conduz aos mais distantes lugares, vê os ausentes, num instante contempla

---

1. E se Deus enquanto felicidade personificada é a meta final do homem, então é, pois, Deus expresso publicamente como a essência do homem; pois como pode a meta final de um ser estar fora do seu ser? *Nan Qui movetur a Deo tanquam fine, non movetur ab extrinseco, sed a seipso, quandoquidem movetur ab eo, quod est esse suum laudabile et intimius intimissimo nostro* (GALEUS, T. *Philos. Gener*, lib. III. C. 3. Sect. 3, § 3, n. 11).

o universo" (AMBRÓSIO[2]. *Hexaem.* VI. C. 8). "Incircunscrição, ilimitação no sentido verdadeiro e próprio só é devida a Deus, mas uma imagem dela é o espírito humano, que num instante contempla manhã e noite, norte e sul, céu e terra, não de fato, mas somente na imaginação" (TEODORETO. *Quaest. in Genes.*, Inter. 20). "Se podemos expressar a verdade sem medo, então o homem está de fato *acima* dos próprios deuses, ou têm eles pelo menos forças de fato totalmente iguais. Quando pois um Deus celestial desce à terra, então abandona ele os limites do céu. Mas o homem se eleva ao céu e o mede e vê as qualidades de suas alturas e profundidades e percebe tudo mais com exatidão e, no entanto, o que é mais importante, ele não abandona a terra enquanto se alça às alturas. A tal ponto pode o homem se *estender.* Por isso podemos nós dizer ousadamente que o homem terreno é um Deus mortal, mas que o Deus celestial é um homem imortal" (HERMES. *Poemande*r, c. 10;24;25). "A faculdade de conhecer e agir não é limitada no homem como nos outros animais, mas *inesgotável* e *infinita* e por isso semelhante a Deus" (GROTIUS, H., et cet. loc.). A infinitude da essência humana que conhecemos de início só indiretamente, por conclusões, expressamos direta e cabalmente nestas frases que, de resto, deixar-se-iam multiplicar sem conta. A infinitude psicológica é o fundamento da infinitude teológica ou metafísica. A incomensurabilidade, a existência não restrita a lugar e tempo, a onipresença de Deus é a onipresença e incomensurabilidade da capacidade de representação e imaginação humana simbolizada, objetivada.

> O ente infinito ou divino é a essência espiritual do homem, mas que se separa do homem e é representada como um ente autônomo. Deus é espírito significa na verdade: o espírito é Deus. Tal o sujeito, qual o objeto; qual o sentido, tal o objeto. Deus – enquanto um ente abstrato, não sensorial – não é objeto para os sentidos ou para a imaginação sensorial, mas somente para a razão, portanto é ele somente o ente da razão,

---

2. Para poupar espaço e tempo dou eu frequentemente só o sentido, não as palavras de uma passagem, assim também é aqui.

somente a razão que é objeto para si mesma como um ente divino.

"A Deus não falta nenhuma perfeição que seja encontrada em qualquer tipo de ser. Mas dentre as perfeições dos seres a mais excelente é a *inteligência*, o *intelecto*, pois através disso é um ser de certa forma tudo, ao compreender em si as perfeições de todas as coisas; Deus é, portanto, um ser que conhece, que pensa" (TOMÁS DE AQUINO. *Summa c. gent.*, lib. I. c. 44.5). "Uma vez que os antigos chamavam de Deus toda substância separada, daí resultou que a nossa alma, i.e., o intelecto através do qual conhecemos é de *natureza divina* e daí também alguns cristãos do nosso tempo, que aceitam um intelecto ativo separado (do homem), diziam expressamente que o *intelecto ativo é Deus*. Mas esta opinião poderia surgir também da semelhança da nossa alma com Deus, pois uma vez que o conhecer é antes de tudo uma *qualidade característica de Deus* e não convém a nenhum outro ser inferior, a não ser ao homem por causa da sua alma, então poderia parecer que a alma pertence à natureza divina" (Idem. Ibidem, lib. II. C. 85). "O sábio está unido a Deus por um certo parentesco, pois ele se ocupa com a inteligência, que é a própria *essência de Deus*" (Synesius in *Petavii Theol.* Dog. P.I, lib. IV. C. 1. § 1). "O intelecto é a conexão ou a união entre nós e Deus" (MOSES, R. Ibidem, P. IV. Lib. IV. C. 13. § 8). "Existe uma unidade muito maior entre Deus e o homem do que entre a alma e a carne; pois existe uma maior unidade entre a natureza espiritual do que entre uma natureza espiritual e corporal. Mas Deus é uma *natureza espiritual*, e o *homem* é da mesma forma uma *natureza espiritual*" (HUGO, V. Ibidem. § 14). "Dentre todas as criaturas somente o espírito racional pode se elevar à investigação de Deus, pois é o que dele mais se aproxima pela semelhança da sua essência. Portanto, quanto mais o espírito racional se ocupa com o *conhecimento de si mesmo*, tanto mais apto estará ele para o conhecimento de Deus" (ANSELMO. *Monolog.*, c. 66). "O espírito humano não pode ser comparado com nada a não ser com o próprio Deus" (CÍCERO. *Quaest. Tusc.*). "O próprio Deus não pode ser pensado de outra forma a não ser como um espírito mais livre e solto, separado de toda conexão mortal" (Idem, et cet. loc.). Os antigos chamavam em geral a alma, o espírito, a razão, de Deus, enquanto que os cristãos negam diretamente ou com palavras a não diversidade entre Deus e o espírito humano, mas afirmam indiretamente ou na prática. Por isso os cristãos objetaram aos pagãos que eles tinham endeusado a razão, mas os cristãos fazem o mesmo. A diferença é somente que os cristãos, com a faculdade da razão ou abstração do homem, endeusaram ao mesmo tempo o contrário da mesma, o sentimento, em síntese, a essência total do homem e por isso – além de outros motivos desenvolvidos nesta obra – fizeram do espírito separado do homem, que dentre os antigos tinha o caráter inconfundível de uma abstração subjetiva, humana, um ser material, perceptível mesmo, pelo menos em sua imaginação. "A vida contemplativa", diz muito bem Tomás de Aquino (em sua *Exposit.* In *Cantica Cantic.*, Parisiis 1515, fol. 8), "não tem para os teólogos (i.e., cristãos) e os filósofos (i.e., pagãos) o mesmo significado. Os filósofos colocam a felicidade, a meta da contemplação na sabedoria, no exercício do pensamento; mas os teólogos a colocam mais no *saborear* do que no pensar, mais no *amor* e na *doçura*, do que na contemplação. Se então quisermos escolher os sentidos para a designação desta diferença, podemos dizer: a vida contemplativa dos filósofos agrada olhos e ouvidos – pois dentre todos os sentidos são esses os que mais contribuem para o conhecimento e a ciência – mas a contemplação espiritual agrada ao paladar, ao olfato e ao tato. "Mas ainda deve ser observado que por isso os cristãos distinguiam principalmente também Deus do espírito, da alma do homem, porque identificam o espírito, a alma com a essência individual, i.e., real, sensorial, corporal, enquanto que os antigos pensavam na razão, no espírito no homem mesmo como uma essência abstraída, como uma essência por si. Portanto, quando e onde os cristãos negam que Deus seja o espírito ou a alma do homem, então significa o espírito o homem pensante, a alma o homem que sente, que deseja ou a alma ligada ao corpo, determinada corporal e sensorialmente. Assim diz, por exemplo, Agostinho (*contra Fortunatum*): "Uma coisa é Deus, outra coisa é a alma. Deus é invulnerável, incorruptível, impermeável, imaculável. Mas a alma peca etc. Se então a alma é a substância de Deus então erra a substância de Deus, a substância de Deus é corrompida etc." E Tomás de Aquino (*Summa cont. gentiles*, lib. II. C. 25):

"Deus é eterno, mas a alma não existia antes do seu corpo. Deus é imutável, mas na alma existe mudança. Deus é pura atividade, mas na alma existe capacidade (paixão) e ação, portanto não pode a alma ser alguma coisa da substância divina." Mas o que tem esta alma de diversa do homem? A própria alma é tanto corruptível, impermeável, imaculável quanto Deus, pois segundo os cristãos é ela mesma indivisível, simples, imaterial, indestrutível, imortal; em síntese, tudo que negam à alma na moral, atribuem-lhe na metafísica. As qualidades metafísicas, as qualidades essenciais da divindade da alma são as mesmas. Isto se mostra especialmente na doutrina da imortalidade de onde, seja expressa ou espiritualmente, atribuem as qualidades de Deus à alma. Assim diz, por exemplo, Grotius (*De veritates religionis christianae*, lib. I. c. 23): "A natureza da alma não depende de nada; não existe nenhuma oposição à alma", i.e., ela é a essência absoluta, infinita; pois também Deus, "a causa geral, a natureza universal", não tem nada para sua oposição, como se lê expressamente, por exemplo, em Tomás de Aquino em seu *Comentário de Dionísio*. Portanto, para provar a existência de Deus, i.e., de um ser diverso da alma, negam os cristãos a existência da alma como uma essência diversa do corpo, do que é material e identificam a alma com o homem corporal; mas para provar a existência da imortalidade, negam a diversidade entre a alma e a divindade, transformam a alma num ser diverso e independente do corpo divino[3], confessam assim que a alma de Deus é a alma do homem, pois a alma da teologia é exclusivamente a alma imortal. "Somente por causa da vida eterna somos propriamente cristãos" (AGOSTINHO. *De civit. Dei*, lib. VI. C. 9).

> Deus não é este ou aquele, não é o teu ou o meu espírito; ele é o espírito, mas que por sua vez é ele próprio pensado ou imaginado como um espírito singular, isolado, autônomo. Deus é em geral o conceito de gênero e em verdade o conceito de gênero individualizado ou

---

3. Assim negam também os males do mundo para provar que existe um Deus, um ser meramente perfeito e que é criador do mundo, são otimistas; mas para provarem que existe uma outra vida imortal, negam os bens do mundo, são pessimistas.

personificado, o gênero que, enquanto gênero, é pensado como existente em distinção dos indivíduos.

"Deus é o cerne de todas as realidades" significa: Deus é o cerne de todos os gêneros ou conceitos genéricos. A diferença entre o paganismo e o cristianismo é, a esse respeito, que dentre os pagãos o gênero é um, ser pensado que só tem a sua existência nos indivíduos sensoriais, reais, dentre os cristãos o gênero como tal tem a sua existência autônoma como um ser pensado por si mesmo. Os pagãos distinguiam pensar e ser, os cristãos identificavam ambos. O politeísmo se baseia na distinção, o monoteísmo na unidade de pensar e ser, gênero e indivíduo.

"Não se diz, o homem ou o animal é a brancura, porque a brancura não existe por si isoladamente, mas é isolada ou individualizada pelo sujeito existente. Da mesma forma não se diz que Sócrates ou o homem é a humanidade, mas a essência existe por si mesma isolada e em si mesma individualizada (*Divina essentia est per se singulariter existens et in se ipsa individuata*). A essência divina é assim transformada num predicado de Deus, de forma que se diz: Deus é sua essência, i.e., como corretamente esclarece o comendador Francisc. Ferrariensis nesta passagem: Deus é a divindade" (TOMÁS DE AQUINO. *Summa contr. gent.*, lib. I, c. 21). "O ser abstrato só pode ser uno, assim como a brancura, se existisse abstratamente, só seria una. Mas Deus é o próprio ser abstrato (*Deus est ipsum esse abstractum*, i.e., o ser enquanto ser, o conceito do ser, mas que ao mesmo tempo é pensado como um "sendo") uma vez que o seu ser é" (loc. cit. 42). "Dentre os seres compostos de forma e matéria distinguem-se necessariamente a natureza ou essência e o sujeito ou indivíduo (*suppositum*), porque a essência ou natureza só abrange em si o que coincide na definição do homem, pois este homem é homem, e isto significa exatamente a humanidade, isto a saber, através do que o homem é homem. Mas a matéria individual com todos os acidentes individualizantes não entra na definição do gênero, pois na definição do homem não aparece esta carne e estes ossos, a brancura ou negrura ou qualquer outra coisa semelhante; estes acidentes são excluídos da humanidade e só incluídos naquilo que o homem é (i.e., indivíduo humano) pelo que o homem tem em si algo que a humanidade não tem, e consequentemente o homem e a humanidade não são totalmente a mesma coisa. Porém, onde não existe nenhuma composição de forma e matéria (i.e., de espírito e carne, gênero e indivíduo), onde a individualização não sucede através da matéria individual, i.e., através *desta* matéria, e sim as formas são individualizadas através de e por si mesmas, aí são necessariamente as próprias formas os sujeitos existentes ou indivíduos, de forma que não haja neles nenhuma diferença entre indivíduo e essência ou gênero (*non differt suppositum et natura*). Mas uma vez que Deus não é composto de matéria e forma, então Deus é necessariamente e sua divindade (i.e., *a* divindade), sua vida (i.e., *a* vida) e quaisquer outros predicados" (Idem, *Summ. Sacrae Theol.* P.I. Qu. 3. Art. 3). Isto é, exatamente: Deus é um mero predicado, mas que é concebido como sujeito, um mero conceito genérico, mas que é concebido como conceito individual e por isso, não obstante sendo somente um ser abstrato, é pensado como um ser real, existente. "Portanto, quanto menos definido, quanto mais geral e incondicional for um nome, tanto mais é ele devido a Deus. Dentre todos os nomes é por isso o mais próprio nome para Deus o nome: 'Eu sou o que sou' (Ex 3,14), o nome do ser simplesmente, pois ele é o mais universal" (Idem, Qu. 13. Art. 11). "Quanto mais especiais são os nomes, tanto mais determinam eles um modo adequado à criatura" (Idem, Qu. 33, Art. 1. Cf. também PETAVIUS. *De Trinit.*, lib. V. c. 6, § 10). "Quando transferimos os nomes da geração e do filho das coisas criadas para Deus, separamos delas no espírito tudo que é rude (material) e transitório, como, por exemplo, a divisão da substância, a ordem do tempo; só uma coisa conservamos: a comunidade ou comunicação do ser e da natureza. Da mesma forma quando denominamos a palavra Deus abandonamos no conceito desta palavra o que seja próprio às criaturas, como, por exemplo, o inconstante e fugidio" (Isidorus Pelusiota em Petavius, de Trinit. Lib. VII. C. 14 § 6). Isto significa: o filho, tal como é em Deus, o filho divino nada mais é que o filho *in abstracto*, o conceito do filho; a palavra, tal como está em Deus, a palavra divina não é esta ou aquela expressa pelo homem, ecoando no ar, não é uma palavra alemã ou grega, romana ou hebraica, mas sim a palavra em si, a palavra em geral, o *conceito genérico* da palavra, ao qual naturalmente são devidas todas as determinações da divindade:

não e suprassensorialidade, eternidade, imutabilidade, simplicidade. Totalmente correspondente ao conceito fundamental ou essência fundamental da divindade é então que na trindade as qualidades internas da divindade são individualizadas como pessoas, como seres. Deus nada mais é que um cerne, um punhado de adjetivos que são concebidos como substantivos; de predicados, de abstrações que são concebidas como sujeitos, como essências. Com o mesmo direito com o qual o espírito, a sabedoria, a providência, a bondade, o poder, em síntese, conceitos gerais, abstraídos do homem e da natureza, são em Deus transformados em essências com o mesmo direito são condensadas em pessoas as qualidades abstratas da paternidade, da filiação. "A Sagrada Escritura atribui a Deus mãos, olhos, coração e outros órgãos, para com isso expressar uma certa efetividade ou atividade de Deus, mas de forma que, não obstante seja abstraído tudo que é pesado, imperfeito e corporal, no entanto é-lhe atribuída a atividade própria, real destes órgãos. Pois Deus ouve e vê e quer e pensa realmente, não obstante ele não tenha e utilize as partes do corpo às quais correspondem estes conceitos ou atividades. Da mesma forma diz a escritura que o filho é gerado pelo útero do pai, pois apesar de não haver em Deus nenhum útero, em geral nada corporal, no entanto há nele a *verdadeira* geração, o verdadeiro nascimento, que é precisamente indicado com a palavra útero"[4] (Petavius, ibidem, lib. V. c. 7 § 4). No conhecimento de que Deus nada mais é que o conceito-gênero personificado ou individualizado temos a chave para todos os mistérios da teologia, a explicação de todas as suas obscuridades e incompreensibilidades, a solução de todas as contradições e dificuldades confusas, sobre as quais os teólogos e filósofos em vão quebraram a cabeça. Por aí ficamos sabendo o motivo

---

4. Esta passagem é verdadeiramente clássica; ela representa do modo mais claro, até mesmo palpável, a essência da teologia. Deus é o *Actus purus*, a mera atividade pura sem passividade, i.e., sem corpo, a atividade do olho, mas sem olhos, a atividade da cabeça, o pensar, mas sem cabeça. A questão: "Existe um Deus?" é portanto a questão: existe um ver sem olhos, um pensar sem cabeça, um amor sem coração, uma geração sem órgão genital, um parir sem útero? "Eu creio em Deus" significa: eu creio numa energia sem instrumento, num espírito sem natureza ou corpo, num abstrato sem concreto, numa essência sem ser, i.e., eu creio no milagre.

pelo qual só se pode falar de Deus "en général", mas em todas as questões especiais, em todas as questões referentes ao tipo e modo a resposta é negativa na teologia, pelo fato de que no conceito genérico, como de resto já foi mostrado antes no ato da criação, caem todas as qualidades especiais e individuais, qualidades essas que, no entanto, a fé ou a teologia aceita existentes em Deus como em si, só que como não existentes para o nosso conhecimento, porque ela concebe este conceito genérico como um ser real, objetivo. Por aí ficamos sabendo qual é o verdadeiro sentido da infinitude, da causalidade, da sublimidade, da perfeição, da natureza tanto positiva quanto negativa de Deus. Deus é o ser do qual tudo pode ser tanto afirmado quanto negado, é tudo e nada, no mesmo sentido em que, por exemplo, a cor é todas as cores e nenhuma, i.e., nenhuma cor especial e isolada; infinito no mesmo sentido em que é gênero, que não é restrito a este lugar, a este tempo, a este indivíduo, a este tipo, pois "os gêneros (*universalia*) existem em toda parte e sempre" (TOMÁS DE AQUINO. *Summ. Theol.* P. I., Qu. 46. Art. 2); acima do homem no mesmo sentido em que a cor está acima das cores, pois "a humanidade está acima do homem" (Idem, no prólogo da sua *Exposit. in Dionysii, A. divina Nomina*[5]; o mais elevado ser e enquanto tal a base e a causa de todos os seres, no mesmo sentido em que é o gênero em geral, quando é concebido como um ser autônomo em distinção dos indivíduos; o ser perfeito no mesmo sentido em que é o gênero perante os indivíduos, pois a cor é todas as cores, enquanto que a cor real, individual é sempre uma com exclusão de todas outras; portanto é o gênero, o cerne de todas as perfeições que são distribuídas aos indivíduos. "Deus é o ser que subsiste por si mesmo (*ipsum esse per se subsistens*). Por isso compreende ele em si todas as perfeições do ser, pois é notório que, quando do algo quente não tem em si todas as perfeições do calor, isso só tem o seu motivo pelo fato de que o calor não participa de maneira completa (i.e., não se realiza), mas que se o calor existisse por

---

5. Assim diz ele também expressamente neste comentário c. 12: "Assim como as qualidades são superiores àquilo que delas participa, a santidade aos santos individuais, da mesma forma acima de tudo que existe está aquele que é superior a todos os seres isolados", i.e., o abstrato é mais elevado que o concreto.

si mesmo, também não lhe poderia faltar nada da perfeição do calor" (TOMÁS DE AQUINO et cet. loc., Qu. 4. Art. 2 cit.). Daí ficamos sabendo que tolice é conceber Deus representado ou realizado num indivíduo, que tolice é querer conceber a cor, uma ideia abstrata das cores isoladas e especiais, como realizada numa cor; e por outro lado quão correto e quão necessário é quando, na dissolução e recondução da essência divina aos seres reais dos quais ela é abstraída, se pensa a mesma como realizada na totalidade dos indivíduos, pois Deus é expressamente concebido e determinado como a essência que possui juntas todas as perfeições, todas as virtudes que são espalhadas e distribuídas nos seres reais. "Não obstante Deus", diz, por exemplo, Tomás de Aquino em seu comentário a Dionísio Areopagita (cap. XI), "permaneça em si mesmo indivisível, são no entanto os seus dons, i.e., as suas perfeições e energias compartilhadas pelas criaturas e parcialmente acolhidas conforme a sua diversa receptividade."

Deus não é nenhum ser fisiológico ou cósmico, e sim psicológico. Quem não coloca nenhum ser na natureza, este também não produz nenhum a partir dela. As provas da existência de Deus a partir da natureza são provas somente da ignorância e arrogância do ser humano, com a qual ele transforma as limitações da sua cabeça em limitações da natureza. Mesmo se aceitarmos finalidades na natureza – a finalidade da natureza não está *fora e acima da natureza*, assim como a finalidade do olho, o ver não está fora e acima do ser, da estrutura, do organismo do olho, e por isso não conduz a nenhum ser fora e acima da natureza. A finalidade na natureza não é diversa e independente do meio, da qualidade do órgão; a natureza só ouve através do ouvido, só vê através do olho, só pensa através do cérebro, mas um Deus ouve sem ouvidos, vê sem olhos e pensa sem cérebro. De onde vem então a finalidade?, grita o teísta, ao separar no pensamento a finalidade dos meios e pensar por si mesmo; mas eu pergunto: de onde então vêm os meios? Como pode surgir de um ser que pensa sem cabeça um ser que só pensa *na* e *com* a cabeça? Para que um ser imaterial, que atua sem meios, onipotente, necessita de meios materiais? A conclusão de um Deus a partir da natureza, i.e., de um ser diverso da natureza, sobrenatural, espiritual como causa da mesma só é, portanto, justificável num lugar em que o ser humano crê que se possa também ver sem olhos e ouvir sem ouvidos, onde a ligação entre a causa e o efeito, o meio e o fim, o órgão e a função é exclusivamente o ser onipotente, divino. "As coisas naturais", diz, por exemplo, Calvino, "nada mais são do que instrumentos que Deus deixa atuar constantemente até o ponto em que quiser, e vira e mexe ao bom grado, conforme queira ele fazer através delas isto ou aquilo. Nenhuma criatura possui uma energia tão admirável e surpreendente como o sol. Ele ilumina toda a terra com seu brilho, sustenta e aquece todos os animais com seu calor, frutifica a terra com seus raios... E no entanto permitiu o Senhor que fosse feita a luz e que a terra fosse enchida com ervas e frutos de todo tipo antes de ter criado o sol, para que com isso seja louvado como o único e verdadeiro causador (Gn 1,3.11). Nenhum devoto fará do sol, portanto, uma causa principal ou necessária das coisas que existiam já antes da criação do sol, mas fará dele somente um instrumento do qual Deus se serve porque quer, pois ele poderia da mesma forma produzir a mesma coisa também por si mesmo sem o sol" (*Inst. Rel. chr.*, lib. I, c. 16, sect. 2). Certamente não haveria nenhum Deus se não existisse nenhuma natureza, mas a natureza é somente a condição, a humanidade é a causa da divindade. A natureza só fornece a matéria para a divindade, mas a alma lhe insufla o homem. Assim, só o poder se origina da natureza, mas a onipotência se origina do homem. A existência de Deus se baseia de fato na natureza, mas a essência de Deus só no homem. "Duas imagens", diz Hugo no Prólogo do seu comentário a Dionísio Areopagita, "foram mostradas ao homem para que pudesse contemplar nelas o invisível, a imagem da natureza e a da graça. Aquela era a forma deste mundo, esta a humanidade da palavra. A natureza decerto poderia demonstrar, mas iluminar ela não poderia; mas a humanidade do redentor iluminou antes que ela demonstrasse. Através das imagens da natureza o criador só foi aludido, mas nas imagens da graça foi Deus mostrado como presente; aquelas ele só produziu para nos dar a ideia de que ele existe, mas nestas ele atuou para nos dar o conhecimento de que ele está presente." A natureza, acrescentemos a estas palavras de Hugo, só dá pão e vinho, mas o conteúdo religioso ou teológico é introduzido pela fé, a afetividade, a fantasia. Subordinar à natureza um significado teológico ou teístico significa dar ao pão o significado da carne, ao vinho o significado do sangue. Fazer da natureza a obra e expressão de um Deus significa tomar-lhe a substância e só deixar os acidentes. "A partir do sensorial", diz Tomás de Aquino, "não pode ser a essência divina conhecida como tal, pois as criaturas sensoriais são efeitos de Deus, que não apresentam a energia da causa de um modo que lhe seja adequado. Mas uma vez que os efeitos dependem da causa, podemos através deles saber se Deus existe e o que lhe é devido enquanto causa primeira de todas as coisas" (*Summa*, P.I., Qu. 12, Art. 12). Mas a mera causalidade, ainda que seja a primeira e mais geral, não faz ainda nenhuma divindade. A causa é um conceito físico, se bem que certamente a causa, tal como ela representa a base (a premissa) da divindade, já é um conceito totalmente abstrato e hiperfísico, pois ele nada mais é que o conceito genérico personificado da causa. "O conhecimento natural (i.e., o que só se baseia na natureza) não pode vir a Deus enquanto for ele objeto da felicidade" (Idem, ibidem, Sec. P. sec. Partis Qu. 4.7). Entretanto somente o Deus que é objeto da felicidade é o Deus religioso, próprio, correspondente ao conceito ou nome da divindade. "Na natureza", diz o mesmo autor, "encontramos somente vestígios, mas nenhuma imagem da divindade. O vestígio só indica que alguém passou, mas não como ele é. A imagem de Deus encontra-se somente na criatura racional, no homem" (Ibidem, Pars I. Qu. 45, Art. 7). A fé em uma origem sobrenatural da natureza se baseia, portanto, somente na fé na sobrenaturalidade do homem. A explicação e derivação da natureza de um ser diverso da natureza tem como pressuposição a inexplicabilidade e inderivabilidade da essência humana da natureza, essência esta tão diversa da natureza. Deus é criador da natureza porque o homem (i.e., no estágio da religião e teologia) não é uma criatura da natureza. O homem não vem (i.e., conforme a sua concepção) da natureza; no entanto tem o homem a consciência de que ele, pelo menos de antemão, não é eterno, é surgido. De onde então vem ele? De Deus, i.e., de um ser da sua essência, de seu semelhante, mas que dele se distingue pelo fato de que não é surgido. Deus só é o criador da natureza indiretamente, mediatamente, pelo fato de ser o criador ou, mais corretamente, o pai do homem, porque ele não poderia ser o criador do homem se não fosse também o criador da natureza, com a qual o homem se vê entrelaçado apesar da sua essência naturalística. Portanto, a natureza só vem de Deus porque o homem vem de Deus, e o homem vem de Deus, é de origem divina porque é um ser divino, mas que ele – desconsiderando-se o fato de que ele em geral pensa a sua essência em Deus como gênero, em si como indivíduo, em Deus como ilimitada, incorpórea, em si como limitada, como corpórea – concebe como um outro porque a consciência do seu ser-surgido entra em contradição com a consciência ou com a concepção do seu ser-Deus. A consciência de Deus, a consciência: eu sou uma criatura de Deus, um filho de Deus é, portanto, a mais elevada consciência de si mesmo do homem. "Se", diz Epícteto, o "imperador te acolhesse como seu filho não se poderia tolerar o teu orgulho. Por que então não queres ser orgulhoso quando sabes que és filho de Deus?" (ARRIANO. *Epict.*, lib. I, c. 3).

> A natureza, o mundo não tem nenhum valor, nenhum interesse para o cristão. O cristão só pensa em si, na salvação da sua alma, o que dá na mesma, em Deus.

"Que o teu primeiro e último pensamento seja *tu mesmo*, teu único pensamento a tua salvação." *De inter. Domo* (Pseudo-Bernardo). "Quando te contemplas atentamente, é de se admirar se pensas em outra coisa" (BERNARDO. *Tract. de XII grad. humil. et superl.*). "Tu mesmo não és o que há de mais precioso para ti?" (BOÉCIO. *De consol. Philos.*, lib. II, Prosa IV). "Se o sol é maior do que a terra ou só mede um pé de largura, se a lua brilha com luz alheia ou própria. Saber isso não traz nenhuma utilidade, não saber, nenhum dano. Vosso bem está em perigo: a salvação de vossas almas" (Arnóbio. *Adv. gentes*, lib. II, c. 61). "Eu pergunto então: o que é o objeto da ciência? As causas das coisas naturais? Que felicidade posso esperar se conheço a origem do Nilo ou as tolices dos físicos sobre o céu?" (LACTÂNTIUS. *Div. inst.*, lib. III, c. 8). "Também não devemos ser curiosos. Muitos consideram algo muito importante quando, sem se preocuparem com o que Deus seja, pesquisam do modo mais acurado toda essa massa que se chama mundo. Que a alma oprima esta vaidosa curiosidade, que na maioria dos casos leva o homem à crença de que só existe o que é corpóreo" (AGOSTINHO. *De moribus. eccl. cathol.*, lib. I, c.

21). "A carne que ressuscita e que vive sem fim é um objeto muito mais digno de ser sabido do que tudo que os médicos sempre estudaram por pesquisa no mesmo (no corpo humano)" (Idem, *de anima et ejus orig.*, lib. IV, c. 10). "Manda às favas o conhecimento da natureza. É bastante que saibas que o fogo é quente, a água é fria e úmida. Sabe como deves tratar teu campo, gado, casa e filho, isto é para ti suficiente no conhecimento da natureza. Depois pensa como podes conhecer somente a Cristo, que vai te mostrar a ti mesmo quem és, qual é a tua capacidade. Assim aprenderás a Deus e a ti mesmo o que nenhum mestre natural nem conhecimento natural nunca experimentou" (LUTERO, parte XIII, p. 264).

Por estas citações, que de resto poderiam se multiplicar ao infinito, torna-se claro o suficiente que o cristianismo verdadeiro, religioso não tem em si nenhum princípio, nenhum motivo para a cultura científica e material. A meta e o objetivo prático do cristão é exclusivamente o céu, i.e., a realizada salvação da alma. Mas a meta e o objetivo teorético do cristão é exclusivamente Deus, enquanto o ser idêntico à salvação da alma. Quem conhece Deus conhece tudo. Sim, quão infinitamente mais é Deus do que o mundo, tão infinitamente mais é também a teologia do que o conhecimento do mundo. A teologia faz feliz, pois seu objeto nada mais é que a felicidade personificada. "Infeliz é quem tudo conhece, mas não te conhece, mas feliz quem te conhece, ainda que nada mais saiba" (AGOSTINHO. *Confess.*, lib. V, c. 4). Quem poderia, quem gostaria então de trocar a beata essência divina pelas coisas desgraçadas e nulas deste mundo? Decerto Deus se revela na natureza, mas somente conforme as suas qualidades mais gerais, mais indefinidas; a si mesmo, a sua essência verdadeira, pessoal ele só revela na religião, no cristianismo. O conhecimento de Deus a partir da natureza é paganismo, o conhecimento de Deus a partir dele mesmo, de Cristo, no qual a plenitude da divindade habitou corporalmente, é cristianismo. Que interesse deveria ter então para o cristão a ocupação com as coisas materiais, naturais? A ocupação com a natureza, a cultura em geral pressupõe ou pelo menos leva a efeito infalivelmente um senso e crença pagã, i.e., profana, antiteológica, antissupranatural. A cultura dos povos cristãos modernos, portanto, não deve ser derivada do cristianismo, mas ao contrário só pode ser entendida por uma negação do cristianismo, que certamente foi no início uma negação somente prática. Certamente deve-se em geral distinguir entre o que os cristãos disseram e fizeram enquanto cristãos e enquanto pagãos, homens naturais, portanto entre o que eles disseram e fizeram em concordância e em contradição com a sua fé.

Quão "frívolos" são por isso os cristãos modernos quando se vangloriam com as artes e ciências dos povos modernos como produtos do cristianismo! Quão respeitáveis são também sob este aspecto os mais antigos cristãos perante os modernos renomistas! Estes não sabiam de nenhum outro cristianismo a não ser do que está contido na fé cristã, portanto não atribuíam ao cristianismo os tesouros e riquezas deste mundo, nem artes e ciências. Em todos esses campos concediam antes aos antigos pagãos, gregos e romanos, o privilégio perante os cristãos. "Por que não te admiras também, Erasmo, que desde o início do mundo dentre os pagãos sempre houve pessoas mais elevadas, mais preciosas, um intelecto maior, mais elevado, muito melhor diligência, exercício de todas as artes, do que dentre os cristãos ou o povo de Deus? Como também o próprio Cristo diz que os filhos deste mundo são mais inteligentes que os filhos da luz; que importante e grande pronunciamento! Sim, qual dentre os cristãos (sem falar dos gregos, de Demóstenes e outros) poderíamos comparar somente com Cícero em intelecto ou diligência?" (LUTERO, parte XIX, p. 37). "Através de que então nós nos salientamos deles? Através do espírito, erudição, formação moral? De forma nenhuma, mas somente através do verdadeiro conhecimento, exclamação e adoração de Deus" (Melanchthonis *et alior. Declam*, p. III, *de vera invocat. Dei*).

> Na religião o homem tem por meta a si mesmo ou ele é objeto para si mesmo, é objeto enquanto meta de Deus. O mistério da encarnação é o mistério do amor de Deus pelo homem, mas o mistério do amor de Deus é o mistério do amor do homem por si mesmo. Deus sofre – sofre por mim – este é o supremo gozo, a suprema autoconfiança da afetividade humana.

"Deus amou tanto o mundo que lhe deu seu filho unigênito" (Jo 3,16). "Se Deus é por nós, quem pode ser contra nós? Aquele que não poupou seu filho único, mas no-lo concedeu a todos nós" (Rm 8,31,32). "Louvai a Deus, seu amor por nós, pois Cristo morreu por nós" (Rm 5,8). "O que eu agora vivo na carne, vivo na fé do Filho de Deus que me amou e entregou-se a si mesmo para mim" (Gl 2,20) – cf. também epístola a Tt 3,4; Hb 2,11). "Para os cristãos todo este mundo prova a existência de uma providência, mas antes de tudo a mais divina e, por causa do extraordinário amor aos homens, mais incrível obra da providência, a encarnação de Deus que aconteceu por nossa causa" (GREGÓRIO DE NISSA. *Phil.*, lib. III, de provid. c. 1512. B. Rhenanus Jo. Cono. Interp.). "Vede! Irmãos, quanto Deus se rebaixou por causa dos homens. Portanto, que o homem não se despreze, pelo qual somente Deus se submeteu a esta vergonha" (AGOSTINHO. *Serm. ad pop.*, p. 371, c. 3). "Oh, homem, pelo qual Deus se tornou homem, deves te considerar como algo grande" (*Serm.* 380, c. 2). "Como pode desesperar de si aquele pelo qual o Filho de Deus quis se rebaixar tanto?" (*De Agone Chr.*, c. 11). "Quem pode odiar o homem, cuja natureza e imagem é contemplada na humanidade de Deus? Certamente quem odeia o homem, odeia a Deus" (PSEUDO-AGOSTINHO. *Manuale*, c. 26). "O que eleva tanto o nosso espírito e o liberta tanto da desesperança na imortalidade senão a ideia de que Deus nos valorizou altamente e que o Filho de Deus entrou em comunidade conosco e tomou sobre si os nossos males através da sua morte?" (PETRUS LOMB., lib. III, dist. 20, c. 1). "A obra principal da divina providência é a encarnação. Nem o céu, nem a terra, nem o mar, nem o ar, nem o sol, nem a lua, nem as estrelas demonstram uma tão desmedida bondade de Deus perante nós quanto a encarnação do filho unigênito de Deus. Portanto, Deus não só cuida de nós, ele cuida mesmo de nós com amor" (TEODORETO. *De Provident. Orat. X. Opp. Parisiis*, 1642, P. IV, p. 442). "Só pelo fato do homem desconhecer a dignidade da sua essência pode ele se prender a coisas que estão sob Deus (i.e., portanto, somente Deus é digno do homem, é o objeto correspondente à dignidade do homem). Para então mostrar ao homem a sua dignidade da maneira mais devida, i.e., que só em Deus consiste a completa felicidade do homem, aceitou Deus imediatamente a natureza humana" (TOMÁS DE AQUINO. *Summa cont. gentiles*, lib. IV, c. 54). "Deus não é contra nós homens, pois se Deus fosse contrário e inimigo de nós homens, então não teria na verdade aceitado em si a pobre e miserável natureza humana". "Quão altamente o Senhor Nosso Deus nos honrou a ponto de deixar o seu filho se tornar homem! Como poderia ele ficar mais perto de nós?" (LUTERO, parte XVI, p. 533, 574).

Tuas monarquias
Não são propriamente
Que atraem os corações,
Admirável coração, para ti.
Mas sim a tua encarnação
Na plenitude do tempo
E tua peregrinação na terra
De fadiga repleta.

Conduzes tu o leme
Da monarquia estrelada,
És no entanto nosso irmão;
Carne e sangue nunca se desconhecem.

A mais poderosa incitação,
Que derrete meu coração
É que meu Senhor na cruz
Por mim deu a sua vida.

Este é o meu próprio impulso:
Eu te amo pelo teu amor,
Que tu, Deus criador, nobre príncipe,
Por mim te tornas o cordeirinho de Deus.

Oh, se todos soubessem e cressem
Que nosso criador acolheu a carne
E por causa da necessidade de seus pobres homens
De bom grado foi-se numa morte amarga.
E que de novo ressuscitou,
E que por nós lá em cima está assentado agora
Como Senhor de toda criatura
Em nossa natureza humana.

(Livro de cânticos da Irmandade Evangélica, Gnadau, 1824)

Porque e como Deus sofre, assim e por isso deve também o homem por sua vez sofrer. A religião cristã é a religião do sofrimento.

"Nós naturalmente seguimos nos teatros as pegadas do Redentor. Um tal exemplo nos deu Cristo, do qual lemos que chorou, mas não lemos que ele riu" (SALVIANO, et cet. loc. cit., lib. VI, § 181). "Os cristãos devem sofrer pressão neste mundo e se entristecer, pois deles é a vida eterna" (ORÍGENES. *Explan, in epist. Pauli ad Rom.*, lib. II, c. 2, interp. Hieronymo). "Ninguém pode exigir a vida eterna, imperecível e imortal sem que lhe atormente esta vida temporal, perecível e mortal. Que desejamos então senão não sermos como somos? E por que suspiramos como se nos atormentasse o sermos assim?" Agostinho (*Serm. ad. pop.*, p. 351, c. 3). "Se existisse algo melhor e mais tolerável para a salvação do homem do que o sofrimento, então certamente Cristo o teria mostrado por palavra e ação. Devemos entrar no Reino de Deus através de muitos tormentos" (THOMAS A KEMPIS. *De imit.*, lib. II, c. 12). Quando pois a religião cristã é designada como a religião do sofrimento, isso naturalmente só é válido para o cristianismo dos antigos cristãos errantes. Já o protestantismo negou o sofrimento de Cristo como um princípio moral. A diferença entre catolicismo e protestantismo a esse respeito consiste em que este por sentimento só se prendeu ao mérito, aquele por compaixão também ao sofrimento de Cristo como mandamento e exemplo de vida. "Há tempos no papado pregou-se o sofrimento do Senhor somente para que se mostrasse como se deve seguir o seu exemplo. Depois passou-se o tempo com o sofrimento e as dores de Maria e com a compaixão, tendo-se lamentado muito Cristo e sua mãe e só tendo-se ocupado de como se podia lamentar e mover as pessoas à compaixão e ao pranto, e quem isso bem o podia, este considerava-se o melhor pregador da Paixão. Mas nós pregamos a Paixão do Senhor como a Sagrada Escritura ensina... Cristo sofreu para louvor e honra de Deus... mas para mim e ti e nós todos ele sofreu para a redenção e felicidade... *Causa et Finis*, causa e fim da Paixão de Cristo significa: sofreu por nós. Esta honra não se pode dar a nenhum outro sofrimento" (LUTERO, parte XVI, p. 182). "Cordeirinho, eu só choro de alegria pelo sofrimento; este foi o teu mérito, mas o teu é meu! [...] Eu não conheço nenhuma alegria a não ser do teu sofrimento. [...] Permanece-me eternamente na lembrança que te custou o teu sangue para que eu fosse salvo. [...] Oh, meu Immanuel, quão doce é para minh'alma quando tu me deixas gozar o teu caro derramamento de sangue. [...] Os pecadores se tornam felizes em seu coração por terem um salvador... para eles é admirável contemplar Jesus na cruz" (*Livro de Cânticos da Irmandade Evangélica*). Por isso não é para se admirar quando os cristãos atuais nada mais querem saber da Paixão de Cristo. Somente aqueles decifraram o que é o verdadeiro cristianismo – eles só se baseiam na palavra divina da Escritura Sagrada. E a Bíblia tem, como é muito sabido, a mais preciosa peculiaridade que nela se encontra sempre tudo que se quer encontrar. O que foi um dia naturalmente não está mais lá agora. O princípio da estabilidade também já desapareceu da Bíblia há muito; quão mutável é a opinião humana, tão mutável é a revelação divina. *Tempora mutantur*. Sobre isto pode também a Sagrada Escritura cantar uma canção. Mas o privilégio da religião cristã é exatamente que pode-se arrancar-lhe o coração do corpo e no entanto ainda ser um bom cristão. Só o nome não pode ser tocado. Neste ponto são também os cristãos atuais ainda muito sensíveis; sim, é só no nome que os cristãos modernos concordam com os antigos. Como antes o mero nome de Cristo realizava milagres, igualmente ainda agora; mas certamente milagres de um outro tipo, oposto. Antes pois o nome de Cristo expulsava o anticristo, agora inversamente ele expulsa do homem o cristão.

> O mistério da Trindade é o mistério da vida social, comunitária – o mistério do eu e tu.

"Confessamos que só existe um Deus, mas que ele não é tão um como se fosse isolado." (Concil. Chalced. *Carranza Summa*, 1559, p. 139). "Quando alguém afirma que as palavras 'façamos o homem' não foi o Pai que disse ao Filho, mas sim só para si mesmo, que seja amaldiçoado" (Concil. Syrmi. Ibidem, p. 68). "Pelas palavras: 'Façamos o homem' se esclarece que Deus conversava sobre isso com alguém que lhe era próximo. Alguém deve então lhe ter assistido, com o qual ele falou na criação do mundo." Atanásio (*Contra Gentes*, Orat. Opp. Parisiis, 1627, P. I, p. 54). "Um único não pode dizer a palavra: 'façamos'" (PETRUS LOMB., lib. I, dist. 2, c. 3). Também os protestantes ainda explicam esta passagem assim: *"façamos* é uma palavra de uma decisão pensada... e das palavras é forçoso que na Divindade deva haver mais de uma pessoa... pois a palavrinha (nós) indica que aquele que fala não está sozinho, se bem que os judeus ridicularizam o texto dizendo que é uma maneira de dizer mesmo quando não há mais de uma pessoa" (LUTERO, parte I, p. 19). Mas não só conselhos e conversas, mas também combinações e pactos têm lugar, exatamente como na sociedade humana, entre as pessoas principais da Trindade. "Nada mais resta a não ser (com relação à salvação do homem) concluir uma certa combinação, portanto um certo pacto entre o Pai e o Filho" (BUDDEUS. *Comp. Inst. Th dog.*, lib. IV, c. I, § 4, not. 2). Mas uma vez que a união essencial das pessoas divinas é o amor, então é a Trindade o modelo celestial da mais íntima, da matrimonial união de amor. "Oremos agora ao Filho de Deus para que ele, através do seu Espírito Santo, que é a conexão e a união do amor recíproco entre o eterno Pai e Filho, una os corações da noiva e do noivo" (MELANCHTON. *Orat. de conjugio.* Declam, parte III, p. 453).

> As diferenças na essência divina da Trindade são diferenças naturais, físicas.

"Só ao Pai é próprio não ser ele nascido, mas sim ter gerado um filho, e só ao Filho é próprio não ter ele gerado, mas sim ter nascido da essência do Pai... Nós somos filhos de Deus, mas assim não é este Filho. Este é pois o verdadeiro e próprio Filho pela sua origem, não por adoção, na verdade, não de nome, por nascimento, não por criação" (PETRUS LOMB., lib. I, dist. 26, c. 2 e 4). "O Pai é o princípio e gerador do Filho; e o Pai é Pai e não é Filho de ninguém, e o Filho é Filho e não irmão" (ATANÁSIO. *Contra Arianos.* Orat. II, Ed. cit. P. I, p. 320). "Como um filho corpóreo tem a carne, o sangue e a sua essência do pai, assim tem também o Filho de Deus, nascido do Pai, a sua essência e natureza divina do Pai desde a eternidade" (LUTERO, parte IX, p. 408. Cf. também MELANCHTON. *Loci praecip. Theol.*, Witeb., 1595, p. 30 e AGOSTINHO. *Epist. 170*, § 6, Ed. Antw, 1700). Que também na Bíblia o Filho de Deus significa um filho real, salienta-se indubitavelmente na passagem: "Deus amou tanto o mundo que Ele lhe deu o seu Filho unigênito." Se o amor de Deus, que esta passagem nos apresenta, deve ser uma verdade, então deve também o Filho ser uma verdade e, dito claramente, uma verdade física. Aí está a ênfase, que Ele nos deu o seu Filho – somente aí está a prova da grandeza do seu amor. Por isso é com muito acerto que o *Livro de Cânticos da Irmandade Evangélica* toma o sentido da Bíblia, quando se lê aí "do Pai de Nosso Senhor Jesus Cristo, que também é nosso Pai":

> Seu Filho não lhe é tão caro,
> Não! Ele o dá por mim,
> Para que do eterno fogo,
> Ele me ganhe pelo seu precioso sangue.
>
> A tal ponto amaste o mundo,
> De teu coração a ele se render,
> De entregares o Filho, tua alegria e vida,
> Em meio a sofrimento e morte.

"Deus é em si um ser triplo, tripessoal" significa: Deus não é somente um ser metafísico, abstrato, espiritual, mas sim físico. O ponto central da Trindade é o filho, pois o Pai é Pai somente através do Filho, o mistério da geração é, porém, o mistério da física. O Filho é a necessidade da sensorialidade ou do coração satisfeita em Deus, pois todos os desejos do coração, mesmo o desejo de um Deus pessoal e o desejo de felicidade celestial são desejos sensoriais – sim, desejos sensoriais; pois o coração é essencialmente materialístico, ele só se satisfaz com um objeto que é visto e sentido. Isto se manifesta especialmente pelo fato de que o Filho, mesmo em meio à divina Trindade, tem o corpo humano como um atributo essencial, permanente. "Ambrósio: Está escrito em Ef 1: segundo a carne tudo lhe é submetido. Crisóstomo: O Pai ordenou que Cristo, segundo a carne, fosse adorado antes de todos os anjos. Teodoreto: O corpo do Senhor de fato ressurgiu dos mortos, foi glorificado com glória divina... no entanto é ele um corpo e tem esta mesma forma como antes" (cf. *Livro das Concórdias* – Apêndice. "Testemunhos da Sagrada Escritura e antepassados de Cristo" e PETRUS LOMB., lib. III, dist. 10, c. 1.2. Cf. também LUTERO, parte XIX, p. 464-468). Em concordância com isso canta a Irmandade Evangélica: "Quero abraçar-te sempre em amor e fé até que, quando minha boca empalidecer, te veja comporalmente. [...] Nós te agradecemos, Senhor Jesus Cristo, que fostes para o céu. Tua despedida e o que nela sucedeu tem por meta um feliz reencontro: a viagem que fez a cabeça é igualmente o caminho de seus membros. [...] Teus olhos, tua boca, o corpo por nós em chagas, no qual tão firmemente confiamos, tudo isso vou contemplar." Exatamente por isso é o Filho de Deus o filho predileto do coração humano, o noivo da alma, o objeto de um amor formal, pessoal. "Chora por causa do amor de Jesus Cristo, teu noivo, até que tu o possas ver" (PSEUDO-BERNARDO. *De Modo bene vivendi*. Sect. X. Cf. também *Scala Claust*). "Que vamos ver a Cristo com olhos corpóreos, é fora de dúvida" (BUDDEUS, J.F. *Comp. inst. theol. dogm.*, lib. II, c. 3, § 10).

A diferença entre o Deus afiliado ou sensorial e o não afiliado ou não sensorial nada mais é que a diferença entre o homem místico e o racional. O homem racional vive e pensa; ele supre a falta do pensar pelo viver e a falta do viver pelo pensar, tanto teorética, ao se convencer pela própria razão da realidade da sensorialidade, quanto praticamente, ao unir a atividade da vida com a atividade espiritual. O que eu tenho na vida não necessito colocar no espírito, no ser metafísico, em Deus – amor, amizade, contemplação –, o mundo em geral me dá o que o pensar não dá, não pode dar, mas também não deve dar. Mas exatamente por isso eu ponho de lado no pensar as necessidades sensoriais do coração para não obscurecer a razão através de desejos; na separação das atividades consiste a sabedoria da vida e do pensar – eu não necessito de nenhum Deus que, através de uma física mística, imaginária, me supra a falta da real. Meu coração fica satisfeito quando eu estou espiritualmente ativo – por isso, perante o coração rebelde, que ultrapassa seus limites, que se intromete indevidamente nas questões da razão eu penso de modo frio, indiferente abstrato, i.e., livre – portanto, eu não penso para satisfazer o meu coração; eu só penso no interesse da razão, no puro instinto de conhecimento, quero de Deus somente o usufruto da inteligência genuína, pura. Necessariamente é por isso o Deus da cabeça racional um outro que não o Deus do coração que só quer satisfazer a si mesmo no pensar, na razão. E é exatamente isto que quer o homem místico, que não suporta o fogo purificador da crítica que separa e delimita; pois sua cabeça é sempre obnubilada pelos vapores que sobem do ardor incandescente da sua ansiosa afetividade. Ele nunca chega ao pensar abstrato, i.e., desinteressado, livre, mas exatamente por isso também nunca chega à contemplação das coisas em sua naturalidade, verdade e realidade simples; por isso ele identifica um hermafrodita espiritual, imediatamente, sem crítica pelo princípio masculino do pensar e o feminino da contemplação sensorial, i.e., ele estabelece para si um Deus com o qual ele, na satisfação do seu instinto de conhecimento, satisfaz imediatamente ao mesmo tempo o seu instinto sexual, i.e., o instinto por um ser pessoal. Assim também surgiu somente da lascívia de um hermafroditismo místico, de um sonho libidinoso, de uma metástase doentia do espermatozoide no cérebro, o monstro da natureza schellingiana em Deus; pois esta natureza nada mais representa, como foi mostrado, que os anseios da carne que obscurecem a luz da inteligência.

Com respeito à Trindade ainda esta observação. Os teólogos mais antigos diziam que os atributos essenciais de Deus enquanto Deus já brilhavam da luz da razão natural. Mas de que outra forma pode a razão por si mesma conhecer a essência divina a não ser porque a essência divina nada mais é que a própria essência objetiva da inteligência? Mas da Trindade eles diziam que ela só é conhecível pela revelação. Por que não pela razão? Porque ela contradiz à razão, i.e., porque ela não expressa nenhuma necessidade da razão, mas sim uma necessidade sensorial, afetiva. De resto, significa: alguma coisa se origina da revelação, em geral somente tanto quanto alguma coisa chegou até nós somente por via da tradição. Os dogmas da religião surgiram em certas épocas, de determinadas necessidades, sob determinadas relações e concepções; por isso são para os homens de uma época posterior, na qual desapareceram essas relações, necessidades e concepções, algo ininteligíveis, incompreensíveis, somente uma tradição, i.e., algo revelado. A oposição entre revelação e razão se reduz somente à oposição entre história e razão, somente ao fato de que a humanidade numa certa época não mais pode o que numa outra época ela pôde muito bem, assim como também o homem enquanto indivíduo não é indiferente em cada época, mas só nos momentos de um desafio especial por fora e incitação por dentro desenvolve a sua capacidade. Assim, as obras do gênio surgem sempre somente sob circunstâncias muito especiais, que só coincidem desta forma interna e externamente uma vez: elas são *hápax legómena.* "O que é verdadeiro só existe uma única vez." Por isso, para o homem em anos posteriores as próprias obras parecem totalmente estranhas e incompreensíveis. Ele agora não sabe mais como as produziu e pôde produzir, i.e., ele agora não pode mais explicá-las por si, muito menos produzi-las novamente. Mas também assim não deve ser. Tal repetição seria desnecessária e, porque desnecessária, sem espírito. Nós o repetimos: "O que é verdadeiro só existe uma única vez." Somente o que existe uma única vez acontece necessariamente e só o que é necessário é verdadeiro. A necessidade é o segredo de toda verdadeira criação. Somente onde existe necessidade atua a natureza, e somente onde atua a natureza atua o gênio, o espírito da verdade infalível. Por isso tão tolo seria se em anos maduros quiséssemos deduzir de uma inspiração especial vinda de cima as obras da nossa juventude, porque o seu conteúdo e origem se nos tornaram estranhos e incompreensíveis; quão tolo é reivindicar para as doutrinas e concepções de uma época passada uma origem que transcende as capacidades humanas, supra e extra-humana, i.e., imaginária, ilusória, porque os homens posteriores não mais a encontram em sua razão.

> A criança a partir do nada expressa a não divindade, não essencialidade, i.e., a nulidade do mundo. O nada, do qual o mundo foi criado, é o seu próprio nada.

Criado é pois o que antes não existia e que um dia não existirá e que consequentemente também não pode ser o que podemos pensar como não existente, em síntese, o que não tem o fundamento da sua existência em si mesmo, o que não é necessário. "Uma vez que as coisas são produzidas do seu não ser, então elas absolutamente não podem ser e consequentemente é uma contradição que elas sejam necessariamente." (Duns Scotus em Rixner, *História da Filosofia.* V. II, p. 78). Mas somente a existência necessária é existência. Se eu não sou necessário, não me sinto como necessário, então eu sinto que dá na mesma se eu existo ou não, que portanto a minha existência é sem valor, nula. Eu não sou nada e não sou necessário é no fundo a mesma coisa. "A criação é um ato da mera vontade divina que chama à existência o que antes não era nada e também em si mesmo é tanto nada quanto do nada" (ALBERTO MAGNO. *De mirab. scient. Dei*, parte II. Tr. 1. Qu. 4. Art. 5, memb. II). Mas pelo fato do mundo ser estabelecido como não necessário, deve ser mantido somente o ser extra e supramundano, i.e., o ser do homem como o único ser necessário, o único ser real. Quando um é estabelecido como nulo, como temporal, é o outro necessariamente estabelecido como o essencial, o que é, o eterno. A criação é a prova de que Deus existe, de que é exclusivamente verdadeiro. "O que começou do não ser e pode ser pensado como não ser e que, se não subsistir através do outro, volta a cair no não ser e o que tem um ser transitório, que não mais é e um ser futuro que ainda não é, isto não tem nenhum ser próprio e absoluto. Tu porém, Deus, és o que és. Somente tu és propriamente e simplesmente, pois não tens nenhum ser passado e futuro e sim somente um presente e não podes ser pensado como um dia não existente." Santo Anselmo Cant. (*Proslogium*, c. 22). "Sagrado Deus! Não fizeste o céu e a terra de ti, caso contrário seriam iguais a ti. Mas antes nada existia fora de ti do qual tu pudesses fazê-los. Portanto tu os fizeste do nada" (AGOSTINHO. *Confess.*, lib. XII, c. 7). "Verdadeiro é somente Deus, porque ele é imutável; pois toda mudança faz de um ser um não ser. Mas se somente ele é imutável, então tudo que ele fez é mutável pelo fato dele tê-lo feito do nada, i.e., daquilo que não é" (AGOSTINHO. *De nat. boni adv.* Manich, c. 1 e 19). "A criatura não pode ser igualada a Deus em nada, mas se ela não tivesse nenhum princípio do ser e da duração, então seria ela aqui igualada com Deus" (ALBERTO MAGNO. L.c. *Quaest. incidens* I). O positivo, essencial do mundo não é aquilo que faz do mundo o mundo, o que o distingue de Deus – esta diferença é precisamente a sua finitude e nulidade –, mas antes aquilo que não é ele mesmo, que é Deus nele. "Todas as criaturas são um puro nada... não têm nenhuma essência, pois a sua essência paira na presença de Deus. Se Deus se ausentasse por um instante elas se tornariam um nada" (*Pregações de alguns mestres anteriores e contemporâneos a Tauler*, ed. c., p. 29. Cf. também Agostinho, por exemplo, *Confess*. lib. VII, c. 11). Muito correto sob o ponto de vista da religião, pois Deus é a essência do mundo, mas que é concebida como uma essência diversa do mundo, pessoal. O mundo existe e subsiste enquanto Deus quiser. O mundo é transitório, mas o homem eterno. "Enquanto ele quiser, permanece e subsiste tudo pela sua energia, mas o fim depende da sua vontade" (AMBRÓSIO. *Hexaem*. lib. 1, c. 5). "Os espíritos criados por Deus nunca deixam de existir. Mas os corpos celestiais serão mantidos até quando Deus quiser a sua existência" (BUDDEUS, J.F. L.c., lib. II, c. 2, § 47). "Assim, não só cria o querido Deus, mas também mantém o que ele cria em sua essência e em verdade até o tempo em que ele mesmo quiser que não mais deva existir. Como também virá o tempo em que não mais existirão sol, lua e estrelas" (LUTERO, parte IX, p. 418). "O fim virá mais cedo do que pensamos" (LUTERO, parte XI, p. 536).

> Através da criação do mundo a partir do nada o homem se dá a certeza de que o mundo nada é e pode perante o homem.

"Temos um Senhor que é maior que todo o mundo, temos um Senhor tão poderoso que basta que ele fale e todas as coisas são geradas... Por que então deveríamos temer por nos ser ele favorável?" (LUTERO, parte VI, p. 293). Por isso é idêntica à crença na criação a partir do nada a crença na vida eterna do homem, na vitória sobre a morte, a última limitação natural do homem – na ressurreição dos mortos. "Há seis mil anos todo o mundo não era nada: quem então fez o mundo?... O mesmo Deus e criador pode te despertar dos mortos; ele o quer fazer e o pode" (LUTERO, parte XI, p. 426. Cf. também 421 etc.). "Nós cristãos somos maiores e mais do que todas as criaturas, não em ou por nós, mas sim pelo dom de Deus em Cristo, diante do qual o mundo nada é nem pode" (LUTERO, parte XI, p. 377).

A criação só tem uma meta e um sentido egoístico. "A meta da criação do mundo foi somente Israel. O mundo foi criado por causa dos israelitas e os mesmos são o fruto, mas os outros povos são suas cascas. [...] Se os israelitas não existissem não cairia nenhuma chuva no mundo e o sol não nasceria se isto não acontecesse por causa deles, como (Jr 33,25) é dito: eu não mantenho o meu pacto com o dia e a noite? [...] Ele (Deus) é nosso parente e nós somos seus parentes... Quem dá uma bofetada num israelita age da mesma forma como se desse uma bofetada na majestade divina" (EISENMENGER. *O judaísmo descoberto*, parte I, cap. 14). Os cristãos repreenderam os judeus por causa desta supérbia, mas só porque o Reino de Deus foi tomado deles e transferido para os cristãos. Por isso encontramos dentre os cristãos os mesmos pensamentos e intenções que dentre os israelitas. "Sabe como Deus te acolhe a ponto de teus inimigos serem seus inimigos" (LUTERO, parte VI, p. 99). "Quem me despreza, despreza a Deus" (parte XI, p. 538). "Deus sofre e é desprezado e perseguido em nós" (Parte IV, p. 577). "Foi pelos cristãos que Deus poupou o mundo inteiro... O Pai deixa o seu sol nascer sobre os maus e bons e deixa chover sobre justos e injustos. Mas tudo isso acontece por causa dos devotos e gratos" (parte XVI, p. 506). "Toda a natureza foi criada para a utilidade do devoto e por sua causa" (MELANCHTON. *Epist. sel.*, a. C. Peucero ed., Witeb., 1565, p. 558). "A Igreja Cristã foi criada antes de todas as coisas, por sua causa o mundo foi feito" (Hermas in Pastore). "Tudo existe para o homem, o homem para Cristo, Cristo para Deus. Deus fez o mundo para os eleitos; Deus não teve na criação nenhum outro objetivo a não ser a fundação da Igreja" (MALEBRANCHE, em Mosheim ad Cudworth. Syst. Int. S.V., c. 5, § 4). Daí também a crença dos cristãos, de que eles, por direito divino, são os possuidores de toda a terra ou do mundo, mas os ateus e descrentes são os ilegítimos possuidores de suas terras. Uma crença que, de resto, também se encontra dentre os maometanos. *Le monde*, diziam também eles, *est à nous avec tout ce qui paroît à la surface du globe* (OELSNER. *Effets de la religion de Mohammed*, Paris, 1810, p. 52). Assim, o homem faz de Deus o criador do mundo para se fazer a meta, o senhor do mundo. Assim se confirma também neste exemplo que a consciência de Deus nada mais é que a consciência de si mesmo do homem, que Deus só é *in abstrato*, i.e., em pensamento, o que o homem é *in concreto*, i.e., na realidade.

A providência é a consciência religiosa que o homem tem da sua diferença dos animais, da natureza em geral.

"Deus se preocupa com os bois?" (1Cor 9,9). "Não, o seu cuidado se relaciona conosco, não com bois, cavalos, asnos, que foram criados para nossa utilidade" (VIVES, J.L. *De veritate fidei christianae*, Bas., 1544, p. 108). "A providência de Deus, dentre todas as outras criaturas, tem em vista o homem como a sua meta (Mt 10,31). Vós sois melhores que muitos pardais (Rm 8,20). Por causa do pecado do homem foi a natureza submetida à vaidade" (CHEMNITII, M. *Loci theol.* Francof., 1608, P.I., p. 312). "Deus se preocupa com os bois? Tampouco quanto pelos outros seres irracionais. No entanto diz a escritura (Sb 6) que ele se preocupa com tudo. Uma providência e cuidado geral tem ele então por tudo que é criado, mas uma especial só para os seres racionais". (Petrus Lomb. Lib. I, dist. 39, c. 3). Aqui temos nós de novo um exemplo de como a sofística cristã é um produto da fé cristã, em especial da fé na Bíblia como a palavra de Deus. Deus não se preocupa com os bois; Deus se preocupa com tudo, portanto também com os bois. São contradições; mas a palavra de Deus não pode se contradizer. Como então a fé escapa desta contradição? Somente inserindo um predicado entre a afirmação e negação do sujeito e que já é ele ao mesmo tempo uma afirmação e negação, i.e., já é ele mesmo uma contradição, uma ilusão teológica, um sofisma, uma mentira. Assim é aqui o predicado: geral. Uma providência geral é ilusória, em verdade não é nenhuma. Somente a providência especial é providência – providência no sentido da religião. "O senso carnal", diz muito bem Calvino, "só permanece numa providência geral e crê que no início da criação é suficiente para as coisas uma energia implantada por Deus para a sua sustentação. Mas o senso religioso, a fé penetra mais fundo e reconhece que Deus se preocupa com tudo que ele criou, até com o menor pardal, não com uma providência geral, mas sim especial, que não cai uma gota de chuva sem a expressa vontade de Deus, que nenhum vento surge ou se levanta sem a sua ordem especial" (*Instit. christ. rel.*, lib. I, c. 16, sect. 1.5.7)[6].

---

6. Este capítulo e o seguinte são – como de certo Calvino em geral – documentos muito interessantes e dignos de serem lidos do egoísmo e obscurantismo horrível, bajulador do espírito teológico.

A providência geral, a providência que se estende tanto aos seres irracionais quanto aos racionais, que não distingue o homem dos lírios no campo e dos pássaros no ar, nada mais é que a concepção da natureza personificada, dotada de razão – uma concepção que pode-se ter sem religião. A própria consciência religiosa confessa isso quando diz: quem nega a providência anula a religião, coloca o homem em pé de igualdade com os animais – declara, portanto, que a providência, da qual também os animais tomam parte, em verdade não é nenhuma providência. Como o objeto da providência, da mesma forma se dá com a providência, portanto a providência que tem por seu objeto plantas e animais é ela mesma de um tipo botânico e zoológico. A providência nada mais é que a natureza interna de uma coisa – esta natureza interna é o seu gênio, o seu espírito protetor – a necessidade de que ela exista. Quanto mais elevado, quanto mais precioso for um ser, tanto mais motivo tem ele para existir, tanto mais necessário é ele, tanto menos abandonado ao acaso. Mas todo ser só é necessário através daquilo pelo qual ele se distingue dos outros seres – a diferença é a base da existência. Assim, o homem só é necessário naquilo através do que ele se distingue dos animais – a providência, portanto, nada mais é que a consciência que o homem tem da necessidade da sua existência, da diferença entre o seu ser e os outros seres naturais, consequentemente só a providência que objetiva para o homem esta sua diferença, é providência. Mas esta providência é a especial, i.e., a providência do *amor*, pois só o amor se interessa pelo especial de um ser. Providência sem amor é uma concepção sem base, sem realidade. A verdade da providência, a verdadeira providência é o amor. Deus ama os homens, não os animais, as plantas; pois somente por causa do homem realiza ele feitos extraordinários, atos de amor – *milagres*. Onde não existe comunidade não existe amor. Mas que laço deveria ligar a Deus os animais, os outros seres naturais? Deus não se reconhece neles, pois eles não o conhecem: mas aquilo em que eu não me encontro, como posso amá-lo? "Deus, que aqui promete, não fala com asnos e bois, como diz Paulo: Deus se preocupa com os bois? e sim com a criatura inteligente, criada conforme a sua imagem, para que ela viva com ele eternamente" (LUTERO, parte II, p. 156)[7]. Somente no homem se sente Deus em casa; somente no homem começa a religião, começa a providência; pois esta não é algo diverso daquela, mas antes é a religião mesma a providência do homem. Quem perde a religião, i.e., a fé em si, a fé no homem, a fé no infinito significado da sua essência, na necessidade da sua existência, este perde a providência. Somente é abandonado aquele que se abandona a si mesmo; somente está perdido aquele que desespera; somente aquele que é sem Deus é sem fé, i.e., sem ânimo. Onde então coloca a religião as verdadeiras provas da providência? Nos fenômenos da natureza, que e como eles são objetos para nós fora da religião, na astronomia, na física, na história natural? Não! Nos fenômenos que só são objetos da religião, objetos da fé, que só expressam a fé da religião em si, i.e., na verdade e realidade do homem – nos acontecimentos religiosos, meios e instituições que Deus ordenou exclusivamente para a salvação do homem, em síntese, nos milagres, pois também os sacramentos eclesiásticos, os sacramentos pertencem à classe dos milagres da providência. "Não obstante a contemplação de toda a natureza nos faça lembrar de Deus, no entanto devemos dirigir nosso sentido e olhar primeiramente para os testemunhos nos quais Deus se revelou à Igreja, como o êxodo do Egito, a voz ressoando do Sinai, o Cristo ressuscitado e que ressuscita os mortos etc. Constantemente possam, pois, os

---

7. "Eu creio", diz Moisés Maimônides (in GROTIUS, H. *Philosoph. sententiae de fato*. Amst., 1648, p. 311-325), "que a providência de Deus dentre os seres sob a lua só se preocupa com os indivíduos do gênero humano. A opinião de que a divina providência se preocupa de igual modo com animais e homens é perniciosa. O Profeta Habacuc (1,14) diz: 'e deixas os homens irem como peixes no mar, como o verme, que não tem nenhum Senhor', e mostra com isso claramente que os indivíduos da espécie animal não são objetos da providência divina (*extra curam Dei posita*). A providência depende da inteligência e se rege pela inteligência. Quanto mais um ser participa da inteligência, tanto mais participa ele também da providência divina. Mesmo em relação aos homens não é, portanto, a providência igual, mas tão diversa quão diversos são os espíritos dos homens. A providência se rege em cada homem de acordo com as suas qualidades espirituais e morais. Quanto mais espírito, tanto mais providência." Isto significa: a providência nada mais expressa que o valor do homem, ela não é nada diverso da sua qualidade, da sua natureza; por isso é indiferente se existe uma providência ou não, pois qual o homem, tal a providência. A providência é uma concepção devota – com muita frequência também uma mera frase – que, como todas as concepções religiosas, vista à luz, se dissolve na essência da natureza ou do homem.

espíritos trazer tais testemunhos à meditação e, fortificados por eles, meditar o artigo da criação e só depois contemplar os vestígios de Deus imprimidos na natureza" (MELANCHTON. *Loci de creat*, p. 62, Witeberg, 1595). "Que outros possam admirar a criação: eu admiro mais a redenção. É admirável que nossa carne e osso seja formado de Deus, mas ainda mais admirável é que o próprio Deus quis se tornar carne de nossa carne e ossos do nosso osso" (GERHARD, J. *Meditat. sacrae*, Med. 15). "Os pagãos nada mais conhecem de Deus a não ser que ele é um criador" (LUTERO, parte II, p. 327). Que a providência só tem o homem por sua meta e objeto essencial, isto se mostra da maneira mais clara no fato de que para a fé religiosa todas as coisas e seres são criados por causa do homem. "Nós não somos senhores somente dos pássaros, mas também de todas as criaturas vivas, e todas as coisas nos foram dadas a serviço e só foram criadas por nossa causa" (LUTERO, parte IX, p. 281). Mas se as coisas foram criadas por causa do homem, então são também mantidas só por causa do homem. E se as coisas são meros meios para o homem, então não estão sob a proteção de uma lei, são destituídas de direito perante o homem. Esta falta de direito das coisas revela o milagre.

A negação da providência é a negação de Deus.

"Quem anula a providência anula toda a essência de Deus e na verdade nada mais diz que Deus não existe [...] Se Deus não se preocupa com o que é humano, seja com ou sem saber, então não existe nenhuma causa para a religião, pois não é para se esperar nenhuma salvação" (Joa. Trithemius, *Tract de provid. Dei*). "Se existe um Deus, então é ele enquanto Deus previdente, pois a divindade só pode ser atribuída a ele, uma vez que ele mantém o passado, sabe o presente e prevê o futuro[8]. Ao ter ele (Epicuro) anulado a providência, negou também que existe um Deus. Mas se concedeu a existência de Deus, concedeu ao mesmo tempo também a providência. Um não pode existir e ser pensado sem o outro" (LACTÂNCIO. In PETAVIUS. *Theolog. Dog.*, parte I, lib. VIII,

---

8. Também aqui se esclarece que o conteúdo, a essência de Deus é o mundo, mas enquanto objeto da capacidade humana de pensar e imaginar, que une passado, presente e futuro.

c. 1, § 4). "Aristóteles quase cai na opinião de que, não obstante não chame Deus expressamente de estúpido, no entanto o considera como um tal, que nada sabe de nossas coisas, nada conhece de nossos projetos e só entende, vê e contempla a si mesmo... Mas o que nos interessa um tal Deus ou Senhor? Que utilidade temos dele?" (no Philos. *Lexikon de Walch*, Art. Providência). A providência é, portanto, a prova mais irrefutável, mais evidente de que na religião, na própria essência de Deus trata-se somente do homem, que o mistério da teologia é a antropologia, o conteúdo do ser infinito é o ser "finito". "Deus vê o homem" significa: o homem se vê a si mesmo em Deus. "Deus se preocupa com o homem" significa: a preocupação do homem por si mesmo é a sua mais elevada essência. A realidade de Deus é feita dependente da atividade de Deus; um Deus que não é ativo não é nenhum Deus real. Mas não existe atividade sem objeto; somente o objeto faz da atividade de uma mera faculdade uma atividade real. Este objeto é o homem. Se o homem não existisse, então Deus não teria nenhum motivo para a atividade. Assim é o homem o princípio motor, a alma de Deus. Um Deus que não vê e ouve o homem, que não tem o homem em si, é um Deus cego e surdo, i.e., ocioso, vazio e sem conteúdo. Portanto, é a plenitude da essência divina a plenitude humana – portanto, a divindade de Deus é a humanidade. *Eu por mim* – este é o desconsolado mistério do epicurismo, do estoicismo, do panteísmo; *Deus por mim* – este é o consolado mistério da religião, do cristianismo. Existe o homem por causa de Deus ou Deus por causa do homem? Certamente na religião o homem existe por causa de Deus, mas somente porque Deus existe por causa do homem. *Eu por Deus porque Deus por mim.*

> A providência é idêntica ao poder do milagre, é a liberdade sobrenatural da natureza, o domínio da arbitrariedade sobre a lei.

"Roubam tanto de Deus a sua honra quanto do homem a sua tranquilidade, aqueles que incluem a providência em tão estreitos limites como se ela, por uma lei natural eterna, deixasse tudo ir num curso livre; pois nada seria mais miserável que o homem se ele ficasse exposto a qualquer movimento do céu, do ar, da terra, das águas, se tudo que é contrário ao bem-estar do homem não dependesse da livre vontade de Deus, se então ele não pudesse utilizar e empregar as criaturas para qualquer objetivo" (CALVINO et cet. loc., lib. I, cap. 16, sect. 3,7). "A divina providência atua ora através de meios (i.e., das causas naturais), ora sem meios, ora contra todos os meios" (Idem, cap. 17, sect. 1). "Não obstante Deus mantenha a natureza, no entanto poderia ele um dia deixar o sol retroceder contra a ordem da natureza etc. Portanto, ele não está preso a seus efeitos, às causas naturais, como os estoicos desvariam, mas sim rege a natureza conforme a mais livre decisão. Muita coisa faz a causa primeira sem e contra as causas naturais, porque ela é um ser livre para agir" (MELANCHTON. *Loci de causa peccati*, p. 82, 83, ed. cit.). "A Sagrada Escritura ensina que Deus na atividade da providência é um ser livre, que ele, por mais que observe a ordem de sua obra, no entanto, não está preso a esta ordem, mas antes: 1) tudo que ele faz através das causas naturais (causas secundas), pode fazer também por si mesmo sem elas; 2) pode produzir das causas naturais um outro efeito que não o que a sua qualidade e natureza traz consigo; 3) quando as causas naturais estão em atividade, pode, no entanto, impedir, transformar, suavizar, aguçar os seus efeitos. No modo de agir da essência divina não se encontra, portanto, nenhum encadeamento estoico das causas" (CHEMNITIUS, M. et cet. loc., p. 316, 317). "Deus domina sobre a natureza com liberdade ilimitada. Devemos simplesmente deixar a Deus esta honra, porque ele pode e quer nos ajudar, mesmo que estejamos abandonados por toda a natureza, mesmo que em contradição com a série de todas as causas naturais" (PEUCERUS, C. *De praecip. Divinat. gener.*, Servestae, 1591, p. 44). "Que nexo tem isso? O ar dá comida e alimento e por toda parte as pedras ou rochas jorram água; é um dom maravilhoso. Como é também raro e maravilhoso que grãos cresçam da terra. Quem pode esta arte e quem tem este poder? Deus o tem, ele pode fazer tais coisas não naturais para que possamos daí imaginar que espécie de Deus é ele e que tipo de poder tem, para que não renunciemos a ele e desesperemos, e sim firmemente creiamos e confiemos nele, para que possa fazer ouro do couro no bolso e de poeira um puro grão no solo e me fazer do ar uma adega cheia de vinho. Isso deve-se confiar-lhe para que ele tenha um tal grande poder e nós possamos saber que temos um tal Deus que pode esta arte e que em torno dele tudo chove e neva com obras milagrosas" (Lutero, parte III, p. 594).

> A onipotência da providência é a onipotência da afetividade humana que se desprende de todas as determinações e leis naturais. Esta onipotência realiza a oração. A oração é onipotente.

"A oração da fé ajudará ao doente [...] a oração do justo pode muito. Elias foi um homem como nós e orou um pedido para que não chovesse e não choveu na terra durante três anos e seis meses. E ele orou de novo e o céu deu a chuva e a terra produziu seu fruto" (Tg 5,15-18). "Se tiverdes fé e não duvidardes, fareis isso não somente com a figueira, e sim direis a esta montanha: levanta-te e lança-te ao mar e assim acontecerá. E tudo que pedirdes na oração, se crerdes, haveis de receber" (Mt 21,21-22). Que sob estas montanhas, que supera a força da oração ou da fé, não somente em geral *res difficillimae*, como dizem os exegetas, que declaram esta passagem só como uma locução proverbial, hiperbólica dos judeus, mas sim que são antes coisas quanto à razão e à natureza impossíveis de se entenderem, isto prova exatamente o exemplo com a figueira instantaneamente ressecada, com a qual se relaciona esta passagem. É aqui indubitavelmente expressa a onipotência da oração, da fé, perante a qual o poder da natureza desaparece num nada. "Na oração transformam-se as consequências das leis naturais, como foi o caso em Ezequias, o rei de Judá, ao qual, uma vez que deveria morrer conforme o curso das causas naturais, disse o profeta de Deus: 'Morrerás e não viverás'; mas este curso da natureza foi mudado pela oração do rei" (VIVES, J.L. et cet. loc. cit., p. 132). "A natureza obedece aos pedidos de Moisés, Elias, Eliseu, Isaías e outros devotos, como diz Cristo, Mt 21: 'Tudo que perdirdes haveis de receber, se crerdes'" (MELANCHTON. *Loci de creatore*). Celso exorta aos cristãos a não negarem ao imperador o serviço militar. Contra isso responde Orígenes que os cristãos, através de suas orações, jogam por terra os demônios, perturbadores da paz e causadores das guerras e com isso são mais úteis aos reis do que aqueles que lutam pelo Estado com armas (*Adv. Celsum, S. Gelenio interpr.*, lib. VIII). "Na Inglaterra foi o clero liberado dos impostos dinamarqueses por Eduardo o Confessor, uma vez que a oração da Igreja pode mais do que as armas" (FICHHORN. *Hist. ger. da cult. e literat. da mais nova Europa*, 1796, I. V., p. 397). A necessidade humana é a necessidade da vontade divina. O homem é na oração o ativo, o determinante, Deus o passivo, o determinado. Deus faz a vontade do homem. "Deus faz a vontade daqueles que o temem e ele dá a sua vontade à nossa vontade [...] mas o texto diz aqui de modo bastante claro que Ló não deveria ficar em nenhum outro lugar em toda a mesma região, a não ser somente na montanha. Mas uma tal vontade sua Deus muda, porque Ló o teme e implora. [...] E de tais testemunhos temos nós mais na escritura, que provam que Deus se deixa conduzir e submete a sua vontade à nossa vontade. [...] Assim foi este o ordenado mandamento de Deus, que o sol mantivesse a sua órbita e curso natural; mas quando Josué em sua necessidade clamou ao senhor e ordenou ao sol que ele parasse, ele parou pela palavra de Josué. Mas quão grande é um milagre como esse, pergunta aos astrônomos" (LUTERO, parte II, p. 226). "Senhor, eu fico aqui e ali em grande dificuldade e perigo do corpo e da alma, necessito por isso da tua ajuda e consolo. [...] Eu preciso ter isso e aquilo: por isso eu peço que queiras me dar. [...] Quem assim pode e insiste sem timidez, este age bem e Nosso Senhor o preza, pois não existe nada mais nojento do que nós homens" (parte XVI, p. 150).

> A fé é a liberdade e felicidade da afetividade em si mesma. A afetividade que se realiza, se objetiva nesta liberdade, a reação da afetividade contra a natureza é a arbitrariedade da fantasia. Portanto, os objetos da fé contradizem necessariamente à natureza, necessariamente à razão que como tal representa a natureza das coisas.

"O que é mais contrário à fé do que não querer crer o que não se pode compreender pela razão? A fé em Deus, diz o beato Papa Gregório, não tem nenhum mérito se a razão humana lhe fornecer provas" (BERNARDO. *Ad. dom. Papam Innocentium*). "Que uma virgem dá à luz não é nem concedido pela razão nem comprovado pela experiência. Se fosse concedido pela razão não seria milagroso." (Concil. Toletan. IX, Art. IV, *Carranza Summa*). "Por que é inacreditável que, contra o modo de nascimento habitual da natureza, Maria deu à luz e permaneceu virgem, se contra o curso habitual da natureza o mar viu e fugiu e o fluxo do Jordão voltou para a sua fonte? Portanto, não é inacreditável que uma virgem dê à luz quando lemos que uma rocha jorrou água e as ondas do mar ficaram eretas como uma montanha" (AMBRÓSIO. *Epist.*, lib. X, Ep. 81). "É admirável, irmãos, o que é dito deste sacramento. Isto exige necessariamente a fé, exclui toda razão" (BERNARDO. *De coena dom.*). "Por que exiges aqui a ordem da natureza no corpo de Cristo, uma vez que ele mesmo nasceu de uma virgem contra a ordem natural?" (PETRUS LOMB., lib. IV, dist. 10, c. 2). "Para a fé é conveniente crer o que está acima da razão, pois aqui o homem renega o seu intelecto e todos os seus sentidos" (Ibidem, *Addit. Henrici de Vurimaria*, dist. 12, c. 5). "Todos os artigos em nossa fé parecem para a razão tolos e ridículos... Nós cristãos somos grandes idiotas para o mundo porque cremos que Maria é a legítima mãe desta criança e foi, no entanto, uma virgem imaculada. Pois uma tal coisa não é somente contra qualquer razão, mas também contra a criação de Deus que disse a Adão e Eva: crescei e multiplicai. [...] Por isso não se deve inquirir se uma coisa é possível, mas sim deve-se dizer: Deus disse, por isso acontecerá ainda que seja impossível. Pois apesar de não poder eu ver nem compreender, é, no entanto, o Senhor que pode fazer do impossível o possível e do nada tudo" (LUTERO, parte XVI, p. 570, 148, 149). "O que é mais admirável do que Deus e homem serem uma pessoa? Que ele é filho de Deus e de Maria e no entanto é só um filho? Quem compreenderá um dia este mistério e na eternidade, que Deus é homem, que uma criatura é criador e o criador é uma criatura?" (Idem, parte VII, p. 128). O objeto essencial da fé é, portanto, o milagre – mas não o milagre sensorial comum, que é objeto mesmo para os olhos ousados da curiosidade e da descrença, em geral não o fenômeno, mas sim a essência do milagre, não o fato, e sim o poder milagroso, o ser que realiza os milagres, que se credencia e revela no milagre. E este poder milagroso é para a fé sempre presente; mesmo o protestantismo crê na ininterrupta duração da força milagrosa, somente nega ele a necessidade de que ela ainda agora se exteriorize em prol de objetivos dogmáticos em sinais sensoriais especiais. "Alguns disseram que os sinais foram a revelação do espírito no início da cristandade e agora acabaram. Isto não é correto, pois tal força ainda existe agora e mesmo que não seja ela utilizada não vem ao caso. Pois temos ainda o poder de realizar tais sinais. [...] Mas uma vez que o Evangelho foi difundido e conhecido de todo o mundo, não é necessário realizar prodígios como nos tempos dos apóstolos. No entanto, se a necessidade exigisse e se quisessem amedrontar e oprimir o Evangelho, então deveríamos nós em verdade também realizar prodígios" (LUTERO, parte XIII, p. 642, 648). O milagre é para a fé tão essencial, tão natural que para ela mesmo os fenômenos naturais são milagres, e em verdade não milagres no sentido físico, e sim no teológico, sobrenatural. "Deus disse no início: que a terra germine erva e verdura etc. A mesma palavra que o criador pronunciou, que as cerejas produzam da semente seca e a cerejeira do pequeno miolo. A onipotência de Deus é que faz com que dos ovos surjam novos pintos e gansos. Assim Deus nos fala diariamente da ressurreição dos mortos e nos apresentou tantos exemplos e experiência deste artigo quantas criaturas existem" (LUTERO, parte X, p. 432. Cf. também parte III, p. 586, 592 e AGOSTINHO, por exemplo, *Enarr. in Ps.* 90. *Sermo.* II, c. 6). Se então a fé não exige e necessita de nenhum milagre especial, isto só se explica pelo fato de que para ela no fundo tudo é milagre, tudo é efeito da energia milagrosa divina. A fé religiosa não tem nenhuma contemplação da natureza. A natureza, que e como existe para nós, não tem para ela nenhuma existência. Somente a vontade de Deus é para ela o fundamento, a união, a necessidade das coisas. "Deus poderia muito bem criar a nós homens como Adão e Eva, por si mesmo, sem pai e mãe; como muito bem poderia governar sem príncipes, como muito bem poderia nos dar luz sem sol e estrelas e nos dar pão sem arados e campos e qualquer outro trabalho. Mas ele assim não o quer" (LUTERO, parte XVI, p. 614). Certamente "Deus lança mão de certos meios e conduz suas obras milagrosas de forma que ele, no entanto, utiliza para tal o serviço da natureza e os meios." Por isso não devemos também – certamente por motivos muito naturais – "repudiar os meios e instrumentos da natureza. [...] Pode-se muito bem lançar mão de remédio, sim, deve-se utilizá-los, pois são um meio criado para manter a saúde" (LUTERO, parte I, p. 508). Mas – e só isto decide, não é necessário que eu utilize um meio natural para me curar: eu posso também ser salvo imediatamente por Deus. O que Deus realiza habitualmente através da natureza pode ele também realizar sem, até mesmo contra a natureza e ele o realiza realmente em casos extraordinários, quando quer. "Deus teria podido sustentar", diz Lutero aí mesmo, "muito facilmente Noé e os animais durante todo um ano sem alimentos, como sustentou Moisés, Elias e Cristo 40 dias sem qualquer alimento." Se ele o faz frequente ou raramente é indiferente; é bastante que ele o faça ainda que só uma vez; o que acontece uma vez pode acontecer incontáveis vezes. O milagre isolado tem significado geral, o significado de um exemplo. "Este feito, o da travessia pelo Mar Vermelho, aconteceu como um símbolo, um exemplo para nos mostrar que conosco também vai acontecer assim" (LUTERO, parte III, p. 596). "Esses milagres são escritos para nós, que somos os eleitos" (LUTERO, parte IX, p. 142). Os meios naturais dos quais Deus se serve quando não realiza nenhum milagre não têm mais significado do que os meios naturais que ele emprega quando realiza milagres. Se os animais, se Deus o quiser, podem viver tanto sem alimentos como com alimentos, então é o alimento em si tão desnecessário para o sustento da vida, tão indiferente, tão sem essência, tão arbitrário como o esterco com o qual Cristo curou os cegos, como o bastão com o qual Moisés dividiu o mar, pois "Deus teria podido fazê-lo da mesma forma sem o bastão. [...] A fé é mais forte do que céu e terra ou todas as criaturas. [...] A fé faz da água meras pedras, também do fogo faz água e da água pode fazer fogo" (LUTERO, parte III, p. 564, 565). Isto significa: para a fé não existe nenhuma limitação, nenhuma lei, nenhuma necessidade, nenhuma natureza, existe somente a vontade de Deus contra a qual todas as forças e coisas nada são. Quando então o crente, na necessidade e desgraça, apela para os meios naturais segue ele somente à voz da sua razão natural. O remédio inato à fé, não contraditório à fé, impingido não de fora, seja com ou sem saber e querer, contra todos os males e desgraças é única e exclusivamente a oração; pois "a oração é onipotente" (LUTERO, parte IX, p. 27). Para que então ainda um meio natural? Pois mesmo no caso do emprego de um tal o efeito do mesmo não é de modo algum o seu próprio, e sim o efeito da vontade sobrenatural de Deus ou antes o efeito da força da fé, da oração;

pois a oração, a fé determina a vontade de Deus. "A tua fé te ajudou". Assim a fé destrói novamente na teoria o meio natural que ela reconhece na prática ao fazer dos efeitos do mesmo um efeito de Deus, i.e., um efeito que da mesma forma poderia acontecer sem este meio. O efeito natural não é, portanto, nada mais que um milagre circunstancial, velado, escondido – um milagre, mas que não tem a aparência de um milagre e exatamente por isso não é acolhido como um milagre pelos olhos naturais, mas somente pelos olhos da fé. Apenas na expressão, mas não na coisa, encontra-se uma diferença entre um efeito de Deus imediato ou mediato, milagroso ou natural. Se Deus ou a fé se serve de um meio natural, então fala de modo diverso do que pensa; se ele se serve de um milagre, então fala como pensa, mas em ambos os casos pensa ele a mesma coisa. No efeito mediato de Deus está a fé em cisão consigo mesma, pois os sentidos negam aqui o que a fé afirma; mas no milagre é ele, ao contrário, concordante consigo mesmo, pois aí coincide o fenômeno com a essência, o sentido com a fé, a expressão com a coisa. O milagre é o *terminus technicus* da fé.

> A ressurreição de Cristo é a imortalidade pessoal, i.e., carnal como um fato sensorial, indubitável.

"Cristo ressuscitou, é um fato consumado – Ele se mostrou a seus discípulos e crentes; foi tocada a solidez do seu corpo [...] foi confirmada a fé não só no coração, mas também nos olhos dos homens" (AGOSTINHO. *Sermones ad pop.*, p. 242, c. 1, p. 361, c. 8. Cf. também MELANCHTON. *Loci: de resurr. Mort.*). "Os filósofos dentre outras coisas quiseram ser os melhores e por isso julgavam que através da morte a alma era liberada do corpo e depois então que ela estivesse livre do corpo, como de uma cadeia, vinha ela para a reunião dos deuses e era liberada de todos os incômodos corporais. Com uma tal imortalidade os filósofos lhe deixaram sonhar, se bem que eles não puderam considerar a mesma como suficientemente certa, nem defender. Mas a Sagrada Escritura ensina sobre a ressurreição e a vida eterna de outra forma e nos coloca diante dos olhos a esperança da mesma de modo tão certo que não podemos duvidar disso" (LUTERO, parte I, p. 459).

O cristianismo transformou o homem num ser extra-mundano, sobrenatural.

"Não temos aqui uma cidade permanente, mas procuramos a futura" (Hb 13,14). "Uma vez que moramos no corpo, suspiramos pelo Senhor" (2Cor 5). "Mas uma vez que no corpo, que é propriamente nosso, suspiramos e somos estranhos e nossa vida neste corpo nada mais é que uma peregrinação, quanto mais não são os bens, que temos por causa do corpo, como campos, casas, dinheiro etc., nada mais que meras coisas estranhas e peregrinações? [...] Pelo que devemos também viver nesta vida como estranhos, até que atinjamos a pátria certa e possamos conseguir uma vida melhor que é eterna" (LUTERO, parte II, p. 240, 370a). "Nossa peregrinação (não peregrinação, mas sim nosso direito de pátria, *políteuma, civitas* ou *jus civitatis*) está no céu, de onde também esperamos o redentor Jesus Cristo, o Senhor que vai transfigurar o nosso corpo nulo para que ele se assemelhe ao seu corpo transfigurado quanto ao efeito, para que também ele possa submeter a si todas as coisas" (Fl 3,20.21). "Nem o mundo produz o homem, nem é o homem uma parte do mundo" (LACTÂNCIO. *Div. inst.*, lib. II, c. 6). "O céu pertence ao mundo; mas o homem está acima do mundo" (AMBRÓSIO. Epist., lib. VI, ep. 38). "Reconhece, homem, a tua dignidade, reconhece a majestade da natureza humana. Tens em verdade um corpo em comum com o mundo, mas tens também algo mais elevado e simplesmente não podes ser comparado com as outras criaturas" (BERNARDO. *Opp. Basil.*, 1552, p. 79). "O cristão se eleva acima de todo o mundo; ele não permanece mesmo na abóbada celeste, mas sobrevoa também os espaços além do céu no espírito e assim oferece a Deus as suas orações, transportado para fora do mundo em sagrado entusiasmo" (ORÍGENES. *Contra Celsum*. Ed. Hoeschelio, p. 370). "Que fazes, irmão, no mundo dos homens, tu que és maior que o mundo de Deus?" (JERÔNIMO. *Ad. Heliod. de laude vitae solit.*). "Todo este mundo não tem tanto valor quanto uma única alma, pois Deus não se sacrificou por todo o mundo, mas sim pela alma humana. Mais elevado é, portanto, o valor da alma, que só através do sangue de Cristo pôde ser redimida" (PSEUDO-BERNARDO. *Meditat. devotiss.*, c. II). Agostinho diz: "a justificação do pecador é uma obra maior do que a criação do céu e terra, pois céu e terra passarão, mas a salvação e justificação do predestinado permanecerão. Agostinho tem razão. Certamente é o bem do todo um bem maior do que um bem especial de um indivíduo quando ambos são idênticos quanto ao gênero, mas o bem da graça de um indivíduo é maior do que o bem natural de todo o mundo" (TOMÁS DE AQUINO. *Summ. prima secundae partis.*, Qu. 113, p. 9). "Quão melhor seria se eu perdesse todo o mundo e não perdesse Deus que criou o mundo e pode criar incontáveis mundos, que é melhor do que cem mil e incontáveis mundos. Pois como é possível uma comparação do temporal com o eterno?... Uma alma é melhor do que todo o mundo" (LUTERO, parte XIX, p. 21).

> O celibato e a vida monástica – naturalmente só em seu significado e forma original, religiosa – são fenômenos sensoriais, consequências necessárias da essência supranaturalística, extramundana do cristianismo.

Certamente eles contradizem também – o motivo disto já foi mesmo expresso implicitamente nesta obra – o cristianismo; mas somente porque o próprio cristianismo é uma contradição. Eles contradizem ao cristianismo exotérico, prático, mas não o esotérico, teórico; eles contradizem o amor cristão enquanto este se relaciona com os homens, mas não à fé cristã, não ao amor cristão enquanto ele só ama os homens por causa de Deus, enquanto se relaciona com Deus como um ser extramundano, sobrenatural. Sobre celibato e vida monástica decerto não existe nada na Bíblia. E isso é muito natural. No início do cristianismo tratava-se somente do reconhecimento de Jesus como o Cristo, o Messias, somente da conversão dos pagãos e judeus. E esta conversão foi tão mais urgente quão mais próximo se julgava o tempo do juízo e do fim do mundo – portanto *periculum in mora*. Faltava em geral tempo e oportunidade para a vida tranquila, para a contemplação da vida monástica. Necessariamente então imperava naquela época uma intenção mais prática e também liberal do que em tempos posteriores, quando o cristianismo já tinha atingido o domínio universal e com isso o instinto de conversão estava extinto (cf. *Carranza summa*, ed. cit., p. 256). Como o cristianismo se realizou universalmente, então também a tendência supranaturalística, supramundana do cristianismo teve necessariamente que se desenvolver para uma separação do mundo mesmo mundana. E esta intenção do isolamento da vida, do corpo, do mundo, a tendência de início hipercósmica, posteriormente anticósmica é genuinamente de sentido e espírito bíblico. Além das passagens já apresentadas e outras geralmente conhecidas sejam ainda as seguintes dadas como exemplo: "Quem odeia a sua vida neste mundo, este vai conservá-la para a vida eterna" (Jo 12,25). "Eu sei que em mim, i.e., em minha carne nada de bom habita" (Rm 7,18.14). (ROSEMÜLLER, J.G. *Scholia. "Veteres enim omnis vitiositatis in agendo origines ad corpus referebant*[1]". "Uma vez que Cristo sofreu por nós na carne, então armai-vos também com o mesmo sentido, pois quem sofre na carne deixa de pecar" (1Pd 4,1). "Eu sinto prazer em me retirar e ficar com Cristo" (Fl 1,23). "Somos consolados e temos muito mais prazer em peregrinar fora do corpo e ficar juntos ao Senhor" (2Cor 5,8). O muro de separação entre Deus e o homem é, portanto, o corpo (pelo menos o corpo sensorial, real), o corpo é então, como um obstáculo para a união com Deus, algo nulo, que deve ser renegado. Que sob o mundo, que no cristianismo é renegado, não é para se entender somente a vida vã de prazeres, mas sim o mundo real, objetivo, o que já se mostra de um modo popular pela crença de que, com a chegada do Senhor, i.e., com a consumação da religião cristã, céu e terra vão acabar.

Não deve passar despercebida a diferença entre a crença dos cristãos e a crença dos filósofos pagãos no fim do mundo. O fim do mundo cristão é apenas uma crise da fé – a separação do cristão de todo anticristão, o triunfo da fé sobre o mundo, um juízo de Deus, um ato anticósmico, supranaturalístico. "Agora o céu e a terra são poupados pela sua palavra para que sejam reservados para o fogo no dia do juízo e da condenação do homem ímpio" (2Pd 3,7). O fim do mundo pagão é uma crise do próprio cosmo, um processo regular fundado na essência da natureza. "A origem do mundo não contém menos sol e lua e a mudança das estrelas e

---

I. "Os antigos, pois, atribuíam ao corpo as origens de todo vício no agir" [N.T.]

as origens da vida, como os elementos das futuras transformações da terra. Dentre as quais se encontra a inundação, que tanto quanto o inverno, o verão, acontece pela lei universal" (SÊNECA. *Nat. qu.*, lib. III, c. 29). É isto o princípio da vida imanente ao mundo, a essência mesma do mundo, que produz a crise de si. "Água e fogo são os senhores da terra. Deles vem o seu princípio, deles o seu fim" (Ibidem, c. 28). "Tudo que existe um dia não existirá, mas não acabará e sim será dissolvido" (SÊNECA. *Epist.* 71).

Os cristãos se excluíram do fim do mundo. "E ele enviará anjos com claros trombones e eles reunirão os seus eleitos dos quatro ventos, de uma extremidade do céu até à outra" (Mt 24,31). "E um cabelo da vossa cabeça não vai se perder. E então eles verão o Filho do Homem chegando na nuvem, com grande força e majestade. Mas quando isso começar a acontecer, então olhai e levantai vossas cabeças porque a vossa redenção está próxima" (Lc 21,18.27-28). "Sede pois atentos sempre e orai para que possais ser dignos de fugir de tudo isso que deve acontecer e para que fiqueis diante do Filho do Homem" (Lc 21,36). Mas os pagãos, ao contrário, identificavam seu destino com o destino do mundo. "Este universo, que compreende em si tudo que é humano e divino... Será um dia dissipado e submergirá no antigo caos e trevas. No entanto, aparece alguém que lamenta por almas individuais. Quem é tão soberbo e desmedidamente atrevido para que pudesse exigir da sorte geral da transitoriedade uma exceção somente para si e os seus?" (*Con. ad Polyb.*, c. 20 e 21). "Portanto, tudo que é humano um dia terá um fim [...] muralhas e torres não vão proteger. Em nada os templos vão ajudar aos suplicantes" (*Nat. quaest.*, lib. III, c. 29). Aqui temos então de novo a diferença característica entre paganismo e cristianismo. O pagão esqueceu de si pelo mundo, o cristão esqueceu o mundo por si. Mas assim como o pagão identificou o seu fim com o fim do mundo, da mesma forma identificou ele também o seu retorno e imortalidade com a imortalidade do mundo. Para o pagão era o homem um ser comum, para o cristão um ser eleito, para este é a imortalidade um privilégio do homem, para aquele um bem comum que ele só reivindica para si quando e até o ponto em que deixou também outros seres dela participar. Os cristãos esperavam o fim do mundo porque a religião cristã não tem em si nenhum princípio de desenvolvimento cósmico – tudo que se desenvolveu no cristianismo, se desenvolveu somente em contradição com a sua essência original – pois com a existência de Deus na carne, i.e., com a identidade imediata da essência do gênero com o indivíduo tudo foi atingido, o fio vital da história foi cortado, nenhum pensamento restou para o futuro a não ser o pensamento de uma repetição, do retorno do Senhor. Os pagãos, ao contrário, transferiram o fim do mundo para o futuro longínquo[9] porque eles, vivendo na contemplação do universo, não colocavam céu e terra em movimento por causa de si mesmos, porque ampliaram e libertaram sua consciência de si mesmos através da consciência do gênero, só estabeleceram a imortalidade na subsistência do gênero, portanto não reservaram o futuro para si e sim deixaram-no para as gerações vindouras. "Tempo virá em que nossos descendentes vão se admirar que nós não sabíamos coisas tão evidentes" (SÊNECA. *Nat. quaest.*, lib. 7, c. 25). Quem coloca a imortalidade em si supre o princípio do desenvolvimento histórico. Os cristãos esperavam de fato depois de Pedro uma nova terra e um novo céu. Mas com esta terra cristã, i.e., supraterrestre, é também fechado para sempre o teatro da história, é chegado o fim do mundo real. Os pagãos, ao contrário, não estabeleceram nenhum limite para o desenvolvimento do cosmo, eles só deixaram o mundo sucumbir para surgir de novo rejuvenescido como mundo real, veem com bons olhos a sua vida eterna. O fim do mundo cristão foi uma questão de afetividade, um objeto do medo e anseio; o pagão uma questão de razão e contemplação da natureza.

A virgindade imaculada é o princípio da salvação, o princípio do mundo novo, cristão.

"Uma virgem gerou a salvação do mundo, uma virgem deu à luz a vida de todos... Uma virgem carregou aquele que este mundo não pode compreender... Através do homem e da mulher foi a carne expulsa do paraíso, mas através da virgem foram unidos com

---

9. De resto também os epicuristas (LUCRÉCIO, lib., V e II) conceberam próximo o fim do mundo, mas por isso não é suprimida a diferença indicada entre o fim do mundo pagão e o cristão.

Deus" (AMBRÓSIO. *Epist.*, lib. X; *Epist.* 82; cf. também *Epist.* 81). "A castidade liga o homem com o céu. Boa é a castidade matrimonial, mas melhor é a contenção da viuvez, mas o melhor é a integridade virginal" (PSEUDO-BERNARDO. *De modo bene viv.*, p. 22). "Pensa sempre que a mulher expulsou da sua posse o habitante do paraíso" (JERÔNIMO. *Epist.* Nepotiano). "Cristo mesmo demonstrou em si que a vida virginal é a verdadeira e perfeita. Apesar de não ter feito dela uma lei expressa, pois não são todos que alcançam esta palavra, como ele mesmo disse, ensinou-nos no entanto pela prática" (DAMASCENUS, J. *Orthod. fidei*, lib. IV, c. 25). "Que majestade seria com razão preferida à virgindade? A angelical? O anjo tem a virgindade, mas não tem carne; ele é com isso mais feliz do que forte" (BERNARDO. *Epist. 113 ad Sophiam Virginem*).

Mas se a contenção da satisfação do instinto sexual, a negação da diferença sexual e, consequentemente, do amor sexual – pois o que é este sem aquele? – é o princípio do céu e salvação cristã, então é necessariamente a satisfação do instinto sexual, do amor sexual, sobre o qual se baseia o matrimônio, a fonte do pecado e do mal. E assim o é também. O mistério do pecado original é o mistério do prazer sexual. Todos os homens são concebidos em pecado porque foram concebidos com alegria e prazer sensorial, i.e., natural. O ato da procriação é, enquanto um ato cheio de prazer, sensorial, um ato pecaminoso. O pecado prolifera desde Adão até nós meramente porque é a proliferação do ato natural da procriação. Este é, pois, o mistério do pecado original cristão. "Quão longe da verdade está aquele que afirma que o prazer (*voluptas*) foi criado para o homem originariamente por Deus [...] Como pode o prazer nos reconduzir ao paraíso, ele que unicamente nos expulsou do paraíso?" (AMBRÓSIO. *Ep.*, lib. X; *Epist.* 82). "O próprio prazer não pode ser simplesmente sem pecado" (PETRUS LOMB., lib. IV, dist. 31, c. 5). "Nós todos nascemos em pecado e trouxemos conosco, concebidos pelo prazer da carne, a culpa original" (GREGÓRIO. *Petrus Lomb.*, lib. II, dist. 30, c. 2). "Sustenta e não duvida que todo homem que é gerado pelo coito de homem e mulher nasce com o pecado original [...] Daí se explica o que é o pecado original, a saber, o anseio pecaminoso que foi transmitido por Adão a todos os homens gerados com anseio" (Ibidem, c. 3. Cf. também dist. 31, c. 1). "A causa do pecado provém da carne" (Ibidem, Ambrósio). "Cristo é sem pecado, sem herdado e sem próprio; ele veio ao mundo sem prazer de anseio carnal; no seu caso não teve lugar nenhuma relação sexual [...] Todo gerado é um condenado" (AGOSTINHO. *Serm, ad. pop.*, p. 294, c. 10, p. 16). "O homem nasceu da mulher e por isso com culpa" (BERNARDO. *De consid.*, lib. II. Cf. também do mesmo *Epist. 174.* Edit. cit.). "Tudo que nasce para o mundo do homem e da mulher é pecaminoso, está sob a ira e maldição de Deus, condenado à morte. [...] Todos os homens, nascidos de pai e mãe são por natureza filhos da cólera, como testemunha São Paulo" (Ef 2). "Temos por natureza uma concepção e nascimento impuro, pecaminoso" (LUTERO, parte XVI, p. 246, 573). Por esses exemplos torna-se claro o suficiente que a "união carnal" – também o beijo é uma união carnal, uma *voluptas* – é o pecado fundamental, o mal fundamental da humanidade e, consequentemente, a base do matrimônio, o instinto sexual, dito honradamente, é um produto do demônio. Certamente é a criatura boa enquanto criatura de Deus, mas da forma em que ela foi criada ela já há muito não existe mais. O demônio fez a criatura se rebelar contra Deus e corrompeu-a até o fundo. "Amaldiçoado seja o campo por tua causa." A queda da criatura é, de resto, somente uma hipótese através da qual a fé apaga da lembrança a contradição penosa, intranquilizadora de que a natureza é um produto de Deus e que, no entanto, tal como ela é realmente não se coaduna com Deus, i.e., com a afetividade cristã.

Certamente o cristianismo não declarou como algo pecaminoso, impuro a carne enquanto carne, a matéria enquanto matéria, ao contrário, se empenhou do modo mais violento contra os hereges que isto afirmaram e condenaram o matrimônio (cf., por exemplo, AGOSTINHO. *Contra Faustum*, lib. 29, c. 4, lib. 30, c. 6; CLEMENTE DE ALEXANDRIA. *Stromata*, lib. III; SÃO BERNARDO. *Super cantica, Sermo* 66) – de resto, também sem se considerar o ódio contra os hereges, que tão frequentemente inspirou a santa Igreja cristã e a tornou tão esperta, por motivos dos quais de modo algum resultou o reconhecimento da natureza como tal, e sob restrições, i.e., negações, que fizeram deste reconhecimento da natureza um reconhecimento apenas aparente, ilusório. A diferença entre os hereges e os ortodoxos é somente que estes diziam indireta, astuta e secretamente o que aqueles expressavam de modo franco, direto, mas exatamente por isso chocante. Da matéria não se pode separar o prazer. O prazer material nada mais é, por assim dizer, que a alegria da matéria em si mesma, a matéria que se realiza. Toda alegria é autorrealização, todo prazer manifestação de força, energia. Toda função orgânica é em condição normal ligada ao prazer – mesmo o respirar é um ato de prazer que só não é sentido como tal porque é um processo ininterrupto. Por isso quem declara como pura a procriação, a união carnal como tal, em geral a carne como tal, mas declara (como pecado) a carne que goza a si mesma, a união carnal associada ao prazer sensorial como consequência do pecado original e consequentemente como o próprio pecado, este reconhece somente a carne morta, mas não viva, este nos antepõe uma névoa azul, ele condena, repreende o ato da criação, a matéria em geral, mas sob a aparência de que ele não a condena, de que ele a reconhece. O reconhecimento sincero, honesto da sensorialidade, não lisonjeiro, não dissimulado é o reconhecimento do prazer sensorial. Em síntese, quem, como a Bíblia, como a Igreja, não reconhece o prazer carnal – entenda-se o natural, normal, inseparável da vida –, este não reconhece a carne. O que não é reconhecido como objetivo em si mesmo – e por isso também de forma nenhuma como último objetivo, isso *não* é reconhecido. Quem só me permite o vinho como remédio me proíbe o gozo do vinho. Que não se venha com a liberal distribuição do vinho nas bodas de Caná. Pois esta cena já nos transporta imediatamente para além da natureza, para o campo do supranaturalismo através da transformação da água em vinho. Onde, como no cristianismo, é estabelecido um corpo sobrenatural, espiritual como o verdadeiro, eterno, i.e., um corpo do qual são retirados todos os instintos objetivos, sensoriais, toda a carne, toda a natureza, aí é a matéria real, i.e., sensorial, carnal, negada, estabelecida como nula.

Certamente o cristianismo não fez do celibato uma lei – certamente só mais tarde para os sacerdotes. Mas exatamente pelo fato da castidade ou antes o celibato ou assexualidade ser a virtude mais elevada, mais extravagante, mais sobrenatural, a virtude celestial *kat' exochén*[II], então não pode ela ser rebaixada a um objeto comum de dever; ela está acima da lei, ela é a virtude da graça e liberdade cristã. "Cristo exorta os que são aptos para o celibato para que eles cultivem devidamente este dom; mas o mesmo Cristo ordena àqueles que não podem manter a castidade fora do casamento, que vivam num casamento casto (MELANCHTON. *Resp. ad Coloniens*). "A virgindade não é ordenada, mas aconselhada, porque ela é muito sublime" (*De modo bene viv.*, p. 21). "Casar a sua filha virgem é uma boa ação, mas não casá-la é uma ação melhor. Portanto, do que é bom não se deve fugir, mas o que é melhor deve-se escolher. Por isso a virgindade não é prescrita, mas somente sugerida. E por isso diz o apóstolo muito bem: com relação às virgens eu não tenho nenhuma prescrição, mas eu dou meu conselho. Onde existe prescrição existe lei, onde existe conselho existe graça. Prescrita é, pois, a castidade, aconselhada a virgindade. Mas também a viúva não recebeu nenhum mandamento, e sim somente um conselho, que não foi dado só uma vez, mas repetidas vezes" (AMBRÓSIO. *Liber de viduis*). Isto significa: o celibato não é nenhuma lei no sentido comum ou judaico, mas uma lei no sentido cristão ou para o sentido cristão, que traz à consciência, à afetividade, a virtude e perfeição cristã; não é nenhuma lei imperativa, e sim íntima, nenhuma lei pública, e sim secreta, esotérica – um mero conselho, i.e., uma lei que não ousa se pronunciar como lei, uma lei somente para o que tem sensibilidade sutil, não para a grande massa. Tu podes casar; sim, sem qualquer medo de cometer um pecado, i.e., um pecado evidente, nomeado, plebeu; mas muito melhor ages se não casas, quando este é o meu conselho mais desinteressado, mais amigo. *Omnia licent, sed non omnia expediunt*[III]. *O que é concedido na premissa maior é negado na menor. Licet*, diz o ser humano, *non expedit*, diz o cristão. Mas somente o que é bom para o cristão é bom para o ser humano enquanto ele quiser ser cristão, é a medida do seu agir ou não agir. *Quae non expediunt, nec licent*[IV] – assim conclui o

---

II. Expressão grega muito comum nos textos eruditos de quase todas as línguas europeias e que significa "por excelência". Também muito usado é o francês *par excellence* [N.T.].

III. Todas as coisas são permitidas, mas nem todas são convenientes [N.T.].

IV. As coisas que não convêm também não são lícitas [N.T.].

sentimento da nobreza cristã. O casamento é, portanto, somente uma indulgência perante a fraqueza, ou antes, a força da carne, um abandono natural do cristianismo, uma decadência do sentido cristão verdadeiro, completo; mas é bom, louvável e mesmo sagrado até o ponto em que é o melhor remédio contra a *fornicatio*. Por si mesmo, enquanto autoprazer do amor sexual, ele não é reconhecido, não é sacralizado; portanto, é a sacralidade do casamento no cristianismo somente uma sacralidade aparente, somente ilusão, pois o que não se reconhece por si mesmo não é reconhecido, mas com a aparência ilusória de que é reconhecido. O casamento é sancionado não para sacralizar ou satisfazer a carne, mas para restringi-la, oprimi-la, mortificá-la – para expulsar o demônio através do demônio. "O que move todos os homens e mulheres ao casamento e à depravação? A união carnal, cujo anseio o senhor identificou com a depravação... Daí a excelente santidade da virgem, pois ela não tem em si nada em comum com a depravação" (TERTULIANO. *De exhort. cast.*, c. 9). "Com relação ao próprio casamento tu aconselhastes algo melhor do que permitistes" (AGOSTINHO. *Confess.*, lib. X, c. 30). "É melhor casar do que sentir ardor" (1Cor 7,9). "Mas quão melhor é", diz Tertuliano desenvolvendo este pensamento, "nem casar nem sentir ardor. Eu posso dizer, o que é permitido, não é nada bom" (*Ad Uxorem*, lib. I, c. 3). "O casamento é um bem subordinado que não merece nenhuma recompensa, mas só tem o significado de um remédio. O primeiro casamento, o casamento no paraíso, foi prescrito, mas o segundo casamento, após o paraíso, só foi permitido por condescendência; pois ouvimos do apóstolo que o casamento é permitido à espécie humana para evitar a depravação" (PETRUS LOMB., lib. IV, dist. 26, c. 1 e 2). "*Magister Sententiarum* diz bem: o casamento, foi ordenado no paraíso para o serviço, mas após o pecado como remédio" (LUTERO, parte I, p. 349). "Quando se compara o casamento com a virgindade, então é certamente a castidade um dom mais nobre do que o casamento" (LUTERO, parte X, p. 319). "Aqueles aos quais a fraqueza da natureza não obriga ao casamento, mas que são pessoas que podem prescindir do casamento fazem bem de se conterem do casamento" (LUTERO, parte V, p. 538). Contra isso a sofística cristã irá argumentar que só o casamento não cristão, só a natureza que não é consagrada pelo espírito do cristianismo, i.e., adornada com flores devotas, não é sacralizada. Mas se o casamento, se a natureza só é sacralizada através da relação com Cristo, então exatamente com isso não é expressa a sua sacralidade, mas somente a sacralidade do cristianismo, então é o casamento, a natureza em e por si mesma não sagrada. E o que é então a aparência da sacralidade com a qual o cristianismo envolve o casamento para perturbar a razão, senão uma ilusão devota? Pode o cristão preencher os seus deveres matrimoniais sem *nolens volens* sacrificar à deusa pagã do amor? Sim. O cristão tem por objetivo a população da Igreja cristã, não a satisfação do amor. O objetivo é sagrado, mas o meio em si mesmo não é sagrado. E o objetivo consagra, justifica o meio. *Conjugalis concubitus generandi gratia non habet culpam*[V]. O cristão, pelo menos o verdadeiro, nega, portanto, a natureza, pelo menos deve negá-la ao satisfazê-la; ele não quer, ele antes despreza o meio por si mesmo, ele quer somente o objetivo *in abstracto*; ele faz com um repúdio religioso, supranaturalístico o que ele, se bem que a contragosto, faz com prazer natural, sensorial. O cristão não confessa sinceramente a sua sensorialidade, perante a sua fé ele renega a natureza e perante a natureza ele renega a sua fé, i.e., ele renega publicamente o que ele faz em segredo, Oh, quão melhores, mais verdadeiros, mais puros de coração foram neste sentido os pagãos, que não ocultaram a sua sensorialidade, enquanto que os cristãos negam que satisfazem a carne quando a satisfazem! E até hoje se prendem os cristãos teoricamente à sua origem e futuro celestial; até hoje renegam o seu sexo por afetação supranaturalística e se comportam diante de qualquer imagem sensorial rude, diante de qualquer estátua nua como se fossem anjos, até hoje eles oprimem, mesmo com violência policial, qualquer confissão sincera, aberta mesmo da sensorialidade mais inocente, mas somente para temperar, através da proibição pública, o gozo secreto da sensorialidade. Qual é então, em síntese, a diferença entre cristãos e pagãos nesta delicada matéria? Os pagãos confirmaram, os cristãos refutaram a sua fé pela sua vida. Os pagãos fazem o que querem, os cristãos o que não querem, aqueles pecam com a sua

---

V. A união conjugal tendo em vista a procriação não incorre em culpa [N.T.].

consciência, estes contra a sua consciência, aqueles simplesmente, estes duplamente, aqueles por hipertrofia, estes por atrofia da carne. O vício específico dos pagãos é o vício sensorial ponderável da depravação, o dos cristãos o vício teológico imponderável da bajulação – daquela bajulação, da qual o jesuitismo é em verdade o fenômeno mais evidente, mais histórico, mas que, no entanto, é um fenômeno só especial. "A teologia torna as pessoas pecadoras", diz Lutero – Lutero cujas qualidades positivas são exclusivamente seu coração e intelecto até o ponto em que, naturalmente, não foram pervertidos pela teologia. E Montesquieu faz o melhor comentário a esta sentença de Lutero quando diz: *La dévotion trouve, pour faire de mauvaises actions, des raisons, qu'un simple honnête homme ne saurait trouver* (Pensées div.).

> O céu cristão é a verdade cristã. O que é do céu é excluído do verdadeiro cristianismo. No céu é o cristão livre daquilo que ele quer ser livre aqui, livre do instinto sexual, livre da matéria, livre da natureza em geral.

"Na ressurreição eles nem se casarão nem se deixarão casar, mas são como anjos de Deus no céu" (Mt 22,30). "O alimento para a barriga e a barriga para o alimento, mas Deus anulará este e aquele" (*katargései*, tornar dispensável) (1Cor 6,13). "Mas sobre isso eu digo, caros irmãos, que carne e sangue não podem herdar o Reino de Deus, também o corruptível não herdará o incorruptível" (1Cor 15,50). "Ela não sentirá mais fome nem sede e também não cairá sobre ela o sol ou qualquer calor" (Ap 7,16). "E não haverá nenhuma noite e não haverá necessidade de um lampião ou da luz do sol" (Ap 22,5). "Comer, beber, vigilar, dormir, descansar, trabalhar e ser submetido às outras necessidades naturais – é uma grande miséria e aflição para o homem devoto, que com prazer seria perfeito e livre de todo pecado. Oh, se não existissem essas necessidades, mas somente alívios espirituais que nós (ai!) tão raramente degustamos" (THOMAS A KEMPIS. *De imit.*, lib. I, c. 22 e 25. Cf. sobre isso também, por exemplo, GREGÓRIO DE NISSA. *De anima et resurr.* Lipsiae, 1837, p. 144, 153). Certamente não é a imortalidade cristã, em distinção da pagã, a imortalidade do espírito, mas sim da carne, i.e., do homem total. "Para os filósofos pagãos valia a ciência, a inteligência como algo imortal e imperecível. Mas nós, que a divina revelação iluminou, sabemos que não só o espírito, mas também as mínimas afeições, e não só a alma, mas também o corpo alcançará a imortalidade a seu tempo" (BACO DE VERUL. *De augm. Scient.*, lib. I). Por isso Celso acusou o cristão de um *desiderium corporis*, uma exigência do corpo. Mas este corpo imortal é, como já foi observado, um corpo imaterial, i.e., totalmente afetivo, imaginado – um corpo que é a negação direta do corpo real, natural. E por isso nesta crença trata-se não tanto do reconhecimento ou transfiguração da natureza, da matéria enquanto tal, como antes da realidade da afetividade, da satisfação do instinto de ser feliz ilimitado, fantástico, sobrenatural, para o qual o corpo real, objetivo é uma limitação.

Sobre o que os anjos são propriamente, aos quais se igualarão as almas celestiais a Bíblia, como sobre outras coisas importantes, fornece poucos esclarecimentos definidos; são chamados por ela somente espíritos, *pnéumata* e designados como seres situados acima do homem (*hominibus superiores*). Os cristãos posteriores se expressaram sobre isso, e com toda razão, também de modo mais definido, no entanto diversamente. Uns lhes concederam o corpo, os outros não – uma diferença, de resto, só aparente, uma vez que o corpo angelical é somente um corpo fantástico. Mas no tocante ao corpo da ressurreição não tinham concepções somente diversas, mas também muito opostas – contradições que, no entanto, estão na natureza da coisa, que resultam necessariamente da contradição fundamental da consciência religiosa, que se revela nesta matéria, como foi mostrado, pelo fato de que deve ser em essência o mesmo corpo individual, que tínhamos antes da ressurreição, e no entanto novamente um outro –, um outro e no entanto novamente o mesmo. E em verdade o mesmo corpo até mesmo nos cabelos, "uma vez que nem um fio de cabelo perecerá, como diz o Senhor; nenhum cabelo da vossa cabeça deve perecer" (AGOSTINHO & PETRUS LOMB., lib. IV, dist. 44, c. 1). No entanto, ao mesmo tempo o mesmo mas de forma que tudo que é incômodo, tudo que contradiz a afetividade alienada da natureza será deixado de lado. "Os erros, como diz Agostinho, vão cair, no entanto a essência permanecerá. Mas o excessivo crescimento das unhas e cabelos pertence aos supérfluos e erros da natureza;

pois se o homem não tivesse pecado suas unhas e cabelos só cresceriam até uma determinada grandeza, como é o caso dentre os leões e pássaros" (*Addit. Henrici ab Vurimaria*, ibid. Edit. Basileae, 1513). Que fé determinada, ingênua, fiel, confiante e harmônica! O corpo ressurgido enquanto o mesmo e ao mesmo tempo um outro, novo, tem também cabelos e unhas – caso contrário seria ele um corpo mutilado, desprovido de um adorno essencial, consequentemente a ressurreição não seria uma recuperação completa – e na verdade as mesmas unhas e cabelos, mas agora ao mesmo tempo de tal forma que estejam em concordância com a essência do corpo. Lá é tirado deles o instinto do crescimento, lá eles não ultrapassam a medida da conveniência. Portanto, lá não necessitamos mais cortar os cabelos e unhas, como tampouco os incômodos instintos dos restantes membros da carne, porque em e por si o corpo celestial já é um corpo abstrato, cortado. Por que então os teólogos crentes dos últimos tempos não se intrometem mais em tais especialidades como os antigos teólogos? Por quê? Porque a sua fé é mesmo somente uma fé geral, indefinida, i.e., só crida, concebida, imaginada, porque eles, por medo da sua razão há muito cindida com a fé, por medo de perder a sua débil fé quando consideram as coisas à luz, i.e., no detalhe, abafam as consequências, i.e., as determinações necessárias da sua fé, ocultam-nas da razão.

> O que a fé nega no aquém da terra, afirma ela no céu do além; o que ela renuncia aqui, ganha ela lá cem vezes mais.

No aquém trata-se da negação, no além da afirmação do corpo. Aqui é a questão principal a separação entre a alma e o corpo, lá é a questão principal a reunião do corpo com a alma. "Eu não quero viver somente pela alma, mas também pelo corpo. Quero ter o corpo comigo; quero que o corpo venha de novo à alma e com ela seja unido" (LUTERO, parte VII, p. 90). No sensorial é o cristão transensorial, mas em compensação no transensorial é ele sensorial. Por isso a felicidade celestial não é de modo algum uma felicidade somente espiritual, mas da mesma forma também corporal, sensorial – um estado em que todos os desejos sejam realizados. "Onde o teu coração procurar prazer e alegria, aí haverá em abundância. Pois diz-se: o próprio Deus deve ser tudo em tudo. Mas onde Deus está, aí devem estar também todos os bens que se possa desejar. [...] Se queres ver e ouvir com clareza através das paredes e muros e ser tão leve que num instante possas estar onde quiseres, aqui embaixo na terra ou lá em cima nas nuvens, tudo isso há de ser; e tudo mais que possas pensar, que quiseres ter em corpo e alma, deverás ter tudo em abundância, quando o tiveres" (LUTERO, parte X, p. 380, 381). Comer, beber, casar certamente não terão lugar no céu cristão, como no céu dos maometanos; mas somente porque com esses prazeres está associada a carência, mas com a carência a matéria, i.e., necessidade, paixão, dependência, infelicidade. "Lá a própria carência morrerá. Então serás verdadeiramente rico, quando de nada mais necessitares" (AGOSTINHO. *Serm. ad pop.*, p. 77, c. 9). "Os prazeres desta terra são somente remédios", diz o mesmo aí; "verdadeira saúde está somente na vida imortal". A vida celestial, o corpo celestial é tão livre e ilimitado como o desejo, tão onipotente como a fantasia. "O corpo da ressurreição futura seria imperfeitamente feliz se ele não pudesse tomar para si alimentos, imperfeitamente feliz se ele necessitasse de alimentos" (AGOSTINHO. *Epist.* 102, § 6, Edit. cit.). Entretanto é a existência em um corpo sem fardo, sem peso, sem fealdade, sem doença, sem mortalidade associado ao sentimento do mais elevado bem-estar corporal. Mesmo o conhecimento de Deus no céu é livre do esforço do pensar e crer, é conhecimento sensorial, imediato – contemplação. Na verdade os cristãos não são concordes sobre se também a essência de Deus possa ser contemplada com olhos corporais (cf., por exemplo, AGOSTINHO. *Serm, ad. pop.*, p. 277 e BUDDEUS, J.F. *Comp. inst. th.*, lib. II, c. 3, § 4). Mas nesta diferença temos de novo somente a contradição entre o Deus abstrato e o real; aquele decerto não é nenhum objeto da contemplação, mas certamente este. "Carne e sangue são então a muralha entre mim e Cristo, que também será destruída [...] lá tudo será certo. Pois os olhos vão ver naquela vida, a boca vai degustar e o nariz cheirar, o tesouro brilhará na alma e na vida [...] a fé vai acabar e eu verei com meus olhos" (LUTERO, parte IX, p. 595). Aqui se torna evidente ao mesmo tempo que a essência de Deus, como ela é objeto para a afetividade religiosa, nada mais é que a essência da fantasia. Os seres celestiais são seres transensoriais sensoriais, imateriais materiais, i.e., seres da fantasia; mas são seres semelhantes a Deus, iguais a Deus, sim, idênticos a Deus; consequentemente é também Deus um ser transensorial sensorial, imaterial material, pois qual a cópia, tal o original!

A contradição nos sacramentos é a contradição entre naturalismo e supranaturalismo.

O principal no batismo é a afirmação da água. "Quando alguém afirma que a água verdadeira e natural não pertence necessariamente ao batismo e que portanto corrompe as palavras de nosso Senhor Jesus Cristo: 'Quando alguém for renascido pela água e pelo Espírito Santo', num mero modo figurado de expressão, seja amaldiçoado" (Concil. Trident. *Sessio* VII, Can. II de Bapt.). "À essência deste sacramento pertence a palavra e o elemento. O batismo não pode, portanto, ser realizado com nenhum outro líquido a não ser com a água." Petrus Lomb. (Lib. IV, dist. 3, c. 1 e 5). "Para a garantia do batismo é exigida mais do que uma gota de água. Para a validade do batismo é necessário que haja um contato físico entre a água e o corpo do batizado, de forma que não é suficiente que só a roupa seja borrifada com água. Em seguida deve uma tal parte do corpo ser lavada, pela qual o homem é habitualmente chamado de lavado, assim, por exemplo, o pescoço, os ombros, o peito e especialmente a cabeça" (*Theol. schol.* – METZGER, P. *Aug. Vind.*, 1965, parte IV, p. 230-231). "Que a água, e em verdade a água verdadeira, natural, deve ser empregada no batismo, torna-se evidente pelo exemplo de João e dos Apóstolos (At 8,36; 10,47)" (BUDDEUS, F. *Comp. inst. theol. dogm.*, lib. IV, c. 1, § 5). Portanto trata-se aqui essencialmente da água. Mas agora vem a negação da água. O significado do batismo não é a força natural da água, mas antes a força sobrenatural, onipotente da palavra de Deus, que introduziu a água como um sacramento e agora por meio deste elemento se comunica com o homem de um modo sobrenatural, milagroso, mas que da mesma forma poderia escolher também qualquer outro elemento para produzir o mesmo efeito da água. Assim diz, por exemplo, Lutero: "Portanto entenda a diferença que o batismo é algo muito mais do que qualquer outra água, não pela essência natural, mas porque aqui é acrescentado algo mais nobre. Pois o próprio Deus coloca aí a sua honra, sua força e poder [...] como também Santo Agostinho ensinou: *accedat verbum ad elementum et fit sacramentum*" (*O grande catecismo*). "Batizai-os em nome do Pai etc. Água sem estas palavras é meramente água... Quem quer chamar de meramente água o batismo do Pai, do Filho e do Espírito Santo? Não vemos nós pois que tipo de especiarias Deus lança na água? Quando se lança açúcar na água, então não é mais água, e sim um saboroso clarete ou algo semelhante. Por que então devemos nós precisamente aqui separar a palavra da água e dizer que é somente água, como se a palavra de Deus, sim, o próprio Deus não estivesse *junto* e *em* tal água? [...] por isso é o batismo uma tal água que anula os pecados, a morte e toda infelicidade, nos ajuda para o céu e para a vida eterna. Dela se fez uma água doce tão saborosa, *aromaticum* e *apoteca*, que o próprio Deus nela se imiscuiu" (LUTERO, parte XVI, p. 105).

Mas o mesmo que se dá com a água do batismo, que nada é sem a água, não obstante ela seja em si indiferente, dá-se também com o vinho e pão na eucaristia, mesmo dentre os católicos, onde no entanto a substância de pão e vinho é destruída pelo poder da onipotência. "Os acidentes da ceia contêm Cristo enquanto mantêm aquela mistura na qual naturalmente a substância de pão e vinho subsistiria; ao contrário, quando tem lugar uma deteriorização da mesma, ao ponto em que a substância de pão e vinho naturalmente não poderia mais subsistir, então deixa ela também de conter Cristo" (*Theol. Schol.* – METZGER, l. c., p. 292). Isto significa então: enquanto o pão permanece pão, o pão permanece carne; se o pão é anulado, então é anulada também a carne. Portanto deve haver também uma devida porção de pão, pelo menos de tamanho suficiente para que o pão seja reconhecido como pão, para poder ser consagrado (Ibidem, p. 284). De resto, é a transubstanciação católica, a "transformação real e física de todo o pão no corpo de Cristo" somente uma continuação consequente dos milagres no Antigo e Novo Testamento. Pela transformação da água em vinho, do bastão numa serpente, das rochas em fontes de água (Sl 114), por essas transubstanciações bíblicas explicaram e fundamentaram os católicos a transformação do pão em carne. Quem não se escandaliza com aquelas transformações não tem nenhum direito, nenhum motivo para condenar esta transformação. A doutrina protestante da ceia não contradiz menos a razão do que a católica. "Não se pode participar do corpo de Cristo a não ser de dois modos, espiritual ou corporal. Por sua vez esta comunhão corporal não pode ser visível, nem perceptível (i.e., não pode ser corporal), caso contrário não restaria nenhum pão. Por outro lado não pode ser somente pão, caso contrário não seria uma comunhão corporal com o corpo de Cristo, e sim com o pão. Por isso, uma vez que o que é partido é pão, deve ser também verdadeira e corporalmente o corpo de Cristo, se bem que invisível" (i.e., incorpóreo) (LUTERO, parte XIX, p. 203). O protestante apenas não dá nenhuma explicação sobre a maneira de como pão pode ser carne e vinho sangue. "Insistimos, cremos e ensinamos também que na ceia toma-se e come-se verdadeira e corporalmente o corpo de Cristo. Mas como isso acontece, ou como está ele no pão não sabemos e não devemos saber" (LUTERO, parte XIX, p. 393). "Quem quiser ser um cristão, não deve fazer como nossos visionários e sectários, como é possível que pão seja o corpo de Cristo e vinho o sangue de Cristo" (LUTERO, parte XVI, p. 220). "Uma vez que conservamos a doutrina da presença do corpo de Cristo, que necessidade há em perguntar pela forma e maneira?" (MELANCHTON. *Vita Mel. Camerarius*. Ed. Strobel, Halle, 1777, p. 446). Por isso também os protestantes recorreram, assim como os católicos, à onipotência, a fonte de todas as concepções contraditórias à razão (*Livros das concórdias*, summ. Beg., Art. 7, Aff. 3. Negat. 13. Cf. também LUTERO, por exemplo, parte XIX, p. 400).

Um exemplo precioso, verdadeiramente incomparável e ao mesmo tempo altamente instrutivo da incompreensibilidade e sobrenaturalidade fornece a distinção feita em relação à ceia (*Livros das concórdias*, summ. Beg. Art. 7) entre *oral* e *carnal* ou *natural*. "Nós cremos, ensinamos e confessamos que o corpo e sangue de Cristo não são recebidos só espiritualmente pela fé, mas também oralmente, mas não de modo devorador, e sim sobrenatural, celestial, pela união sacramental, com o pão e o vinho. [...] Certamente é para se distinguir entre o comer oral e natural. Não obstante aceitemos e defendamos o comer oral, no entanto condenamos o natural [...] Todo o comer natural é em verdade um oral, mas inversamente o comer oral não é imediatamente também um natural [...] não obstante seja pois um único e mesmo ato e um único e mesmo órgão com o qual recebemos o pão e o corpo de Cristo, o vinho e o sangue de Cristo, no entanto, existe uma diferença muito grande no tipo e modo, uma vez que recebemos pão e vinho de modo natural e sensorial, mas ao mesmo tempo o corpo e o sangue de Cristo em verdade com o pão e o vinho, no entanto de modo sobrenatural e não sensorial – um modo que por isso não pode ser explicado por nenhum mortal (certamente também por nenhum Deus) – e no entanto os recebemos *realmente* e com a boca do corpo" (BUDDEUS, J.F., l.c., lib V, c. 1, § 15). Que bajulação! Com a mesma boca com a qual ele comprime Deus entre os lábios e suga o seu sangue para si, para se certificar da sua existência real, i.e., carnal, com esta mesma boca nega o cristão, e em verdade no mais sagrado momento da sua religião, a presença carnal, o gozo carnal de Deus. Portanto, nega ele também aqui que ele satisfaz à carne, quando de fato satisfaz.

> Dogmática e moral, fé e amor se contradizem no cristianismo.

Sem dúvida é Deus, o objeto da fé, em si o conceito genérico místico da humanidade – o Pai comunitário dos homens –, e até aí é o amor a Deus o amor místico ao homem. Mas Deus não é somente o ser comunitário, ele é também um ser especial, pessoal, diverso do amor. Quando o ser se separa do amor surge a *arbitrariedade*. O amor age por necessidade, a personalidade por arbitrariedade. A personalidade só se afirma como personalidade através da arbitrariedade; a personalidade é sedenta de domínio, orgulhosa; ela só quer se fazer valer. A mais elevada celebração de Deus enquanto um ser pessoal é, portanto, a celebração de Deus enquanto um ser meramente ilimitado, arbitrário. A personalidade enquanto tal é indiferente perante todas as determinações substanciais; a necessidade interna, o impulso de ser lhe aparece como coação. Aqui temos nós o mistério do amor cristão. O amor de Deus enquanto predicado de um ser pessoal tem aqui o significado da graça: Deus é um Senhor misericordioso, como no judaísmo era ele um Senhor rigoroso. A graça é o amor arbitrário – o amor que não age por impulso de ser interno, mas o que ela faz poderia também não fazer, se quisesse poderia também condenar o seu objeto –, portanto é ela o amor sem base, não essencial, arbitrário, absolutamente subjetivo, somente pessoal. "Quem pode se opor à sua vontade, a ponto de sentir misericórdia por quem quiser e de ficar indiferente a quem quiser?" (Rm 9,18). O rei faz o que quer. Assim é também a vontade de Deus. Ele tem sobre nós e todas as criaturas o bom direito e total poder de fazer o que quiser. E não nos acontece injustiça. Se a sua vontade tivesse uma medida ou regra, lei, fundamento ou causa, então já não seria nunca a vontade de Deus. Pois o que ele quer é certo, porque ele assim o quer. Onde existe fé e Espírito Santo... estes creem que Deus é bom e generoso, ainda que condene todos os homens. "Não é Esaú irmão de Jacó?", diz o Senhor. "No entanto eu amei Jacó e odiei Esaú" (LUTERO, parte XIX, p. 83, 87, 90, 91, 97). Quando o amor é tomado neste sentido é por isso vigiado de modo ciumento para que o homem não atribua a si por mérito nada, para que o mérito só seja reservado à personalidade divina; aí será cuidadosamente posta de lado qualquer ideia de uma necessidade para se poder festejar e glorificar exclusivamente a personalidade também subjetivamente através do sentimento do compromisso e da gratidão. Os judeus endeusam o orgulho ancestral; os cristãos, ao contrário, transfiguraram e transformaram o princípio judaico-aristocrático da nobreza de nascimento no princípio democrático da nobreza por merecimento. O judeu faz a felicidade depender do nascimento, o católico do mérito da ação, o protestante do mérito da fé. Mas o conceito do compromisso e merecimento só se associa com uma ação, com uma obra que não pode ser exigida de mim ou que não resulta necessariamente da minha essência. As obras do poeta, do filósofo só podem ser consideradas e estabelecidas exteriormente sob o ponto de vista do merecimento. São obras do gênio – obras forçadas pela necessidade: o poeta teve que fazer poesia, o filósofo teve que filosofar. O mais elevado autocontentamento estava para eles na atividade independente e irreverente do criar. O mesmo se dá com uma ação verdadeiramente nobre e moral. Para o homem nobre é a ação nobre natural; ele não duvida se deve praticá-la, ele não a coloca sobre a balança do livre-arbítrio; ele deve praticá-la. Somente quem assim age é também um homem digno de confiança. O merecimento traz consigo sempre a ideia de que se pratica algo por assim dizer somente por luxo, não por necessidade. Os cristãos de fato festejavam a mais elevada ação em sua religião, a encarnação de Deus, como uma obra do amor. Mas o amor cristão só tem o significado de um ato da graça, de um amor em si supérfluo, desinteressado para Deus enquanto ele se baseia na fé, na ideia de Deus como um Senhor, como um *Dominus*. Um Senhor misericordioso é aquele que abdica do seu direito, um Senhor que age pela graça o que não tem necessidade de agir como Senhor, o que sai fora do estrito conceito do Senhor. Deus tem enquanto Senhor não só o dever de fazer o bem ao homem; ele tem até mesmo o direito – pois ele não é um Senhor preso a nenhuma lei –, de aniquilar o homem quando quiser. Em síntese, a graça é o amor desnecessário, o amor em contradição com a essência do amor, o amor que não expressa a essência, a natureza, o amor que o Senhor, o sujeito, a pessoa – personalidade é somente uma expressão abstrata, moderna para soberania – distingue de si como um predicado que ele pode ter e não ter, sem por isso deixar de ser ele mesmo. Necessariamente deveu, portanto, se realizar esta contradição interna também na vida, na prática do cristianismo, separar o sujeito do predicado, a fé do amor. Como o amor de Deus ao homem foi somente um ato de graça, assim foi também o amor do homem ao homem somente um ato de graça da fé. O amor cristão é a fé misericordiosa, como o amor de Deus a personalidade ou soberania misericordiosa (sobre a arbitrariedade divina cf. também J.A. Ernestis, no já acima citado tratado: *Vindiciae arbitrii divini*).

A fé tem uma essência má em si.

A fé cristã e nada mais é o supremo motivo das perseguições e execuções cristãs aos hereges. A fé só reconhece o homem sob a condição de que ele reconheça Deus, i.e., a fé. A fé é a honra que o homem demonstra a Deus. E esta honra lhe é devida incondicionalmente. Para a fé é a base de todos os deveres a fé em Deus – a fé é o dever absoluto, os deveres perante os homens são deveres somente derivados, subordinados. O descrente não tem, portanto, nenhum direito – é um sujeito digno de ser destruído. O que nega a Deus deve ele próprio ser negado. O mais elevado crime é o crime *laesae majestatis Dei*. Deus é para a fé um ser pessoal e em verdade o mais pessoal, o mais intocável, o mais justificado. O ápice da personalidade é a honra – uma injúria contra a mais alta personalidade é, portanto, necessariamente o mais alto crime. Não se pode renegar a honra de Deus como uma ideia casual, sensorial, antropomórfica. Não é também a personalidade, também a existência de Deus uma ideia sensorial, antropomórfica? Quem nega a honra, que seja honrado o suficiente para sacrificar também a personalidade. Da ideia da personalidade resulta a ideia da honra, desta a ideia da injúria religiosa. "Quem amaldiçoa a autoridade, seja castigado de acordo com o seu parecer, mas quem blasfema contra o nome do Senhor deve morrer, toda a comunidade deve apedrejá-lo" (Lv 24,15.16. Cf. também Dt 13, de onde os católicos deduzem o direito de matar os hereges. BOEHMER, l. c., lib. V., parte VII, § 44). "Que aqueles que nada sabem de Deus devem ser com razão punidos como ímpios, como injustos, só o irreligioso pode duvidar; pois não conhecer o Pai de todos e o Senhor de tudo não é nenhum crime menor do que ofendê-lo" (FÉLIX, M. *Otaviano*, c. 35). "Onde ficam os mandamentos da lei divina, que dizem: 'honra pai e mãe', se a palavra pai, que devemos honrar no homem, fica sem punição em Deus?" (CIPRIANO. *Ep* 73. Ed. Gersdorf). "Por que devem então, uma vez que o livre-arbítrio é dado ao homem por Deus, os adultérios serem punidos pela lei, mas irreligiosidades serem consentidas? É a infidelidade da alma perante Deus um crime menor do que a infidelidade da mulher perante o homem?" (AGOSTINHO. *De correct. Donatist.*, lib. ad Bonif., c. 5). "Se os falsificadores de moedas são punidos com a morte, como devem então ser punidos os que querem falsificar a fé?" (PAULUS CORTESIUS. *In Sent. Petri L.*, lib. III, dist. 7). "Se não se pode ofender um homem bem colocado e poderoso e quando se ofende é-se posto em julgamento e com razão condenado como injurioso – quão mais punível crime é quando se ofende a Deus? Sempre pois aumenta com a dignidade do ofendido a culpa do ofensor" (SALVIANO. *De gubern. Dei*, lib. VI, p. 218, ed. cit.). Mas a heresia, a descrença em geral – a heresia é apenas uma descrença determinada, limitada – é uma blasfêmia, portanto o mais elevado e punível crime. Assim escreve, para apresentar somente um exemplo dentre incontáveis, J. Oecolampadius a Servet: "Uma vez que eu não manifesto a mais alta tolerância por indignação pelo fato de Jesus Cristo o Filho de Deus ser tão desonrado, então não te pareço agir de modo cristão. Em tudo mais serei manso, menos em blasfêmias contra Cristo" (*Historia Mich. Serveti, H. ab Allwoerden*. Helmstadii, 1727, p. 13). Pois o que é blasfêmia? Qualquer negação de uma ideia, de uma determinação na qual a honra de Deus, a honra da fé está em jogo. Servet sucumbiu como uma vítima da fé cristã. Calvino disse ainda duas horas antes da sua morte a Servet: "Nunca vinguei ofensas pessoais" e despediu-se dele com firme intenção bíblica: *ad haeretico homine, qui autokatákritos peccabat, secundum Pauli praeceptun discessi*[VI] (Ibidem, p. 120). Não foi, portanto, de forma nenhuma ódio pessoal, ainda que este possa ter estado em jogo, foi o ódio religioso que levou Servet para a fogueira – o ódio que surge da essência da fé irrestrita. O próprio Melanchthon, como se sabe, aprovou a execução de Servet. Os teólogos suíços, cuja opinião foi pedida pelo povo de Genebra, matreiramente nada disseram sobre a pena de morte em suas respostas[10], mas num ponto concordaram com os genebrinos, que Servet, devido à sua hedionda heresia, deveria ser punido rigorosamente. Portanto, nenhuma diferença no princípio, somente no tipo e modo da punição. O próprio Calvino era tão cristão que quis suavizar o cruel modo de execução ao qual o senado de Genebra condenou Servet. Também os cristãos e teólogos posteriores ainda aprovaram a execução de Servet (cf., por exemplo, ADAMI, M. *Vita Calvini*, p. 90; *Vita Bezae*, p. 207: *Vitae theolog.* exter. Francof., 1618). Temos, portanto, que encarar esta execução como um ato de importância geral – enquanto uma obra da fé, e em verdade não da católico-romana, mas sim da fé reformada, reduzida à Bíblia, evangélica. Que não se devia obrigar os hereges à fé pela violência certamente afirmaram as maiores luzes da Igreja, no entanto vivia neles o mais irredutível ódio a hereges. Assim diz, por exemplo, São Bernardo (*Super*

VI. Evitei todo homem herege que pecava numa autocondenação, de acordo com o mandamento de Paulo [N.T.].

10. A pena de morte repudiaram em geral muitos cristãos, mas outras penalidades criminais dos hereges, como expulsão do país, confiscações – penalidades através das quais mata-se alguém indiretamente – não julgaram eles em contradição com a sua fé cristã (cf. BOEHMER, J.H. *Jus. Eccl. protest.*, lib. V., tit. VII, p. ex., § 155, 157, 162, 163).

cantica, p. 66) com relação aos hereges: "Deve-se aconselhar a fé, mas não ordená-la"; mas ele acrescenta imediatamente que seria melhor oprimi-la pela espada da autoridade do que permitir a difusão de seus erros. Se a fé atual não mais produz tais atrocidades gritantes, isto só advém, com exceção de outros motivos, do fato de que a nossa fé não é incondicionada, decisiva, viva, mas antes cética, eclética, descrente, rompida e paralisada pelo poder da arte e da ciência. Quando nenhum herege é mais queimado, seja no fogo do além ou do aquém, então a própria fé não tem mais nenhum fogo no corpo. A fé que permite que se creia em outra coisa prescinde da sua origem e categoria divina, degrada-se a si mesma a uma opinião somente subjetiva. Não é à fé cristã, não é ao amor cristão, i.e., restringido pela fé que devemos a tolerância da liberdade de crença, não, somente à dúvida da fé cristã, à vitória do ceticismo religioso, aos espíritos livres, aos hereges. Somente os hereges perseguidos pela fé cristã lutaram pela liberdade de crença. A liberdade cristã é liberdade somente no supérfluo, os artigos fundamentais da fé ela não libera. Quando aqui a fé cristã – a fé considerada em sua distinção do amor, pois a fé não é idêntica ao amor, "podeis ter fé sem amor" (AGOSTINHO. *Serm. ad. pop.*, p. 90) – é designada como o princípio, o último fundamento dos atos de violência dos cristãos contra os hereges, surgidos naturalmente do zelo real da fé, então entende-se imediatamente por si mesmo que a fé não poderia ter essas consequências imediata e originariamente, mas somente em seu desenvolvimento histórico. No entanto, também já para os primeiros cristãos, e em verdade necessariamente, era o herege um anticristão – *adversus Christum sunt haeretici* (CIPRIANO. *Epist.* 76, § 14, edit. cit.) –, um sujeito amaldiçoado – *apostoli... in epistolis haereticos exsecrati sunt, Cipriano* (Ibidem, § 6) – perdido, expulso para o inferno por Deus, i.e., condenado à eterna morte. "Tu ouves que a erva daninha já é amaldiçoada e condenada ao fogo. Por que então queres dar ao herege maior martírio? Não ouves que ele já foi gravemente condenado à sua pena? Quem és tu que te atreves e queres punir aquele que já caiu na punição de um Senhor mais poderoso? Que interesse tenho eu com um ladrão que já está condenado à forca... Deus já ordenou a seus anjos que eles a seu tempo devem ser os carrascos dos hereges" (LUTERO, parte XVI, p. 132). Quando então o

Estado, o mundo se tornou cristão, mas exatamente por isso também o cristianismo se tornou mundial, a religião cristã se tornou religião estatal, foi uma consequência necessária que também a destruição somente religiosa ou dogmática dos pagãos se tornasse uma destruição política real, que os eternos castigos infernais se transformassem em temporais. Se então a determinação e tratamento da heresia como um crime punível é uma contradição com a fé cristã, então é também um rei cristão, um Estado cristão uma contradição com a mesma; pois um Estado cristão é somente aquele que cumpre com a espada a sentença divina da fé, que para os crentes faz da terra o céu e para os descrentes o inferno. "Mostramos... que a causa de reis religiosos é punir não só adultério ou homicídio ou outros crimes semelhantes, mas também sacrilégios com o devido rigor" (AGOSTINHO. *Epist. ad Dulcitium*). "Os reis devem servir ao Senhor Cristo de forma que com leis contribuam para que a sua honra seja promovida. Onde a autoridade profana encontrar erros vergonhosos pelos quais a honra do Senhor Cristo é blasfemada e a felicidade dos homens impedida surgindo cisão entre o povo... onde tais mestres enganadores não se deixam corrigir e acabar com as pregações: aí deve a autoridade profana impedir e saber que nada mais é devido à sua função que empregue a espada e qualquer violência para que a doutrina seja mantida pura e o serviço divino genuíno, legítimo, e para que também seja mantida a paz e a união" (LUTERO, parte XV, p. 110-111). Que seja ainda observado aqui que Agostinho justifica o emprego de medidas de opressão para o despertar da fé cristã pelo fato de que também o apóstolo Paulo tinha sido convertido ao cristianismo por uma violência sensorial – um milagre (*De correct. Donat.*, c. 6). A conexão íntima entre os castigos temporais e eternos, i.e., políticos e espirituais já se esclarece pelo fato de que os mesmos motivos que se fizeram valer contra a punição profana da heresia falam também contra os castigos infernais. Se a heresia ou a descrença não pode ser punida, porque é um mero engano, então não pode também ser punida por Deus no inferno. Se a opressão contradiz a essência da fé, então também o inferno contradiz a essência da fé, pois o medo das terríveis consequências da descrença, dos martírios do inferno obriga à fé sem saber e querer. Boehmer em seu *Jus. eccl.* suprime a heresia, a descrença da classe dos crimes, a descrença é somente um *vitium theologicum,* um *peccatum in Deum,* i.e., um pecado contra Deus. Mas Deus, no sentido da fé, não é somente um ser religioso, mas também político, jurídico, o rei dos reis, o próprio chefe supremo do Estado. "Não existe nenhuma autoridade sem Deus, ela é a serva de Deus" (Rm 13,1.4). Quando então o conceito jurídico da majestade, da dignidade e honra real vale para Deus, então deve valer também consequentemente o conceito do crime para o pecado contra Deus, para a descrença. E tal Deus, qual a fé. Onde a fé é ainda uma verdade, e uma verdade pública, aí não se duvida que ela deva ser exigida de todos, que cada um seja obrigado à fé. Que ainda seja observado que a Igreja cristã em seu ódio contra os hereges foi tão longe que de acordo com o direito canônico até mesmo a suspeita de heresia é um crime, *ita ut de jure canonico revera crimen suspecti detur, cujus existentiam frustra in jure civili quaerimus*[VII] (BOEHMER, l.c., V. Tit. VII, §§ 23-42).

> O mandamento do amor ao inimigo só se estende a inimigos pessoais, não a inimigos de Deus, a inimigos da fé.

"Não ordena o Senhor Cristo que devemos amar também nossos inimigos? Como então se ufana Davi de odiar a reunião dos perversos e não se assentar com os ímpios?... Por causa da pessoa eu devo amá-los; mas por causa da doutrina devo odiá-los. E assim eu devo odiá-los ou devo odiar a Deus que me manda e quer que só se deva prender à sua palavra... O que eu não posso amar com Deus devo odiar; bastante que preguem algo que é contra Deus sucumbe todo amor e amizade; aí eu te odeio e não te faço nenhum bem. Pois a fé deve estar acima, e começa o ódio e acaba o amor quando começa a palavra de Deus... Assim Davi quer dizer: eu não os odeio porque me causaram algum dano ou mal e porque levavam uma vida má e pervertida, mas sim porque eles desprezam, desacatam, blasfemam, falsificam e perseguem a Palavra de Deus. [...] Fé e amor são duas coisas diversas. A fé não suporta nada, o amor suporta tudo. A fé amaldiçoa, o amor aben-

---

VII. De forma que pelo direito canônico é em verdade dado como crime de suspeição, cuja existência procuramos em vão no direito civil [N.T.].

çoa; a fé procura vingança e castigo, o amor procura poupança e perdão. [...] Antes que a fé deixasse sucumbir a Palavra de Deus e surgir heresia, preferiu ele que todas as criaturas sucumbissem, pois pela heresia perde-se o próprio Deus" (LUTERO, parte VI, p. 94; parte V, p. 624, 630). Cf. também o meu esclarecimento nos anuários alemães e Agostinho. *Enarrat.* in Sl. 138(139). Como Lutero distingue a pessoa, assim distingue Agostinho também aqui o homem do inimigo de Deus, do descrente e diz que devemos odiar o ateísmo no homem e amar a humanidade nele. Mas o que é então nos olhos da fé o homem em distinção da fé, o homem sem fé, i.e., sem Deus? Nada, pois o cerne de todas as realidades, de todos os amores, de tudo que é bom e essencial é a fé, que como tal somente Deus acolhe e possui. Certamente é o homem enquanto homem uma imagem de Deus, mas somente do Deus natural, do Deus enquanto criador da natureza. Mas o criador é somente o Deus "de fora"; o verdadeiro Deus, Deus como ele é "em si mesmo", a "essência interna de Deus" é o Deus trino, é em especial Cristo (cf. LUTERO, parte XIV, p. 2 e 3; parte XVI, p. 581). E a imagem deste Deus unicamente verdadeiro, essencial, cristão é também somente o crente, o cristão. Além disso o homem já não deve ser amado em e por si, mas sim por causa de Deus (AGOSTINHO. *De doctrina chr.*, lib. I, c. 27 e 22). Como deveria então o homem descrente, que não tem nenhuma semelhança, nenhuma comunidade com o verdadeiro Deus, ser um objeto do amor?

> A fé separa o homem do homem, estabelece em lugar da unidade e amor fundados pela natureza uma unidade sobrenatural – a da fé.

"Deve distinguir o cristão não só a fé, mas também a vida... não anda, diz o apóstolo, em jugo estranho com os descrentes... existe pois entre nós e eles a maior separação" (JERÔNIMO. *Epist. Caelantiae matronae*). "Como pode isso se chamar um matrimônio, quando falta a aprovação da fé? Quantos por amor a suas mulheres se tornaram traidores da sua fé!" (AMBRÓSIO. *Epist.* 70, lib. IX). "Pois os cristãos não podem se casar com pagãos ou judeus" (*Petrus Lomb.*, lib. IV, dist. 39, c. 1). Também esta separação não é de modo algum não bíblica. Antes vemos que os Padres da Igreja apelam precisamente para a Bíblia. A conhecida passagem do apóstolo com relação a casamentos entre pagãos e cristãos só se relaciona com casamentos que já aconteceram antes da fé, não àqueles que ainda devem ser concluídos. Que se veja o que já diz sobre isso Petrus Lomb. no livro há pouco citado. "Os primeiros cristãos não reconheceram nem ouviram todos os seus parentes que quiseram desviá-los da esperança da recompensa celestial. Isso eles mantiveram diante da própria força do Evangelho, pelo qual todo parentesco de sangue foi desprezado; quando... a irmandade de Cristo precede em muito à natural. Para nós a pátria e o nome comum não são amados, como quando nós mesmos sentimos uma repelência pelos nossos pais, quando eles querem aconselhar algo contra o Senhor" (ARNOLD, G. *Verdadeira imagem dos primeiros cristãos*, vol. VI, c. 2). "Quem ama pai ou mãe mais do que a mim não é digno de mim (Mt 10,37). Aqui eu não vos conheço como pais, mas como inimigos... Que tenho eu a ver convosco? Que tenho eu de vós além de pecado e miséria?" (BERNARDO. *Epist.* 111. Ex. pers. Heliae mon. ad parentes). "Ouve o dito de Isidoro: muitos devotos, monges... perdem suas almas pelo bem temporal de seus pais... Os servos de Deus que se preocupam com o bem-estar de seus pais decaem do amor de Deus" (*De Modo bene viv.*, serm. VII). "Todo homem crente considera como teu irmão" (Ibidem, Serm. XIII). "Ambrósio diz que devemos amar muito mais os filhos que temos do batismo do que os filhos que geramos carnalmente" (PETRUS LOMB., lib. IV, dist. 6, c. 5, addit. Henr. ed Vurim). "Os filhos nascem com o pecado e não herdam a vida eterna sem o perdão dos pecados... Uma vez então que não há dúvida de que o pecado está nos filhos, deve haver alguma diferença entre os filhos dos pagãos, que permanecem culpados, e os filhos na Igreja, que são acolhidos por Deus" (MELANCHTON. *Loci de bapt. inf.* Argum. II. Cf. também a passagem de Buddeus apresentada acima como uma testemunha da limitação do amor cristão). "Com os hereges não se pode nem orar, nem cantar" (Concil. Carthag. IV, can. 72, *Carranza Summ.* "Os bispos ou devotos não devem doar nada de suas coisas àqueles que não são cristãos católicos, mesmo quando são seus parentes de sangue" (Concil. Carthag. III, can. 13, ibidem).

A fé tem o significado da religião, o amor somente o da moral.

Isto expressou de forma decisiva especialmente o protestantismo. A expressão de que o amor não justifica perante Deus, mas somente a fé, nada mais expressa precisamente que o amor não tem nenhuma força e significado religioso (cf. *Apologia da Confis.*, de Augsburgo. Art. 3. Do amor e cumprimento da lei). Na verdade lê-se aqui: "Por isso o que os escolásticos dizem do amor de Deus é um sonho e é impossível amar a Deus antes de conhecermos e acolhermos a misericórdia através da fé. Pois só então torna-se Deus um *objectum amabile*, um aspecto querido, venturoso". É então transformada aqui no próprio objeto da fé a misericórdia, o amor. Certamente de início a fé também só se distingue do amor por colocar fora de si o que o amor coloca em si. "Nós cremos que a nossa justiça, salvação e consolo está fora de nós" (LUTERO, parte XVI, p. 497. Cf. também parte IX, p. 587). Decerto é a fé no sentido protestante a fé na remissão dos pecados, a fé na graça, a fé em Cristo como o Deus que morre e sofre pelo homem, de forma que o homem, para atingir a eterna felicidade, por seu turno nada mais tem que fazer que aceitar esta entrega de Deus a ele entregando-se a si mesmo, i.e., crente e confiante. Mas Deus não é objeto da fé somente como amor. Ao contrário, o objeto característico da fé enquanto fé é Deus enquanto sujeito. Ou seria um Deus que não concede nenhum mérito ao homem, que tudo reivindica exclusivamente para si, que vigia com zelo a sua honra, seria um tal Deus egoístico um Deus do amor?

> A moral oriunda da fé tem por seu princípio e critério somente a contradição com a natureza, com o homem.

Assim como o mais elevado objeto da fé é aquele que contradiz ao máximo a razão, a eucaristia, então é necessariamente a mais elevada virtude da moral fiel e obediente à fé aquele que contradiz ao máximo a natureza. Os milagres dogmáticos têm por consequência milagres morais. A moral antinatural é a irmã natural da fé sobrenatural. Como a fé supera a natureza fora do homem, assim também a moral da fé supera a natureza no homem. Este supranaturalismo prático, cujo ápice epigramático é a "virgindade, a irmã dos anjos, a rainha das virtudes, a mãe de todo bem" (cf. VON BUCHERS, A. *Busca espiritual*. Obras compl., V, VI, 151), elaborou especialmente o catolicismo; pois o protestantismo só manteve o princípio do cristianismo, mas riscou as consequências necessárias do mesmo de modo arbitrário, autoritário, só trouxe ao espírito a fé cristã, mas não a moral cristã. O protestantismo na fé retrocedeu o homem ao ponto de vista do primeiro cristianismo, mas na vida, na prática, na moral ao ponto de vista pré-cristão, pagão ou antigo-testamentário, adâmico, natural. Deus introduz o matrimônio no paraíso; por isso ainda vale também hoje, também para os cristãos o mandamento: multiplicai-vos! Cristo só aconselha não se casar àqueles que são aptos para isso. A castidade é uma dádiva natural; não pode, portanto, ser concedida a qualquer um. Mas não é também a fé um dom sobrenatural, uma graça especial de Deus, uma obra milagrosa, como Lutero diz incontáveis vezes, e não é, no entanto, transformada para nós todos num mandamento? Portanto não é proclamado para nós o mandamento de que devemos "matar, cegar e difamar" a nossa razão natural? Não é o instinto de não crer e aceitar nada que contradiga a razão tão natural, tão forte, tão necessário em nós como o instinto sexual? Quando devemos pedir a Deus por fé, porque somos muito fracos por nós mesmos, por que não devemos pelo mesmo motivo implorar a Deus pela castidade? Irá ele nos negar este dom se lhe implorarmos seriamente por ele? Nunca; então podemos considerar tanto a castidade quanto a fé como um mandamento geral, pois o que não podemos por nós mesmos, podemos através de Deus. O que fala contra a castidade fala também contra a fé e o que fala a favor da fé fala também a favor da castidade. Um levanta e cai com o outro; com a fé sobrenatural está necessariamente ligada uma moral sobrenatural. O protestantismo rompeu esta ligação; na fé ele afirmou o cristianismo, na vida, na prática ele o negou, reconheceu a autonomia da razão natural, do homem, introduziu o homem em seus direitos originais. Não porque ele contradiz a Bíblia – aqui é, ao contrário, dada a palavra em seu favor – porque ele contradiz ao homem, à natureza, condenou ele o celibato, a castidade. "Mas quem quiser ficar só, que retire o nome 'homem' e prove ou aja como se fosse anjo ou espírito... É miserável que um homem seja tão tolo de se admirar que um homem tome uma mulher ou que alguém deva se envergonhar disso, porque ninguém se admira que os homens costumam comer e beber. E esta necessidade, uma vez que a essência humana daí se origina, deve estar ainda em dúvida e admiração" (LUTERO, parte XIX, p. 368, 369). Indispensável é, portanto, para o homem a mulher, tão indispensável como comida e bebida. Concorda esta descrença na possibilidade e realidade da castidade com a Bíblia, onde o celibato é louvado como um estado louvável e consequentemente possível, atingível? Não, ela lhe contradiz totalmente. O protestantismo negou no campo da moral, em consequência do seu sentido e intelecto prático, portanto por força e poder próprio, o supranaturalismo cristão. O cristianismo existe para ele somente na fé – não no direito, não na moral, não no estado. Certamente pertence essencialmente ao cristão também o amor (o cerne da moral), de forma que onde não existe nenhum amor, onde a fé não se realiza através do amor, não existe nenhuma fé, nenhum cristianismo. No entanto é o amor somente o fenômeno da fé por fora, só uma consequência e só algo humano. "Somente a fé trata com Deus", "a fé nos transforma em deuses", o amor em homens, e, como a fé é só para Deus, então é também Deus só para a fé, i.e., só a fé é o divino, o cristão no homem. À fé pertence a vida eterna, ao amor somente esta vida temporal. "Deus deu a todo mundo esta vida temporal terrena muito antes que Cristo viesse e disse que devemos amar a ele e ao próximo. Depois deu ele ao mundo também o seu filho Cristo para que devamos ter através dele e nele também a vida eterna... Moisés e a lei pertence a esta vida, mas para aquela vida devemos ter o Senhor" (LUTERO, parte XVI, p. 469). Não obstante então o amor pertença ao cristão, no entanto o cristão só é cristão por crer em Cristo. Certamente é o serviço ao próximo – de que tipo, posição e profissão ele suceda – o serviço de Deus. Mas o Deus ao qual eu sirvo ao exercer uma profissão profana ou natural é também somente o Deus geral, profano, natural, pré-cristão. A autoridade, o estado, o matrimônio já existiam antes do cristianismo, foram uma introdução, uma ordenação de Deus na qual ele ainda não se revelou como o verdadeiro Deus, como Cristo. Cristo nada tem a ver com todas essas coisas profanas, elas lhe são exteriores, indiferentes. Mas exatamente por isso combina toda profissão e posição profana com o cristianismo, pois o serviço divino verdadeiro, cristão é somente a fé e esta eu posso exercer em qualquer lugar. O protestantismo só prende o homem na fé, tudo mais ele liberta, mas só porque é exterior à fé. De fato nos comprometem os mandamentos da moral cristã, como, por exemplo, não deveis vingar etc., mas eles só valem para nós enquanto pessoas privadas, não para nós enquanto pessoas públicas. O mundo é regido pelas suas próprias leis. O catolicismo "misturou o reino profano e o espiritual", i.e., ele quis dominar o mundo através do cristianismo. Mas "Cristo não veio ao mundo para tomar do Imperador Augusto o seu império e lhe ensinar como ele deve governar" (LUTERO, parte XVI, p. 49). Onde começa o império profano, aí termina o cristianismo – aí vale a justiça profana, a espada, a guerra, o processo. Enquanto cristão eu deixo sem resistência o meu manto me ser roubado, mas enquanto cidadão eu o exijo de volta por causa da justiça. "O Evangelho não anula o direito natural" (MELANCHTON. *De vindicta Loci*. Cf. também CHEMNITII, M. *Loci theol. de vindicta*). Em síntese, o protestantismo é a negação prática do cristianismo, a posição prática do homem natural. Certamente ordena também ele a mortificação da carne, a negação do homem natural; mas sem se considerar que ela não tem mais para ele nenhum significado e força religiosa, não é justa, i.e., não é desejada por Deus, não faz feliz – a negação da carne no cristianismo não se distingue da restrição da carne, que impõem ao homem a razão e moral natural. As consequências práticas necessárias da fé cristã o protestantismo empurrou para o além, para o céu, i.e., negou *in re vera*. Somente no céu termina o ponto de vista profano do protestantismo – lá nós não nos casamos mais, somente lá nós nos tornamos novas criaturas; mas aqui permanece tudo como antes, "até àquela vida, quando a vida exterior será mudada, pois Cristo não veio para mudar as criaturas" (LUTERO, parte XV, p. 62). Aqui somos metade pagãos, metade cristãos, metade cidadãos da terra, metade cidadãos do céu. Mas desta divisão, desta cisão, desta ruptura o catolicismo nada sabe. O que ele nega no céu, i.e., na fé nega ele também, o quanto possível, na terra, i.e., na moral. "É exigida uma grande força e cuidadosa atenção para superar o que és por nascimento: na carne não viver carnalmente, diariamente lutar contigo mesmo" (JERÔNIMO. *Epist. Furiae Rom. nobilique viduae*). "Quanto mais domas e oprimes a natureza tanto maior graça te será inspirada" (THOMAS A KEMPIS. *Imit.*, lib. III, c. 54). "Toma coragem e tem a força tanto para agir quanto para sofrer o que contradiz a natureza" (Ibidem, c. 49).

"Oh, quão feliz é o homem que por tua causa, oh, Senhor, se despede de todas as criaturas, que violenta a natureza e crucifica os anseios da carne no ardor do espírito" (Ibidem, c. 48). "Mas infelizmente o antigo homem ainda vive em mim, ele ainda não está totalmente crucificado" (Ibidem, c. 34). E estas frases não são de forma alguma somente uma expressão da individualidade devota do autor da obra *De imitatione Christi*; elas expressam a genuína moral do catolicismo – a moral que os santos confirmam com sua vida e mesmo o então tão profano chefe supremo da Igreja sancionou (cf., por exemplo, a *Canonizatio S. Bernhardi Abbatis per Alexandrum papam III, anno* Ch., 1164). Deste princípio moral puramente negativo advém também que mesmo dentro do catolicismo este crasso ponto de vista pôde ser expresso, que o mero martírio mesmo sem o estímulo do amor a Deus adquire a felicidade celestial.

Certamente negou também o catolicismo na prática a moral supranaturalística do cristianismo; mas sua negação tem um significado diverso do protestantismo; ela é somente uma negação *de facto*, mas não *de jure*. O católico negou na vida o que ele deveria afirmar na vida – como, por exemplo, o voto de castidade – quis afirmar, se pelo menos era um católico religioso, mas quanto à natureza da coisa não pôde afirmar. Então ele fez valer o direito natural, ele satisfez a sensorialidade – ele foi, em uma palavra, homem em contradição com a sua verdadeira essência, seu princípio e consciência religiosa. "Infelizmente, ainda vive em mim o homem antigo (i.e., real)". O catolicismo deu ao mundo a prova de que os princípios sobrenaturais da fé do cristianismo, aplicados à vida, transformados em princípios morais, tinham consequências imorais, perniciosas. Esta experiência o protestantismo aproveitou, ou antes, ela produziu o protestantismo. Ela transformou por isso – no sentido do verdadeiro catolicismo, certamente não no sentido da Igreja deturpada – a negação prática ilegítima do cristianismo numa lei, numa norma de vida: não deveis na vida, pelo menos nesta vida, ser cristãos, ser seres sobre-humanos especiais, portanto não deveis também ser nenhum. E ela legitimou perante a sua consciência presa no cristianismo novamente esta própria negação do cristianismo a partir do cristianismo, declarou-a como cristã – portanto não é de se admirar que finalmente o cristianismo moderno não declara como cristianismo somente a negação prática, mas também mesmo a teórica, portanto a negação total do cristianismo. Quando de resto o protestantismo é designado como a contradição, o catolicismo como a unidade de fé e vida, então entende-se por si mesmo que com isso de ambos os lados deve ser designada somente a essência, o princípio.

A fé sacrifica o homem a Deus.

O sacrifício humano pertence mesmo ao conceito da religião. Os sacrifícios humanos sangrentos somente dramatizam este conceito. "Pela fé sacrificou Abraão a Isaac" (Hb 11,17). "Quão maior é Abraão, que pela vontade matou seu único filho... Jefté sacrificou sua filha virgem e é por isso contado pelo apóstolo dentre os santos" (JERÔNIMO. *Epist. Juliano*). Também na religião cristã é somente o sangue, a negação do Filho do Homem, através do qual a cólera de Deus é aplacada e Deus é conciliado com o homem. Por isso deveu cair como vítima um homem puro, inocente. Somente um tal sangue é precioso, somente um tal tem força conciliatória. E este sangue derramado na cruz para aplacar a ira divina gozam os cristãos na ceia para fortificação e registro de sua fé. Mas por que então o sangue na forma do vinho, a carne sob a forma do pão? Para que não tenha a aparência de que os cristãos comem realmente carne humana, de que bebem realmente sangue humano, para que o homem natural, i.e., o *homo verus*, não se aterrorize na visão da carne e sangue humano real perante os mistérios da fé cristã. "Para que com isso a fraqueza humana não se espante diante do comer da carne e do beber do sangue, quis Cristo encobrir a ambos com as formas do pão e vinho" (BERNARDO, ed. cit., p. 189-191). "Por três motivos são carne e sangue gozados sob uma outra forma conforme a ordenação de Cristo. Primeiramente para que a fé, que se relaciona com coisas invisíveis, tivesse um mérito, pois a fé não tem nenhum mérito quando a razão humana proporciona uma prova de experiência. Em seguida para que a alma não se espantasse diante daquilo que o olho enxergava, pois não somos habituados a comer carne e beber sangue. E finalmente para que os descrentes não insultassem a religião cristã... não nos

ridicularizassem por bebermos o sangue de um homem morto"
(PETRUS LOMB., lib. IV, dist. 11, c. 4).

Mas como o sacrifício humano sangrento expressa na mais
elevada negação do homem ao mesmo tempo a mais elevada
afirmação do mesmo, pois somente porque a vida humana é tida
como o mais elevado, porque então o sacrifício da mesma é o
mais doloroso, o sacrifício que custa a maior superação, é ele
oferecido a Deus – da mesma forma é também a contradição da
eucaristia com a natureza humana apenas aparente. Também desconsiderando-se que carne e sangue são encobertos com vinho
e pão, como diz São Bernardo, i.e., em verdade é usufruído não
carne, mas pão, não sangue, mas vinho – o mistério da eucaristia
se dissolve no mistério do comer e beber. " [...] Todos os antigos
mestres cristãos... ensinam que o corpo de Cristo não é recebido
só espiritualmente com a fé, o que acontece também fora do sacramento, mas também oralmente, não por cristãos crentes, devotos,
mas também por indignos, descrentes, falsos e maus. [...] Assim
existem duas maneiras de comer a carne de Cristo, uma espiritual
[...] mas tal comer espiritual não é nenhum outro senão a fé [...]
o outro comer do corpo de Cristo é oral ou sacramental" (*Livro
das concórdias*, expl. Art. 7). "A boca come o corpo de Cristo
corporalmente" (LUTERO, parte XIX, p. 417). O que fundamenta
então a diferença específica da eucaristia? Comer e beber. Fora
do sacramento é Deus gozado espiritualmente, no sacramento é
gozado sensorial, oralmente, i.e., bebido e comido – apropriado,
assimilado corporalmente. Mas como poderias acolher Deus em
teu corpo se ele representasse para ti um órgão indigno de Deus?
Derramas tu o vinho num pote de água? Não o honras através de
um vidro especial? Pegas com tuas mãos ou lábios o que te enoja?
Não declaras com isso o belo como a única coisa digna de ser
tocada? Não declaras tuas mãos e lábios como sagrados quando
com eles pegas e tocas o sagrado? Se então Deus é comido e bebido, é o comer e beber expresso como um ato divino. E isto diz a
eucaristia, mas de um modo que se contradiz a si mesmo, místico,
secreto. Nosso dever é, no entanto, expressar franca e honradamente, clara e definidamente o mistério da religião. A vida é Deus,
o gozo da vida é o gozo de Deus, a verdadeira alegria da vida é a
verdadeira religião. Mas ao gozo da vida pertence também o gozo

de comida e bebida. Se por isso a vida em geral deve ser sagrada, então deve também o comer e o beber ser sagrado. É esta confissão irreligião? Agora medite-se que esta irreligião é ela própria o mistério da religião analisado, explicado abertamente. Todos os mistérios da religião se resolvem por fim, como foi mostrado, no mistério da felicidade celestial. Mas a felicidade celestial é somente a felicidade desnudada das limitações da realidade. Os cristãos querem ser tão felizes quanto os pagãos. A diferença é somente que os pagãos transportaram o céu para a terra e os cristãos a terra para o céu. Finito é o que existe, o que é gozado realmente; mas infinito o que não existe, o que é só crido e esperado.

> A religião cristã é uma contradição. Ela é a conciliação e ao mesmo tempo a cisão, a unidade e ao mesmo tempo a oposição de Deus e homem. Esta contradição personificada é o homem-Deus – a unidade da divindade e humanidade nele é verdade e inverdade.

Já foi afirmado acima que se Cristo foi ao mesmo tempo Deus, homem e ao mesmo tempo um outro ser que é concebido como um ser incapaz do sofrimento, seu sofrimento foi só uma ilusão. Pois seu sofrimento para ele enquanto homem não foi nenhum sofrimento para ele enquanto Deus. Não! O que ele confessou enquanto homem, negou enquanto Deus. Ele sofreu só exteriormente, não interiormente, i.e., ele sofreu só aparentemente, mas não realmente; pois somente quanto ao fenômeno, à aparência, ao exterior foi ele homem, mas na verdade, na essência, Deus, que exatamente por isso só foi objeto para os crentes. Teria sido um verdadeiro sofrimento somente se ele tivesse sofrido ao mesmo tempo enquanto Deus. O que não é acolhido no próprio Deus não é acolhido na verdade, na essência, substância. Mas é incrível que os próprios cristãos confessaram, em parte direta, em parte indiretamente, que o seu mais elevado e mais sagrado mistério é somente uma ilusão, uma simulação. Uma simulação que de resto já está sob o evangelho totalmente não histórico[11], teatral, ilusório de

---

11. Por causa desta afirmação eu indico a obra de Lützelberger: "a tradição eclesiástica sobre o apóstolo João e seus escritos demonstrada em sua falta de fundamento" e a "crítica da história evangélica dos sinóticos e de João" (III, B).

João, como se salienta dentre outras coisas especialmente da ressurreição de Lázaro, quando aqui o onipotente imperador sobre morte e vida publicamente, só para ostentação da sua humanidade, até mesmo derrama lágrimas e diz expressamente: "Pai, eu te agradeço por teres me ouvido, pois eu sei que me ouves sempre, mas pelo povo que está à volta eu o digo para que creia". Esta simulação evangélica elaborou a Igreja cristã numa dissimulação pública. "O mesmo sofreu e não sofreu... Ele sofreu quanto ao seu corpo recebido, para que o corpo recebido fosse tido por um real, mas ele não sofreu quanto à insofrível divindade da palavra... Ele foi, portanto, imortal na morte, insofrível no sofrimento... Por que atribuis à divindade os sofrimentos do corpo e associas a fraqueza da dor humana com a natureza divina?" (AMBRÓSIO. *De incarnat. dom. sac.*, c. 4 e 5). "Quanto à natureza humana cresceu ele em sabedoria, não porque ele mesmo se tornou mais sábio com o tempo..., mas precisamente a sabedoria da qual ele era repleto mostrou ele aos outros aos poucos com o tempo... então foi para os outros, não para si que ele cresceu em sabedoria e graça" (GREGÓRIO. In: PETRUS LOMB., lib. III, dist. 13, c. 1). "Ele cresceu, portanto, quanto à opinião e aparência de outros homens. Isto significa que ele em sua infância não teria conhecido pai e mãe porque se portou como se não os tivesse conhecido" (PETRUS LOMB., ibidem, c. 2). "Enquanto homem, portanto, duvida ele, enquanto homem falou" (Ambrósio). Com estas palavras parece ser aludido que Cristo não duvidou enquanto Deus ou filho de Deus, mas sim enquanto homem e com afeto humano, o que não deve ser entendido como se ele mesmo tivesse duvidado, mas sim que ele se portou como quem duvida e pareceu duvidar aos homens" (PETRUS LOMB. Ibidem, dist. 17, c. 2). Apresentamos na primeira parte da nossa obra a verdade, na segunda a inverdade da religião, ou antes, da teologia. Verdade é somente a identidade de Deus e do homem – verdade é somente a religião quando ela afirma as qualidades humanas como divinas, falsidade quando ela, enquanto teologia, nega as mesmas, separando Deus do homem como um outro ser. Assim tivemos nós que provar na primeira parte a verdade do sofrimento de Deus; aqui temos a prova da inverdade deste sofrimento, e na verdade não a subjetiva, mas sim a objetiva – a confissão da própria teologia de que o seu mais elevado mistério, o sofrimento de

Deus, é somente uma ilusão. Disse eu então uma mentira quando afirmei que o princípio supremo da teologia cristã era a hipocrisia? Não nega também o homem-Deus que é homem quando é homem? Oh, refutai-me então!

É, portanto, a mais alta falta da crítica, inverdade e arbitrariedade demonstrar a religião cristã, como o fez a filosofia especulativa, somente como religião da conciliação, não também como religião da cisão, encontrar no homem-Deus somente a unidade, não também a contradição entre a essência divina e humana. Cristo sofreu somente enquanto homem, não enquanto Deus – mas a capacidade de sofrer é o sintoma da humanidade real –, não enquanto Deus ele nasceu, cresceu em conhecimento, foi crucificado; i.e., todas as qualidades humanas ficaram afastadas dele enquanto Deus. A essência divina é na encarnação, não obstante a afirmação de que Cristo foi ao mesmo tempo verdadeiro Deus e verdadeiro homem, tão cindida com a essência humana, como perante a mesma, pois todo ser exclui de si a determinação do outro, não obstante ambos devam ser unidos numa personalidade, mas de uma maneira incompreensível, miraculosa, i.e., falsa, contraditória à natureza da relação na qual se encontram. Também os luteranos, sim, o próprio Lutero, por mais rudemente que ele se expresse sobre a comunidade e união da natureza humana e divina em Cristo, não escapa da sua inconciliável cisão. "Deus é homem e o homem é Deus, mas por isso nem as naturezas, nem as qualidades das mesmas são misturadas entre si, mas cada natureza mantém a sua natureza e propriedades. [...] O filho de Deus sofreu mesmo de verdade, mas conforme a natureza humana recebida, e morreu de verdade, se bem que a natureza divina não pode nem sofrer nem morrer. [...] É dito certo: o Filho de Deus sofre. Pois não obstante uma parte [por assim dizer] enquanto divindade não sofre, no entanto sofre a pessoa que é Deus na outra parte enquanto na humanidade; pois na verdade foi o Filho de Deus crucificado por nós, i.e., a pessoa que é Deus; pois ela é, ela (digo eu), a pessoa é crucificada segundo a humanidade. [...] É a pessoa que tudo age e sofre, uma coisa por esta natureza, outra coisa por aquela, como os eruditos tudo isso muito bem o sabem" (*Livro das concórdias*, Explic., art. 8). "O Filho de Deus e o próprio

Deus foi assassinado e crucificado: pois Deus e homem é uma pessoa. Por isso o Deus que foi homem foi crucificado e morto; não o Deus separado, e sim o Deus unido com a humanidade; não conforme a divindade, e sim conforme a natureza humana que ele acolheu" (LUTERO, parte III, p. 502). Assim são então as duas naturezas ligadas numa unidade somente na pessoa, i.e., somente num *nomen proprium*, somente quanto ao nome, mas não na essência, não na verdade. "Quando é dito: Deus é homem ou o homem é Deus, chama-se uma tal sentença pessoal, porque ela pressupõe uma união pessoal em Cristo, pois sem uma tal união das naturezas em Cristo eu nunca poderia dizer que Deus é homem ou o homem é Deus [...] mas é muito evidente que as naturezas em geral não podem ser unidas entre si e que por isso não se pode dizer: a natureza divina é a humana ou a divindade é a humanidade e vice-versa" (BUDDEUS, J.F., l.c., lib. IV, c. II, § 11). Assim é então a unidade da essência divina e humana na encarnação somente uma ilusão. O antigo *dissidium* entre Deus e homem ainda está sob ela e atua de modo tão mais pernicioso, é tão mais hediondo quanto mais se esconde por detrás da aparência, da imaginação de unidade. Por isso foi também o socinianismo tudo menos superficial quando negou, assim como a Trindade, também o *compositum* do homem-Deus – ele só foi consequente, verdadeiro. Deus era um ser tri-pessoal e no entanto devia ele ser ao mesmo tempo meramente *simples*, um *ens simplicissimum*, assim a simplicidade negava a trindade: Deus era Deus-homem e no entanto a divindade não devia ser tocada ou suprimida pela humanidade, i.e., devia ser essencialmente separada dela; assim negava a inconciliabilidade das qualidades divinas e humanas a unidade de ambos os seres. Assim temos já no próprio Deus-homem o negador, o arquiinimigo do homem-Deus, o racionalismo, só que ele aqui ainda estava ao mesmo tempo preso à sua oposição. Portanto o socinianismo só negou o que a própria fé negou, mas ao mesmo tempo afirmou novamente numa contradição consigo; ele só negou uma contradição, uma inverdade.

Entretanto os cristãos festejaram também a encarnação de Deus como uma obra do amor, como um autossacrifício de Deus, como uma negação da sua majestade – *Amor triumphat de Deo* –, pois o amor de Deus é uma palavra vazia quando não é concebida como supressão real da sua diferença do homem. Temos por isso no ponto central do cristianismo a contradição entre fé e amor desenvolvida na conclusão. A fé transforma o sofrimento de Deus numa aparência, o amor numa verdade, pois somente na verdade do sofrimento se baseia a impressão verdadeira, positiva da encarnação. Por mais então que tenhamos salientado a contradição e cisão entre a natureza humana e divina no homem-Deus, devemos da mesma forma salientar por sua vez a comunidade e unidade das mesmas, através das quais Deus é realmente homem e o homem é realmente Deus. Aqui temos nós por isso a prova irrefutável, inabalável e ao mesmo tempo evidente de que o ponto central, o mais elevado objeto do cristianismo nada mais é que o homem, que os cristãos adoram o indivíduo humano como Deus e Deus como o indivíduo humano. "Este homem, nascido de Maria, a Virgem, é o próprio Deus que criou céu e terra" (LUTERO, parte II, p. 671). "Eu mostro o homem Cristo e digo: é o filho de Deus" (LUTERO, parte XIX, p. 594). "Vivificar, ter todo juízo e todo poder no céu e na terra, ter tudo em suas mãos, ter tudo submetido a seus pés, purificar dos pecados etc. são... qualidades divinas infinitas, que no entanto conforme expressão da Bíblia foram dadas e concedidas ao homem Cristo. [...] Daí cremos, ensinamos e confessamos que o Filho do Homem [...] agora não somente como Deus, mas também como homem tudo sabe, tudo pode, é presente a todas as criaturas. [...] Por isso repudiamos e condenamos nós..., que ele (o Filho de Deus) conforme a natureza humana não seja capaz da onipotência e outras qualidades da natureza divina" (*Livro das concórdias*, Fundam. e explic. sum. Art. 8). "Daqui conclui-se por si mesmo que Cristo deve ser adorado religiosamente também como homem" (BUDDEUS, J.F., l.c., lib. IV, c. II, § 17). O mesmo ensinam expressamente os Padres da Igreja e católicos. Por exemplo: "Com a mesma adoração deve-se adorar em Cristo a divindade e a humanidade [...] A divindade está intimamente ligada com a humanidade através da união pessoal, portanto pode também a humanidade de Cristo ou Cristo enquanto homem ser objeto de adoração divina" (*Theol. schol.*, Sec. Thomas Aq., P. Metzger, parte IV, p. 124). Na verdade se diz: o que é adorado não é o homem, não é a carne e o sangue por si mesmos, mas sim a carne unida com Deus, de forma que o culto não vale para a carne ou para o homem, mas sim para Deus. Mas dá-se aqui o mesmo que com o culto a santos e imagens. Assim como o santo só é adorado na imagem, Deus só no santo, porque se adora a imagem, o santo mesmo, da mesma forma é Deus adorado somente na carne humana, porque a própria carne humana é adorada. Deus se torna carne, homem, porque já no fundo Deus é homem. Como poderia vir à tua mente trazer a carne humana para uma tão íntima relação e contato com Deus se ela fosse para ti algo impuro, baixo, indigno de Deus? Se o valor, a dignidade da carne humana não está nela mesma, por que não fazes de uma outra, da carne animal, a moradia do espírito divino? Na verdade se diz: o homem é somente o órgão *em, com e através* do qual a divindade atua "como a alma no corpo". Mas também esta objeção já foi refutada pelo que foi dito há pouco. Deus escolheu o homem para seu órgão, seu corpo porque só no homem ele encontrou um órgão digno de si, conveniente a si, agradável. Se o homem é indiferente, por que então Deus não se encarnou num animal? Assim então vem Deus ao homem somente a partir do homem. O fenômeno de Deus no homem é somente um fenômeno da divindade e majestade do homem. *Noscitur ex alio, qui non cognoscitur ex se* (quem não é conhecido por si é conhecido por outro) – este dito trivial vale também aqui. Deus é conhecido pelo homem, que ele honra com a sua presença e habitação pessoal, e na verdade como um ser humano, pois o que alguém prefere, escolhe, ama é a sua própria essência objetiva; e o homem é conhecido por Deus e em verdade como um ser divino, pois somente o que é digno de Deus, somente o divino pode ser objeto, órgão e moradia de Deus. Em verdade diz-se também: é só este Jesus Cristo pura e exclusivamente, nenhum outro homem, que é adorado como Deus. Mas também este fundamento é vão e nulo. Cristo é na verdade um só, mas um para todos. Ele é homem como nós, "nosso irmão, e nós somos carne da sua carne e osso do seu osso". Por isso cada um se reconhece em Cristo, cada um se acha representado nele. "Carne e sangue não se desconhecem. [...] Em Jesus Cristo nosso Senhor existe de cada um dentre nós uma porção de carne e sangue. Por isso onde o meu corpo reina, aí creio eu que eu mesmo reino. Onde a minha carne é transfigurada, creio eu que eu mesmo sou majestoso. Onde o meu sangue domina, eu considero como se eu mesmo dominasse" (LUTERO, parte XVI, p. 534). "Medita que o corpo do Filho de Deus é a ideia de nossos corpos. Honrai pois o vosso corpo por adoração à sua ideia"[12] (MILICHIUS, J. *Or. de Pulmone in Melanchthon*, Declam, parte II, p. 174). E assim é pois num fato inegável, inabalável: os cristãos adoram o indivíduo humano como o mais elevado ser, como Deus. Certamente não com consciência, pois é exatamente nisto que constitui a ilusão do princípio religioso. Mas neste sentido também os pagãos não adoravam as estátuas de deuses, pois também para eles a estátua não era nenhuma estátua, mas sim o próprio Deus. No entanto adoravam tanto a estátua quanto os cristãos o indivíduo humano, naturalmente apesar de não o reconhecerem.

> O homem é o Deus do cristianismo, a antropologia o mistério da teologia cristã.

A história do cristianismo não teve nenhuma outra tarefa a não ser desvendar este mistério – realizar e reconhecer a teologia como antropologia. A diferença entre o protestantismo e o catolicismo – o catolicismo antigo, só existente ainda nos livros, não mais na realidade – consiste somente em que este é teologia, aquele cristologia, i.e., antropologia (religiosa). O catolicismo tem um Deus supranaturalístico, abstrato, um Deus que é um ser diverso do humano, não humano, sobre-humano. A meta da moral católica, a semelhança com Deus, consiste antes em não ser homem, em ser mais do que homem – i.e., um ser celestial, abstrato, um anjo. Mas somente na moral realiza-se, revela-se a essência de uma religião; somente a moral é o critério para saber se uma crença religiosa é verdade ou quimera. Portanto um Deus sobre-humano, sobrenatural é ainda uma verdade somente onde ele tem por consequência uma moral sobre--humana, sobre ou antes antinatural. O protestantismo, ao contrá-

---

12. Nessas poucas palavras já expressas no ano 1557 já está propriamente resolvido o mistério da religião e teologia cristãs. Se o corpo de Deus é a ideia do nosso corpo, então é necessariamente também a essência de Deus em geral a ideia da nossa essência, i.e., nossa essência, mas não como essência real ou idêntica a nós indivíduos reais, mas sim como uma essência abstraída de nós através do pensar, personificada, feita autônoma através da fantasia nesta abstração.

rio, não tem nenhuma moral sobrenatural, mas sim uma moral humana, uma moral de e para carne e sangue, consequentemente não é mais também o seu Deus, pelo menos o seu Deus verdadeiro, real, nenhum ser abstrato, sobrenatural, mas sim um ser de carne e sangue. "Este obstáculo ouve o demônio a contragosto, que nossa carne e sangue são Filhos de Deus, sim, são o próprio Deus e regem no céu sobre tudo" (LUTERO, parte XVI, p. 573). "Fora de Cristo não existe nenhum Deus e onde Cristo está, aí está a divindade totalmente" (LUTERO, parte XIX, p. 403). O catolicismo tem um Deus tanto na teoria quanto na prática que, além do predicado do amor, é para a humanidade ainda um ser por si mesmo, ao qual o homem só vem se ele foi contra si mesmo, se se negar si mesmo, se renunciar ao seu *ser-para-si*; o protestantismo, ao contrário, tem um Deus que, pelo menos na prática, essencialmente não é mais um *ser-para-si*, que é somente ainda um *ser para o homem*, um *ser para o bem do homem*; daí ser no catolicismo o mais elevado ato do culto, "a Missa de Cristo", um sacrifício do homem – o mesmo Cristo, a mesma carne e sangue que foi sacrificada na cruz é sacrificada a Deus na hóstia – no protestantismo, ao contrário, é um sacrifício, um "dom de Deus"; Deus se sacrifica, se entrega ao homem para o gozo (cf., por exemplo, LUTERO, parte XX, p. 259; parte XVII, p. 529). No catolicismo é a humanidade a qualidade, o predicado da divindade (de Cristo) – Deus homem; no protestantismo, ao contrário, é a divindade a qualidade, o predicado da humanidade (de Cristo) – o homem Deus. "Isto fizeram há tempos os maiores teólogos, alçaram-se da humanidade de Cristo para a divindade e só se prenderam a esta e pensaram que não se deveria conhecer a humanidade de Cristo. Mas deve-se alçar à divindade de Cristo e nela se manter, para que não se abandone a humanidade de Cristo e só assim se venha à divindade de Cristo. Não deves saber nada de nenhum Deus nem Filho de Deus a não ser daquele que é dito nascido da Virgem Maria e que se tornou homem. Quem recebe a sua humanidade tem também a sua divindade" (LUTERO, parte IX, p. 595, 598)[13]. Ou em síntese assim: no

---

13. Em outra passagem louva Lutero, São Bernardo e Boaventura por terem eles salientado tanto a humanidade de Cristo.

catolicismo existe o homem para Deus; no protestantismo, ao contrário, Deus existe para o homem[14]. "Jesus Cristo Nosso Senhor foi concebido por nós, nasceu por nós, sofreu por nós, foi crucificado por nós, morreu e foi sepultado por nós. Nosso Senhor ressurgiu dos mortos para nosso consolo, por nosso bem está assentado à direita do Pai todo-poderoso, para nosso consolo julgar futuramente os vivos e os mortos. Foi isto que quiseram mostrar os santos apóstolos e queridos padres em sua confissão com a palavra: nós e Nosso Senhor, a saber, que Jesus Cristo é nosso, que quer e deve nos ajudar. [...] De forma que não devemos ler ou falar as palavras friamente e aplicá-las somente a Cristo, mas também a nós" (LUTERO, parte XVI, p. 538). "Eu não sei de nenhum Deus senão do que se deu por mim" (LUTERO, parte III, p. 589). "Não é uma grande coisa que Deus é homem, que Deus se entrega ao homem e quer ser seu, assim como o homem se dá à mulher e é dela? Mas assim como Deus é nosso, também são nossas todas as coisas" (LUTERO, parte XII, p. 283). "Deus não pode ser um Deus dos mortos, que nada são, mas sim um Deus dos vivos. Se Deus fosse um Deus dos mortos, então seria ele exatamente o que é um marido que não tem esposa, ou o que é um pai que não tem filho ou o que é um senhor que não tem servo. Pois se for um marido deve ter uma esposa. Se é pai deve ter um filho. Se é senhor deve ter um servo. Ou será um pai pintado, um senhor pintado, isto é, nada. [...] Deus não é um Deus como o são os ídolos dos pagãos, não é também um Deus pintado que só existe para si e não tem ninguém que o aclame e lhe sirva. [...] Um Deus significa alguém do qual deve-se esperar e receber tudo de bom... Se ele fosse Deus somente para si no céu, do qual não se pudesse conseguir para si nada de bom, então seria ele um Deus de pedra ou de palha... Se ele se assentasse só para si no céu, como um pedaço de madeira, então ele não seria Deus" (LUTERO, parte XVI, p. 465). "Deus fala: Eu, o todo-poderoso criador do céu e da terra, sou o teu Deus... mas ser um Deus signifi-

---

14. Certamente é também no catolicismo, no cristianismo em geral, Deus um ser para o homem; mas só o protestantismo concluiu desta relatividade de Deus o verdadeiro resultado – a absolutidade do homem.

ca tanto quanto redimir de todo mal e desgraça que nos oprime; tal como o pecado, o inferno, a morte etc." (LUTERO, parte II, p. 327). "Todo o mundo chama a isto um Deus, no qual o homem confia na necessidade e tentação, com o qual ele se consola e se abandona, do qual se quer ter todo bem e que pode ajudar. Assim a razão descreve Deus, que ele é o que ajuda ao homem, lhe é útil e vem a bem. Isso tu vês também neste texto: Eu sou o Senhor teu Deus que te conduziu para fora do Egito. Aí narra ele o que é Deus, o que é sua natureza e qualidade, a saber, que ele faz o bem, redime de perigos e ajuda em necessidades e todo tipo de contrariedades" (LUTERO, parte IV, p. 236, 237). Mas quando um Deus só é um Deus vivo, i.e., real, só é em geral um Deus quando é um Deus do homem, um ser útil, bom, benéfico ao homem; então está na verdade do homem o critério, a medida de Deus, o homem é a essência absoluta – a essência de Deus. Um Deus só para si não é nenhum Deus – precisamente isto nada mais significa que: um Deus sem o homem é não Deus; onde não existe nenhum homem, também não existe nenhum Deus; se tiras de Deus o predicado da humanidade, então tiras dele também o predicado da divindade; se desaparecer a relação com o homem, desaparece também a sua essência.

No entanto, ao mesmo tempo, o protestantismo manteve novamente, pelo menos na teoria, ainda por detrás deste Deus humano, o antigo Deus supranaturalístico. O protestantismo é a contradição entre a teoria e a prática; ele só emancipou a carne humana, mas não a razão humana. A essência do cristianismo, i.e., a essência divina conforme ele não contradiz os instintos naturais do homem – "por isso devemos agora saber que Deus não condena ou suprime a inclinação natural do homem, que é implantada na natureza na criação, mas sim que ele desperta e mantém a mesma" (LUTERO, parte III, p. 290). Mas ela contradiz a razão, é por isso teoricamente só um objeto da fé. Porém a essência da fé, a essência de Deus não é ela mesma, como foi provado, nada mais que a essência do homem colocada fora do homem, concebida fora do homem. A redução da essência de Deus, extra-humana, sobrenatural e antirracional à essência do homem natural, imanente, inata é, portanto, a libertação do protestantismo, do cristianismo em geral, da sua contradição fundamental, a redução do mesmo à sua verdade – ao resultado, o resultado necessário, irrecusável, irreprimível, incontestável do cristianismo.

Confira outros títulos da coleção em

livrariavozes.com.br/colecoes/pensamento-humano

ou pelo Qr Code

Conecte-se conosco:

- **f** facebook.com/editoravozes
- **◉** @editoravozes
- **X** @editora_vozes
- **▶** youtube.com/editoravozes
- **✆** +55 24 2233-9033

www.vozes.com.br

Conheça nossas lojas:

www.livrariavozes.com.br

Belo Horizonte – Brasília – Campinas – Cuiabá – Curitiba
Fortaleza – Juiz de Fora – Petrópolis – Recife – São Paulo

  Vozes de Bolso

EDITORA VOZES LTDA.
Rua Frei Luís, 100 – Centro – Cep 25689-900 – Petrópolis, RJ
Tel.: (24) 2233-9000 – E-mail: vendas@vozes.com.br